史學研究叢書・歷史文化叢刊

# 戰爭與和平

## 第一次世界大戰與中國

麥勁生、區志堅、李朝津、曾苡　主編

## 編者序

# 從第一次世界大戰到當代世界的戰爭與和平

一九一四年至一九一八年的第一次世界大戰（The Great War）是一場毀滅性的全球性衝突，更是二十世紀國際秩序的起點。這場戰爭徹底改變了世界大國的格局，導致了奧匈帝國和鄂圖曼帝國的解體，重塑了中東地區的政治版圖，同時催生了國際聯盟等試圖維持和平的機構。然而，戰爭結束後的國際秩序並未真正消除衝突的根源，反而種下了下一次世界大戰的種子。對中國而言，第一次世界大戰的影響同樣深遠——從參加巴黎和會被拒絕收回山東主權，到五四運動的爆發，再到國內民族主義的高漲，中國的現代化進程和國際地位都受到這場戰爭的深刻影響。

第一次世界大戰後中東地區被各種勢力重新劃分，至今仍是全球大國爭霸的核心地帶。從鄂圖曼帝國解體後的英法殖民分割到冷戰期間的美蘇競爭，中東的政局始終深受外部力量的影響。一戰後東亞地區的權力平衡亦發生改變，中國爭取自己的權利，日本和西方列強之間的競爭，深刻影響了今日東亞的地緣政治。無論是第一次世界大戰還是今日的地緣政治衝突都表明，國際秩序的穩定與否，取決於大國之間如何協調，達至和平。

這些歷史遺產在當今國際政治中依然具有鮮活的啟示意義。因此香港樹仁大學歷史學系、香港浸會大學當代中國研究所、香港中國近代史學會，特於二〇一八年，即一戰終戰百週年之際，舉行「戰爭與和平：第一次世界大戰百年紀念國際學術研討會」，先後邀請國內外學者發表專題論文。及後於二〇一九年，與會學者均希望保存及流播研究成果，故規劃出版是次研討會論文集。其後，新冠疫情爆發，蒐集文稿的情況曾一度中斷。

近年國際形勢的變化令主編團隊時常感受到，第一次世界大戰的結果深刻影響至今。以俄烏戰爭為例，自二〇二二年以來的持續衝突不僅反映了俄羅斯與北約的權力對抗，也揭示了民族主義、領土爭端和國際秩序變遷之間的複雜關係。以色列和哈瑪斯的戰爭進一步加劇了該地區的緊張局勢，這與第一次世界大戰後的中東局勢形成了鮮明的歷史對照。就像第一次世界大戰前的歐洲，今日的歐亞大陸同樣面臨著地緣政治的碎片化。俄烏戰爭、以哈衝突、中東博弈，各國緊張的局勢無不讓人聯想到第一次世界大戰所揭示的深刻歷史教訓與結構性啟示。

正因如此，《戰爭與和平：第一次世界大戰與中國》一書重啟編刊工作，並於二〇二五年問世。本書主編團隊麥勁生、區志堅、李朝津與曾苡，希望讀者藉閱讀本書收錄之二十餘位專家學者的論文，思考第一次世界大戰對中國的影響。本書在全球局勢再度陷入動蕩之際，具有極為重要的時代意義。在全球戰爭與和平的宏觀脈絡下，本書為理解當今國際關係提供了不可或缺的歷史參照，並希望全球走向和平共同體。

《戰爭與和平：第一次世界大戰與中國》是一本關於一戰對中國及其周邊地區影響的研究論著。本書匯聚了來自各方學者的研究成果，分為七個研究方向，每編都聚焦於不同的主題範疇，從全球史到中國經濟、基督教、孫中山及其三民主義、圖像史與觀念史、外交史研究，以及一戰後中國的文化思潮等多個方面展開深入探討。

在第一編「一戰的全球史」中，徐國琦探討了第一次世界大戰對亞洲的影響，溫柏堅對徐國琦三部重要作品進行了評述，韓子奇剖析了凡爾賽和約後中日關係的變化。此外，李維則從「大空間」時代探討了一戰後的歐洲聯合；第二編聚焦於「一戰與中國經濟、現代企業、金融市場」，陳明銶、周子峰、甘穎軒、李浩訓從不同角度探討了一戰對中國經濟的衝擊，包括戰爭對工人罷工的影響、企業經營模式的變遷以及金融市場的變化；第三編聚焦於「一戰與中國的基督教、教會及其教育系統」，何慶昌探討了一戰後中國的科學與基督教的爭議，劉義章、黃子峰討論了基督教會對中國和香港的關懷，彭淑敏透過福建協和大學的案例，探討中國收回教育權運動等議題；第四編聚焦於「一戰與孫中山及其三民主義」，張偉保探討了一戰前後孫中山對《三民主義》的補充解說，張曉輝剖析了一戰前後孫中山對西方列強的態度，趙雨樂討論了一戰爆發對孫中山革命的影響；第五編聚焦於「一戰與中國外交史研究」，楊雨青、申曉雲、劉得佑分別從中國參加一戰、職業外交官的現代外交思想、盧作孚對一戰後中國時局的觀察，展開深入論述；第六編聚焦於「一戰前後的圖像史與觀念史」，探討了一戰如何催生中國知識界對學術制度、革命話語、性別議題以及傳統戰爭觀的現代詮釋。區志堅從南高國文史地部的發展入手，揭示了「保守」知識分子如何在一戰的全球背景下參與學術制度的建立。王先明從革命話語的興衰入手，反思了「世紀性」話語的歷史變遷。丁潔透過《婦女雜誌》中圖像的分析，揭示了一戰期間新女性形象的建構及其社會意涵。歐陽哲生聚焦於陳煥章的《孔教經世法》，探討了中國傳統思想在一戰背景下的現代詮釋與國際視野；第七編聚焦於「一戰後中國的文化思潮」。麥勁生探討了留德學人在戰後如何透過對德國文化的反思，重新構想中國民族內涵的建設。李蕣伊（Soonyi Lee）聚焦於梁啟超派在一戰後的文化保守主義，探討了他們如何以批判實證主義的方式，挖掘中國傳統文化的價值。黃嘉康以《亞洲學術雜誌》為例，探討了一戰後中國文化保守主義者如何回應歐洲戰爭的問題。賴志成探討了「娜拉」形象在一戰後的文化意涵，彰顯了一戰後的思想解放浪潮。

本書的完成與出版有賴於許多人的傾囊相助。在此，我們衷心感謝萬卷樓出版公司張晏瑞總編、黃筠軒編輯，給予專業的出版支持；感謝孔聖堂禮仁書院校長楊永漢博士聯絡萬卷樓出版公司；感謝前香港樹仁大學歷史學系兼任研究助理李偉泉先生，香港樹仁大學田家炳孝道文化教研中心行政主任林浩琛先生，給予收稿、校對等諸多幫助；感謝封面設計胡一喬小姐，義務為本書提供精美的設計；最後，向本書二十餘位作者群致以最誠摯的感謝與敬意！更感謝兩位匿名學者對本書各篇論文給予學術評審，提升各篇論文的學術創獲！

《戰爭與和平：第一次世界大戰與中國》不僅是一部關於歷史的學術著作，更是一面鏡子，映照出我們當下所面臨的挑戰。戰爭與和平的交替，權力與秩序的博弈，無論是在百年前還是今日，都展現出深刻的相似性與延續性。本書的出版不僅是對歷史的一次深刻反思，更是對未來世界和平與穩定的一份期許。正如本書所揭示的，戰爭與和平之間的張力，國家利益與國際秩序的矛盾，大國博弈與小國命運的糾葛，這些問題在百年後依然困擾著世界。二〇二五年的讀者透過這本書，可重新審視戰爭與和平的歷史，並從中汲取智慧，以應對當今世界的複雜局勢。

謹以此為序！

麥勁生、區志堅、李朝津、曾苡敬上

二〇二五年一月一日

# 目次

## 第三編　一戰與中國的基督教、教會及其教育系統



## 第四編　一戰與孫中山及其三民主義



## 第五編　一戰與中國外交史研究

## 第六編　一戰中的圖像史與觀念史



## 第七編　一戰後中國的文化思潮

# 第一編

# 一戰的全球史

# 第一章
# 第一次世界大戰與亞洲

徐國琦

香港大學歷史系嘉里集團講座教授（國際化歷史）、
哈佛大學歷史系博士

## 一　緒言

在開戰之初，英國帝國詩人吉卜林（Rudyard Kipling）認為第一次世界大戰是文明與混亂的衝突，並幫助他的兒子約翰（John）在愛爾蘭保衛軍中取得軍銜。吉卜林寫給約翰「如果」那首詩中，開頭幾行成為英國兒童及軍官一致傳誦之句，「如果你能依舊臨危不亂／當你四周的人張惶失措／更把慌亂歸罪到你」，在結束時吉卜林賦予讚嘆，「兒子，你將會是個男子漢」。[1]約翰失蹤於一九一五年魯斯之役（Battle of Loos），估計是戰死。「賭徒」是最近發現的吉卜林遺詩，它寫道：「受傷三次／中毒氣三次／崩潰三次，我最後還是輸了」。另一小段寫道：「在瘋掉以前，它的靈魂像神仙一般／不要緊，墳墓會統整一切。」[2]在「戰爭的墓誌銘」裡，吉卜林痛苦地寫道：「如果要問我們死亡的原因／告訴他們，因為所有父親都說謊」。[3]很明顯，連

1 Thomas Pinney, ed., *Cambridge Edition of the Poems of Rudyard Kipling* (Cambridge: Cambridge University Press, 2013), 2: 756-757.

2 Pinney, ed., *Cambridge Edition of the Poems of Rudyard Kipling*, 3: 2111.

3 Pinney, ed., *Cambridge Edition of the Poems of Rudyard Kipling*, 2: 1144.

當時吉卜林對戰爭的聲音也是悲喜交疊，感情錯綜複雜的。

在一戰爆發的百年後，世界仍為它的源起、影響及意義一面感到煩惱，一面充滿想像。二〇一四年《經濟學人》指出，有關一戰的書籍及學術文章總數超過兩萬五千種。雖然戰爭延續只不過幾年，但整個事件由每個可能的方向及觀點，由更廣闊的國際秩序含義到只有在地才知道的事件，無一不仔細檢討到，還有更多書正在出版。[4]

著名的一戰學者溫特（Jay Winter）最近雄辯地論証：語言界定戰爭記憶，一戰在「安格魯系」國家仍最具有震撼力。在聯邦戰爭公墓委員會的墳場裡，一戰犧牲的墓碑上都刻著「雖非光榮，但有意義」。對溫特而言，「光榮」在戰時的英國似乎背負污名。但一戰在不同的語言有不同的說法。在法國，光榮的說法仍是日常語言的一部分。[5] 最近，評論者已看出一百年前巴爾幹半島與中日間相似的地方，甚至中東可能是更接近的例子，因為當地喋喋不休的政論家都指出危機四集，與一九一四年前夕不遑多讓，這些爭論無疑仍會繼續。因為「一戰」在亞洲的研究課題，甚有待開發，由是筆者以將出版研究「一戰」的著作內容，向學術界分享有此課題的有待進一步研究的重點。

## 二　一戰在今日亞洲的回響

在亞洲，有關一戰的嚴肅討論及爭議才剛開始。一戰對當地的衝擊及亞洲的貢獻，相關研究仍不足夠，亞洲視野更是缺乏。有關個別

4 No Author, "100 Years after 1914, Still in the Grip of the Great War,"*The Economist*, March 29, 2015, 20.

5 有關戰爭意義的詳細討論，可參見Jay Winter and Antoine Prost, *The Great War in History: Debates and Controversies, 1914 to the Present* (Cambridge: Cambridge University Press, 2005) and Jay Winter, ed., *The Legacy of the Great War: Ninety Years On* (Columbia, MO:University of Missouri Press, 2009).

國家如日本、印度及中國，目前也許出現一些紮實而深入的研究成果，但至今仍未有著作涉及亞洲共同介入經過，以及戰爭對各個社會的衝擊。另外，在亞洲各國面臨戰爭及其反彈時，雖然結果各自不同，也沒有任何語言的著作探討它們的共通經驗是什麼？有人也許會爭辯，由於一戰對亞洲各國是非常重要，息息相關，它的歷史意義是十分清楚，與其他地方並無差別。但當我們要記念一戰百週年時，對這部分故事的知識最多只能說是有限，很多問題仍待我們注意，事實上，更多的問題甚至仍未形成。

一戰對今日中日關係有何重要性，要瞭解必須追溯戰爭衝突的過程及前此的世代裡。我會強調一八九四至一八九五年中日甲午戰爭奠下了基礎，為兩國提供動機以角逐參與歐洲的矛盾。一戰本是結束了很久，但其精神依然徘徊在亞洲人的心裡，雖然用不同的扭曲方式解讀。用福克納（William Faulkner）有趣的話：「過去並沒死去，它甚至還沒過去」，可以說充分描述一戰對亞洲的影響。[6]

評論者、學者、政治家已開始使用一戰類比中國當前與日本的關係。二〇一四年一月，日本首相安倍晉三在瑞士達沃斯（Davos）發表演說：日本與中國的競爭有如第一次世界大戰前的德國與英國，意指國家利益與外交的差異可以凌駕緊密的貿易連繫，而中國則扮演德國的角色。中國人當然不會喜歡這樣的比喻，中國外長王毅在二〇一四年三月全國人大年會中一次記者招待會講話：「二〇一四年並非一九一四年，更不是一八九四年……假如拿第一次世界大戰以前的德國作為教訓對象，為何不拿第二次世界大戰後的德國作為學習對象？」但同一位外交部長在回應日本記者的問題，提及日益惡化的中日關係時，他語帶警告的說：對中國而言，有兩個原則性議題——歷史與領

6 William Faulkner, *Requiem for a Nu*n (New York: Random House, 1951), 92.

土——「它們是沒有妥協空間的」。[7]

一位德裔美籍史學家史德恩（Fritz Stern）稱一戰「是二十世紀第一個災難，其後的災難都根源於此」，[8]它的涵義遠遠超越中國與日本關係。今天兩個韓國的存在起源於第二次世界大戰及冷戰，兩者又是第一次世界大戰所建立國際秩序格局的直接結果。亞洲民族國家領土間的緊張問題愈加嚴重，亦明顯是它另一個結果。印度與中國因為領土糾紛而在一九六二年發生戰爭，兩國人民至今仍然擔心利益衝突會導至另一個戰爭。越南與中國有關南中國海問題的紛爭，已經為兩國帶來軍事及外交衝突。今天亞洲所存在戰爭的可能性，提醒我們應注意所發生過的歷史關係，特別是第一次世界大戰，它為日本十五年的侵華戰爭（1931-1945），中國、日本及韓國共產主義運動的出現，印度走上獨立的漫長道路等事件，設定歷史舞台。亞洲人也許沒有意識到一戰，但它在許多重要面向中，仍塑造了其今天的命運。

徐國琦《亞洲與一戰：一部共有的歷史》[9]既考慮當代實際情況，亦考慮到歷史了解的缺乏，因此架構上突出亞洲在這個二十世紀「重大災難」中的多層次參與及視野。其實這是個遲來的工作。一戰在本地區裡扮演有力角色，它鋪設民族理想及發展、外交關係、以至亞洲人對自我及世界的認識。當亞洲對世界事務及全球經濟的影響力日趨增加，同時亞洲人開始建立其國家認同與及新可能的國家發展方向，它們在第一次世界大戰的角色也許會幫助我們，為一些困惑的問題提供答案。

---

7 Edward Wong, "China's Hard Line: 'No Room for Compromise,'"*The New York Times*, March 8, 2014, A4.

8 Quoted from David Fromkin, *Europe's Last Summer: Who Started the Great War in 1914?* (New York: Vintage, 2005), 6.

9 徐國琦著，尤衛群譯：《亞洲與一戰：一部共有的歷史》（成都：四川人民出版社，2020年）。

# 三　主要議題

雖然題為「亞洲與一戰」，《亞洲與一戰：一部共有的歷史》不會涵蓋一切與一戰有關的東西，所提及主要是中國、印度、日本、朝鮮與越南等國家，土耳其是個亞洲國家，在一戰中也極其重要，但它的故事應單獨成一冊。[10]雖然如此，正如杜珊（A.E. Duchesne）指出，土耳其在我們陳述的故事中仍扮演間接的角色：因為它威脅埃及，對英國在印度統治有負面影響，故十分重要。[11]其他有關地區，例如新加坡、[12]泰國（暹羅）及馬來西亞，它們全都受到影響，甚至有某種程度參與。[13]很不幸地，由於篇幅及議題限制，它們一定要被摒棄於

10 有關鄂圖曼帝國與第一次世界大戰關係，可參見Mustafa Aksakal, *The Ottoman Road to War in 1914: The Ottoman Empire and the First World War* (Cambridge: Cambridge University Press, 2008); Robin Prior, *Gallipoli: The End of the Myth* (New Haven: Yale University Press, 2009); Michael Reynolds, *Shattering Empires: The Clash and Collapse of the Ottoman and Russian Empires, 1908-1918* (Cambridge: Cambridge University Press, 2011); Donald Bloxham, *The Great Game of Genocide: Imperialism, Nationalism, and the Destruction of the Ottoman Armenians* (Oxford: Oxford University Press, 2005).

11 A. E. Duchesne, Asia and the War. Oxford Pamphlets No. 59 (London: Oxford University Press, 1914), 3-4.

12 舉例來說，在一九一五年二月十五日，印度陸軍第十五輕步兵師（全部由回徒組成）在新加坡突然發動叛變，無論由新加坡或由印度觀點看，它似乎與亞洲及一戰有關。在橫跨整個獅城的戰事中，打的糊裡糊塗，死了華人及印度人，但主要犧牲者還是英國人，他們在高爾夫球場、汽車以至車廂裡成為暴動印度士兵的標的。日籍史學者桑島（Sho Kuwajima）主張在印度士兵的叛變中，也許有著一些「泛回教主義」與反戰情緒關連性。在其《在新加坡的叛亂：戰爭、反戰及印度獨立之戰》一書中，他指出日本介入這次反叛頗深，與法國及俄國一起敉平亂事。印度人在新加坡叛亂的歷史說明了國際體系要鎮壓亞洲人追求自由的企圖，桑島因此總結說：「在這種情況下，鎮壓叛亂行動可算作第一次世界大戰的一部分」。這次叛亂給與新加坡人民或亞洲人民「一個機會重新思考第一次世界大戰與自由的關係」。詳情可參見(New Dehli: Rainbow, 2006), 43, 93, 173。有關這主題更詳細情況，可參見

13 透過阿丁（Aden）的馬來州警團（Malay State Guides）及新加坡的叛亂，馬來西亞錫克人（Sikhs）參與了一戰，然有關他們參加戰爭的嚴肅研究仍然付之闕如，有些

門外，我只能檢討最具代表性的例案。《亞洲與一戰：一部共有的歷史》聚焦於一個崛起中的強國（日本），一個竭力嘗試利用一戰改變命運的國家（中國），一個英國殖民地（印度），一個法國殖民地（印度支那或越南），一個日本殖民地（朝鮮），這五個國家不但長期互動，而且在很多方面有關聯。日本、中國、朝鮮、越南、印度五國相互毗鄰，由於前近代中華帝國勢力所及與佛教的傳播，大家可以共同分享一些文化根源，透過這個關係，彼此建立一個飄浮但仍可感受到的連帶性。佛教是中世紀前後由印度傳至中國，許多詩詞、戲劇及小說，無論是士人或平民，都深受佛教影響；很多詞彙也是由印度文化翻譯過來。印度與中國維持相當強的間接文化接觸，雖然不是經常。日本由中國與朝鮮輸入佛教，很快便成為其社會、文化及政治方面的重要構成。除了佛教傳播，日本亦從中國接受文化知識，融入到其文學、前近代政治文化甚至茶道。朝鮮及越南的精英用漢文書寫，他們的國家到十九世紀末仍為中國的藩屬國。稍後，它們都企圖利用一戰推動民族建設或國際地位，或兩者同時並進。諷刺的是，歐洲中心世界觀是另一個統合力量：它把所有有色人種視為一體，雖然印度人、中國人、日本人、越南人與朝鮮人並不一樣。因此我希望籍著瞭解這些國家及其人民對第一次世界大戰的回應，《亞洲與一戰：一部共有的歷史》除要說明一戰如何觸發本地區以至世界一般議題外，亦要指出戰爭塑造各國對自己的想法及對二十世紀國際體系的認識。

---

機構目前正資助這個議題，諾丁漢大學（Nottingham University）的隱密歷史研究中心便是其中之一。一九一八年泰國國王拉瑪四世（Rama IV）派遣一隊一千三百人的暹羅部隊到法國，有些士兵甚至在那裡犧牲，雖然並非導因於戰鬥。正如布倫丹（Brendan）與懷特（Suthida Whyte）共同指出，暹羅國內對自國人參與戰爭的看法，認為是別的國家承認本國平等關鍵的一步，對暹羅發展也十分重要。參看Brendan and Suthida Whyte,"The Inscriptions on the First World War Volunteers Memorial, Bangkok,"*Journal of the Siam Society*, 96 (2008), 175-91; Brenda Whyte,"The Role of Siam in World War One,"*Strategy and Tactics*, 245 (2007), 34-36.

《亞洲與一戰：一部共有的歷史》沒有均衡地處理上述五個國家，原因有兩點：首先是三個殖民地的人民（印度、朝鮮及越南）無法掌握其戰時政策，甚至可以說其戰時命運。因此他們無法如同中國及日本人民，對有關戰爭及戰後世界秩序產生各種討論、爭論以至獨立政策。其次，環繞五個國家的現行研究彼此差異甚大，越南及朝鮮兩國的研究確實需要加強。換言之，《亞洲與一戰：一部共有的歷史》不但指出歷史研究在某些領域的盲點，亦企圖點明未來研究的方向。同時由於考慮到主題的統一性，《亞洲與一戰：一部共有的歷史》主要聚焦在西線與及我們所關注的各國人民經驗。其他很多重要的地區及議題，例如在中東及非洲的印度人、在俄國的中國人、及中國在西伯利亞的軍事介入，《亞洲與一戰：一部共有的歷史》大都不會觸及。

除了聚焦在較小的地理範疇外，《亞洲與一戰：一部共有的歷史》更在意是深究上述亞洲國家的共同體驗及戰爭的衝擊，而不是詳細歷史敘述。換言之，《亞洲與一戰：一部共有的歷史》的副標題──「一部共有的歷史」──事實上是真正的焦點。嘗試用非國家及超國家觀點，《亞洲與一戰：一部共有的歷史》會跨越國家或甚至國際層次。我希望它會刺激回應，引發辯論。透過一戰各種經驗，我也會嘗試突出亞洲與西方共享的歷史。我關注的議題是亞洲人間所呈現的期待、觀察、痛苦及挫折──在某種程度上是與歐洲人共有的。我在許多地方都提出過，「共享體驗或舊日衝突，它們與共享旅程有點不一樣，共享旅程會有相同目的地及共同利益，當然，在旅途上會可能存在各種困難、挑戰以至壓抑」。[14]然縱使有不同差異，中國人、日本人、印度人、越南人與朝鮮人的確在很多層次有互動，而且在一戰的體驗上有許多共同的地方。

14 See Xu Guoqi, *Chinese and Americans: A Shared History* (Cambridge, MA: Harvard University Press, 2014), 1-22.

《亞洲與一戰：一部共有的歷史》會用比較方式，把我主要對象國家的外交、政治、社會、文化及軍事歷史穿織一起，同時亦會運用私人信件、日記、回憶錄及政府檔案等原始材料，以至最新的英語及亞洲語研究成果。要完全倚賴亞洲資料處理所有亞洲主要參戰國及其戰爭經驗，還要有條不紊，這是個艱鉅任務，而且更要探討戰爭經驗如何塑造戰後近代民族認同的追求，還有本地區人民在一個重組的世界裡的新位置。

與其他研究一樣，本計劃受惠於現有成果良多。亞洲及世界其他地方學者至今最精彩的有關成果，我會在書中儘量彰顯。與傳統處理一戰手法不同，《亞洲與一戰：一部共有的歷史》的討論會著重澄清歐洲的衝突如何在外交、社會、政治、文化甚至軍事上拖亞洲人下海。與現行有關亞洲的研究不同，我會把一戰的國際史／跨國史敘事帶進來，作為戰後遺產集體反省的一部分。我也會指出一戰影響亞洲國家很多方面，其形式令人意想不到，但也十分重要。舉例來說，日本對歐戰的興趣源於其要征服中國的野心，而中國要參加戰爭以至戰後的巴黎和會，其目的則是要拒日本於中國之外。大致可以這樣說，要瞭解中國或日本，必須要瞭解兩者才能掌握全部實況。[15]若以第一次世界大戰為例，上述的觀察尤為正確，而且稍作修正，同樣例案可以應用於書內提及的五個國家。舉例來說，朝鮮很明顯想利用第一次世界大戰打破日本殖民地統治，而越南則希望尋求中國及朝鮮的幫助以爭取民族獨立。

一戰在亞洲國家的民族史上象徵一個轉捩點：日本在戰略上則利用該戰爭參與列強地位，而中國、印度、朝鮮及越南則全都體驗到嶄新運動，目的在推進民族自決及民族復興。但為什麼歐洲戰爭會被視

15 Joshua A. Fogel, *Articulating the Sinosphere: Sino-Japanese Relations in Space and Time* (Cambridge, MA: Harvard University Press, 2009), 1.

為達成上述目的的良機？日本是中國亞洲地區最大敵人，為什麼中國最後成為它的戰爭盟友？為什麼中國會自願遣送十四萬勞工到法國幫助協約國，同時印度及越南士兵與勞工願意呼應其殖民地主人的號召，遠赴西方？（？）印度最終爭取了獨立與民主，究竟歐洲的殺戮與鬥爭扮演什麼角色，同時它如何播放中國與越南轉向共產主義的種子？數以千計的亞洲人犧牲在這個矛盾中，它值得嗎？

對大部分亞洲人而言，法國之旅是艱難而又痛苦的。他們最大的不滿是暈船、疾病、惡劣的環境及不堪入口的食物。雖然他們事實上要去支持法國或英國，甚至同時兩者，但中國人、印度人與越南人在法國都遭受種族歧視痛苦。吉卜林在其「白人的負擔」詩中，便曾表達責任與輕蔑這種普遍的帝國複雜感情：他稱呼亞洲人為「新近被逮到的憂鬱人群，／半是魔鬼半是小孩」，他們深陷在「懶惰與愚蠢之中」，同時只有迎合吉卜林及其同儕所設定的「男性」標準，才可以獲得別人尊敬。[16]

縱然存在著困難及種族歧視，亞洲人與歐洲西方人直接接觸的經驗帶來東西方文明新的視野。亞洲人除了貢獻具體的人力資源外，對協約國也提供其他重要的幫助。朝鮮、印度及越南由於其殖民地地位，很難說從戰爭中拿到某些物質上的好處，但中國及日本則肯定取得一定經濟利益。亞洲的參與的確從規模上促使戰爭擴大及世界性，但更重要是促進地區內的政治發展與認同。戰時亞洲參戰者對戰後和平會議前景充滿期待，亦反映出該地區重視戰爭。

《亞洲與一戰：一部共有的歷史》所提及的五個國家對戰爭都擁有熱切的共同期待，而戰後同樣失望，有被羞辱之感。雖然已有學者從事這方面的比較研究，《亞洲與一戰：一部共有的歷史》會強調對

16 當然，我們應該記住吉卜林在很多議題上是個愛憎複雜的人，表達的想法也並非一致。

戰後和平會議的期待、挫折以至失望，完全是個集體經驗，令人訝異。威爾遜（Woodrow Wilson）「十四點」演說裡所刻劃的新世界，五個國家都非常熱衷。中國、印度、朝鮮、越南相對較為弱勢，希望在國家命運上能平等的發聲。而日本一直追求亞洲大國地位，同時希望它最近在中國取得的利益能獲國際認可，這些都是它有所期待於巴黎和平會議，借此實現其長期夢想。最重要是日本希望西方列強接受其為完全平等的對手。第一個企圖大致實現了，雖然中國與朝鮮的學生、知識分子、商人及外交人員發動如火如荼的抗議，令日本有羞辱感覺；第二個企圖則十分令日本人失望。

在商議條約時，日本曾提出種族平等條款，但卻被拒絕，同時在另外三方面「加深了日本的失落」：國聯會繼續其歐洲中心偏見、英美在亞太地區愈加團結、一九二四年美國通過的移民法。[17]西方對該條款的回應明顯反映出日本與西方各國的地位仍無法平起平坐，它還是在白色力量俱樂部的門檻外，與它的亞洲夥伴繼續共列在二等地位。這種失落也許有助解釋日本後來的一意孤行政策及對華擴張意欲。

更令事情棘手是日本正面臨類似國家認同危機。在十九世紀，中國認為整個世界秩序是錯位、不公及充滿敵意，而日本則由於其成功地採納西方的先進物質文明，尤其是刻意模仿德國，使它自視為「東方的進步先鋒」，但戰爭與新的世界秩序迫使日本總括經驗，它可能學習了錯誤模式——無論如何，德國現在是十手所指、吃了敗仗。

中國在巴黎的失望更深，因為它把許多希望都寄託在戰後世界上。中國人從一九一五年開始便為和平會議作準備，因為他們知道弱小與不受尊重的國家在列強間沒有太大發言權。當中國正式對德宣戰，並且派出數量龐大的勞工團往歐洲支持協約國，它可以在和會中

17 Naoko Shimazu, *Japan, Race, and Equality: The Racial Equality Proposal of 1919* (London: Routledge, 2009), 171.

取得一定地位，但只能是三流角色，派出兩名代表，而日本則是五名。由事後看，日本在和會上的成功即意味中民國的失敗。雖然如此，中國人利用機會，企圖在和會的討論中灌注新的內容與觀點。但他們既無法實現與列國平等的夢想，也不能從日本手中恢復山東。

對殖民地印度、朝鮮及越南而言，威爾遜的民族自決是一極大鼓舞想法。一九一九年，阮愛國在巴黎首次現身歷史舞台，這位由殖民地來籍籍無名的越南人便是日後鼎鼎大名的胡志明。胡在巴黎非常活躍，一九一九年九月，他甚至獲得剛回國的越南總督薩蘿特（Albert Sarraut）接見。一些資料透露，胡志明與法國及三藩市的朝鮮民族主義者接觸，啟發了他一九一九年不少想法，可以說胡志明大量借用了朝鮮獨立運動經驗。[18]一戰也許對朝鮮沒有太大衝擊，亦沒有導至嚴重經濟問題，但戰後和平會議有關的想法帶來很高的期待。印度的民族運動得感謝一戰，它帶來極大改變。直到一九一四年為止，印度國大黨（Indian National Congress）一直是大英帝國的支柱，但當戰爭結束時，它卻變成死敵。有人認為印度在一戰及和會的經驗，為二戰後全面獨立鋪平了道路。從共享經驗的角度看，這些亞洲國家都對第一次世界大戰有所期待，要打破各自感到不滿的現狀，而到頭來卻是失望與失落。正如印度一樣，朝鮮與越南要等到第二次世界大戰才能擺脫殖民主義，宣佈民族自決。

所有五個國家的精英都深受美國總統威爾遜新世界藍圖的影響，它在國內外引發討論：亞洲在戰後世界裡應佔有什麼位置？對巴黎和會協議的共同失望，是亞洲與西方關係一個重要轉捩點，這些國家開始尋找另一獨立方式，其過程為未來衝突的設定台階，中日兩國間尤為顯著。一九一九年歐戰行將結束的亞洲與一九一四年的亞洲完全不

18 Sophie Quinn-Judge, *Ho Chi Minh: The Missing Years, 1919-1941*(Berkeley: University of California Press, 2003), 11-18.

同，社會、經濟、思想、文化、意識形態都呈現相當差異。[19]馬尼勒（Erez Manela）曾就威爾遜的新世界秩序的想法及其對中國、印度、朝鮮、埃及的影響寫了一本十分出色的書，《亞洲與一戰：一部共有的歷史》受到馬尼拉精到論述的啟發，並以此為基礎發展，一方面強調亞洲人對戰後世界形勢自身看法，另一方面點出內部的聲音與力量，它促進各種變化及轉型，尤其是聚焦在亞洲人自身的動力，以回應戰後的現實世界。我特別留意「亞洲價值」，不少有力思想家如印度的泰戈爾、中國的梁啟超及日本方面都極力支持。廣義的一戰年代剛好碰上亞洲巨大變化的時期，古老的儒家文明開始崩潰，中國正努力變身為民族國家，並尋求取得與西方平等關係。在大戰中，印度開始其獨立的漫長旅程，中國則走上一條新的道路，可以稱為國際化及民族復興之道。中國與越南在戰後最後跟隨共產主義，一戰則改變了日本，最終走上軍事武裝道路，挑戰西方。

一戰時期亞洲地區有一段共享歷史，這想法是有相當道理：這戰爭本身其後稱為「世界大戰」，它把原來沒有什麼機會相交的人滙聚一起。同時不止亞洲各國精英共享其戰爭經驗及民族建設，在本地及國際上獲得不少啟發；甚至本國內十分邊緣的族群，他們出身貧苦，亦得招募成為工人及普通士兵，在艱苦的環境底下與外地及外來文化接觸，共享彼此經驗。雖然這些國家與戰爭的相應關係在許多方面並不一致，但仍有不少共通地方，累積後成為一個集體經驗。

19 由於篇幅及議題所限，《亞洲與一戰：一部共有的歷史》只能簡略敘述戰時經濟對日本及越南的衝擊，不會討論中國、印度及朝鮮的經濟情況。現存資料足以顯示戰時經濟對上述國家有重要衝擊，由於歐洲主要國家聚焦戰爭，對其經濟發展的管制自然鬆懈下來，例如印度及越南便是，結果有利兩國經濟成長。中國與日本在戰時尤其是個黃金機會，不但整體經濟成長，海運及貿易的得益更是具體。與此同時，一戰還削弱歐洲列強的經濟基礎，甚至把它們變成美國的負債國，這狀況進一步削弱歐洲對亞洲的控制。

然亞洲各國的參與如何把一戰變成不止是真正的「世界」戰爭，更是史無前例的「大」戰？戰爭如何產生力量，從內從外改變亞洲？無論亞洲史或世界史上，亞洲參與第一次世界大戰都是獨特的一章。亞洲的參與改變了整個衝突的意義及內涵，我們一定要考慮戰前及戰中時期，亞洲精英為何認為自身是現存世界秩序的受害者；同時當戰爭爆發的消息傳出，這些精英為何會又興奮又焦慮。正如克拉克（Christopher Clark）所總結，當歐洲人「要把可怕的東西帶來世界時，他們仍在夢遊中，小心翼翼卻視而不見，充滿幻想卻昧於事實」，而中國與日本則反應迅速，馬上擬定計劃。[20]第一次世界大戰實際是個臨界點，它塑造整個亞洲的世界觀及發展。

中國人的二十世紀始於一八九五年至一九一九年之間，是廣義界定的一戰時期。中國對戰爭的回應及其參與，充分象徵它開始走上國際化的漫長旅程，作為一個民族國家進入世界。中國參與戰爭讓它走進二十世紀更寬廣的世界史中。今天的中國正如一戰時期，仍在尋找其國家認同，回答「什麼是中國？誰是中國人？」等問題。感謝一戰的後續發展，中國成為共產主義國家，到今天理論上仍是。今天的中國既進步又落後，因為當中國人民要求民主及完全融合到世界時，共產主義專政極力利用監察及政治管控約束他們。在一戰及五四運動時期，中國人相信「德先生」及「賽先生」能救中國。雖然與早期的廣泛政治行動及大眾輿論高漲比較，中國人要求自由的呼聲是相對沈寂，今天的中國仍十分需要這兩位先生。中國的社會變遷以至文化及政治革命剛好碰上這個戰爭，它為中國提供動力與機會，透過投身到戰爭的力量重新界定與世界的關係。一戰象徵現存國際體系的崩潰及新世界秩序的到來，新情勢促使中國產生改變世界地位的希望。年

20 Christopher Clark, *The Sleepwalkers: How Europe went to War in 1914* (New York: HarperCollins, 2013), 562.

輕共和國的弱點及內部政治混亂更提供強烈動機進入國際體系並改變它。

印度支那與英治印度作為殖民地，其立場與中國及日本作為獨立國家有異。以印度支那為例，歐洲爆發的戰爭並沒有吸引當地多少注意，有關一戰對該國衝擊的政策討論及審議非常有限，也沒有太多影響。印度支那人和中國人一樣，在進入二十世紀之初深受社會達爾文主義的衝擊，促使他們為其國家尋求一個新的方向。印度的參戰亦如同印支，主要因為身在大英帝國內，不是由於自身利益而決定。印度的殖民地主人開始時沒有想到要它幫忙，這戰爭基本上是歐洲人的事。但英國很快便瞭解如果要在這場衝突中生存，它一定要動員印度資源。在英國指導下的印度，參戰對其民族發展及外交關係均十分重要。當世界政治正處於變動中，而其所謂母國又是這重要戰爭的一員，戰爭能擴大印度人外在世界視野，啟發其夢想，設定遠大目標。

格瓦特（Robert Gerwarth）與馬尼勒（Erez Manela）最近指出：

在歷史研究中，一戰是個不能忽視課題。不過在以西歐戰場為中心的規範底下——雖然這可以理解，過去九十年間產生的文獻，大部分都聚焦在西線的狀況及對英、法、德各國的衝擊，大部分的歷史都以下面兩個前提出發：首先是戰爭爆發於一九一四年「八月槍聲」及終結於一九一九年十一月十一日停火協議；其次是該戰爭基本上是民族國家的戰爭，主要屬於歐洲事務。[21]

《亞洲與一戰：一部共有的歷史》以此為出發點，但亞洲非民族國家的重要性是顯而易見。雖然我們瞭解個人、社會以至超國家的理想及想法，亞洲與歐洲有相當差異，很少作品會談及歐戰是如何切合

---

21 有關這觀點更詳細說明，可參見Robert Gerwarth and Erez Manela, "Introduction" in Robert Gerwarth and Erez Manela, eds., *Empires at War: 1911-1923* (Oxford: Oxford University Press, 2014), 1-16.

到這些非民族國家的期待與活動裡。我從戰爭及西方文明的脈絡中，探討中國勞工與印度及印度支那士兵的角色，疏理它們間的關係。除了敘述在中國發生的實際戰爭外——在中國最著名的衝突就是德國駐華軍隊遭英日攻擊，《亞洲與一戰：一部共有的歷史》重點會是數以萬計的西線亞洲士兵，他們在那裡盡力甚至犧牲。《亞洲與一戰：一部共有的歷史》其中一個雄心壯志就是要發掘和保存這些人的真實聲音，一直以來他們的生命及貢獻都被忽略。我會質疑為何印度、印度支那和中國都送人到歐洲幫助協約國？他們在歐洲每天生活、工作、接受不同待遇、為戰爭提供貢獻，彼此間的經驗會有什麼差異？《亞洲與一戰：一部共有的歷史》無意成為一般制式軍事史或外交史，更希望能呈現亞洲人參與戰爭及回應戰爭的各個社會史、文化史與國際史。

在各個參戰國當中，中國的參與是最特別的。遣送中國勞工計劃是近代中國歷史的創舉，中國首次積極關注國土以外的事務。由於一戰是全面戰爭，無論前線及後方都牽涉到，它需要大量戰鬥人員及其他人力資源。在西線進行是令人聞之變色的壕溝戰，中國、印度、印支提供大量人力資源，他們當然構成整個戰事的重要力量。

與此同時，各個國家的環境亦發生急劇變化。戰爭期間，中國極力爭取以民族國家姿勢出現，而印度則走上其漫長的獨立之旅。中國與越南最終踏入社會主義道路，而戰爭則帶給日本一個新的國家光榮，但結果卻引導日本採用軍事形式直接挑戰西方。

亞洲的參戰給予協約國道德桂冠，也帶來戰略及人力資源優勢。然第一次世界大戰在亞洲的結果則涵括悲劇、表裡不一及矛盾。衝突的根本是各個帝國的野心，中國在變身為共和國及民族國家的過程中，它拋棄了自己的帝國；日本利用戰爭強化其帝國地位；朝鮮、印度及印度支那的經驗則啟發他們，致力擺脫其帝國主人，走向獨立。

一戰產生勝利與失敗，中國站在勝利者一方，但並無太大收獲；

日本屬勝利者，它的世界地位得具體改善，但亦由此播下未來毀滅的種子。一戰終結了十九世紀的世界秩序，也提供機會重新調整國際事務。有教養的亞洲人了解到，一戰代表歐洲道德的衰落，但列強稱霸多年，戰後世界體系不能忽略它們，否則戰爭結束後，即會一事無成，只餘失望。

## 四　小結：亞洲的參與及「一戰」知識資源之共享

焦爾（James Joll）在其第一次世界大戰源起的經典著作中寫道：這個衝突象徵「一個舊時代的終結與一個新時代的開始」[22]，這觀察也可以用到亞洲。中國與日本對日後的利點有強烈期待，印度與印度支那則半因殖民地的義務，半因萌芽中的民族主義，上述原因都促成它們迅速參戰。在實際作戰方面，只有印度及印度支那派出軍隊參加戰爭，日本的軍事支持協約國行動非常有限，這點亦可以理解，因為它真正動機是擴大其在華利益，而非打敗德國。[23]由於日本真正焦點在中國，一旦取得前德屬青島後，便馬上轉移其作戰力量，轉而集中伸展其控制於中國。徐國琦《亞洲與一戰：一部共有的歷史》中即闡述這些狀況，該書各章分析如下。

第一章會描述一戰開始時的北亞狀況。一八九四年甲午戰爭後，日本成為地區強國，並迫使中國割讓臺灣，取得殖民地，位列帝國陣營之中。這個戰爭也迫使中國放棄朝鮮宗主權，中斷中朝兩國間多年朝貢關係，為日後日本取得第二個殖民地奠定基礎。日本成為東亞新興強權，似乎命定要參與國際軍事競逐遊戲。日本擊敗中國後，成為亞洲新興強國，它決意要置身於世界領導國家之列，並且主宰中國，

---

22 James Joll, *The Origins of the First World War* (London: Longman, 1984), 1.

23 戰爭中，日本曾給予協約國海軍援助，相當關鍵。

而此時歐洲的殖民帝國卻為地區內的戰爭所困。第一章也會回顧青島戰役，說明歐戰為何會把戰爭帶給中國，還有在是次戰役中，印度、中國及日本扮演的角色。

第二章聚焦在中日兩國，它們如何各自利用一戰達成其國家及國際利益。它強調要瞭解一戰對日本的重要性，必須瞭解日本參戰戰略內中國所處的核心位置。如果中國是日本參戰的關鍵，則憂慮日本的企圖亦促使中國加入戰爭。第二章進一步討論中國與日本的戰時政策如何牽扯在一起，它突出中國勞工團在法國的經驗及其戰略角色。一九一一年辛亥革命迫令中國人注意世界體系的變化，一戰是第一個重要事件吸引中國社會及政治精英的想像。中國人世界觀的變化與戰爭所釋放出來的不穩定力量，替中國設定插手世界事務的臺階，雖然表面看起來對中國並沒有即時影響。[24]

第二章尤其注意中國人和日本人如何利用一戰以達成其國家目標；與及一戰如何塑造這兩個亞洲主要國家在二十世紀的方向。本章進一步論證中日兩國加入戰爭，是經過相當思考及詳細計劃，反映出它們的戰略計算及長期考量。更重要的是，它們走上戰爭的道路，它們在戰爭期間及戰後的經驗，由一個銅板的兩面角度才能真正理解。

第三章處理印度軍人及支援勞工的貢獻。在第一次世界大戰期間，約有一百二十萬印度男性擔任士兵或勞工，在帝國母國周圍為其殖民主人服務。本章解釋戰爭經驗如何幫助印度人瞭解自身國家的民族命運，並給予他們有關英國和西洋文明的新觀點。透過印度工人士

24 有關一戰對日本當時及長期的影響，可參見Frederick Dickinson, "Toward a Global Perspective of the Great War: Japan and the Foundations of a Twentieth-Century World,"*American Historical Review*, 119:4 (October 2014), 1154-83; Frederick Dickinson, *World War I and the Triumph of a New Japan, 1919-1930* (Cambridge: Cambridge University Press, 2013).

兵和英國人的觀點，種族問題亦於此時出現。印度與一戰的有關研究有相當數量，但我的討論強調印度人與其亞洲同夥人共同分享那種經驗。為達成這目的，我聚焦更多在下層階級及個人聲音，並倚賴比較印度與其他亞洲國家的故事。

第四章討論印度支那的參與和戰爭對其民族覺醒的影響。在戰爭期間，東京、南圻及安南約等於今日越南的殖民地，它們共派出約十萬士兵與勞工，幫助法國對抗德國。本章討論他們的貢獻和體驗如何塑造有關歷史的集體想法，並由民族及殖民地的角度如何思考他們的鄉土與獨立的集體夢想。尤其著重類似胡志明歷史人物對戰爭的看法及反省，留意崛起中的民族主義，以至戰爭成為殖民地越南轉捩點的原因。

第五章研究戰爭對朝鮮民族獨立運動的影響。與印度、日本、越南或中國不同，戰爭對朝鮮半島民眾沒有直接影響。朝鮮人對戰爭既沒有直接參與，也沒有特別興趣。雖然如此，戰爭仍是朝鮮歷史一個轉捩點，因為它帶來威爾遜的新世界秩序，承諾會在戰爭結束後實行。當朝鮮民族主義者聽到威爾遜十四點演說，及其後一九一八年一月的宣言，他們與中國人和印度人一樣，因其對朝鮮未來具有特別前景及含義而感到興奮。很多朝鮮民族主義者認識到「威爾遜時點」是朝鮮史無前例的機會，決定迅速採取行動以爭取最大機會。第五章亦會強調朝鮮人為謀求其民族發展，與其亞洲夥伴共享意義非凡的旅程。

第六章檢討巴黎和會上中日兩國代表團成員及說客的角色。雖然注意他們角色的研究著作不多，本章試圖論證就算日本人也渴望幫助塑造一個戰後新的無國界秩序。他們希望戰後協議能確定日本亞洲強權的地位，並承認日本在中國正在發展的利益。日本領導人希望歐洲列強瞭解到「驕傲、自信、富裕的歐洲已經把自己撕裂成碎片」，是時候承認日本的平等地位。[25]中國最大心願當然是要收回日本已經取走的東西，而且決意保有它，第六章會進一步解釋中日兩國各自如何失望於和平協商及凡爾賽條約的結果。

第七章會追蹤巴黎和會召開之際，日本處理種族平等條文的情況。本章指出日本在巴黎是以複雜的心情迎接勝利的。不錯，日本是以前五強身份出席和會，但在其戰後世界秩序計劃所提出的法律上種族平等案，卻直接了當的被拒絕，甚至被忽視。當代表團回國時，群眾抗議該條款的失敗。但這是個複雜問題，因為在國內及朝鮮則視朝鮮人為次等民族，日本看不出自打耳光的涵義。種族問題是日本與其亞洲夥伴一個痛苦的共享經驗；他們同時在歐洲都面臨歧視問題，不要說在國內要處理殖民者。當日本要在推動國際種族平等和攫取領土作出選擇時，它是屬意於後者，因為日本精英不易接受前者，同時亦較難成功。

第八章集中在戰中及戰後間的思想越界運動，與及泛亞細亞主義的發展。很多亞洲人或是大部分的亞洲人，都會簡化一戰為白人的戰爭、歐洲的戰爭以至西方各國間的戰爭。但他們卻參加了，戰爭與戰後情況會迫使他們思考他們是什麼人，他們在世界上是站在何種位置。印度人、中國人、日本人，他們都沈瀫於重新思考亞洲與西方的關係，東方文明與西方文明的關係，還有在戰後他們要走向何方。戰爭和它所帶來的毀滅已令西方文明的道德價值黯然失色；同時巴黎和會上所發生的一切，亦從根本削弱亞洲對西方列強的期待與尊敬。第八章亦會談及一戰對亞洲的文化效應和文明重要性。

亞洲在一戰雖然只是初步展現其尋找意義的努力，但今天卻充斥著記憶、遺忘、甚至有意的失憶，實在違背其初心。[26]西方對亞洲人、

25 Margaret MacMillan, *Paris 1919: Six Months that Changed the World* (New York: Random House, 2002), xxv.

26 有關戰爭的整體記憶，最好的研究可參見 Jay Winter, *Remembering War: The Great*

亞洲各國及其參戰的形象與理解同樣是雜亂無章。中國與越南政治歷史的創傷、印度與朝鮮的殖民遺產、還有日本的戰爭責任問題，上述種因素使各參與國家對一戰看法受到扭曲。要恢復戰爭的記憶及在亞洲脈絡下重評一戰，本文只不過是其中一個嘗試而已。我希望在恢復它更寬廣的「世界」意義及重要性過程中，本文能稍為出一份力量。

*War between Memory and History in the Twentieth Century* (New Haven: Yale University Press, 2006).

# 第二章
# From Trust to Mistrust: Sino-Japanese Relations after the Versailles Settlement*

韓子奇（Tze-ki Hon）

BNU-HKBU United International College,
Research Centre for History and Culture, Beijing Normal University Dean & Professor

Commonly known as the May Fourth Movement, the "1919 moment" in China was full of anger, frustration, and disillusionment. On the May Fourth of 1919, thousands of students marched through Beijing protesting the Versailles Settlement which transferred the German colonies in Shandong to Japan. Spurred by what they considered as an unjust decision, the protesters ransacked the home of an official in the Chinese foreign ministry who appeared not doing enough to press the Allied Powers. In the following days, protests spread to other cities such as Shanghai, revealing massive disillusionment with the hypocrisy of the Allied Powers that promoted national self-determination on the one hand, and supported

* 中文譯名：〈從信任到不信任：凡爾賽和約後的中日關係〉。

imperialism and colonialism on the other.[1]

As Xu Guoxi points out, the "1919 moment" in China signaled the end of Chinese naiveté toward the openness of the international system.[2] In foreign relations, the "1919 moment" ushered in a new era in Chinese diplomacy that focused primarily on securing national sovereignty, ensuring borders integrity, and maximizing national interest.[3] Thus, the impact of the "1919 moment" was long-term. For decades to come, the Chinese leaders realized that reaching "the standard of civilization" as a modern nation was no longer the path to be recognized as a full-fledged member of the international community. Rather it was to gain wealth and power by securing land and resources.

This change of view was not only political but also cultural. In standard historical accounts, the "May Fourth" (*wusi* 五四) means both the "May Fourth Movement" (student protests in 1919) and the "May Fourth New Culture Movement" (language reforms and cultural renaissance from 1915-

---

1 The list of the standard literature on the May Fourth Movement is long. The major ones include: Chow Tse-tsung, *The May Fourth Movement: Intellectual Revolution in Modern China* (Cambridge, MA: Harvard University Press, 1960), Lin Yü-sheng, *The Crisis of Chinese Consciousness: Radical Antitraditionalism in the May Fourth Era* (Madison: University of Wisconsin Press, 1979), Vera Schwarcz, *The Chinese Enlightenment: The Legacy of the May Fourth Movement of 1919* (Berkeley: University of California Press, 1990). For a thoughtful study of student activism of the May Fourth protest, see Fabio Lanza, *Behind the Gate: Inventing Students in Beijing* (New York: Columbia University Press, 2010).

2 Xu Guoqi, *China and the Great War: China's Pursuit of a New National Identity and Internationalization.* (Cambridge, UK: Cambridge University Press, 2005), 15-16.

3 William C. Kirby, "The Internationalization of China: Foreign Relations at Home and Abroad in the Republican Era," *China Quarterly* 150.2 (1997): 439-441.

1923).[4] This doubling of the "May Fourth" is by no means accidental. It is to highlight two differing meanings of the "1919 moment" in China. It was, in a short run, a political movement driven by anticolonial nationalism,[5] and, in a long run, a cultural awakening when China's role in the world was drastically changed from the center of "all under heaven" (*tianxia*) into a nation-state (*guojia*).[6]

Although ostensibly the two "May Fourths" were separate events—one political and the other cultural—they were part of China's struggle to find its place in the international system. In the words of Li Zehou 李澤厚, the two "May Fourths" signify the competing claims of *national salvation* symbolized by student protests in 1919, and *cultural enlightenment* shown in the language reforms and cultural renaissance of the 1910s and 1920s.[7] Temporally, the two "May Fourths" did overlap on the May Fourth of 1919, the day when students marched through Beijing and ransacked the house

---

4 For the double meaning of the "May Fourth," see Chow Tse-tsung's introduction to *The May Fourth Movement*.

5 For the global meaning of this political "May Fourth," see Erez Manela, *The Wilsonian Moment: Self-Determination and the International Origins of Anticolonial Nationalism* (New York, Oxford University Press, 2007), 99-118.

6 For the intellectual and cultural significance of China's transition from the center of "all under heaven" to a "nation-state," see Joseph Levenson, *Confucian China and Its Modern Fate: A Trilogy* (Berkeley: University of California Press, 1968). For the political impact of this transition, see John Fitzgerald, *Awakening China: Politics, Culture, and Class in the Nationalist Revolution* (Stanford: Stanford University Press, 1998).

7 Li Zehou, "Qimeng yu jiuwang de shuangchong bianzhou 啟蒙與救亡雙重變奏" (The Changing Relation in the Duet of Cultural Enlightenment and National Salvation) in *Zhongguo xiandai sixiang shilun* 中國現代思想史論 (Studies of Modern Chinese Thoughts) (Beijing: Sanlian shudian, 2008). For a summary of Li Zehou's argument, see Vera Schwarcz, *The Chinese Enlightenment*, 1-11.

of a Chinese foreign minister. This overlap captured two conflicting elements of the "1919 moment" in China: its heroism and its melancholy. It was heroic because in 1919 the Chinese—especially the young generation—joined other peoples around the world demanding national self-determination.[8] It was melancholic because the Chinese—especially the cultural elites who used to champion "European culture" as the standard of civilizeation of the modern age—began to doubt about the supremacy of the West.[9]

In this chapter, I will focus on the melancholy of the "1919 moment" in China. Instead of rehearsing what has already been said on China's role in developing multilateralism in diplomacy and the founding of the League of Nations, I will examine a shift in the Chinese world-view based on two concepts: the hierarchy in time that was popular among Chinese intellectuals at the turn of the twentieth century, and the hierarchy in space that became dominant after the Versailles Settlement.[10] In the former, the Chinese believed that they must follow the "universal principle" (*gongli* 公理) of human progress that directed humankind to move forward from barbarism to civilization, and from primitive accumulation to industrial production. It stressed connectivity, mobility, and mutual dependence within the global system, and fair and open competition among members of the international community. In the latter, the Chinese thought that they must protect their land and preserve their country's territorial sovereignty.

---

8 See Erez Manela, *The Wilsonian Moment*, 141-158.

9 See Lydia H. Liu, *Translingual Practice: Literature, Culture, and Translated Modernity—1900-1937* (Stanford: Stanford University, 1985), 239-264.

10 Elsewhere I discuss the differences between these two concepts in "From a Hierarchy in Time to a Hierarchy in Space: The Meanings of Sino-Babylonianism in Early Twentieth Century China," *Modern China,* 36.2 (2010): 139-169.

It emphasized that the Chinese must work hard to defend their country's territorial integrity in an increasingly hostile and predatory world.

This shift from connectivity to geo-body did not take place overnight. In fact, it took almost a decade for the Chinese cultural elites to fully comprehend its implications. Nevertheless, this shift was as transformative as the student protest on the May Fourth of 1919.  It changed the world view of generations of Chinese intellectuals who saw the system of nation-states as a double-edged sword. To many Chinese, while the nation-state system facilitated national unity and independence around the world, it also privileged the strong and powerful nations over the weak and powerless.

To trace this shift in the Chinese world view, I will examine the discussion about China's role in the world in four journals: *Dixuezazhi* 地學雜誌 (*Journal of Earth Studies*, 1910-1937), *Shidixuebao* 史地學報 (*Journal of Historical Geography*, 1921-1926), *Shixueyudixue* 史學與地學 (History and Geography, 1926-1928), and *Yugongbanyuekan* 禹貢半月刊 (*Chinese Historical Geography*, 1934-1937). This comparison will show that China's self-definition in the system of nation-states underwent tremendous changes in the 1920s and 1930s after the Versailles Settlement. In the 1910s when Zhang Xiangwen 張相文 (1866-1933) founded the first Chinese geographic organization, *Zhongguodixue hui* 中國地學會 (Chinese Association for the Studies of the Earth) in the Beijing-Tianjin area, and published the first Chinese geographical journal, *Dixuezazhi*, China was in the process of adopting what Martin W. Lewis and Kären E. Wigen called "the myth of the nation-state."It is a myth because it assumes that "cultural identities (nations) coincide with political sovereign entities (states) to create a series of internally unified and essentially equal units."[11] Adopting the European argument for social evolution and open competition, many Chinese concluded that forming a nation-state was the only way to be a member of the modern world. For them, nation-state was a "measurement of civilization" in the early twentieth century, and China had no choice but to follow the "universal principle" in order to join the "civilized community."[12]

In the 1920s, this belief in joining the civilized community by particip-ating in fair and open competitions was greatly challenged. Disillusioned by China's unfair treatments in the Versailles Settlement, the Chinese ended what Xu Guoqi calls "an age of innocence" in international relations.[13] Rather than aspiring to be a member of the civilized community by adopting the Western political and social systems, the Chinese discovered that the nation-state system was dominated by Western powers eager to protect their own interests at all costs. During the eight years (1921-1928) when *Shidixue-bao*and *Shixueyudixue*were published in Nanjing, the capital of the Guom-intang government, the Chinese realized that Westernization alone would not win them recognition in international affairs. Instead, they

11 Martin W. Lewis and Kären E. Wigen, *The Myth of Continents: A Critique of Metageography* (Berkeley: University of California Press, 1997), 8

12 For a discussion of how the standard of civilization shaped the international relations during the nineteenth and early twentieth centuries, see Gerrit W. Gong, *The Standard of 'Civilization' in International Society* (Oxford: Clarendon Press, 1984). Elsewhere I have discussed how the Chinese responded to the standard of civilization. See Han Ziqi 韓子奇 (Hon Tze-ki), "Jinru shijie de cuozhe yu ziyou——Ershi shiji chude *Dixue zazhi,*" 進入世界的挫折與自由——二十世紀初的《地學雜誌》, *Xin Shixue* 新史學 19.2 (June 2008): 156-166.

13 Xu Guoqi, *China and the Great War*, 15-16.

focused on recovering national sovereignty through diplomatic negotiations and treaty revisions. They believed that although the nationstate system was a tool of the Western powers to control the world, the system allowed a discussion of national sovereignty as expounded in Wilson's Fourteen Points.[14] To them, the only way to beat the system was to protect China's territorial sovereignty.

In the early 1930s, as the threat of the Japanese encroachment intensified, the Chinese increasingly fixated on territorial sovereignty. Rather than viewing the nation-state system as an advanced stage of human evolution, they saw it as the tool of the imperialists to dominate the world. As Prasenjit Duara points out, this shift from joining global evolution to protecting China's geo-body fueled an intense anti-imperialist nationalism in China.[15] In the 1930s, no other academic journal expressed this anti-imperialist nationalism more vividly and forcefully than *Yugongbanyuekan*, which publicly condemned the Japanese occupation of Manchuria and urged the Chinese to protect their country with blood.

## The Globe as Open Space

Even though in the 1930s the Chinese anti-imperialist nationalism

---

14 For an account of Chinese mixed feelings about the nation-state system after WWI, see Xu Guoxi, *China and the Great War*, 244-277.

15 Prasenjit Duara, "Transnationalism and the Predicament of Sovereignty: China, 1900-1945," *American Historical Review* 102.4 (October 1997): pp. 1030-1051; Duara, *Sovereignty and Authenticity: Manchukuo and the East Asian Modern* (Lanham, MD: Rowman & Little-field, 2003), 1-40.

was targeted at Japan, we should keep in mind that as neighbors in East Asia, China and Japan faced similar problems in finding their roles in the nation-state system. Focused on the First Sino-Japanese War (1894-1895), Shogo Suzuki calls our attention to the predicament that Chinese and Japanese leaders faced since the mid-nineteenth century. On the one hand, to join the international community, they must transform their countries politically and economically to meet the "standard of civilization" set down by the Western powers. On the other hand, to succeed in the international community, they must challenge its "rules of the game" that were designed to hamper the competitiveness of new-comers.[16] Driven in turn by what Suzuki calls the "light side" and "dark side" of the Eurocentric global system, Chinese and Japanese leaders were put in a situation where they must be simultaneously pro-Western and anti-Western, partners and rivals.[17]

In East Asia, this process of socialization began after the First Opium War (1838-1842) when European powers forced their way into China and secured their interests by obtaining concessions and extraterritoriality. A decade later, in 1853-1854, the arrival of the Commodore Perry in the Tokyo Bay opened Japan to the world. While different in some respects, China and Japan shared a similar path in which they had to substantially change their political and economic systems to gain recognition as

16 Shogo Suzuki, *Civilization and Empire: China and Japan's Encounter with European International Society* (New York: Routledge, 2009), 1-10.

17 For the significance of Suzuki's argument, see Richard Little's introduction to *Civilization and Empire*, xiv-xvi.

members of the international community.[18] Thus, from the mid-nineteenth century to the mid-twentieth century, multilateralism was at the core of the two countries' foreign policy.

For China, Japan's success in ending extraterritoriality in 1894 and in forming an alliance with Britain in 1902 proved that multilateralism was effective in keeping peace in the world and in allowing mobility in the global system. Hence, from 1895 to 1915, China saw Japan as a model of "East Asia modernity" and sent thousands of its bright students to schools in Japan.

To highlight the close relationship between China and Japan during this time, Douglas Reynolds calls these ten years "the golden decade" of Sino-Japanese relations.[19] The period was golden not only because it was in sharp contrast to what happened later when the two countries went to war in the 1930s and 1940s. More important , it was golden because China and Japan were closely tied to a network of cultural and technology sharing to build an "East Asian modernity." What drove this cultural and technological network was the belief that East Asia (encompassing China, Japan, and Korea) was a region with a unique culture and history that could achieve modernity equal to, but different from, Europe and the

18 The classic works on the common path of socialization are Gerritt W. Gong, *The standard of 'Civilization' in International Society* (Oxford: Clarendon, 1984) and Hedley Bull and Adam Watson, eds., *The Expansion of International Society* (Oxford: Oxford University Press, 1984). For a historical reflection on China's and Japan's internationalization, see Akira Iriye, *China and Japan in Global Setting* (Cambridge, MA: Harvard University Press, 1998).

19 Douglas R. Reynolds, *China, 1898-1912: The Xinzheng Revolution and Japan* (Cambridge, MA: Council on East Asian Studies, Harvard University, 1993), 1-39.

United States. A striking characteristic of this network was that it was centered in Japan rather than in China, practically destabilizing the Sino-centric tributary system that had been dominant in East Asia in previous centuries.[20]

The "golden decade" ended abruptly in 1915 when the Japanese government presented the Twenty-One Demands to Yuan Shikai, the president of the young Republic of China, demanding a guarantee of its interest in Shandong after the Japanese soldiers took over German colonies in the province. The Shandong issue snowballed into a major international controversy when WWI ended. As mentioned earlier, at the Versailles Settlement, the Allied Powers gave the former German colonies in Shandong to Japan. Subsequently the decision caused popular uproars in China, especially student protests in Beijing, later known as the May Fourth Movement.

Like other journals in China at the beginning of the twentieth century, *Dixuezazhi* captured the turn-of-the-century optimism about an open international system and an East-Asian modernity. In their pronouncement of publishing the journal, the leaders of the Chinese Association for the Studies of the Earth were explicit in expressing their intention to examine the nation-state system. For this reason, in *Dixuezazhi*the term *dixue* 地學 literally meant the studies (*xue*) of the earth (*di*). It included the geological studies

20 Elsewhere I discuss the significance of this East Asian network of knowledge and technology sharing. See Tze-ki Hon, "Technology, Markets, and Social Change: Print Capitalism in Early Twentieth-Century China," in *Print, Profit, and Perception: Ideas, Information, and Knowledge in Chinese societies, 1895-1949,* edited by Pei-yin Lin and Wei-pin Tsai (Leiden: Brill, 2013), 92-113.

of rock formation and the location of mountain ranges, maps of countries and cities, meteorological studies of weather patterns, new mining techniques, and global systems of commerce, communication, and cultural exchange.[21] In short, the scope of *dixue* is the entire globe, and its goal is to find out how the globe is connected through various physical and human networks.

This global scope of *dixue* is clearly shown in Xiong Bingsui's 熊秉穗 article, "Zhongguozhongzukao" 中國種族考 (A Study of the Chinese Race). On the surface, the article appears to be another attempt to support the alleged migration of the Chinese from Mesopotamia. Commonly known as "Sino-Babylonianism" or "Xilai shuo" 西來說 (The Theory of the Western Origins of Chinese Civilization) promoted by Terrien de Lacouperie (1845-94). Lacouperie argued that the Chinese were descendants of the Bak tribe who migrated to China from Mesopotamia in prehistoric time.[22] Based on meticulous textual studies, he demonstrated that the Chinese classic *Yijing* (Book of Changes) was a Babylonian dictionary, containing the hidden code of an advanced civilization outside China.[23] In the early 1900s, Lacouperie's argument was introduced to the Chinese through the summaries of two Japanese journalists, Shirakawa Jirō 白河次郎 and Kokubu Tanenori 國府種德. Preposterous as it may

---

21 In the first year of its publication, *Dixue zazhi* carried a large variety of articles including articles about rock formation, weather patterns, mining technology, the opening of the Suez Canal, and the railroad system. See especially *Dixue zazhi* 1.1, 1.2, 1.3, and 1.4.

22 Terrien de Lacouperie, *Western Origin of the Western Early Chinese Civilisation* (London: Asher, 1893), pp. 1-8.

23 Terrien de Lacouperie, *The Yh-king and Its Author* (London: D. Nutt, 1892), pp. v-xix; *Western Origin*, pp. 16-19.

seem from today's perspective, Lacouperie's argument was warmly accepted by Chinese nationalists such as Deng Shi 鄧實 (1877-1945), Huang Jie 黃節 (1873-1935), Liu Shipei (1884-1919), and Zhang Taiyan 章太炎 (1869-1935), who promoted Sino-Babylonianism to support an anti-Manchu revolution. They argued that because the Han Chinese were originally migrants from Mesopotamia, they should have the physical strength and the mental toughness to start a revolution against their oppressors. As descendants of the Yellow Emperor, the first Chinese king of the migrants from Mesopotamia, they must have faith in themselves in creating their own country.[24]

Contrary to the nationalists at the turn of the twentieth century, Xiong Bingsui 熊秉穗 did not use Sino-Babylonianism as a political weapon. He flatly rejected Deng Shi and Huang Jie's argument that the Han Chinese were "descendants of the Yellow Emperor." [25] Instead, Xiong saw a deeper meaning in Lacouperie's Sino-Babylonianism. In addition to showing a racial genealogy from the Yellow Emperor to contemporary

24 Kai-wing Chow, "Imagining Boundaries of Blood: Zhang Binglin and the Invention of the Han 'Race' in Modern China," in *The Construction of Racial Identities in China and Japan*, ed. Frank Dikötter (Honolulu: University of Hawai'i Press, 1997), pp. 34-52; Frank Dikötter, *The Discourse of Race in Modern China* (Stanford: Stanford University Press, 1992), pp. 116-23; John Fitzgerald, *Awakening China: Politics, Culture, and Class in the Nationalist Revolution* (Stanford: Stanford University Press, 1996), pp. 67-88; Shen Songqiao 沈松橋, "Wo yi wo xue jian xuan yuan: Huangdi shenhua yu wanqing de guozu jiango" 我以我血薦軒轅:黃帝神話與晚清的國族建構, *Taiwan shehui yanjiu jikan*臺灣社會研究季刊28.2 (1997): pp. 1-77; Tze-ki Hon, "From a Hierarchy in Time to a Hierarchy in Space: Meanings of Sino-Babylonianism in Early 20th Century China," *Modern China* , 36.2 (2010): pp. 139-169.

25 Xiong Bingsui, "Zhongguo zhongzu kao 中國種族考" (A Study of the Chinese Race),*Dixue zazhi* 18 (1911): pp. 1a-12b; 3-4 (1912): p. 1a.

Han Chinese, Sino-Babylonianism revealed the complex networks of human migration that began in prehistoric times and continued to the present. For Xiong, the migration of the Bak tribe to China was merely an example of the constant flow of people across Eurasia. More important, migrants were often stronger and more determined to succeed in difficult conditions.[26] Not only did they have to adapt and adjust to the new environment, they also had to compete with the locals in controlling land and resources.

Thus, for Xiong, the migration of the Bak tribe to China was an episode of global significance. First, it demonstrated that since prehistoric times there had been constant movement of people from continent to continent, forming multiethnic communities in various parts of the world. Because of the high volume of migration, racial mixing amid racial competition had been the driving force of history. Second, for contemporary Chinese, the migration of the Bak tribe underscored the importance of coming to terms with the age of imperialism and colonialism. As Europeans were migrating to East Asia in droves through imperialist expansion and colonial rule, they would soon be the new rulers of East Asia if the natives could not match their competitiveness and military prowess.

The same global scope is also found in Bai Yueheng's 白月恆 article "Lidingxingzhengqubeikao" 釐定行政區備考 (Notes on Dividing the Administrative Districts, 1912). Throughout human history, Bai suggested, constant attempts had been made to match political boundaries with

---

26 Xiong Bingsui, "Zhongguo zhongzu kao," *Dixue zazhi* 18 (1911): p. 3b.

natural boundaries. When a political boundary follows "the division in mountains and the unity in rivers" (*shanlishuihe* 山離水合), he said, it renders what is invisible visible, making the natural boundary clear and concrete. When a political boundary allows an effective use of natural resources, he asserted, it creates "peace to the country and prosperity to the people" (*guotaiminan* 國泰民安).[27] In China, Bai argued, throughout history Chinese political leaders had made many attempts to match human geography with natural geography.

But Bai considered the success of the 1911 Revolution provided an important opportunity for rethinking and remaking the political divisions in China.[28] Unlike previous attempts, he argued, the goal of restructuring the administrative districts after 1911 was not to give the central government more control over the local areas, or to expand the bureaucracy to remote places. Rather, the political reorganization was to reflect the characteristics of natural geography and to facilitate the movement of people and goods. The new political division, Bai suggested, should "model after nature" (*biaozhunzai hu tian* 標準在乎天), focusing on expanding existing networks that connected the local market to regional and global markets. Its goal was to serve China as well as the world, making the country more connected to the global system of circulation, consumption and production.[29]

27 Bai Yueheng, "Liding xingzheng qu beikao釐定行政區備考" (Notes on Dividing the Administrative Districts),*Dixuezazhi* 7-8 (1912): p. 1a.

28 Ibid., p. 1b.

29 Ibid., p. 1b.

## The Unjust World after World War I

But some Chinese intellectuals began to question this sanguine view of global circulation after witnessing the horrific destruction in WWI. The scholar-journalist Liang Qichao 梁啟超 (1873-1929), for instance, wrote a moving memoir after touring the war-torn Europe in 1919. In his memoir, Liang not only chronicled the massive destruction of "the Great War," but also used the destruction in Europe to proclaim the end of "the dream of the omnipotence of science" (*kexuewannengzhimeng* 科學萬能之夢).[30] For Liang, scientific development had proven to be a double-edged sword. On the one hand, scientific discoveries produced large quantity of consumer goods, built a global network of communication and transport-ation, and improved the living condition of human beings. On the other hand, scientific discoveries created lethal weapons that could wipe out human civilization and caused pain and anguish to millions of people. More important, Liang discovered that the Westphalian system of nation-states was unable to guarantee justice and fairness in international politics. Citing the decision of the Allied Powers to give the German colonies in Shandong to Japan, Liang saw the end of "the sweet dream of human justice" (*zhengyirendao de haomeng* 正義人道的好夢).[31] Rather than redrawing the map of the world based on a mutual respect of national sovereignty and a careful consideration of existing networks of connect-

30 See "*Ouyou xinying lu*歐游心影錄 (Impressions from a trip to Europe)," in *Liang Qichao youji* 梁啟超遊記 (Liang Qichao's travel writings) (Shanghai: Dongfang chubanshe, 2006), 13-15.

31 Ibid., 106.

ivity, Liang found that the victorious Western powers used the Versailles Settlement to settle scores and to pursue their own interests.

For many Chinese readers, the most revealing part of Liang's memoir was a brief conversation between Liang and an American writer. First, the American writer asked Liang what he would bring back to China from Europe. Liang answered that he would bring Western civilization to China to enlighten his countrymen. The American writer sighed after hearing Liang's answer. He told Liang that it was pointless to bring Western civilization to China because it had already bankrupted. In return, Liang asked what the American writer would do after returning home. Surprisingly the American writer told Liang that he would stay home to wait for Chinese civilization to save his country.[32]

While the conversation might be fictive, Liang underscored the fact that WWI was indeed a major change in human history. Clearly shown in the massive destruction and the tremendous loss of lives, Liang drew attention to the negative impact of European material progress that culminated into "the Great War." Liang showed that the material progress (particularly in armaments and war strategies) did not improve human civilization; on the contrary, it destroyed the world. In contrast, Chinese civilization might be slow in producing material goods, but it promoted a balanced view toward nature and harmony in society.[33]

This change in the perception of the West was clearly expressed in *Shidixuebao*. Based in Nanjing, the capital of the Guomindang government, *Shidixuebao*was published by Southeastern University (*Dongnandaxue* 東

32 Ibid., 20-21.

33 Ibid., 5-6.

南大學). Led by an eclectic group of scholars including foreign-trained scientists (e.g., Xu Zeling 徐則陵 and Zhu Kezhen 竺可楨), late-Qing philologists (e.g., Liu Yizheng), and graduates of Southeastern University (e.g., Miao Fenglin 繆鳳林 and Zhang Qiyun 張其昀), *Shidixuebao*was a professional journal aimed at scholars in the academy and the learned readers in society. By combining history with geography, the editors of *Shidixuebao*claimed that they were creating a hybrid discipline that would give a comprehensive account of "human development" (*renshizhituibian* 人事之蛻變).[34]

In their writings, the writers of *Shidixuebao*showed a deep interest in China's role in the global system after WWI. Disillusioned by the decision of the Allied powers to transfer the German colonies in Shandong to Japan, they saw the Versailles Settlement as an attempt by Britain, France, and Italy to preserve their power. Despite the promise of national liberation and national sovereignty in Wilson's Fourteen Points, they saw the creation of the League of Nations as a ploy of the Western imperial powers. Rather than a facilitator of multilateralism, they viewed the League of Nations as a gatekeeper, preserving the supremacy of the European countries and stopping the non-Western countries from gaining national independence. For this reason, they consciously promoted their journal as a public forum for "contemporary issues" (*xindaiwenti* 現代問題).[35]

---

34 In referring to human development, the writers of *Shidi xuebao* deliberately avoided using terms that implied linear progression (e.g., *jinhua* 進化). Instead, they used terms such as *tuibian* 蛻變 (transform and change) and *yanhua* 演化(evolve and change) to stress the continuity in change in human civilization. For the meaning of *yanhua*, see Miao Fenglin, "Zhongguo shi zhi xuanchuan" 中國史之宣傳, *Shidi xuebao* 1.2 (1921): pp. 209-13.

35 *Shidi xuebao* editors, "Bianji daoyan" 編輯導言, *Shidi xuebao* 2.1 (1922): pp. 1-2.

Of the writers of *Shidixuebao*, the meteorologist Zhu Kezhen was vocal in condemning the Versailles Settlement. In an article reporting the developments in post-WWI Europe, Zhu criticized the Allied Powers for harshly punishing the Germans and unfairly dividing the land of the crumbled Austro-Hungarian Empire and the Ottoman Empire.[36] In another article, he continued his critique of the Versailles Settlement by chronicling the transfer of power from Germany to Japan in Qingdao. In the article, he showed how a decision that was made behind closed doors in Versailles had disastrous consequences to people in Shandong. By revealing how unjust the world had become after WWI, Zhu underscored the importance of knowing China's territorial boundaries. To make his point, he accused the late Qing officials of giving away territories that had no knowledge of, such as Li Hongzhang's decision to cede Taiwan to Japan in 1895.[37]

In the early 1920s, Zhu Kezhen's view was particularly poignant when misinformation—especially misinformation about China's territorial boundaries—was a means for winning political gains. A case in point was the Washington Conference of 1921, where nine nations, including Japan, met in Washington, D.C., to negotiate their interests in the Pacific and East Asia. In addition to naval treaties signed by the United States, Britain, and Japan, the status of Manchuria was discussed as part of the sphere of influence of Japan in East Asia. Not being given a role at the conference, the Chinese saw a repeat of the Versailles Settlement where decisions were

36 Zhu Kezhen, "Ouzhou zhanhou zhi xin xingshi" 歐洲戰後之新形勢, *Shidi xuebao* 1.1 (1921): p. 163.

37 Zhu Kezhen, "Qingdao jieshou zhi qingxing" 青島接受之情形, *Shidi xuebao* 2.2 (1922): p. 90.

made without consulting China. In responding to what appeared to be another loss of territorial sovereignty, Miao Fenglin wrote an article affirming the Chinese sovereignty over Manchuria. To counter the Japanese claim, Miao used historical documents (such as the *Yugong,* Tribute to Yu), to prove that Manchuria had been part of Chinese territory for thousands of years.[38] Here, we see a sea change in the Chinese perception of the global system of nation-states. In the 1910s, they saw the system as a collection of hybrid networks of physical and human connectivity, facilitating labor migration, capital movement, and information sharing. In the 1920s, however, they saw the system as patches of "geo-bodies," dividing the earth into distinct territorial units safeguarded by armed forces.

Two examples further elucidate this change of view. One is the status of Pianma 片馬, a patch of land on the border between China and Burma. In Zhao Xiangyuan's 趙祥瑗 article "Pianmawenti de yanjiu" 片馬問題的研究 (A Study of the Question of Pianma, 1922), he traced the complicated history between the Chinese southwest and Burma.[39] Particularly, he centered on the relations between the Chinese province Yunnan and Burma, which were closely connected by migration, trade, and cultural links. But Zhao's goal was not to retell the past but to use the past to clarify

---

38 Miao Fenglin, "Zhongguo shi zhi xuanchuan," p. 212.

39 Showing how greatly territorial boundary had dominated the discussion of historical geography, *Dixue zazhi* also gave prominent coverage to the historical significance and national interest in the "Pianma Question." See Wang Longzhang 王龍章, "Pianma wenti" 片馬問題, *Dixue zazhi* 1-2 (1923): pp. 147-155; "Pianma jiaoshe zhong zhi Yunnan tongdian" 片馬交涉中之雲南通電, *Dixue zazhi* 3-4 (1923): pp. 3-4; 1 (1929): pp. 16-28; 2 (1929): pp. 153-170. On the Pianma controversy, see also Bai Weichu 白眉初, "Pianma kou" 片馬考, *Dixue zazhi* 2 (1928): pp. 161-182; 1 (1929): pp. 16-28; 2 (1929): pp. 153-170; 1 (1930): pp. 35-50; 2 (1930): pp. 162-181.

China's interest in Indo-China, where Britain and France were major players. For him, the question was what China should do to forestall British expansion in the region when the integrity of China's territorial sovereignty was threatened.[40]

The second example was the relationship between northern and southern China. In Miao Fenglin's article "Zhongguoshizhixuanchuan" 中國史之宣傳 (The Propaganda of Chinese History, 1921), he responded to a plan by foreign strategists to divide China into two halves along the Yangtze River. To refute the Westerners' plan, he used historical evidence to prove that the north-south division was temporary throughout Chinese history. It appeared only twice, during the Age of Division (316-589) and the Southern Song period (1127-1279), and in both instances the division paved the way for national unification.[41]

These two examples show an acute sense of insecurity among Chinese intellectuals in the 1920s. Overwhelmed by foreign threats in Manchuria and the southwest, they saw their country under seize. They felt that foreign powers, particularly Japan and Britain, were ready to take over China. In their mind, they were reminded of the "1919 moment" when the Allied Powers partitioned the lands of the crumbled Austro-Hungarian and Ottoman Empires in the name of promoting national independence.[42] They

40 Zhao Xiangyuan,"Pianma wenti de yanjiu" 片馬問題的研究, *Shidi xuebao* 2.4 (1922): pp. 109-21. See also Peng Minghui 彭明輝, *Lishi dili yu xiandai Zhongguo shixue*歷史地理與現代中國史學 (Taipei: Tongdai tushu gufan youxian gongsi, 1995), p. 131.

41 Miao Fenglin, "Zhongguo shi zhi xuanchuan," p. 212.

42 For a study of how the League of Nations decided on the territories and the peoples of the crumbled empires, see Susan Pedersen, *The Guardians: The League of Nations and the Crisis of Empire* (Oxford, UK: Oxford University Press, 2015), 17-106.

feared that the "1919 moment" would soon visit China if they did not do enough to protect their country's territorial sovereignty.

## Protecting the Nation's Territory

Founded in 1934 in Beiping (today's Beijing), *Yugong Banyuekan* attempted to defend Chinese territorial sovereignty when the country was under the full force of Japanese invasion. In the journal's "Statement of Publication" (*fa kan ci* 發刊詞) Tan Qixiang (one of the chief editors) saw the possibility of the end of China. He believed that China would soon be turned into a colony of Japan, as Korea and Manchuria had been in 1910 and 1931 respectively.[43]

Compared with the writings of Miao Fenglin and Zhu Kezhen of the early 1920s, Tan's passage was even more radical and bellicose. anti-colonial nationalism. In the 1920s, Miao Fenglin and Zhu Kezhen were not shy from relating their discussions of geography to contemporary political affairs such as the Versailles Settlement and the Washington Conference. Nonetheless, they did not explicitly advocate taking up arms to protect China's territory. In contrast, Tan Qixiang was deeply concerned with the security of China. He was worried that the Chinese nation would soon be absorbed into the rapidly expanding Japanese Empire as Korea and Manchuria had been. To support his argument, he called attention to the political implication of the term "China Proper," frequently used by Japanese scholars in the late 1920s and 1930s.  He cautioned his readers

43 Ibid., p. 2.

that the Japanese were making plans to annex Mongolia, Xinjiang, and Tibet which were outside of "China Proper," the land where Han Chinese lived.

Of the writers in *YugongBanyuekan*, Feng Jiasheng 馮家昇 (1904-1970) was most articulate in highlighting the importance of protecting China's territorial boundary. In a series of essays on Manchuria, Feng underscored the importance of "the study of the borders" (*bianjiangzhixue* 邊疆之學).[44] In discussing the loss of Manchuria to the Japanese, Feng put the blame on the Nanjing government and the warlords. To prevent further loss of land, Feng emphasized the importance of national defense. He asked the Chinese government to clearly mark the country's territories. To him, the goal of clarifying China's national boundary was not merely about rock formation, mountain ranges, weather patterns, or waterways. Rather, it was part of a struggle against imperialism. When the imperialists spread false information to gain land and resources in China, Feng argued, the Chinese scholars must protect their country's sovereignty by providing counter arguments. Like guns and tanks in the battle field, a knowledge of China's territory would help defend the nation against intruders. In a hostile world where the strong bullied the weak, the countries armed with a sophistical knowledge of their boundaries would have a better chance to defend their territorial sovereignty.[45]

If indeed the Chinese had lost the battle over Manchuria, Feng

---

44 Feng Jiasheng, "Wode yanjiu dongbei shidi de jihua" 我的研究東北史地的計劃, *Yu Gong banyuekan* 1.10 (1934): p. 2.

45 Feng Jiasheng, "Dongbei shide yanjiu zhi yiyou chengji" 東北史地研究之已有成績, *Yugong banyuekan* 2.10 (1935): p. 2.

warned his countrymen that they should focus their attention on the next round of battle—the struggle over East Asia. Feng wrote,

> Before the Sino-Japanese War [of 1894-1895], the Japanese scholars created a field of study called the "Korean Studies." Shortly after-ward, Korea was annexed [to the Japanese Empire in 1910]. Before the Russo-Japanese War [in 1904-1905], the Japanese scholars created a field of study called the "Manchuria and Korean Studies." Shortly afterward, the Liaodong province was fallen. Before the September 18th [the Mukdan Incident of 1931], the Japanese scholars created a field of study called the "Manchurian and Mongolian Studies." Shortly afterward, the four provinces [in Manchuria] were annexed. Nowadays, the Japanese are energetically promoting the "East Asian Studies." Looking at the direction of their swords, it is clear our country is in grave danger. Let's see who will rule East Asia. Countrymen, it is time to wake up! [46]

Partly a heuristic device to mobilize the readers, the last sentence in the quote ("Countrymen, it is time to wake up!") highlighted the Chinese acute sense of vulnerability. At a time when the nation-state system was unable to resolve the contradiction between national independence and imperialist expansion, and between national sovereignty and the domination of colonial powers, "anti-imperialistic nationalism" became an

46 Feng Jiasheng, "Riren duiyu wo dongbei de yanjiu jinkuang"日人對於我東北的研究近況, *Yu Gong banyuekan* 5.6 (1936): p. 6.

effective tool of mobilization. Within the country, it offered a convincing argument to mobilize citizens to defend the nation and to make selfless sacrifice. As in a famous line by Gu Jiegang and Shi Nianhai in 1938, the purpose of clarifying China's boundary was "not to allow enemies to take away an inch of our land." [47]

## The Paradoxes of the Nation-state System

What has shown in this study is the long-term impact of the "1919 moment" on the Chinese perception of the nation-state system. As revealed in the doubling of "May Fourth," the "1919 moment" in China was full of ambiguity and anguish. It was a protest against an unfair treatment by the Allied Powers toward China, and a pivotal change in the Chinese understanding of the international system.

For many Chinese in the early twentieth century, the nation-state system was full of contradictions and incongruities. On the one hand, it was a "measurement of civilization" in *a hierarchy in time* denoting human progress from barbarism to civilization, and from primitive production to industrial manufacturing. As a measurement of civilization, the nation-state system invites everyone—Africans, Asians, Europeans, Muslims—to join the global march to promote "liberty, fraternity, and equality." On the other hand, especially after WWI, the nation-state system became a symbol of *a hierarchy in space* in which strong nations acquired

47 Gu Jiegang 顧頡剛 and Shi Nianhai 史念海, *Zhongguo jiangyu yange shi* 中國疆域沿革史 (Shanghai: Shangwu yinshuguan, 1938), p. 4. The original line is, "雖一寸山河，亦不當輕易付諸敵人."

more land and resources at the expense of weak nations. The geographical size of a nation became a measurement of wealth and a symbol of power.

Driving this tension between connectivity and geo-body was the conflict between the lofty goal of safeguarding the national independence of all legitimate nations, as eloquently spelled out in Wilson's Fourteen Points, and the harsh (if not dark) reality of the imperialism where strong nations continued to invade and occupy the land of weak nations.[48] One may say that this conflict had existed long before WWI. But for the Chinese, especially the cultural elites, this conflict became apparent in the Versailles Settlement where the Allied Powers decided to give the German colonies in Shandong to Japan.

As shown in this study, it was the tension between a hierarchy in time and a hierarchy in spacethat was pivotal to the change in how the Chinese looked at Japan. When the Chinese understood the nation-state system as a hierarchy in time for human evolution, China would join the community of nation-states by modeling after Japan's "East Asian modernity." When the Chinese understood the nation-state system as a hierarchy in spacefor acquiring wealth and land, they saw Japan as an aggressor and a competitor. With this understanding, we must look at Chinese nationalism more carefully. Before we blame the Chinese for narrowing their horizon and adopting a victim mentality, we should first examine the nation-state system which caused confusion and frustration due to its conflicting goals.

---

48 For a thoughtful discussion of this tension between supporting national independence and supporting imperialism, see Cemil Aydin, *The Politics of Anti-Westernism in Asia: Visions of World Order in Pan-Islamic and Pan-Asian Thought* (New York: Columbia University Press, 2007), 93-126.

# 第三章
# The First World War, China, and Asia: A Review Essay on Guoqi Xu's Great War Trilogy*

溫柏堅（Kent Wan）

Research Centre for the History of Republican China,
Nanjing University, Assistant Research Fellow

*Asia and the Great War: A Shared History*, by **Guoqi Xu**, New York, Oxford University Press, 2017, xvii + 275 pp., bibliography, index, £35.00 (hardcover), ISBN 978-0-19-965819-0

*China and the Great War: China's Pursuit of a New National Identity and Internationalization*, by **Guoqi Xu**, New York, Oxford University Press, 2005, xiv + 316 pp., bibliography, index. $80.00 (cloth), ISBN 978-0-521-84212-9

*Strangers on the Western Front: Chinese Workers in the Great War*, by **Guoqi Xu**, Cambridge, MA, Harvard University Press, 2011, viii + 366 pp., bibliography, index, $39.95 (hardcover), ISBN 978-0-674-04999

* 中文譯名：〈第一次世界大戰、中國與亞洲：徐國琦「一戰三部曲」評述〉。

## Introduction

Even when it was internally divided, ridden by economic instability, and had large chunks of its territory occupied by foreign powers, Republican China was a remarkably important ally for the British, the Americans, and the French in their efforts to emerge victorious in the First World War. The manual labour performed by Chinese who had made their way to Europe enabled Allied soldiers to concentrate on their combat duties at a period when there was a severe shortage of workers to assist the war efforts against the Central Powers led by Germany. Like aspiring leaders from India, Korea, or Vietnam (known as Indochina during the period of French rule)[1] who saw the First World War as a once in a lifetime opportunity to liberate their motherlands from European or Japanese colonial rule, Chinese statesmen, intellectuals, and labourers were determined to demonstrate to the world that China could be a responsible global actor at a period when the most powerful nation-states in the world and their colonial satellites were waging an existential war that had engulfed the entire world. In his trilogy of historical monographs on the involvement of China and Chinese in the First World War and how the conflict transformed the Asian continent, Xu Guoqi demonstrates that even when it was at its weakest, China was an influential nation-state, one that played a decisive role in the outcome of a conflict that had torn the

---

1 Xu Guoqi uses the terms 'Vietnam', 'Indochina', 'Vietnamese', and 'Indochinese' interchangeably. For the sake of clarity, the author of this review essay will utilise Vietnam and Vietnamese consistently.

world apart and the citizens as well as leaders of which took part in political actions that, similar to liberation campaigns participated by activists from India, Korea, and Vietnam to facilitate either the collapse of or enactment of liberal political reforms in colonial administrations that ruled their homelands, sought to create an Asia that would be freed from imperial domination.

Xu is a multilingual scholar who writes elegantly in English as well as Chinese and is capable of conducting archival research in multiple jurisdictions. Xu received his bachelor's and master's degrees in China (Anhui and Nankai) before obtaining his graduate training in the United States (Harvard). Having taught at Nankai University, Kalamazoo College (where he still holds the Wen Chao Chen Chair in History and East Asian Studies), Xu was hired by the University of Hong Kong's History Department in 2010 and in 2017 was appointed the Kerry Group Professor in Globalisation History. In addition to the Great War trilogy, he has published two well-received monographs, one on the history of sport in China from 1895 to 2008, another a collection of essays on Sino-American cultural exchanges, diplomatic cooperation, common educational projects, and joint athletic ventures.[2]

Xu styles himself after 'master-historians' like Michael Hunt and Akira Iriye, two scholars who are convinced that the study of monumental geopolitical incidents necessitates not only the examination of relations between nation-states, but also the ways in which international events impacted the

---

2 Guoqi Xu, *Olympic Dreams: China and Sports, 1895-2008* (Cambridge: Harvard University Press, 2008); Guoqi Xu, *Chinese and Americans: A Shared History* (Cambridge: Harvard University Press, 2014).

internal evolutions of individual countries (Xu, 2005, p. 6). For Xu, international history represents 'a methodology that focuses on macro-history, emphasizing culture and society in addition to traditional diplomatic history' (Xu, 2005, p. 7). In his Great War trilogy, by exploring 'the relationship between an international power system and a particular cultural outlook, between nationalism and internationalism, [and] between national ambitions and collective disappointments', Xu delineates how the First Word War granted men and women residing in China and anti-colonial politicians and activists from Vietnam, India, and Korea opportunities to reform their homelands, undermine the legitimacy of European and Japanese imperialism in Asia, and transform the existing international system into one that favoured not the great empires, but nationals of polities who attempted to free themselves from imperial rule (ibid).

The trilogy under review is based on multi-archival research, as Xu visited institutions located in China, Taiwan, Britain, France, Germany, Canada, and the United State. He also consulted secondary works written by specialists on Chinese, Korean, Indian, Japanese and Vietnamese histories. The monumentally important roles played by Chinese political leaders, diplomats, workers in the Great War have been largely forgotten by historians in and outside of China, citizens whose countries were saved or changed for the better by the vital assistance provided by Chinese labourers, and even ordinary Chinese whose nationalism was forged in the crucible and aftermath of 'The War to End All Wars'. How the Great War sparked political movements, consolidated nationalisms, and inspired acts of defiance against European and Japanese imperialism in Asia are being similarly being overlooked by academics and the general public. The determination to fill the gaps in historical memories and historiography concerning China's forgotten participation in the Great War and how the conflict altered the political landscapes of Asia motivated Xu to write three important historical monographs on a chapter of world history that has often been ignored. Xu's trilogy will likely become a classic that will be read by specialists on the Great War, imperialism in Asia, and anti-imperial political mobilisations in China, India, Vietnam, and Korea for years to come.

## The Road to Chinese Involvement in the Great War

Before discussing China's participation in the Great War, it is necessary to investigate the development of Chinese public opinion during the sunset period of Qing rule that was made possible by a burgeoning Chinese press consisted of newspapers, magazines, and periodicals that not only informed their consumers decisions made by political leaders, but also provide venues in which policy choices could be advocated, debated, and analysed in such a way that was conductive to the emergence of a Chinese nationalism. According to Xu, Chinese public opinion first emerged in 1895, when the Qing empire's defeat by the Japanese motivated intellectuals, members of the gentry class, and degree holders to debate the causes of and remedies for China's geopolitical decline (Xu, 2005, p. 27). Before long, political journals and newspapers were set up and study groups were organised to 'arouse people's national consciousness, to argue for the necessity of reform, to show the futility of the traditional Chinese worldview, and to advocate diplomatic equality with the west' (Xu, 2005, p. 51). According to Xu, it 'may be somewhat misleading' to assert the existence of public opinion in the final decades of Qing rule and the early Republican era, since during these two periods, 'the majority of Chinese were illiterate farmers'; nevertheless, 'by the late Qing there was already a large reading public which… played an active role in' debates concerning Qing domestic and foreign policies, thereby laying the foundation for the emergence of a 'full-blown Chinese press' during the first decade of the Republic that 'provided an effective vehicle for helping the Chinese to communicate within large groups and share their feelings and understanding about China and the world' (Xu, 2005, p. 53, p. 71). In addition to creating media platforms in which consumers of newspapers or periodicals could engage with one another in debates and dialogues concerning the future of China, thereby reinforcing their sense of belonging within the Chinese nation-state containing nationals with a common aspiration to safeguard the geopolitical interests of their homeland, the Chinese press brought 'the world of foreign policy to the public, to outsiders of all kinds, shaping their knowledge as well as their incentives and opportunities for participation in the policy-making process', so much so that on the eve of the Great War, there existed a 'foreign policy public' led by public intellectuals and opinion leaders who, either acting with acquiescence of or in cooperation with policymakers, sought to mobilise public opinion to support, reject, or promote foreign policy options deemed most advantageous to China during periods of crisis (Xu, 2005, pp. 64-66).

A general agreement existed within China's foreign policy public and among leading statesmen in the early days of the Republic concerning the necessity of elevating China's international stature not through confrontations, but by increased participation in world affairs as a nation-state respected by and treated as an equal of the western powers and Japan. After the collapse of the Qing empire, Chinese statesmen and reformers went as far as to advocate that China should adopt a constitutional framework similar to that of the world's leading republic, the United States, as 'republicanism in China was closely linked with Chinese desire to join the world and imitate the west' (Xu, 2005, p. 45). This 'obsession' with China's 'world status' motivated Sun Yet-sen, in one of his very first acts as the provisional president of the Republic after the fall of the Qing dynasty, to publish a document entitled 'Manifesto from the Republic of China to All Friendly Nations' declaring that China wished to 'assume responsibility as a civilized country to enjoy the benefits that a civilized nation should have' (Xu, 2005, p. 61). Sun's proclamation was accompanied by a highly active public relation campaign to win international backing for the Republic. On the pages of *The New York American*, Wu Tingfang directly appealed to the American Congress to support the young Chinese Republic (ibid). The Guangdong general chamber of commerce even sent a telegram to President Woodrow Wilson thanking the American government for its recognition of the Chinese Republic (Xu, 2005, p. 67).

Chinese statesmen such as Wu and Sun did not seem to realise that the very attempt to become a fully equal member in the family of nations was in itself a confrontational act, as western powers and Japan still had concessions in China the eradication of which would soon become a defining goal of Chinese diplomats who saw the elimination of foreign privileges as synonymous with the emergence of a strong and modernised

Chinese nation-state (Xu, 2005, p. 45; Xu, 2017, pp. 164-165). Chinese statesmen's efforts to overturn foreign privileges in China, the powers' determination to uphold these very same privileges, and Chinese obliviousness to the inherent contradiction between China's aspirations and western powers' as well as Japan's 'obsession with expanding their own unequal rights in Chinese territory' represented a toxic diplomatic cocktail, one that was destined to produce disappointments that had the potential to poison relations between China and the world (Xu, 2005, p. 75). The very existence of the Republic represented a threat to the established world order that privileged the imperial powers that had benefited from repeated encroachment on Chinese territorial sovereignty. The accomplishment of Chinese objectives thereby necessitated an overturning of the existing international order, meaning that Republican China was a 'revolutionary state' that was 'determined to destabilize and reshape the international order of the day', as only in doing so could China win 'full membership in the family of nations' (Xu, 2005, p. 48). To Chinese statesmen, the eruption of the Great War, a global conflict that would fundamentally reconfigure the international order, was a geopolitical godsend for them to achieve their goals. For all of their declarations of friendship towards the western powers, when the Great War erupted, Chinese leaders saw in a brutal conflict that would wipe out an entire generation of youth from the combatant states a potential political and diplomatic gamechanger that would improve the international standing of China.

As a newly established Republic that stood to benefit from international disequilibrium, prominent Chinese intellectuals and political leaders were convinced that China had to be on the winning side of the conflict. Xu points out that in the early stage of the Great War, Chinese thinkers such as Liang Qichao were initially convinced that Germany would emerge victorious; but by early 1915, upon concluding that the Central Powers ultimately lacked the resources needed to outlast their enemies, Liang started to advocate 'for particpat[ion] in European affairs and the war' on the side of the Allies, a position that was soon accepted by senior politicians such as Yuan Shikai and Duan Qirui as well as 'the majority of Chinese social elite members'. (Xu, 2005, p. 87, pp. 91-92, p. 103). While there existed, in the words of Jiang Tingfu, '[s]cattered elements' that opposed Chinese participation in the War on the side of the Allies that included Sun Yat-sen, who was against the Republic's decision to sever relations with the Germans because it was the objective of his political opponents, Yuan and Duan, 'a majority supported China's rupture with Germany and even its participation in the war' (Xu, 2005, p. 208, p. 212). The Chinese strategy concerning the Great War was to make an all-out bet to 'recover from its diplomatic defeats of the last one hundred years' and win for China an international status that would make it an 'equal' of members of the Allies such as Britain, France, and Japan through aligning with the eventual winners and gaining a seat at the post-war Peace Conference (Xu, 2005, p. 251).[3] Chinese leaders intended to use their participation in the Peace Conference to argue for the elimination of foreign concessions and extraterritoriality in China, the termination of

3 Instead of becoming a member of the Allies, the United States joined the war efforts on the side against the Central Powers in 1917 as an 'associate power'. Lawrence Sondhaus, *World War One* (New York: Cambridge University Press, 2020), p. 244.

penalties imposed by the Boxer Protocol such as indemnity payments, and the obtainment of tariff autonomy (Xu, 2005, p. 251).[4] The recovery of Chinese territorial sovereignty in Shandong was a particularly important objective, a goal that was in conflict with the Japanese intention to inherit *en tout* German concessions in the province consisted of the Kiachow (Jiaozhou) harbour, the crown jewel of which was the port city of Qingdao, and the rights to establish railways, develop mines, as well as to install a military presence in the peninsula.[5]

As it was pointed out by Xu, while China would only declare war on Germany and its allies in 1917, as early as August 1914, Yuan Shikai suggested to British Minister to China John Jordan that China should send 50,000 soldiers to assist a proposed campaign that would be led by the British to eradicate Germany's control over Qingdao, an offer that was brusquely rejected by London without further consultation with other members of the Allies (Xu, 2005, p. 91). China's most implacable enemy, however, remained Japan, the soldiers of which committed atrocities while successfully capturing Qingdao from the Germans in November 1914 (Xu, 2005, p. 90, p. 93). There was also the infamous Twenty-one Demand presented to the Chinese government by its Japanese counterpart in 1915. The Twenty-one Demands contained clauses the purposes of which were to consolidate Japanese spheres of influence in Shandong, southern Manchuria, and eastern Inner Mongolia, secure Japanese control over Chinese

4 Qi-hua Tang, *Chinese Diplomacy and the Paris Peace Conference*, trans. By Zhonghu Yan (London: Palgrave Macmillan, 2020), pp. 127-128.

5 Margaret Macmillan, *Peacemakers: The Paris Conference of 1919 and Its Attempt to End War* (London: John Murray, 2001), p. 353.

mining complexes in central China, an extraction of a Chinese promise that only Japan would be allowed to obtain new concessions on Chinese soil, and the acceptance by the Yuan government of a proposal to install Japanese advisors in Chinese law enforcement, military, and financial institutions (ibid).[6] Even if the Chinese foreign policy public was able to enflame popular opinion 'to an unprecedented level when news of Japan's [Twenty-One Demands] broke', and rallies, protests, demonstrations, and boycotts of Japanese goods erupted all over China, the Yuan administr-ation was only able to convince the Japanese to abandon the set of Demands concerning the appointment of Japanese advisors to vital posts in Chinese public administration and financial sectors (Xu, 2005, p. 72, p. 96). The Chinese government was forced to sign a secret agreement consenting to the rest of the Demands in 1915, meaning that even before the Republic officially joined the Allies, it had to surrender, under duress and the threat of Japanese military aggression, the control of some of its most important regions, including Shandong. China concluded another treaty with Japan in 1918 that confirmed yet again the agreement that was made concerning the cession of Shandong three years prior (Xu, 2005, p. 260; Xu, 2017, p. 40, p. 166). Commenting on Japanese ruthless treatments of China, John Jordan expressed surprise to a colleague that the Republic did not 'gone into the German camp altogether and that [its leaders] still profess so much friendship for' the Allies (Xu, 2005, p. 105).

Chinese objectives at the Paris Peace Conference could only be achieved with Japanese cooperation, or failing that, the Allies' inducement

6 Peter Lowe, *Great Britain and Japan, 1911-1915: A Study of British Far Eastern Policy* (London: Palgrave Macmillan, 1969), pp. 225-226.

of Japanese cooperation. Chinese statesmen and intellectuals seemed to have forgotten that Britain signed a treaty with the Japanese in 1902, and it was therefore unlikely that London would enact policies to deter Japanese aggression in China (Xu, 2017, p. 21).[7] Xu's trilogy does not mention Chinese discussions concerning the implications for China the 1902 Anglo-Japanese treaty that made the two island empires allies, an omission that was likely due to the absence of public and official discourses in China before, during, and after the War concerning the Anglo-Japanese alliance. It could not even be said that Japan was a particularly loyal ally to the British, as Tokyo attempted to impose the Twenty-one Demands on Beijing at a time when London, the imperial power the interests of which would suffer the most if China was to become a Japanese protectorate, was preoccupied by the war that was raging in Europe and therefore could not intervene (Xu, 2017, p. 94). Paris actually agreed to support all of Japan's Demands in 1915 in order to better bargain for potential Japanese military support in Europe (Xu, 2017, p. 95). France inflicted yet another insult on China when its legation attempted to seized Laoxikai in 1916 in order to expand the French concession in Tianjin, a course of action that provoked strikes, demonstrations, and boycotts of French products (Xu, 2005, p. 104). The Laoxikai Incident occurred at a time when the French was attempting to recruit Chinese workers for the Allied war efforts, meaning that the recruitment campaigns were temporarily halted due to the nationwide outrage provoked by the actions

7 Ian Nish, *The Anglo-Japanese Alliance: The Diplomacy of Two Island Empires 1984-1907,* 3rd edition (London: Bloomsbury Press, 2013), p. 394.

of French officials (Xu, 2005, p. 122). The French would have backed down sooner if French diplomats were not supported by the British, and Jordan even stated that all Allied ministers in China were 'all in the same boat' with Paris over the course of the Laoxikai Incident (Xu, 2005, p. 104). Jordan further stated that China 'had to be subordinated and, if necessary sacrificed to the main object of winning the war' (Xu, 2005, pp. 104-105). It is therefore not surprising that Britain and France signed additional secret treaties with the Japanese in 1917 promising to support Japan in future disputes with China in exchange for British obtainment of former German possessions in the Pacific Islands region and Japanese provision of anti-submarine defence in Mediterranean waters (Xu, 2017, p. 158). Two full years before the convening of the Paris Peace Conference, the Republic already lost the support of France and Britain, the leaders of which signed accords with Tokyo that gravely undermined the capacity of China to fulfill its diplomatic objectives that took it into the War.

## Chinese Involvement in the Great War

Even before the formal declaration of hostility against Germany, China was already sending vital supplies, including rifles, to the Allies (Xu, 2005, p. 107). An offer of direct Chinese military involvement in the war was made once more in 1915, and this time, the British initially welcomed the Chinese offer of entering the war on the side of the Allies, as even without the deployment of Chinese troops to Europe, Chinese entry into the conflict would have meant that even more valuable Chinese material aids would be arriving to the continent and the expulsion of

German companies from China, ensuring that British firms 'would be rid of a possibly strong commercial rival in this great market after the war' (Xu, 2005, p. 110). Japanese intention, however, was made plain in December 1915, when the Japanese foreign minister bluntly told Allied ambassadors that his government was 'alarmed by the idea of concessions which might be claimed by China as a reward for her assistance when peace has been declared' (Xu, 2005, p. 110). What further enhanced the leverage the Japanese had over other members of the Allies was the fact that Tokyo was 'flirting with Germany' even in 1915 (Xu, 2005, p. 111). The possibility of losing Japan to the German side at such a critical juncture of the war was highly distressing to the Allies, and to avoid the realisation of this nightmare scenario as well as to appease Tokyo, Allied statesmen effectively 'let Japan dictate Allied policies in China' (Xu, 2005, p. 112). On November 26, 1915, British Foreign Secretary Edward Gray instructed the British ambassador in Japan to convey to Japanese leaders that Britain 'had no intention of entering upon political negotiation with China except in consultation with Japan' (Xu, 2005, p. 112). The conclusion of the Allies was that the risk of offending Tokyo to such a degree that it would join the Central Powers was an outcome that had to be avoided at all cost, and the exclusion of China from direct participation in the Allied war efforts was a price worth paying for continued Japanese loyalty. How then, China would be able to recover 'dignity, sovereignty, and prestige' that were lost since its defeat in the Opium War, a goal that was becoming more pressing with each passing day after Japan had fully revealed its determination to subjugate the Republic by presenting the Twenty-one Demands to the Yuan administration? (Xu, 2011, p. 14).

It was due to the adroit political manoeuvres of Liang Shiyi that China was able to bypass Japanese opposition and become a valuable ally of Britain and France as both countries struggled to stay afloat against the onslaught of the German war machine. By 1915, 'the French faced the crisis of how to continue its deadly war without the manpower to fight on the battlefield while maintaining the home front', while a British member of Parliament proclaimed in August 1916 that 'an adequate supply of labour' was vital to continuation of the British war efforts (Xu, 2011, p. 16, p. 26). Liang, Yuan's right-hand man, 'copresident', and the 'Chinese Machiavelli', was the originator of 'yigong daibang' (labours in the place of soldiers) strategy (Xu, 2005, p. 114; Xu, 2011, p. 15). While the British rejected the Chinese offer to send military workers to Europe in 1915, a policy that would have seen Chinese working and fighting alongside Allied soldiers in Europe that year, as Liang originally envisioned that the military workers would perform combat duties and manual labour, Paris quickly saw the utility of having a highly motivated workforce supporting French soldiers and contributing to the war efforts on the home front (Xu, 2005, pp. 115-117). On August 24, 1916, the first group of Chinese workers who were recruited by the French government arrived in France (Xu, 2011, p. 19). The goal of Paris to recruit 100,000 Chinese labourers by 1917 did not come to fruition, not least because the recruitment campaign was greatly undermined by the Laoxikai Incident; nevertheless, the arrival of Chinese workers did give the French war efforts a much-needed boost (Xu, 2011, pp. 19-21). Once they had proven their worth, Chinese workers were recruited by the British as well (Xu, 2005, pp. 126). By April 1917, 35,000 Chinese workers were working for the British (Xu,

2011, p.11). Lacking the capacity to recruit labours or train its soldiers to perform manual works, workers from China also came to the rescue of the American Expeditionary Force (AEF) when the Americans decided to 'to borrow about 10,000 Chinese' from the French in 1917 (Xu, 2011, pp. 154). The British and the Americans mostly deployed Chinese workers to the front, while Chinese labourers employed by the French worked on the front as well as in factories and companies located in civilian areas. (Xu, 2005, p. 130, p. 132). Supported by their own government, the leaders of which set up shell companies (one was managed by Liang himself) to send as 'volunteers' workers to Europe beginning in 1916 to emphasise that China was still 'officially neutral', there were 140,000 Chinese labourers working for the Allies by the end of the War (Xu, 2011, p. 17, p. 48). While they did not carry out combat duties, Chinese workers were highly valuable to the Allies, and some of them served in theatres as far away as Mesopotamia (Xu, 2005, pp. 122-127). According to one British observer, the duties of Chinese workers included the loading and unloading of supplies from ships and trains, constructing roads and railways, manning petrol factories and supply depots throughout Europe, and digging 'hundreds of miles of support trenches in the forward area' that were 'well within shell range' (Xu, 2005, p. 141).

Xu's investigation into the roles played by Chinese workers during the First World War is one of the most impressive aspects of his Great War trilogy. As it was uncovered by Xu using previously unused resources located in Library and Archives Canada, Chinese workers were transported to France, which by 1915 was 'nothing more or less than a great battlefield' where labourers from China performed the majority of their duties, via Canada and returned to their homeland through the same route upon the conclusion of the war, a chapter of Canadian history that even Ottawa seems unwilling to officially acknowledge, as the Canadian government often engaged in unseemly behaviours such as 'lower[ing]... safety standards' to 'expedite the movement of Chinese to France or back to China' (Xu, 2011, p. 16, p. 55, p. 61). It had to be extremely difficult for Xu to reconstitute the epic stories of how Chinese workers travelled to Europe, as the Allied leaders had no 'wish to publicize the fact that [they] intended to seek Chinese help', a policy stance that was revealed by Lloyd George when he declared that he was 'not prepared to give any information' concerning Chinese labourers working on the front when he was inquired on the topic by an opposition member of the Parliament in 1916. The Chinese government also did its best to hide its involvement in the Great War, as China was still officially neutral when the decision was made to send workers to Europe. (Xu, 2011, pp. 6-7, pp. 27-28) Even the eminent historian Philip Kuhn did not mention the plight of Chinese workers during the Great War in his classic monograph on Chinese migration.[8] We therefore owe a debt of gratitude to Xu for uncovering a highly important but henceforth unexamined chapter in world history.

Historians still do not know how many Chinese died in the War; the lowest estimate is 2,000, the highest around 10,000 (Xu, 2011, p. 100). What we do know is that there are still Chinese graves that could be found in France, Belgium and England (ibid). Why did a significant number of Chinese workers, many of whom illiterate peasants, chose to venture to

8 Philip A. Kuhn, *Chinese Among Others: Migration in Modern Times* (Lanham: Rowman & Littlefield Publishers, Inc., 2008).

Europe in order to perform dangerous and backbreaking labour for the French, the British and the American militaries containing officers and soldiers who were often racist against Chinese? A desire for adventure, and a determination to escape the crushing poverty of rural countryside, likely played a role in the eagerness of some Chinese peasants to enlist as overseas workers (Xu, 2011, p. 50). Adventures were certainly had, as the Chinese labourers 'seemed to be genuinely popular with French women' (Xu, 2011, p. 149). It would be a reach to suggest that the decision to travel overseas was motivated by a desire to represent China on the international stage, but once the Chinese workers arrived in Europe, many of them did attempt to present their motherland in the best possible light. Xu recounts a touching story of how 480 Chinese workers pooling together their hard-earned cash to throw a reception party for King George in 1918 when he went to the front to inspect the troops, and the monarch in turn thanked the Chinese for their kindness (Xu, 2011, p. 144-145). 'Chinese generosity also extended to the Americans', and on the day the Armistice was signed, upon seeing a group of doughboys marching to the German frontier and through the town where they were stationed, workers from the Chinese Labor Company 23 shared their water with the passing American troops (Xu, 2011, p. 172). If James C. Scott is correct that '[w]hen (petty) acts are rare and isolated, they are of little interest; but when they become a consistent pattern (even though uncoordinated, let alone organized) we are dealing with resistance', then unorganised and spontaneous actions that enhanced the image of the perpetrators' homeland should be seen as gestures of patriotism, especially if these deeds occurred with regular frequency and involved a significant number of participants.[9] A conclusion could be made that there existed an unarticulated but nevertheless present desire among Chinese workers to show the best of China to the world.

## The Great War and Its Diplomatic Consequences for China

In addition to blood, sweat, tear, and treasure, a prominent Chinese casualty of the Great War was the Republic itself. Xu's 2005 monograph highlights that the decision to enter the war on the side of the Allies literally broke the Republic. Pockets of opposition notwithstanding, the Senate voted 158 to 37 and the House of Representatives 158 to 37 in support of Prime Minister Duan Qirui's policy of terminating relations with Germany on March 11, 1917 (Xu, 2005, p. 212). It should therefore have been easy for the Duan cabinet to find the political support necessary to take the next logical step, the declaration of war against Germany. Before the vote was taken, however, Duan invited military governors from around the country to the capital as a gesture of intimidation against the parliamentarians. Making the matter worse, on May 10, 1917, the cronies of the military governors surrounded the House of Representatives and threatened as well as assaulted its members when they were deliberating on the bill concerning the declaration of war against Germany, a legisl-

9 James C. Scott, *Weapons of the Weak: Everyday Forms of Peasant Resistance* (New Haven: Yale University Press, 1985), p. 296.

ation that would have easily passed had there not been the violent, extra-parliamentary actions of Duan's allies (Xu, 2005, pp. 216-217). Whether Duan personally organised this campaign of violence against the House of Representatives soon became irreverent, as President Li Yuanhong dismissed the prime minister from his post. Duan then called on the military governors to stage a rebellion, and eight of them declared independence from the central government in May 1917. When Li appealed to 'pigtail general' Zhang Xun to act as mediator, the president 'found no saviour but rather a destroyer of the republic', as the latter declared the restoration of the Qing dynasty upon reaching Beijing (Xu, 2005, pp. 217-219). While the Qing restoration was short-lived, upon the end of the crisis, Duan refused to restore the previous session of parliament that was dissolved by Zhang and insisted that new parliamentarians be elected, a stance that was seen by Sun Yat-sen, his followers, and even leaders from a number of provincial governments in south China as an act of provocation. As both sides refused to budge, and Sun assumed the presidency of a military government based in southern China supported by congressmen in favour of restoring the previous session of parliament and the old constitution that was discarded by Yuan Shikai in 1914 but viewed by southern politicians as a 'symbol of republicanism'. The Republic was once again divided between the north and the south even after Duan was finally able to officially bring China into the Great War on the side of the Allies on August 14, 1917 (Xu, 2005, p. 220).

After sacrificing so much for the eventual victory of the Allies, upon the conclusion of the war, many Chinese believed that Woodrow Wilson's famous Fourteen Points, which 'quickly came to stand for the sum total of the [President's] vision as it was perceived' by activists convinced that their motherlands were oppressed by foreign powers and therefore longed for the transformation of the existing international system, would be the foundation for a just peace that would ensure the fulfilment of Chinese diplomatic objectives (Xu, 2005, p. 251; Xu, 2017, p. 130). Convinced that China's 'overall demands for sovereignty and self-determination' would be respected and acknowledged by statesmen attending the Peace Conference the leading personality of which would likely be the American president who had found global renown by calling for recognition towards 'the rights of small nations and of nationalities' so that they could be masters of their own political destinies, 'the Chinese people were genuinely jubilant when the fighting ended with the Allies' victory' (Xu, 2005, p. 266; Xu, 2017, p. 85, p. 161). According to Xu, 'many of China's best and brightest …had fallen under the spell of Woodrow Wilson's call for a new world order and the promise of a better world system from which China could benefit' (Xu, 2017, p. 46). It is not an exaggeration to claim that the United States was the only hope for China if it was to regain Shandong. While China was represented by able diplomats such as Lu Zhengxiang, C. T. Wang, Wellington Koo, Alfred Sze, and Wei Chenzu, their mission was rendered extremely difficult due to the absence of support from France and Britain, which had signed secret agreements with Tokyo in 1917 promising to support Japanese territorial claims in China. Woodrow Wilson, moreover, was determined to gain Japanese support for the League of Nations, and he therefore could not afford to alienate the Japanese(Xu, 2017, p. 159). In the morning of April 22, 1919, Wilson was bluntly told by Clemenceau of secret treaties signed between France,

Britain and Japan, which, according to the French premier, 'binds [France]⋯as well as Great Britain' to Japan. The American president 'simply could not win against the collective efforts of Japan, Britain, and France' (Xu, 2017, p. 158). Notwithstanding the outstanding performance of Koo, who repeatedly overwhelmed his Japanese counterparts by making eloquent speeches in support of Chinese retrocession of Shandong, none of China's objectives were fulfilled at the Peace Conference and its delegates did not sign the Treaty concluding the Great War (Xu, 2017, p. 165, p. 169).

As stated by Erez Manela, members of national groups who saw themselves as being oppressed by the imperial powers and were 'disillusioned with the results of Wilson's liberal internationalism… began to seek alternative ideological models and sources of practical support in their struggles for self-determination' in the aftermath of the Paris Peace Conference.[10] In China, betrayal by the Allies led to the eruption of the May Fourth Movement. (Xu, 2017, p. 172, p. 175). While over the course of the May Fourth Movement, the foreign policy public no doubt once again played a role in the enflaming of public opinion against perceived foreign encroachment on Chinese territorial sovereignty, it was the protests participated and organised by 'little schoolboys and girls' (a term employed by American educator John Dewey) in Beijing that galvanised the 'feelings of betrayal and disillusionment' over the outcome of the Paris Peace Conference 'into a larger political and social movement' that sought to build a China able to survive in an predatory global environment (Xu,

10 Erez Manela, *The Wilsonian Moment: Self-Determination and the International Origins of Anticolonial Nationalism* (New York: Oxford University Press, 2007), p. 224.

2017, p. 172). '[H]aving first rejected their own traditions and civilization' so that China could emulate the west, and upon witnessing the betrayal of China by the western powers, 'educated youth' such as a young Mao Zedong who were either witnesses to or participants of the May Fourth Movement began to ask themselves 'what did it… mean to be Chinese' and '[w]hat values should the Chinese government adopt' at a period when China was 'a country without roots or external support' (Xu, 2017, p. 173). Some of the most prominent Chinese intellectuals, including Li Dazhao, concluded China should consider the Soviet Union, 'the number one civilized country in the world' that had voluntarily relinquished its concessions and privileges in China, a role model for Chinese national renewal (Xu, 2005, p. 275-276).

While '[t]he May Fourth Movement marked the end of China's all-out efforts to join the liberal Western system', as the Great War and its aftermath triggered a chain reaction eventually leading to '[t]he downfall of the Chinese liberal republic and its replacement by a Leninist party state', Chinese statesmen over the course of the Peace Conference were determined to create a global order that would be anchored by the League of Nations (Xu, 2017, p. 172). The Chinese delegation, with Koo as the prime mover, was largely responsible for the construction of a League executive that included the smaller powers.[11] The Chinese delegation also successfully pushed for the inclusion of the smaller powers in League-affiliated institutions such as the Aeronautic Commission (Xu, 2005, p. 256). More importantly, Xu outlines Wellington Koo's contributions as

11 Stephen G. Craft, *V.K. Wellington Koo and the Emergence of Modern China* (Lexington: The University Press of Kentucky, 2004), p. 53.

one of the original members of the committee of fifteen responsible for the drafting of the League of Nations Covenant. Koo's inputs were instrumental in the insertion into Article 20 a clause stating that the 'Covenant is accepted as abrogating all obligations or understanding *inter se* which are inconsistent with the terms' outlined in other Articles that stressed equality between nation-states, meaning that new pacts or treaties imposed by an imperial power over its weaker neighbours would not be accepted by the League of Nations, thereby fatally undermining any attempt by Tokyo to establish foundation in international law a 'Japanese Monroe Doctrine' in East Asia (Xu, 2005, p. 256). One could venture to guess that Chinese diplomats like Wellington Koo became heavily involved in the League's creation because they wanted to ensure that it could act as a bulwark against attempts by Japan to become a regional hegemon. To safeguard China's national interests in the event that the western powers would stand idly by if Tokyo was to take even more aggressive actions to harm China, the goals of Chinese statesmen was not only to create a League of Nations supported by the smaller countries so that there could be strength in number against the great powers, but also that the organisation would emerge as a legal and moral authority that could constrain, sanction and neutralise the predatory behaviours of imperial powers like Japan. While Chinese statesmen were unable to capitalise on the disruption caused by the Great War to gain full equality for China in the international arena, the Paris Peace Conference did give them ample opportunities to create what they convinced would be a more just global order. Notwithstanding the fact that Chinese leaders in the 1930s would discover that China's prime geopolitical rival, Japan, was willing to disregard international law in its quest for regional domination, as a sign of respect for a diplomat who helped founded the League of Nations, Koo was the first statesman to sign the Charter of the Leagues' successor in 1945.[12]

## The Great War and Its Ramifications in Asia

An unintended outcome of Chinese involvement in the Great War was the enhancement of the British empire's prestige and material might in Asia. Specifically concerning British India, Allied victory in Europe, a theatre where Chinese contributions were the most vital, made possible the stationing of British troops and the consolidating of British influences in Persia as well as the Caucasus, thereby securing two traditional weak points in the British defence of India; these new geopolitical developments, along with the collapse of Tsarist Russia, made the Raj more secure than ever.[13] The strengthening of British hold over its Raj was initially welcoming to most of the Indian politicians advocating for reforms at the conclusion of the war, as they were convinced that Indian sacrifices during the Great War would be recognised and rewarded by London (Xu, 2017, p. 81). It is therefore not surprising that prominent activist Lala Lajpat Rai even wrote to Wilson arguing that India be granted 'at least such progressive measures of Home Rule as the present administration has established in the Philippine', a notion probably offensive to the American president, given that Washington was worried that enhancement of Indian autonomy would encourage locals in the Philippines to demand for

12 'United Nations Sign Charter', *Life*, 9 July 1945, p. 19.

13 Macmillan, *Peacemakers*, p. 50.

expansion of their political rights (Xu, 2017, p. 85). Lala Laipat Rai's letter to Wilson reveals the ambiguous attitude of Indian leaders towards colonial rule: on the one hand, they were highly dissatisfied with the British; on the other hand, they wanted more local self-governance and political participation by Indians, a policy direction that would have enhanced the legitimacy of the Raj, thereby ultimately consolidating imperial governance. It was only after the Amritsar Massacre of 1919 when British troops fired 'point-blank' on a protesting but peaceful crowd, an act of atrocity that resulted in 600 deaths and London's refusal to grant the Indians a higher degree of autonomy even after Indian forces had suffered 106,600 casualties at the conclusion of the Great War that the political stance of Gandhi, who by then had shifted from a 'position of firm if critical support for Indian membership in the British empire to one of determined opposition to it', was supported by the majority of Indian politicians (Xu, 2017, pp. 83-84).

Popular mobilisations therefore represented a popular but highly dangerous method for colonial subjects to either undermine or eradicate imperial rule. Inspired by Woodrow Wilson's ideals asserting that 'no people should be forced under a sovereignty under which it does not wish to live', Korean political activists in 1919 began to plot the destruction of the Japanese imperium in the peninsula (Xu, 2017, p. 119). The Koreans were especially susceptible to the appeals of Wilsonian idealism, as Washington signed a treaty with pre-colonised Korea promising that the United States would come to the aid of the Kingdom if it was threatened by external aggressions (Xu, 2017, p. 139). According to Xu, 'Even after the Japanese annexed Korea with US acquiescence, Korean nationalists, encouraged by resident American diplomats and missionaries, continued to believe that the United States supported their independence' (Xu, 2017, p. 126). Korea was not a member of the Allies (many Koreans did, however, fought on the Allied side as volunteers), but Korean nationalists, like their Chinese counterparts, expected Washington and the other western powers to support them against an Asian power that was on the side against the Central Powers during the War (ibid). While there were previous failed efforts to gain the sympathy of the western powers, the death of Emperor Kojong gave the Korean nationalists 'the perfect excuse' to plan for a massive political campaign for the cause of independence (Xu, 2017, p. 131). At the conclusion of the imperial funeral proceeding on March 1, 1919, 20, 000 Koreans gathered in Seoul to not only pay respect to their departed ruler, but also to act as witnesses to the Korean Declaration of Independence the wording of which was clearly influenced by the Wilsonian principle of self-determination. The Declaration of Independence sparked demonstrations participated by 'Koreans of every province, religion, education, age, and occupation' that would collectively be remembered as the 'March First Movement' (Xu, 2017, pp. 132-134). The participants of the March First Movement aimed to galvanise domestic and international support for the cause of Korean independence through 'sustained protest[s]', the publication of a Korean constitution, the election of a president, the establishment of several provisional governments, and even the creation of a Korean Liberation Army (Xu, 2017, pp. 131-135). Japanese response was merciless: by April 1919, 7,509 protestors were killed, 15,961 were injured, and 46,968 were arrested. Two schools and 47 churches were destroyed (Xu, 2017, p. 136). No Korean representatives were received by statemen assembled in Paris, not even after crimes committed by the Japanese were made public. Before the convening of the Conference, Allied leaders had decided not to receive the Koreans (Xu, 2017, p. 144).

Ho Chi Minh was clearly influenced by the March First Movement; it was through the realisation that French colonial rule was maybe even more formidable than its Japanese counterpart that made the future Vietnamese leader realise that direct confrontation was not yet a proper method with which to confront the French, especially since anti-French insurrections during the war were easily suppressed (Xu, 2017, pp. 101-102). In a famous petition that he probably cowrote with a group of unnamed colleagues that was delivered to and ignored by all western statesmen during the proceeding of the Peace Conference except Colonel House, Wilson's principal advisor, who sent Ho a polite reply, the future leader of Vietnam asserted that political activists from colonial Vietnam 'did not ask for independence, but rather for autonomy, equal rights, and political freedoms' (Xu, 2017, p. 112-113). Colonial Vietnam actually benefited economically during the war due to the exponential increase of its exports to France, and economic prosperity, as well as the absence of acts of murderous outrage like the Amritsar Massacre, no doubt made the Vietnamese more willing to tolerate the slow pace of political reforms that, in the words of French proconsul Albert Sarraut, 'promised the Vietnamese some participation in the affairs of their country, but not political freedom', and absorb the lesson provided by the Koreans that the cost would be high in a head-on confrontation with an imperial power (Xu, 2017, p. 98-99). At the same time, there were 48,981 workers and 48,922 soldiers from Vietnam who served in Europe of behalf of France during the war, and 'by living and working in Europe side by side with the French and other peoples provided the Vietnamese a unique opportunity to observe, to learn, and to understand different cultures and civilizations', so much so that French officials were deeply worried that Vietnamese workers would be 'infected' by their Chinese counterparts' 'ideas of patriotism and nationalism' (Xu, 2017, p. 103). Vietnamese who served overseas represented a vital reserve of manpower, and they could be deployed for political mobilisations if and when Vietnamese nationalists became ready to emulate Chinese activists who were inspired by the Koreans to such a degree that they based their campaigns for national liberation on the March First Movement.

It was therefore in China where the actions of Korean nationalists exerted a decisive influence that arguably altered Chinese history. According to Xu, Chinese intellectuals in 1919 'publicly acknowledged that the May Fourth Movement was influenced by the March First Movement' (Xu, 2017, pp. 137). The Korean struggle for independence was praised by Chen Duxiu, Fu Sinian and Mao Zedong. Chen, who would become one of the founders of the Chinese Community Party (CCP) in 1921, asserted that the 'Korean independence movement is great, earnest, and heroic' (Xu, 2017, pp. 137-138). The April issue of *Guomin* (Citizens), a monthly periodical published by students of Peking University, contained five commentaries on the Korean nationalist movement and the full text of the Korean Declaration of Independence (Xu, 2017, pp. 137). In fact, students in Beijing initially planned a rally that would have taken place on May 7 to support the Koreans before news concerning the failure of Chinese diplomats to secure the retrocession of Shandong broke out and the preservation of Chinese territorial sovereignty became a more pressing issue than Korean independence (Xu, 2017, p. 172). If the May Fourth Movement was sparked by the failure of the Allies to prevent Japanese obtainment of Shandong, then the suffering endured by the Koreans gave additional emotional stimulus to the Chinese participants of political mobilisations against the actions of the Japanese empire.

The suffering of the Koreans therefore cemented a sentiment of solidarity among colonial subjects and nationals who saw themselves as being subjugated by foreign rulers (Xu, 2017 pp. 137-138). In British India, Rabindranath Tagore wrote a poem to commemorate the tenth anniversary of the March First Movement, and Jawaharlal Nehru praised the Movement in his prison memoir, *Glimpses of World History*. More significantly, the March First Movement motivated the leaders of the Indian National Congress (INC) in 1919 to stage non-violent protests to win a higher degree of autonomy for India within the British empire and more political rights for Indians, meaning that the political mobilisations that tragically culminated in the Amritsar Massacre were inspired by the Koreans (Xu, 2017, p. 138). The impact of the March First Movement could even be felt in the Philippines, as a prominent Filipino journal, *Revista Filipina,* advocated independence for both the Philippines and Korea. Intertwining the fates of the Americans and the Japanese colonies, writers at *Revista Filipina* argued that granting independence to the Philippines would put pressure on the Japanese to pursue a similar course of action in the Korean peninsula (ibid). Historians could therefore build on Xu's brief descript-tions concerning how the national liberation campaign waged by the

Korean nationalists impacted the actions of anti-colonial politicians in Asia to better investigate the ways in which the March First Movement represented the 'first beacon that lighted the hope for freedom for three-fourths of mankind' (ibid).

Tokyo suffered repeated diplomatic setbacks during and after the Peace Conference due to the determination of the western powers to uphold their interests and repeated miscalculations by the Japanese leadership.The Japanese goal of inserting into the League of Nations Covenant a racial equality clause during the Peace Conference was probably doomed from the start due to entrenched opposition from not only the British, but also British Dominions such as Australia and South Africa, the leaders of which, according to Xu, were 'running dogs' that assisted London in its efforts to block the racial equality proposal that actually had Chinese, Greek, and Italian support (Xu, 2017, p. 195, p. 199). The Americans, who were unenthusiastic about the proposed racial equality clause, were able to 'hid[e] behind' the strident opposition of the British and the Dominions to effectively block Tokyo's initiative (Xu, 2017, p. 199). As stated by British Ambassador to Japan Conyngham Greene, the bloody suppression of the March First Movement further accentuated the 'impossibility of recognizing Japanese claims regarding racial equality' (Xu, 2017, p. 146).It is also not difficult to imagine that the high-handedness of Japanese diplomacy concerning China, in combination with Tokyo's repressive actions in Korea, were contributing factors in London's decision to allow the expiration of the Anglo-Japanese Treaty in 1922. While Tokyo saw the Anglo-Japanese Treaty as 'the jewel of its old diplomacy', London was likely weary that the alliance could potentially force Britain to be an ally of an empire that would commit atrocities to preserve its imperial influence in East Asia, an area of the world where substantial British interests still existed, interests that Tokyo was more than willing to disregard or undermine as demonstrated by its repeated attempts to turn China into a Japanese protectorate the resources of which would be exploited for the benefit of Japan (Xu, 2017, p. 55, p. 94, p 180). Anglo-Japanese estrangement and Tokyo's diplomatic isolation were especially damaging to Japan at a period when the United States was emerging as the new leading global power, one that witnessed up close Tokyo's ruthless China policies in Paris (Xu, 2017, p. 159). British and American officials were not doubt deeply disturbed by the actions of Japanese soldiers in the Korean peninsula and Qingdao as well as Tokyo's sustained efforts to transform China into a Japanese Raj, and Anglo-American distrust towards Japan soon transformed into a common diplomatic goal to eradicate 'the existing imperialist diplomacy in East Asia' as practised by the Japanese leadership (Xu, 2017, p. 20, p. 180). Wellington Koo, once again representing China and leading the Chinese delegation in the Washington Conference of 1921-1922, was actually requested by London and Washington to conduct negotiations with the Japanese on the political fate of Shandong outside of the formal proceeding of the Conference but under the supervision of delegates from the participating powers. In the end, China was able to recover full sovereignty over Shandong and secure Japanese withdrawal from the province after the Chinese government agreed to accept a Japanese loan for the construction of the Jiaoji Railway, which would be administrated by a Japanese manager.[14] Japanese signatures on the 1921 Four-power Treaty and 1922 Nine-power Treaty

14 Craft, *V.K. Wellington Koo*, pp. 69-70.

that were ratified over the course of the Washington Conference, the first of which promised that all signatories would consult each other in the event of a crisis in East Asia, while the second safeguarded the existing privileges of the powers in China but nonetheless prohibited further imperial expansion on Chinese soil, further confirmed that even Tokyo had to recognise that its objective of emerging as a hegemon in East Asia with the diplomatic acquiescence of London and Washington was doomed (Xu, 2017, pp. 40-41, p, 180).[15] If Japan 'faced a national identity crisis' due to the collapse of the Anglo-Japanese alliance and growing estrangement from the leading western powers, Japanese diplomatic isolation was to a large extent the by-product of suffering endured by the Koreans and the Chinese (Xu, 2017, p. 176).

## Conclusion

During the Great War and its immediate aftermath, China emerged an impactful international actor, and the ramifications of China's participation in the conflict and the Paris Peace Conference, such as the ongoing Sino-Japanese rivalry and the emergence of the CCP as China's ruling party, are still with us today. An appreciation of the important roles played by China before, during, and after the Great War is vital to a better understanding of

15 J. Chal Vinson, 'The Drafting of the Four-Power Treaty of the Washington Conference,' *The Journal of Modern History*, Vol. 25, No. 1 (Mar., 1953), 40-47 (pp. 43-44, p. 47); David Armstrong, 'China's Place in the New Pacific Order', in *The Washington Conference, 1921-22: Naval Rivalry, East Asian Stability and the Road to Pearl Harbor*, ed. by Erik Goldstein and John Maurer (London: Routledge, 2002), pp. 249-267 (pp. 256-257).

the world in which we live. It is to the credit of Xu that his trilogy of historical monographs delineates how, at great cost to itself and its citizens, China contributed greatly to the victory of the Allies, and in the process, helped transformed Asia and the world. The war was equally significant for the peoples of India, Korea, and Vietnam. Spurred by a conflict that was truly global in scale, Korean nationalists intensified their campaign to forge an independent Korean nation-state that would be freed from Japanese domination, and their campaign for independence influenced or inspired political activists from Asian polities ruled or dominated by other imperial powers. The men and women of Asia depicted in Xu's trilogy often shared a common objective, which was the liberation of their continent from what they saw as imperial oppression. Xu's works represent a poignant reminder that in spite of national boundaries, cultural differences, and even geopolitical rivalries, all those who participated in the Great War shared a common humanity that was unbroken in spite of the immense suffering the conflict inflicted upon all countries involved.

# 第四章
# 「大空間」時代與歐洲聯合
## ——一戰後「泛歐」思想中的新世界

李　維

北京大學歷史學系教授

## 一　前言：一戰與「泛歐」思想的產生

第一次世界大戰是人類社會進入大工業時代以來的最大規模戰爭，它以空前的血腥和殘酷著稱於世。一戰的主戰場在歐洲，早在戰爭期間，不少有識之士就開始積極思考、尋找保證歐洲長久和平的方案，提出了歐洲聯合的構想。其中以卡萊基的「泛歐」思想最具影響力。

與近代歐洲的歷次戰爭不同，一戰的規模、血腥程度及造成的損失，都達到了曠古空前的程度，遠遠超乎了當時人們的想象。一戰共造成一千多萬人死亡，直接經濟損失高達一千八百億美元[1]，是人類歷史上前所未有的大浩劫、大災難。巨大的戰爭災難迫使歐洲人進行深刻的反思，更促使他們積極探尋保證歐洲持久和平的具體方案。早在戰爭期間，歐洲就流行著三種和平觀點。第一種觀點認為，只要成立和平協會、召開和平會議、締結和平條約，就可以制止並最終消滅歐洲及世界的戰爭。第二種觀點主張建立世界性的國家聯盟機構，用來調解、仲裁國家間的糾紛矛盾，進而達到減少衝突、避免戰爭的目

1　斯塔夫里阿諾斯：《全球通史》（上海：上海社會科學出版社，1995年），頁608。

的。就像美國總統威爾遜於一九一八年一月在其「十四點」計劃中最後一點提到的：「必須根據專門的公約，成立一個普遍的國際聯合組織……」[2]第三種是歐洲聯合的思想，即歐洲國家通過出讓主權，合併利益，建立超國家的聯邦機構，從而徹底地、永久地消滅彼此間的戰爭。例如，在戰爭剛剛爆發之際，英國《觀察家評論》就刊發了文章，認為「歐洲合眾國」是結束戰爭的唯一出路。[3]又如，在戰爭末期，意大利熱那亞大學教授阿提利歐・卡比亞蒂和工業家吉奧瓦尼・阿涅利認為，要想消滅歐洲的戰爭，就必須成立擁有統一的立法權及行政權、像美國那樣的聯邦制國家。[4]與前兩種觀點相比，戰時的歐洲聯合主張尚處於破土發芽的階段，並不具有特殊的地位和特別的影響。

真正讓「歐洲」思想得到蓬勃發展的，是一戰帶來的世界格局的結構性轉變和歐洲人的危機意識。一戰以前，特別是十九世紀以來，歐洲成為世界的中心、重心，歐洲統治著世界。在政治上，美國、拉美、英國的自治領均已歐化，歐洲列強還在亞洲和非洲大部分地區建立起殖民地。在經濟上，歐洲扮演著世界工廠、世界銀行的角色，它的資本技術輸出帶來了全球經濟一體化。在文化方面，歐洲不僅影響了人們的生活方式，還影響了人們的思維方式。然而這一切，在一戰後完全地改變了。

首先，第一次世界大戰大大削弱了歐洲帝國主義國家的力量，促進了亞非殖民地半殖民地民族獨立意識的發展。在這些地區相繼成立

2 "President Woodrow Wilson's fourteen points speech, 8 January 1918," David Welch, *Modern European History 1871-2000*(New York: Routledge, 1999), p. 85.

3 Pegg. Carl Hamilton, *Evolution of the European idea: 1914-1932* (Chapel Hill: the University of North Carolina Press, 1983), p. 9.

4 Giovanni Agnelli and Attilio Cabiati, "European federation or league of nations, 1918," Peter M. R. Stirk and David Weigall ed., *The origins and development of European integration* (London: Pinter, 1999) , pp. 14-15.

了共產主義性質和民族主義的政黨。新政黨的誕生使民族解放運動有了新生的領導力量，有力地推動了亞非地區的反帝愛國革命浪潮，極大地撼動了西方列強的反動殖民統治。其次，美國和蘇聯的崛起。早在一戰前，美國就已經悄然崛起，在一戰中，美國進一步確立了它的領先地位，到上個世紀二十年代末期，美國的工業產量至少佔世界工業總量的百分之四十二點二，高於包括蘇聯在內的所有歐洲國家的產量。[5]同樣具有衝擊力的是，一戰後期，在帝國主義的薄弱環節俄國爆發了無產階級革命，誕生了世界歷史上第一個社會主義國家。最後，歐洲自身的分裂與衰落。隨著奧匈帝國、俄羅斯帝國、奧斯曼土耳其帝國在戰爭中瓦解，德意志帝國在戰後被削弱，在它們原有的土地上，成立了一系列新的民族國家。然而光鮮的民族自決旗幟難以掩蓋歐洲政治、經濟碎片化的不爭事實。在國際政治、經濟大舞台上，作為整體的歐洲的競爭力大幅下滑。一戰後，歐洲喪失了世界範圍的霸權，喪失了世界中心的地位。

鑒於上述危機情況，歐洲的大批有識之士迫切地認識到，要想阻止下滑衰落的趨勢，歐洲就必須聯合起來。例如，德國記者路德維希寫道：「戰爭損害了歐洲經濟，使歐洲的各民族，不管是勝者，還是負者，都處於受兩個強大的盎格魯-撒克遜世界大國奴役的危險之中……」[6]又如，法國的青年文學家皮埃爾·德利律·拉·羅歇爾認為，未來的世界大國是美國和俄羅斯，歐洲的政治、經濟支離破碎，很難與這些大國競爭，只有結成聯邦，歐洲才有前途，才不會被這些大國吞噬掉。[7]再如，一九二五年一月二十八日，法國總理赫里歐在議會發表演說，他宣稱：「我衷心希望看到歐洲合眾國成為現實」，他

5　斯塔夫里阿諾斯：《全球通史》，頁614-615。

6　Pegg. Carl Hamilton, *Evolution of the European idea: 1914-1932*, p. 17.

7　Ibid., p. 24.

還就此補充說明道：「如果我現在全力支持國聯，那是因為我把這個機構看成是通往歐洲合眾國的第一步。」[8]對於赫里歐來說，鬆散的、國際化的國際聯盟，並非歐洲問題的最終解決之道。而只有超國家的歐洲聯邦組織，才是歐洲和平、繁榮、強大的根本保證。兩戰間大量出現的「歐洲」思想、理想、設想清楚地表明，此時的「歐洲」觀念早已衝出近代以來個別學者、教士及官員的象牙塔，發展、壯大成為一股強勁有力的政治思潮，形成了相當的社會輿論基礎。

在第一次世界大戰後出現的「歐洲」思潮中，以奧地利貴族里夏德・尼古拉斯・庫登霍夫-卡萊基（Richard Nikolaus Graf Coudenhove-Kalergi）倡導的「泛歐」思想最具有代表性，他領導的「泛歐」運動也最具影響力。[9]卡萊基是二十世紀最重要的歐洲聯合思想家之一，被西方學者稱為「現代歐洲聯合思想之父」。[10]

一九二三年十月一日，卡萊基出版了《泛歐》一書，該書的出版

---

8 Ibid., p. 40.

9 庫登霍夫-卡萊基是姓，下文簡稱卡萊基。卡萊基是奧地利政治家、政論家。一八九四年十一月十六日生於日本東京，一九七二年七月二十七日卒於奧地利的福拉爾貝格州的施倫斯。卡萊基在波希米亞成長，在維也納大學學習哲學和歷史，一九一七年獲博士學位。一九一九年，奧匈帝國戰敗、解體後，他成為捷克斯洛伐克公民。一九二三年，出版《泛歐》一書，由此發起「泛歐運動」，其目標是建立聯邦制的「歐洲合眾國」。一九二六年，卡萊基在維也納主持召開第一屆泛歐大會，當選為「泛歐聯盟」主席。納粹德國吞併奧地利後，卡萊基於一九三九年移民法國。一九四〇年移居美國，一九四二年任紐約大學歷史學教授，在美國繼續宣傳歐洲聯合思想。一九四三年建立「泛歐」聯盟流亡機構，一九四四年成立「自由、統一歐洲委員會」。第二次世界大戰結束後，卡萊基重返歐洲，一九四七年建立「歐洲議員同盟」。一九五〇年，卡萊基榮獲德國亞琛市卡爾國際獎，一九五二年當選為歐洲運動主席。他還被授予廣島榮譽市民、東京大學榮譽博士稱號。其代表作有《泛歐》等。Vgl. Walther Killy (Hg.), *Deutsche Biographische Enzyklopädie* (München: Saur, 2001), Bd. 2, S. 385.

10 Jürgen Elvert, *Mitteleuropa! Deutsche Pläne zur europäischen Neuordnung 1918-1945* (Stuttgart: Franz Steiner, 1999), S. 7.

發行標誌著「泛歐」聯盟的成立和「泛歐」運動的開始。在每一冊新書中，卡萊基都附上了宣傳卡片，呼籲人們支持「泛歐」思想，鼓勵人們參加「泛歐」聯盟，號召人們積極地投入到「泛歐」運動中去。[11]一九二四年四月，卡萊基又出版了「泛歐」聯盟的機關刊物《泛歐》，該雜誌是月刊，主要宣傳「泛歐」聯合思想，報導「泛歐」運動的發展，同時關注歐洲的重大現實問題。[12]卡萊基還為「泛歐」運動設計了徽標，即以金太陽為背景的紅十字。紅十字和金太陽具有多種寓意：「它象徵著歐洲兩種古老的文化，象徵著基督教道德和非宗教的美，象徵著普遍的人性和近代的啟蒙，象徵著心與精神、人與宇宙。」[13]到一九二六年底，在比利時、英國、法國、盧森堡、德國、奧地利、匈牙利、捷克、立陶宛等國首都設立了總秘書處。到一九二九年，在保加利亞、荷蘭、南斯拉夫、波蘭、西班牙、瑞典等國也設立了「泛歐」聯盟的分支機構。截止到一九二八年，「泛歐」聯盟在歐洲範圍內擁有六千至八千名成員。[14]伴隨著「泛歐」運動的蓬勃發展，「泛歐」思想的影響日益擴大，逐步得到了歐洲知識精英階層的認同。

## 二 「泛歐」思想中的新世界

不同於一戰後那些零散、表面化的眾多「歐洲」認識和看法，「泛歐」聯合思想是一個完備、深刻的理論體系。卡萊基沒有孤立地

---

11 Richard N. Coudenhove-Kalergi, *Ein Leben für Europa*(Köln: Kiepenheuer &Witsch, 1966), S. 124.

12 Richard Nikolaus Coudenhove-Kalergi, “Die Zeitschrift Paneuropa,” *Paneuropa*, April 1924, S. 19.

13 Richard Nikolaus Coudenhove-Kalergi, “Das Pan-Europa-Zeichen,” *Paneuropa*, April 1924, S. 20.

14 Ebenda, S. 104.

看待歐洲問題，而是通過預見戰後「大空間」時代的來臨，強調了「泛歐」聯合的必要性和急迫性；通過制定「小歐洲」的策略，說明瞭「泛歐」聯合的實踐性和可操作性。他所憧憬的「歐洲合眾國」是瑞士聯邦的翻版與擴大。

在卡萊基看來，一戰後，由歐洲主宰下的全球化時代結束了，世界開始區域化，即進入所謂的「大空間」時代。他認為，這種新型的國際關係早在一戰前就已經破土發芽了。一八二六年，在南美獨立運動領袖玻利瓦爾（Bolivar）的推動下，一些拉丁美洲國家在巴拿馬舉行代表會議。這次大會雖然沒有取得實質性的進展，但是意義重大，它代表著「泛美」聯合運動的開端。第一次真正意義上的「泛美」會議於一八八九年在華盛頓召開。這次大會做出了一系列決議，如運用仲裁原則解決國際爭端，各國減少關稅壁壘，共同建設美洲大陸鐵路等。[15]泛美組織是國際關係中一道嶄新的風景線，它不像過去的軍事同盟組織，不以戰爭為目的，不針對區域內部某些國家，該組織的目的是保證區域內部和平，促進合作關係。對此卡萊基稱贊道，泛美組織開「大空間」時代之先河，具有里程碑式的重要意義。一戰後，隨著歐洲的衰落、殖民地的獨立及美蘇等大國的崛起，世界多極化趨勢加強，卡萊基就此斷言，世界上正在形成美利堅、不列顛、俄羅斯、東亞、歐洲五大空間，區域化的時代到來了。[16]卡萊基的看法絕非偶然、孤立的，同期的德國著名地緣政治學家豪斯霍費爾就曾表示過，按照大陸地緣政治的原則，小國紛紛與周邊大國結成大陸國家集團，這是一戰後國際關係的新特點。[17]不過，與豪斯霍費爾相比，卡萊基更加關注區域內的組織結構。他認為，未來「大空間」的發展方向是

15 R .N. Coudenhove-Kalergi, “Panamerika-Paneuropa,” *Vossische Zeitung*, 1924.03. 25.

16 R. N. Coudenhove-Kalergi, *Pan-Europa*, S. 22.

17 Karl Haushofer, *Weltpolitik von heute* (Berlin: Zeitgeschichte-Verlag, 1934), S. 20.

國家聯合體，可能是邦聯，甚至是聯邦。[18]

然而，戰後歐洲大陸呈現出四分五裂的衰敗局面，完全與卡萊基的設想背道而馳。奧匈帝國在一戰中消亡，德意志帝國在戰後遭到部分肢解，在它們原有的土地上，成立了一系列獨立的民族國家。一戰後，歐洲共有三十五個獨立國家，其中十六個人口不到一千萬。歐洲大陸增添了七千公里的新邊界。[19]不僅是戰敗國德、奧勢微，就連戰勝國法國、意大利，影響、勢力也都在減小，「法國龜縮在萊茵河流域，意大利蜷縮在亞得里亞海。」儘管如此，歐洲國家仍不汲取戰爭的歷史教訓，依舊奉行強烈的民族主義政策：法國忙於建立自己的大陸霸權；德國急於修正凡爾賽條約；東歐、東南歐新成立的民族國家躍躍欲試，試圖發出自己的聲音。卡萊基焦慮地指出，歐洲大陸上星羅棋布的小國是無力對抗美、蘇等區域化大國的。如果它們在短時間內不能改變現狀，就會被崛起的其它「大空間」分食掉。為此，他呼籲歐洲大陸國家放棄彼此間的猜忌和仇恨，聯合起來。[20]

不僅如此，卡萊基還指出了聯合的具體策略。他認為，在近代歐洲的歷史上，從來不乏歐洲和解、和平、聯合的美好願望，但它們都無一例外地止步於烏托邦夢想，無法付諸實踐，未能對歐洲的現實政治產生重要影響。[21]究其原因，近代歐洲聯合思想的先驅們多從良好的願望出發，以抽象的哲學思辨為基礎，追求包括歐洲各國的大聯合，甚至是世界聯合，遠遠地脫離了實際。例如，十八世紀法國聖-皮埃爾設想的「歐洲聯邦」包括歐洲所有的大國。德國著名哲學家康德的「以聯邦求和平」的思想，不僅涉及「歐洲各民族」的聯邦，還

18 R. N. Coudenhove-Kalergi, *Pan-Europa*, S. 20.

19 "Aufbau der deutschen Wirtschaft," 9. Juli 1940, Bundesarchiv R 43II / 311, Bl.44.

20 R. N. Coudenhove-Kalergi, "Paneuropa," *Vossische Zeitung*, 1922. 11.15.

21 R. N. Coudenhove-Kalergi, *Pan-Europa*, S. 39.

泛指「世界聯邦」的大同社會。再如，十九世紀法國大文學家雨果曾預言，英、俄、法等歐洲國家將融合在一個整體中。[22]這些美好的願望、理想都沒有根據現實的可能性，去考慮、界定一個具體的聯合範圍，因而不具備可操作性。卡萊基總結了前人的經驗教訓，他敏銳地認識到，要想實現歐洲聯合的理想，就必須緊密聯繫實際，有所取捨，放棄追求大而全的歐洲。

卡萊基清醒地認識到，英國肯定不會主動退出歷史舞台，放棄帝國統治，加入到「歐洲」大家庭當中來，相反，她隨時準備為了英帝國去犧牲「歐洲」的利益。因此，必須排除英國，放棄「大歐洲」的幻想，堅定不移地走「小歐洲」聯合的道路。與此同時，卡萊基還強烈反對俄歐聯合成一個更大的區域。第一次世界大戰以後，有些歐洲人認為，歐洲太小了，根本成不了「世界大國」，必須與蘇聯聯合起來。[23]二戰後，隨著蘇聯超級大國的形成，這種觀點仍有一定市場。[24]卡萊基從政治平衡的角度出發，堅決否定、批判了這種觀點。他認為，俄羅斯太大、太強了，如果建設一個包括俄羅斯的「大歐洲」，「泛歐」就會丟失自我，喪失獨立性。從地理上講，「泛歐」僅有五百萬平方公里土地，面積是一戰後蘇聯的四分之一。[25]從地圖上看去，「歐洲」不過是歐亞大陸西側的一個半島而已。[26]如果俄羅斯加入進來，「這種力量關係就會發生翻轉，絕對是對俄國有利的」。卡萊基堅信，

---

22 胡謹、郇慶治、宋全成：《歐洲早期一體化思想與實踐研究》（濟南：山東人民出版社，2000年），頁4、11、14。

23 Alex Bourdt, "Lebensfragen der Völker," S. 6, AA R 83528.

24 R. N. Coudenhove-Kalergi, *Weltmacht Europa*(Stuttgart: Seewald, 1972), S. 57.

25 卡萊基設想的「泛歐」包括歐洲的殖民母國及歐洲以外的殖民地兩個部分，這裡僅指歐洲部分。詳見《泛歐》一書書尾所附表格一「泛歐的各個國家」。

26 R. N. Coudenhove-Kalergi, "Die geistige Grundlage Paneuropas," *Paneuropa*, 1929, Heft 1, S. 14.

如果把俄國納入歐洲聯邦，就一定會導致俄羅斯的霸權。這個聯合體不再是什麼「大歐洲」了，而是一個徹頭徹尾的「大俄羅斯」，「泛歐」必將淪為它的附庸。[27]因此俄歐聯合的想法是「有害的」。與此同時，卡萊基反復強調「泛歐」的反霸性質，一再重申歐洲與英、歐互利合作的重要性。

對於歐洲聯合的未來，卡萊基曾多次明確表示，要建立聯邦制的「歐洲合眾國」。在運動綱領中，他要求「歐洲大陸上所有的民主國家在政治、經濟上統一起來，建立一個強大的、有生命力的聯邦制國家（Bundesstaat）」。[28]卡萊基設想的「歐洲合眾國」議會由兩院構成，上院由二十六個歐洲國家的代表組成，下院由三百位議員組成。下院議員按人口比例產生，每一百萬歐洲人選出一位代表，三百位議員代表著「歐洲合眾國」的三億人口。[29]「歐洲合眾國」這個名稱的確很容易讓人聯想起「美利堅合眾國」，這兩個相似的名稱經常引起人們認識上的誤會和思想上的混亂。在當時，就有不少歐洲人誤以為，卡萊基的「歐洲合眾國」是「美利堅合眾國」的翻版。當代也有不少學者認為，「泛歐」的模式是美國。[30]

事實上，卡萊基設想的「歐洲合眾國」是瑞士聯邦的翻版。他認為，瑞士的聯邦制充分地體現了德意志民族與其他民族權力平等、高度自治的原則，為「歐洲合眾國」樹立了良好的榜樣。這主要表現在以下四個方面：第一，瑞士聯邦議會上院由各省代表組成，每省代表

---

27 R. N. Coudenhove-Kalergi, "Paneuropa und Völkerbund," *Paneuropa*, 1924, Heft 6, S. 18.

28 R. N. Coudenhove-Kalergi, "Das Pan-Europa-Programm," *Paneuropa*, 1924, Hefte 2, S. 3.

29 R. N. Coudenhove-Kalergi, "Etappen zu Pan-Europa," *Pan-Europa*, 1924, Heft 2, S. 7.

30 陳樂民：《「歐洲觀念」的歷史哲學》（北京：東方出版社，1988年），頁200-201；Vanessa Conze, *Richard Coudenhove-Kalergi: Umstrittener Visionär Europas* (Zürich: Muster-Schmidt Verlag Gleichen, 2004), S. 7; Anita Ziegerhofer-Prettenthaler, *Botschafter Europas*(Wien: Böhlau, 2004), S. 499, 512.

人數基本相同。下院通過直接選舉產生，在當時，每四萬名選民中產生一名代表。瑞士聯邦的最高行政機關——聯邦委員會由贏得大選的黨派組成。[31]在基本的民主制方面，瑞士聯邦與美式聯邦沒有太大的區別。瑞士聯邦的特殊之處在於，在分配最高行政權力時，它引入了各民族間的權力平衡機制：瑞士聯邦法律規定，聯邦委員會的七位委員必須來自不同的省份，代表不同的民族地區。聯邦委員會主席由各位委員輪值擔當，期限一年。這就意味著，每個民族省份都有執政權，都有行使政府主席權力的機會。[32]上述規定巧妙地回避了德意志民族長期壟斷權力的風險，最大限度地體現了各民族權力平等的原則。這種機制為未來的「泛歐」聯邦提供了具體的解決方案。第二，瑞士聯邦的稅收制度也獨具特色，瑞士的直接稅都流入到各民族省份的稅務部門，歸省內自己掌握，聯邦政府只收取共同的海關稅和間接稅。[33]這樣做可以讓各民族省份享有較大的財政權力，充分滿足了各民族高度自治的願望。這種制度為多民族的「泛歐」政治統一提供了重要的借鑒。第三，瑞士聯邦尊重境內各民族文化的獨特性，促進了各民族的共同情感。瑞士不僅有德語，還有法、意等多種官方語言，德、法、意三個民族在瑞士聯邦內部和諧共處，他們對聯邦「公民」的認同感要明顯高於各自的民族感情，[34]這正是瑞士聯邦制的成功之處，也是建設「歐洲合眾國」的重要參考經驗。第四，瑞士聯邦自一八四八年成立以來，一直生活在和平當中。它不僅維護了國內的和平，避免了民族間的戰亂，還在國際上恪守中立的原則，不與他國為敵。這種和平、安定的局面是經歷了世界大戰的歐洲人夢寐以求的，

31 R. N. Coudenhove-Kalergi, “Die Schweiz als Vorbild,” *Paneuropa*, 1929, Heft 10, S. 2.

32 Ebenda.

33 Ebenda.

34 R. N. Coudenhove-Kalergi, *Eine Idee erobert Europa*(Wien: Desch, 1958), S. 186-187.

也是「泛歐」運動的奮鬥理想。在卡萊基眼中，瑞士的經驗是現成的，是可以照搬的。[35]瑞士就是小歐洲，歐洲就是大瑞士。既然瑞士的德意志民族能夠與境內的法、意等民族和平共處百餘年，那麼，歐洲大陸上的德意志人也一定能夠和其他民族和諧相處。「歐洲多民族共同體」的目標一定會實現！[36]

## 三　對兩戰間歐洲聯合進程的影響

「泛歐」聯合絕非僅限于思想、綱領，在兩戰期間，它已經發展成為聲勢浩大的政治運動。卡萊基積極回應戰後歐洲發展的時代主題，多次發起了具有准政府性質的「泛歐」會議，將兩戰間的歐洲聯合事業不斷推向高潮。在「泛歐」運動的積極促動、影響下，歐洲聯合的主張已經發展成為兩戰間歐洲政治的新因素、新話語、新境界，歐洲聯合的歷史進程實現了前所未有的質的突破和飛躍。

作為一項政治運動，「泛歐」聯盟在卡萊基的領導下開展了一系列的出版、演說、集會、研究等活動，其中，最重要的是召開了五次「泛歐」會議，它們是：一九二六年十月在維也納召開的第一屆「泛歐」會議；一九三〇年五月在德國柏林召開的第二屆「泛歐」會議；一九三二年十月在瑞士巴塞爾召開的第三屆「泛歐」會議；一九三五年五月在奧地利維也納召開的第四屆「泛歐」會議；以及一九四三年三月在美國紐約召開的第五屆「泛歐」會議。這五次會議規模大、規格高，回應了時代發展的主旋律，它們代表著「泛歐」運動的歷次高潮，是「泛歐」運動史上的重要里程碑。

「泛歐」會議絕不是普通的、非官方的、自說自話的民間集會。

---

35 Ebenda, S. 187.

36 Ebenda.

歐洲各國政府都給與了不同程度的關心和支持。不少歐洲國家和國際聯盟組織都派出了正式代表，如第一屆「泛歐」會議，奧地利的首相伊格納茨・賽佩爾、德國議會主席保羅・勒貝及意大利參議員卡羅・斯福爾扎伯爵參會並講話。[37]法國外長白里安派駐奧使節代表參會。捷克外長愛德華・貝納斯、捷克總統托馬斯・馬薩里克、德國總理馬克斯、丹麥總理斯湯寧、法國國防部長潘勒韋和英國殖民大臣埃默里都發來了賀電。[38]此後的各屆「泛歐」會議延續了這種半官方的模式，繼續邀請歐洲各國的政界領袖、精英參會。如在第二屆「泛歐」會議上，德國內政部長、前首相約瑟夫・維爾特代表德國政府參會並致開幕詞。會議結束後，德國首相布呂寧和外長庫爾提烏斯，以早餐會的方式宴請了卡萊基及其他主要與會代表。[39]在第三屆「泛歐」會議上，巴塞爾市長卡爾・路德維希代表瑞士聯邦政府參會並致歡迎詞，德國、捷克、波蘭、匈牙利、南斯拉夫多國政界精英參會。[40]在第四屆「泛歐」會議上，奧首相庫爾特・舒士尼格、議會主席魯道夫・霍約斯參會並致開幕詞。[41]

歷次「泛歐」會議之所以受到廣泛的關注，是因為它們充分地迎合了時代發展潮流，有力地回應了時代發展的主題。一九二五年十月，法德等國簽訂了洛迦諾公約，就德國西部邊界問題達成了和解，戰後歐洲持續緊張的局勢開始走向緩和。[42]卡萊基及時跟進，召開了

---

37 賽佩爾強調了「歐洲」思想和「歐洲」情感的重要性，稱之為「歐洲」政策的前提。“Eröffnung des Ersten Paneuropakongreß,” *Neue Freie Presse*, 4. Oktober, 1926, AA R70104.

38 “I. Paneuropakongress,” *Paneuropa*, 1926, Doppelheft 13/14, S. 4-6.

39 “Berliner Paneuropa-Tagung,” *Paneuropa*, 1930, Doppelheft 6/7, S. 207.

40 “Europa-Kongress 1932,” *Paneuropa*, 1932, Heft 8/9, S. 224.

41 “IV. Paneuropa-Kongress,” *Paneuropa*, 1935, Heft6/8, S. 239-241.

42 C・E・布萊克、E・C・赫爾姆賴克：《二十世紀歐洲史》（北京：人民出版社，1984年），上冊，頁216-219。

第一次「泛歐」會議，呼籲歐洲各國「取消阻礙政治、經濟發展的疆界，聯合起來」[43]，為歐洲的政治和解與經濟繁榮指明瞭新的發展方向。一九三〇年五月十七日，時任法國外長、「泛歐」聯盟名譽主席的白里安正式向歐洲各國遞交備忘錄，號召成立「歐洲聯盟」，[44]就在同一天，卡萊基召開了第二屆「泛歐」會議，慶祝這一「歐洲歷史上的重大轉折」，有力地呼應、支持了白里安的「歐洲」計劃，彰顯了「歐洲精神和歐洲共同體意識的普遍存在」[45]。三十年代初，在經濟危機的持續影響下，世界經濟逐漸走向解體。即便是作為世界自由貿易領袖的英國，也開始將注意力轉向了帝國內部的共同市場。[46]卡萊基趁此機會，召開了第三屆「泛歐」會議，及時地提出了加強歐洲大陸區域建設的主張，[47]有力地推動了歐洲聯合的進程。到了三十年代中期，納粹的侵略意圖日益明顯，歐洲各國普遍感到惴惴不安。卡萊基勇敢地召開了第四次「泛歐」會議。他在開幕式致辭中，稱被奧地利納粹分子殺害的前首相陶爾菲斯是一個真正的「歐洲人」，號召通過實現「泛歐」聯合，消滅戰爭，徹底解決歐洲的安全問題。[48]會議的矛頭直指納粹的侵略擴張野心，因此贏得了奧地利等歐洲國家政府的支持。

這幾次「泛歐」會議，不僅成功地宣傳了「泛歐」聯合思想，還探討了具體、複雜、棘手的政治經濟問題，諸如保護生活在他國的德

---

43 "Manifest des Kongresses," *Paneuropa*, 1925/1926 , Doppelheft 13/14, S. 1.

44 Aristide Briand, "Memorandum on the organization of a regime of European federal Union, 17 Mai 1930," Peter M. R. Stirk and David Weigall, *The origins and development of European Integration*, p. 18-19.

45 "Begrüßungsrede," *Paneuropa*, 1930, Heft 6/7, S. 213.

46 L. S. Amery, "Die Ottawa-Konferenz und Europa," *Paneuropa*, 1932, Heft 10, S. 247.

47 R. N. Coudenhove-Kalergi, "Ottawa," *Vossische Zeitung*, 1932. 07. 22.

48 "Die Eröffnungssitzung," *Paneuropa*, 1935, Heft 6/8, S. 241.

意志少數民族問題，減少各國貿易保護、減免關稅的問題，以及抵御納粹侵略政策的問題等，雖然沒有取得實質性的成果，但這絲毫不能否定、弱化「泛歐」運動取得的歷史性成就。在一戰前，歐洲聯合只是個別教士、學者、政治家的烏托邦幻想，對歐洲各國政府來說，只有國家利益、實力外交、軍備競賽才是滄桑正道，談論歐洲聯合，無異於痴人說夢，痴心妄想，只會遭到人們恥笑。然而，一戰後歐洲掀起了聯合的思潮，在「泛歐」運動的積極影響下，歐洲聯合成為更多社會精英的共識。在「泛歐」運動的大力推動下，歐洲聯合的政治理想和精神追求，在一定程度上，得到了各國政府的認同。這種觀念上的轉變和思想上的進步，為二戰後歐洲一體化的正式啟動打下了堅實的思想輿論基礎。

綜上所述，卡萊基早在一百年前就認識到，一戰給國際政治帶來了結構性的改變，戰後世界開始進入區域化時代。民族國家為了更好地生存與發展，必須實行區域聯合。時至今日，卡萊基的預言已經部分變為現實：以中國為代表的東亞崛起，與美、俄、歐等「大空間」鼎足而立。研究、重視「泛歐」思想，對於我們全面認識世界多極化的趨勢，深入理解一戰帶來的國際關係的根本變革，具有重要的幫助作用。

# 第二編

# 一戰與中國經濟、<br>現代企業、金融市場

# 第五章
# 戰爭與群眾愛國運動：一戰後香港米糧恐慌與機器工人罷工

陳明銶

香港已故歷史學家，生前擔任美國史丹佛大學東亞研究中心研究員、
香港大學歷史系教授

一九二〇年的香港機器工人罷工是一戰後香港第一回大規模的經濟性罷工，大戰影響交通運輸，食糧供應。大戰於一九一八年結束，但多國的生產以及交通運輸情況尚未回復正常。一九一九年日本國內米糧短缺，米價上升日本政府大規模在亞洲搜購食米，而東南亞產米國政府亦限制米糧出口，以免受米價上升的波動干擾。而廣東省的稻米生產於一九一九年亦失收，所以一九一九年七月底香港市區出現過搶米的瘋潮和騷動，反映戰後物價飛升，物資供應不足，對民生帶來直接的惡性影響，當然亦形成自然經濟運作的通漲旋渦。而這種旋渦為香港華人機器工人帶來生活的衝擊，導致後來機器工人罷工，更應說是民族主義的表現，打破固有英方官商壓迫華商的狀態，成為後來民族情緒、工人利益交織的省港大罷工。

第一次世界大戰期間，俄國爆發十月革命，退出大戰，但協約國依然出兵俄國，日本亦不例外，出兵西伯利亞，令原來陷入困境的國內經濟，更日暮途窮，米價由宣戰的一九一八年八月三日的三角八分到八月九日的五角三分。米價急速舉升，戰爭固然是重要的因素，但

戰時通漲導致的實際工資下降百分之三十二、一九一八年人口增長百分之二十和一九一八年的天災，令日本面臨多方面的綜合挑戰，亦促使由八月三日起的米糧騷亂。米糧騷亂令日本四分之三的國境受到牽連，共出現超過六百二十三宗騷動，參與人數超過二百萬人，更令首相寺內正毅請辭。原敬所改組的內閣自然視米糧為首要任務，更劍指中國東北的米糧。日本以《中日共同防敵軍事協定》，借購入軍需米之名大量購入米，亦大量從香港、東南亞購入白米，這種全亞洲的跨國採購，令大量的米商待價而沽，加上中國內地的政局動盪，終使香港難逃此連鎖效應。[1]

一九一九年香港開始報導日本大量採購白米的消息，七月更指約有一萬五千噸米從香港運至日本，而這使白米批發價從每擔三元四角上升至六元七角。港英政府猶豫不決，未及時解決基層基本溫飽，而七月四日首見基層在新界出現小規模的動盪，這開米糧動亂之先。七月二十六日灣仔的苦力到廣興油米雜貨店搶米，更擴展至銅鑼灣、中上環等地。搶米之舉成為工人、苦力等生存的唯一寄望，故使七月尾至八月中期間出現持續的搶米行動。為解決此糧食危機，港英政府不惜以銀彈政策，盼令局勢穩定，包括每月津貼米商二十萬元以換取米價穩定，更向廣東政府大量購米，亦補助華商至東南亞購米，漸使米價下降，港府為此耗費港幣三四百萬元。[2]

---

1 參梁寶龍：《汗血維城：香港早期工人與工運》（香港：中華書局，2017年），頁45-49; Ming K. Chan , "Labor and empire : the Chinese labor movement in the Canton Delta, 1895-1927," Ph.D. Dissertation, Stanford University,1975)；參區志堅：〈未料的結果：省港大罷工與香港大學中文學院的成立〉，收入梁寶榮主編：《粵港工人融合：省港大罷工九十週年回顧論文集》（香港：香港社會保障學會、香港工運史研究小組，2017年），頁137-154。

2 《汗血維城：香港早期工人與工運》，頁59-62；陳明銶：〈在革命前線——1920年代中粵港工運重點勾劃綱要〉，周奕、伍錫康、梁寶霖、梁寶龍：《粵港工人大融合——省港大罷工九十週年回顧論文集》（香港社會保障學會、香港工運史研究小組，2017

港府對國際形勢的判斷欠佳，盲目希望戰事不會影響民生，更在日本大舉搜購米糧之際，並未及時制止，令物價節節上漲，甚至影響到百姓的基本需要，終爆發搶米的風潮。此搶米騷動雖然歷時一個月左右，但卻成為一次大戰後其中一個最影響香港的群眾事件。縱然港英政府能意識到要從多元方法解決來自國際的米糧問題，亦願意大灑金錢讓市民、政府渡過糧食挑戰，但港英政府此終未能了解或考慮到整體華人的薪酬水平是不足溫飽，未有為工人或基層民眾帶來實際的改善措施。港府在一九一九年突如其來的波動吸收慘痛教訓，於一九二〇年修訂團體法例，工人組織可以註冊，香港的法規下承認工會的合法地位，工人開始組織工人以合法方式為自己或行業爭取利益。這無疑能令工人在法規下受到監管，減少往無組織的工人運動所帶來的突發性，盼讓社會趨向穩定。然而，一九二〇年起大量的工會湧現，他們組織眾多的工人，成為華人社會中不可忽視的勢力，對港英政府管治帶來重要的影響，亦於一九二〇年顯然工會對社會的價值。[3]

戰後世界物資短缺，香港的米糧風波即使有所改善，但依然昂貴。在香港百物騰貴之時，香港華人機器工人的薪金低微，實不足以維持最低生活水平，所以在一九二〇年三月香港華人機器會代表工人向各僱主提出加薪要求，希望大幅增加百分之四十薪金。但經多回的奔走交涉，資方不予以合理回應，僅應許每人每月補貼伙食費一元五角。工人對資方的回應極不滿意決定罷工，四月一日罷工爆發。首先是英國海軍船塢五百名機器工人發動罷工，消息傳出其他機器廠及機構的機工開始響應，紛紛罷工，而罷工後大部分罷工者離開香港返回

年），頁38；參陳明銶、區志堅：〈中國現代化的廣東因素〉，政治大學哲學系主編：《中華現代性》（臺北：政治大學出版社，2014年），頁86-93。

3　陳明銶：〈當前香港工會發展及其歷史淵源〉，陳明銶、梁寶林：《中國與香港工運縱橫》（香港：香港基督教工業委員會，1986年），頁205。

廣州。首日已經有一千人左右返粵，次日鑄造工人一千五百餘名亦響應罷工，並離港返惠。罷工數日後，工人離港者逾五千人，由廣東機器工人組織全力支持，招呼食住。因離港回惠者佔多，甚至要僱用珠江面的船艇數十艘，停迫於廣東機器工人會所前作為罷工工人的臨時宿舍。而廣州機工亦決定每人半月捐出一日薪金以支持香港罷工回粵的機工，廣東及國內其他地方的勞工團體亦紛紛捐款支持香港罷工。港英當局見罷工規模日漸擴大，與資方尤其是英資大機構商討對策，甚至以分而治之，逐個擊破的手段，分別與不同工場，工種，僱主的行業機工，分別談判，企圖分化香港華人勞工界的團結，甚至黃埔及太古兩大船廠亦願意略為加薪，每小時加工資九分半，而加班則加三分至三分半。但工人不滿加薪幅度，不願接受和不加理會有關方案，依然團結一致[4]。

四月七日廣九鐵路英段火車工人罷工，影響香港與大陸內地的陸上交通，而英段鐵路是港英當局的官營實業。四月九日電話公司兩百多名工人罷工，電車公司數百名工人亦罷工，香港電燈公司工人罷工，香港交通陷於癱瘓，通訊斷絕，全市陷於黑暗。港英當局只能派出英軍希望代替罷工工人工作，但由於沒有經驗和專門技術，港英的「替工」行動未能收效。四月十日港英當局希望華人機器工會到廣州徵求罷工者意見，但工會代表到廣州與罷工者磋商後，不願意接受港英官方及資方的條件。四月十三日山頂工人罷工，甚至各造船廠的木工亦一律同情罷工。四月十四日九龍電燈公司大罷工，至此罷工人數已逾萬，罷工不單是機器工人有蔓延至其他行業，造成一股巨大的經濟社

4 Ming K. Chan, "Labour and Crown:Aspects of Society-state interactions in the Hong Kong Labour Movement Before World War II", in Elizabeth Sinn (ed.), *Between East and West: Aspects of Social and Political Development in Hong Kong* (Hong Kong: Centre of Asian Studies, the University of Hong Kong, 1990), pp.140-146.

會力量，工人團結一致爭取合理的代遇和公平的經濟權益。最後官方水務局的工人醞釀罷工，港府及英資極度恐慌，恐怕香港斷水斷糧斷通訊斷交通，成為一個孤城，死城。為免情況惡化，港英政府請罷工工人在廣州派代表回港進行復工談判。四月十七日港英官方及資方與工人代表展開談判，勞方答允將加薪要求將百分之四十減至百分之三十五，但因雙方條件有相當差距，未達成協議。四月十八日談判終於達成協議，勞方接受最終的加薪百分之三十二點五，即一元底薪者加薪至一點三二五元，不分課類，一律照辦，其他條件復工以後再作商宜。四月十九日，罷工工人開始復工，一場大規模全港性熟練工人罷工，終於以勞方的勝利收場結束。罷工初期資方尤其是英資大企業恃著港府的偏坦（不少英資大企業的領導層同時出任港英當局行政局和立法局的議員，絕對是名符其實的官商勾結），對於罷工甚為藐視，認為工人缺乏金錢支援不能夠作長時間的工業行動，更以為華人勞工無法長期合作團結，以為罷工時間稍長工人就會妥協就範。後來罷工規模擴大，因有廣州的「避難所」全面支援，可以長期作戰，英方官商領導層不敢再輕視華工。但亦有兩個特殊應注意的就是英方根本沒有準備，不理解機器工人是熟練，擁有專門技術的工界精英。機器運作要有大量的經驗和技巧訓練，不少機器工人是讀書識字的。而且晚清孫中山同盟會革命時代開始，粵籍的機器工人，無論是廣東省內，港澳，甚至海外的粵人華僑社區，大多數是熱心支持孫中山當年的反清革命和民國初年袁世凱稱帝，反軍閥獨裁的愛國鬥爭，所以機器工人的醒覺對社會政治經濟發展的關注，以及組織團結集體動員等方面頗有經驗，絕非烏合之眾不能夠隨便玩弄於港英官方和英資機構股掌之中[5]。

---

5　陳明銶：〈五四與工運〉，汪榮祖編：《五四研究論文集》（臺北：聯經出版公司，1979

這回罷工是繼承了三分之一世紀前香港船塢工人的光榮歷史愛國動員的先例，這就是回顧一八八四至一八八五年中法越南戰爭時期香港船塢工人拒絕維修與中方作戰受損毀的法國軍艦，先由英海軍船塢的工人發起罷工，跟著因港英當局的高壓手段出動軍警箝制，引起其他華工的同情大罷工。[6]結果受損毀的法國軍艦被迫離港到日本尋求船塢修理，而當時一位年青的學生深受香港華人勞工愛國動員的深深感動，影響他以後個人投身救國活動的意志和決心，這位年青學生就是孫中山。可惜港英殖民地當局沒歷史記憶，亦不知道晚清時期香港華工已經有團結動員的力量，亦不了解香港華人九成以上均為粵籍，尤其是廣州話幫，當中的鄉情，親情與及地緣，宗族血緣等的傳統，深厚和極為牢固的人際網絡，所以港九新界雖為英治地區，但一般的華人群眾均不是英籍公民，反而與廣東故鄉維持密切深厚關係，所以香港罷工者自然而然回老家廣州尋求庇護與支持，而民國時期民意的增長第一次大戰中國參戰的資本就是二十多萬華工到歐洲法俄英勞動作貢獻。加上一九一九的五四運動愛國動員的四罷（工人罷工、店員罷市、學生罷課、群眾罷買日貨、改用中國土產國貨），這四罷帶來的動員經驗是港英當局及英資高層還盲目以為是帝國光彩，但實質上一次大戰英國是慘勝，在亞太地區的新興東方帝國主義者——美國及日本勢力已開始取代英國的主導角色。一九二〇年代的兩回大罷工，即一九二二年的香港海員大罷工和一九二五至一九二六年的省港大罷工均是港英當局甚至英帝國主義，英資集團無法有效應對的事實。一

年），頁80-88；梁寶霖、梁寶龍、陳明銶、高彥頤合編：《香港與中國工運回顧》（香港：香港基督教工業委員會，1982年），頁22-23。

6 Ming K. Chan, *Historiography of the Chinese labor movement, 1895-1949: a critical survey and bibliography of selected Chinese source materials at the Hoover Institution*, (Stanford : Hoover Institution Press,1981).

方面中國民族主義情緒高漲群眾動員力量日增，配合中國官方黨政當局的支持，英方絕對需要接受無法從回帝國的光彩，只是無奈的作出妥協，因為時不與我大英帝國的老招牌已非金漆，不能夠再阻嚇殖民地華工的抗衡，尤其是有廣東當局支援下的省港官民一體的大動員，所以一九二六至一九二七年英方的退讓原來有其前因，一九二〇年機器工人罷工的模式，英方吃了三次大苦頭，不敢重覆犯錯[7]。故有一九二六至一九二七年初武漢及英租界的和平撤出，並交還中國國民黨北閥當局。

似乎一貫以來西方，尤其英國常指香港是：「借來的地方，活在借來的時間」，實在應加上管理著借來的人口。由一八四二年鴉片戰敗英軍佔據香港，一百多年來香港本土的華洋衝突，或於華南的中英衝突，大部分香港華人居民尤其是草根階層的勞動界均是支持華方粵方，可惜到一九六七年即是半世紀以前的國內文革餘毒，染紅香港的毛派份子，由新蒲崗人造花廠引發的左派暴動事件，一般市民甚至大多數的草根階層，均不支持中國大陸官方的行為。問題是一九六七年的英國政府，實力更不如一九二〇年代的一次大戰慘勝而開始衰落的大英帝國，為何於一九六七年後，香港華人的心態轉變，與二十年代不同，此值得探討！

（此文原稿於二〇一八年十月五日完成，主要取材自作者多年來研究工運、香港史的成果，並感謝林浩琛協助整理部份文稿內容。）

7　陳明銶：〈從歷史角度看香港工運發展〉，香港工會聯合會：《香港工運路向》（香港：新城文化，1989年），頁13-16。

# 第六章
# 第一次世界大戰對中國經濟的影響：以廈門經濟網絡為中心之討論

周子峰

香港樹仁大學歷史學系助理教授

## 一　前言

第一次世界大戰的主要戰場是歐洲，可是它的影響力卻遍及全球。就亞洲而言，大戰期間，歐洲列強無暇兼顧亞洲，造就東南亞華僑經濟擴張之機會。此外，歐洲後歐洲亟待重建，對東南亞的原材料需求方殷，不少經營橡膠、蔗糖種植的華僑商人頓成鉅富。戰後不少東南亞殖民政府對華僑實行壓迫政策，加上銀價長期下滑，部分華僑鉅賈將資金投資廈門及其鄰近地區，促使當地經濟現代化的步伐。過去中國史學界對一戰對中國經濟影響之論述，集中以上海地區等情況作為例子，似乎忽視了區域差異在其中的作用。事實上，在二十世紀經濟全球化的進程中，各跨國區域經濟緊密相連，息息相關，結成若干區域經濟網絡，本文所述及的「近代廈門經濟網絡」即屬顯例。本文即旨在以一戰期間及其後東南亞華僑經濟之發展及流入廈門地區，促成閩南區域經濟之發展的事實，析論一戰對中國經濟的影響。

## 二　近代廈門經濟網絡之形成

清代閩南海商以廈門為活動中心，建立與東亞其他地區的商貿關係，吳振強稱之為「廈門網絡」。十九世紀中葉西方入侵中國，使廈門與鄰近地區之經濟關係湧現新元素（如勞動力輸出及埠際金融流動等現象），甲午戰後日本佔領臺灣，廈門對外經濟呈現結構性變動。這種新經濟關係萌芽於十九世紀下半葉，完成於二十世紀初年。二十世紀初廈門與東亞地區城市間之經濟連繫，可概稱之為「經濟網絡」。

鴉片戰爭後西方勢力入侵中國，為近代「廈門網絡」產生三個變數：分別是交通通訊科技之近代化、資本主義世界經濟對東南亞的影響和新經濟中心的產生。西方近代交通通訊事業對廈門網絡的發展影響深遠。輪船節省了區域間人力及資源交流所需時間，創造了廈門能更有效從閩南、閩東等地吸取人力資源，向東南亞大量輸出勞動力的契機。新式通訊事業則加速東亞各城市間資訊交流，配合匯票、匯款單、銀行支票等新式交易手段擴大商業信貸的使用，促成區域市場整合，產生跨地域金融體系[1]。交通與通訊科技為廈門網絡近代化提供先決條件，西方所帶來的資本主義世界經濟則決定了網絡資源流動內容。十八世紀歐人拓展東南亞的殖民統治，將東南亞地區經濟捲入資本主資世界經濟體系內。十九世紀中葉以後此經濟體系出現一個「世界性分工合作」（The World Division of Labor）新趨向，體系中心的工業國家向體系邊陲的落後地區輸出工業製成品，誘使後者專門發展集中於數種貨品的出口經濟。這種趨向在列強的殖民地表現尤其明顯，蓋因宗主國鼓勵殖民地與本國間貿易，限制殖民地向其他價格較廉的

---

1　關於十九世紀新式匯票、匯款單及銀行支票的傳入和使用概況，參Yen-p'ing Hao, *The Commercial Revolution in Nineteenth-Century China: The Rise of Sino-Western Mercantile Capitalism* (Berkeley: University of California Press, 1986), pp.54-55, 73-77.

地區輸入其他產品，同時控制殖民地出口貿易[2]。大約到了十八世紀，蔗糖取代胡椒，成為東南亞向世界各地出口額最大的商品，荷屬爪哇、西屬菲律賓及暹邏的甘蔗收購和製糖都掌握在華人手上[3]。十七世紀中葉以後，大量華人移居東南亞，控制各地商業與採礦業。他們在緬甸從事銀礦開採和熔煉，又在越南北部進行銅礦開採。十八世紀他們開始控制了馬來人世界的錫礦和金礦開採。這些行業原本是由當地人操掌的。殖民地宗主國向殖民地輸出本國工業產品，西方商人與土著消費者接觸極少，必須透過中介者把西方輸入商與殖民地消費市場連接起來，華僑商人正好擔當這種中介角色。華僑商人向土著銷售西方商品，收購土著農產品供西方企業出口之用，扮演出口貿易「中間批發商」的角色，也將中國本土市場流行的「賤買貴賣」、「薄利多銷」、「賒賣法」及兼營高利貸等商業信念和習慣帶到東南亞零售批發市場，依靠同鄉、人情等非經濟因素建立壟斷式銷售網絡[4]，故日人稱華僑主要經濟勢力是「中間的商業活動」[5]。

近代廈門網絡內之「人、財、物」三種關係，可以圖表說明如下：近代廈門網絡猶如一個有機的生命體，網絡內各種機制猶如血管，從閩省各地吸收人力資源輸送到東南亞，換取各種養分（僑匯和物資）滋潤中樞地廈門，一旦養分輸送發生問題，網絡將會因養分不足而喪失生命力。

---

2 Thomas R. Shannon, *An Introduction to the World-System Perspective* (Boulder: Westview Press, 1989), pp.66-67.

3 《劍橋東南亞史》，第1卷，頁413。

4 關於印尼華商營商手法之描寫，參華南銀行調查課編：《荷屬東印度華僑商人》（臺北：中華學術院南洋研究所，1984年），頁55-59。

5 滿鐵東亞經濟調查局編：《三十年代蘭領東印度之華僑》（臺北：中華學術院南洋研究所，1985年），頁147。

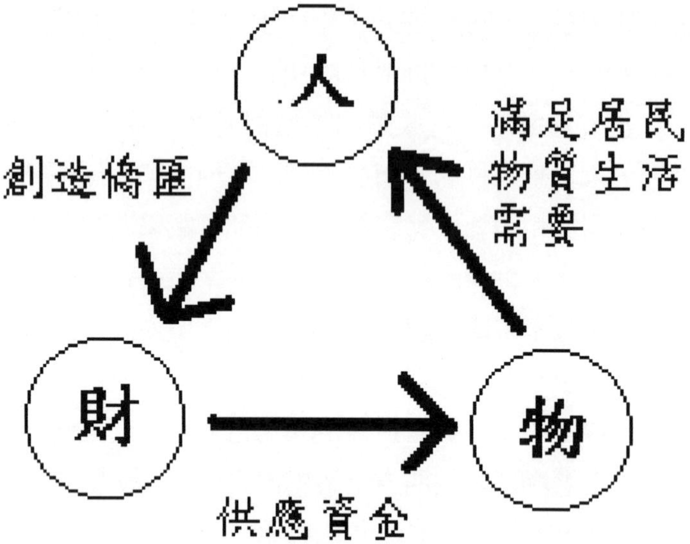


## 三　一戰對東南亞及廈門地區的經濟影響

從短期來看，一戰對東南亞及廈門地區的經濟影響是負面的。在大戰期間，由於輪船服務停頓，廈門的出國人口數字大幅下降。1912年至1921年的廈門海關十年報告謂：「從廈門到外國口岸的客運，已不像以前那樣興旺了。然而，在1912年和1913年間，仍然有非常大量的中國勞力流往國外。隨著歐洲戰爭的爆發，商業疲軟。有一段時間移民出現回流。值得特別注意的是，在廈門和海峽殖民地之間，有50,829人返回，這是多年來的最高紀錄。同時，出國移民人數下降到50,012人。這一下降是由於1914年8月對進入海峽殖民地移民的完全禁止。在1915年中期，限制逐漸有所鬆動，並最終於1916年撤消。這一年，從廈門出口的移民人數為65,014人，比1915年增加了35,548人。1917、1918和1919年間，移民數量再度下降。這主要由於與本地銀元相聯繫的叻幣嚴重貶值。另一原因是由於一些客輪船停止營業，造成旅費的上漲，從而限制了移民外流」[6]。1914年海關年報指出：「此次戰爭，實有以致本口生涯縮少約1/10，貨物多因時局靡常，驟增價值，其間增價最昂者，莫如稻米及美國麵粉、煤炭、糖觔、棉絨貨類、日本自來火、玻璃、顏料等項[7]。

但從長期來看，一戰促進了東南亞華商經濟的發達，不少華商因大戰而成為鉅富。我們可以陳嘉庚與黃奕住為例說明。

陳嘉庚投資於橡膠業，始於1906年。該年夏天，陳氏聽說陳齊賢、林文慶在馬六甲、新加坡試種橡膠成功，獲利甚豐，就用1800元把他們剩下的18萬粒種子全部買下，僱人在福山園菠蘿樹間挖洞栽種，2個月內種完。1909年春天，陳氏擴大福山園面積500餘英畝，專種橡膠，總計前後共有橡膠園1000英畝。次年橡膠漲價，他把福山園轉賣給英國人，得32萬元。隨即在柔佛購買地兩幅土地，僱工開荒種植橡膠和菠蘿：一在笨珍港，名祥山園；一在老謝港，仍名福山園。此時陳氏所得財富，已足夠償還父親欠債，並有餘款45萬元[8]。

第一次世界大戰爆發，海路梗阻，輪船被徵用運送軍事物資，以致陳氏的工廠停產，但工人的生活費和各廠營運經費仍須籌付，以致陳氏在《南僑回憶錄》謂此時期「艱難維持，度日如年！」及至入冬，船運稍鬆，始能將存貨陸續售出。次年陳氏兼營航運，租入「萬通」、「萬達」兩輪」，最初是為了方便自己運輸米穀之用，後又續向香港外國公司租用兩艘二千噸級貨輪，該年總計獲利45萬元。

1916年陳氏再購入東豐輪。同時將土橋頭菠蘿廠改建為橡膠製造

---

6　廈門市志編纂委員會等：《近代廈門社會經濟概況》（廈門：廈門大學出版社，1990年），頁380。

7　〈中華民國三年廈門口華洋貿易情形論略〉，載中國第二歷史檔案館等編：《中國舊海關史料（1859-1948）》，冊65，頁942。

8　陳碧笙、陳毅明編：《陳嘉庚年譜》（福州：福建人民出版社，1986年），頁11-14。

廠，是年總計陳氏共獲利50餘萬元[9]。次年他再購入「謙泰」輪，又將該輪及「東豐」輪租予法國政府。單在該年航運業已為他賺得50餘萬元，連同其他收入，共取得90餘萬贏利。大戰結束前夕，陳氏放棄航運業務，全力發展橡膠公司，直接與歐美商家交易，同時經營生膠加工與熟膠製造，成為原料供應、工業生產和對外銷售結合的新型企業。1925年是陳氏企業經營的最輝煌時期。當年陳嘉庚公司在東南亞、香港、上海等各大城市共有30多間分行分店，資產達1200萬元[10]。

歐戰末期糖價漲落無常，1917年黃奕住購入大量糖產品幾近破產，幸得黃仲涵及日本正金銀行等相助勉強渡過難關。兩個月後糖價回升，黃氏借貸收購鉅額期糖。豈料糖價再度下跌，黃氏日坐愁城。1918年歐戰結束，糖價暴漲，黃氏再度收購糖產品，連同存貨一併出售，半年內獲利3,700萬盾[11]。在一戰期間成為鉅富的華商，當然不止陳嘉庚與黃奕住兩人。林秉祥及其家族的「和豐輪船公司」，於一戰期間賺取鉅額利潤。1917年林氏以首期350萬資本，創辦和豐銀行。正如楊進發指出：「第一次世界大戰確曾為華人資本的積累起了促進的作用，它亦為1918年戰後時期的東南亞，催生了一批更具先進思想，更富競爭力，更為雄心萬丈的資本家、企業家」[12]。

東南亞華商既然賺取龐大財富，為何把鉅額資本投放到中國？除了「落葉歸根」的思想影響外，銀價下滑與戰後東南亞殖民政府加強實施歧視華僑的政策，也是主要因素。第一次世界大戰後，世界各國相繼放棄銀本位制度，改行金本位制度，白銀在國際市場上逐漸喪失

9 陳碧笙、陳毅明編：《陳嘉庚年譜》，頁17-18。

10 陳碧笙、陳毅明編：《陳嘉庚年譜》，頁50。

11 趙德馨：《黃奕住傳》（長沙：湖南人民出版社，1998年），頁43-51。

12 楊進發著，李發沉譯：《華僑傳奇人物——陳嘉庚》（廈門：陳嘉庚紀念館，2012年），頁46。

了重要性，世界黃金與白銀的比價急劇下降。1919年中國銀両兑美元滙率為1.39美元，1920年為1.24，1921年為0.76，1922年為0.83。受白銀對黃金比價下跌的刺激，在中國出現了一種溫和的繁榮，貨幣需求量增大，信用擴張，利率和利潤都在上升。到了1931年，銀價約下降了46%，由是有利華僑資金的流入[13]。

另一方面，華商在東南亞的處境亦不樂觀。戰後東南亞殖民政府逐漸實施歧視華僑的政策。在菲律賓，1912年菲律賓議會提出西文簿記法案，規定華僑商店必須用西文記賬，經多年爭議，該法案最終於1921年通過。1919年當地出現糧食歉收問題，菲律賓議會通過法例禁止大米出口，隨後又限制米價，損害當地華僑米商的利益[14]。印尼方面，荷印政府於1922年12月徵收華人入境稅50盾，1931年增至150盾[15]。大戰期間因海運不時停頓，荷印政府為了刺激工商業，停收部分稅款。1917年荷蘭政府國庫空虛，指令荷印政府開闢稅源。後者於1917年9月制定〈關於戰時所得稅條例〉，規定從1914年起獲利3000盾以上的非荷蘭籍居民，必須繳交30%的戰時所得稅。戰爭結束後，荷印政府要求工商企業補交1914年至1918年間共5年的所得稅和其他戰時徵的稅款。按此計算，黃奕住共須補交稅款1500萬盾，幾及他的家產的一半。當時荷印政府曾勸他入籍荷蘭，日本領事也以幫他減稅為餌，引誘他歸化日籍。黃氏不為所動，決定攜帶鉅貲回國發展[16]。

在上述三個因素影響下，加上地緣因素，大量僑資湧入廈門及其鄰近地區。茲將1905年至1938年流入廈門僑匯數額表列如下：

---

13 趙德馨：《黃奕住傳》（長沙：湖南人民出版社，1998年），頁83。

14 莊國土：《菲律賓華人通史》（廈門：廈門大學出版社，2012年），頁356-7。

15 李恩涵：《東南亞華人史》（北京：東方出版社，2015年），頁232。

16 趙德馨：《黃奕住傳》，頁71-72。

| 年份 | 匯款數額 | 年份 | 匯款數額 |
|---|---|---|---|
| 1905 | 18,900,000 | 1922 | 27,900,000 |
| 1906 | 18,300,000 | 1923 | 25,700,000 |
| 1907 | 17,600,000 | 1924 | 45,900,000 |
| 1908 | 17,800,000 | 1925 | 45,000,000 |
| 1909 | 20,000,000 | 1926 | 66,000,000 |
| 1910 | 21,600,000 | 1927 | 51,800,000 |
| 1911 | 17,800,000 | 1928 | 44,800,000 |
| 1912 | 19,100,000 | 1929 | 54,200,000 |
| 1913 | 17,600,000 | 1930 | 60,000,000 |
| 1914 | 17,200,000 | 1931 | 72,000,000 |
| 1915 | 18,500,000 | 1932 | 47,800,000 |
| 1916 | 15,000,000 | 1933 | 47,900,000 |
| 1917 | 12,800,000 | 1934 | 43,300,000 |
| 1918 | 11,800,000 | 1935 | 51,230,760 |
| 1919 | 18,900,000 | 1936 | 58,355,000 |
| 1920 | 19,200,000 | 1937 | 57,116,510 |
| 1921 | 44,000,000 | 1938 | 52,929,211 |

1905年至1926年數據出自吳承禧：〈廈門的華僑匯款與金融組織〉，頁202；1927年至1931年數據出自 C. F. Remer, *Foreign Investments in China* (New York: Macmillan, 1933), p. 184；1931年至1934年數據出自吳承禧：〈最近五年華僑匯款的一個新估計〉，《中山文化教育館季刊》，1936年秋季號，頁842；1935年至1938年數據出自鄭林寬：《福建華僑匯款》，頁32。

從上表我們可以看到從1919年起，流入廈門的匯款數額不斷增加，令廈門地區於戰後的經濟，出現欣欣向榮的景象。

## 四　僑資對閩南地區發展之影響

大量僑資的湧入，主要表現在基建工程、工業發展及城市建設三方面：

基建方面，1919年7月，旅日華僑陳清機創辦「閩南泉安民辦汽車路股份有限公司」，修築泉州至安海27公里公路。1922年5月，陳嘉庚等創建同（安）（集）美汽車路，成立華僑商辦同美汽車路股份有限公司[17]。其後華僑相繼集資修築以石獅為中心的公路網。其他地方商紳亦爭相仿效。據《晉江市志》的統計，1919年至1933年間，晉江地區共修築了25條公路，總長度達423公里[18]。1927年至1937年間，閩南公路事業的華僑投資獲得進一步的發展。此時期繼續投資的汽車公司有10多個，其中較大者有安溪公司（修築安溪至同安公路）、石永蚶公司（修築石獅至永寧、石獅至蚶江兩線）、石東公司（修築石獅至東石）、泉秀公司（修築泉州至秀塗）、泉永德公司（修築泉州至德化），以泛漳嵩公司（修築漳州至嵩嶼）等。當時的汽車公司主要分為兩類：一類是根據政府公佈的〈福建省民辦汽車路章程〉組成的汽車路公司，如泉安、安溪、同美等10餘家，在自建的公路上專利行駛汽車，經營客貨業務，由政府給予30年的行車專利權，發給立案執照，專利屆滿時，路權無條件歸公；另一類是根據政府公佈的〈福建省公路承租辦法〉，租賃政府修建的路線，以承擔若干借款和每月認繳若干租金為條件，取得公路承租權，一般專利限定為15年[19]。據1930年代閩南汽車聯合會的估計，泉州汽車路的資本，僑資佔70%；漳州汽車路的資本，僑資佔70%[20]。

---

17 趙德馨：《黃奕住傳》，頁6。

18 晉江市地方志編纂委員會編：《晉江市志》，頁392。

19 謝友仁：〈舊福建的公路是怎樣修建起來的〉，《福建文史資料》，第4輯，頁36。

20 林金枝：《近代華僑投資國內企業史研究》，頁85-86。

工業方面，當時由於不少華僑與本地商人目睹僑鄉擁有龐大的消費力，亦開始投資紡織等民生消費工業。1918年本地商人鄭振興在廈門竹樹腳開設第一利針織廠，隨後又有「活源」、「金和香」等針織廠相繼開業。當時由於受到國貨運動的影響，國貨產品異常暢銷[21]。1929年陳英南與楊兆昆分別於廈門設立民生與民光兩間布廠。初期兩廠頗有利潤，後來均因經濟不景的關係先後停業[22]。僅在1930年代，鄰近廈門的東石已先後有5間僑資棉紡織廠先後建立[23]。據《晉江縣1935年調查》的資料指出，當時晉江縣有機器織布廠5家，資金計有46萬元，平均每年布匹產量有918,000匹，僱有男工270人，女工638人，每人每天工資最高5角，最低2角[24]。此外，面向本國市場小型新式華資工業亦開始萌芽成長。1925年廈門出現首家名為「月星電池廠」的電池工廠，到了1928年另一家「亞洲電池廠」亦告投產。這兩家都是小作坊，工人只有固定男工十多人，臨時工十多人。生產方式相當落後，全部手工操作，採用福建土產毛邊紙卷三層襯入鋅筒內壁，作為隔離層，再填入電芯粉，用木棒敲打使電芯成型，然後灌入電液，裝入碳精棒，戴上銅帽，封口並包裝。產品質量很差。及至1930年代初，改為生產漿糊式電池，在產品品質上開始有了改進。1931年亞洲電池廠就與光化唐山電池廠合併，易名為「光化電池廠」，主要生產「雨傘牌」、「久用牌」等電池，月星電池廠也改名為「先明電池廠」，生產「獅球牌」、「月星牌」等電池。兩廠生產電池雖然面對美國、上海、香港等地產品的激烈競爭，惟因售價廉宜，在

21 廈門市政協文史資料委員會、廈門總商會編：《廈門工商史事》（廈門：廈門大學出版社，1997年），頁161。

22 林金枝、莊為璣編：《近代華僑投資國內企業史資料選輯》，頁173-174。

23 林金枝、莊為璣編：《近代華僑投資國內企業史資料選輯》，頁170-172。

24 莊為璣：《晉江新志》（泉州：泉州志編纂委員會辦公室，1985年），上冊，頁54。

1930年代生產規模有相當的發展。1933至1937年間，光化廠的臨時工由10多人增加至300多人，電池的日產量為2,000打至3,000打；先明廠的臨時工也增加到150人左右，電池日產量為120打至130打[25]。

城市建設方面，由於本區各城市進行市政改革運動，地價昇值，加上華人向有置業安居的思想，誘使華僑大量投資於本區房地產業，帶動本區的城市化發展。據林金枝的估計，近代華僑投入房地產業的資金，約佔投資總額的60%，其中主要集中於廈門。當地華僑的房地產投資達3,000萬元，廈門和鼓浪嶼街區和住宅區數十條街道的房地產，估計華僑投資佔70%。其中以印尼華僑投資最多，菲律賓、新加坡及馬來亞次之。當時共有20多家資本雄厚的房地產公司，以李岷興公司和黃聚德堂為首，投資額達200萬銀元以上[26]。

此外，僑資也刺激了廈門鄰近地區城市化的發展。最明顯的例子如泉州的石獅。廈門開港後，大量石獅人出洋謀生。第一次世界大戰後，不少歸僑投資當地商業與房地產，加上大量的華僑匯款強化了當地僑眷的購買力，為城市的繁榮締造了有利的條件[27]。據莊為璣的考察，1949年以前僑匯約佔石獅收入的70%[28]。閩南公路運輸的開展，也成為促進當地城市繁榮的一大助力。清末民初時期，石獅與泉州及安海等城市的貨物運輸，只依靠人力或畜力搬運。自1923年後，泉州地區的公路網絡逐步竣工，石獅成為泉州地區公路網絡的樞紐，扮演著晉南沿海農、漁、土特產集散地，以及晉南僑鄉消費的中心市場的角色。1924年華僑投資的電燈公司開始提供服務。1930年後，鎮內舊

25 葉秉基：〈廈門電池工業的發展和變化〉，《廈門工商集萃》第1輯（1984年），頁53-54。

26 林金枝：《近代華僑投資國內企業史研究》，頁84-85。

27 據《石獅市志》的估計，舊鎮區的10多條街道，80%以上的店鋪樓房，均為華僑投資興建，見林金枝：《近代華僑投資國內企業史研究》，頁903。

28 莊為璣：《晉江新志》，上冊，頁50。

街陸續改建，並新增7條街道。鎮內的民生消費工業，除醬料業、煙絲業及臘燭加工業繼續擴展外，釀酒、印刷和糧食加工等小型工業亦陸續出現。

## 五　結語

綜上所述，可見一戰對中國經濟的影響是多元的，其影響也是跨地域的，堪稱「一石激起千重浪」。就廈門經濟網絡而言，它刺激了東南亞華僑資本的擴張，戰後殖民政府壓制華商的政策，以及銀價逐步下跌等因素，導致華商選擇回國投資，促進了廈門地區的近代化建設，房地產甚至出現過熱現象。直到1930年代世界經濟大蕭條波及亞洲，使廈門的泡沫經濟出現爆破。

# 第七章
# 中西合璧的企業經營模式：以二十世紀馮強樹膠廠作個案研究

甘穎軒

香港浸會大學國際學院歷史及香港研究課程學術統籌主任

## 一　前言

樹膠是從樹木傷裂處提煉出來的膠粘液幹涸而成的物質，是現代工業一種原材料，在塑膠未流行前，不少家用產品以至汽車輪軚都是由樹膠所製成。人類應用樹膠的歷史可以追溯至地理大發現前，美洲的土著已經懂得採集和使用樹膠進行生產。[1]及後，樹膠被歐洲冒險家在亞馬遜流域發現，並將之介紹回歐洲大陸，成為製造雨衣、鞋、運輸帶、電纜上的絕緣物料等的原材料。至十九世紀中後期，隨著大英帝國向海外擴張，膠樹的種子被移植到帝國在遠東地區的殖民地上，包括斯里蘭卡、馬來西亞以至新加坡等，成為該地域上重要的經濟作物。[2]

---

1 Austin Coates, *The Commerce in Rubber: The First 250 Years* (Singapore: Oxford University Press, 1987), pp.3-4.

2 C. C. Goldthorpe, *Rubber Manufacturing in Malaysia: Resource-based Industrialization in Practice* (Singapore: NUS Press, 2015), pp.9-10; John Drabble, *An Economic History of Malaysia, c.1800-1990: The Transition to Modern Economic Growth* (London: Macmillan Press Ltd., 2000), pp.53-54.

中國的樹膠工業發軔於二十世紀初期。自十九世紀中葉洋務運動以來，官民在全國各地興辦工業，達至富國強兵的目標。廣州作為華南地區的重要商埠，自然吸引不少華僑商人回國投資實業，包括當時新興的樹膠工業。廣東兄弟樹膠公司由新加坡華僑陳玉波於一九一七年在廣州創立，是中國首間樹膠廠。陳氏花了兩年時間研製出膠鞋底，帶動了中國的樹膠工業的發展。[3]從一九一九年至一九二三年間，廣州的樹膠廠合共有二十三家，雖然在二十至三十年代世界經濟表現反覆，影響樹膠原料價格，導致部分資本較弱的樹膠廠倒閉，但直到抗日戰爭前，樹膠工業仍然是廣州主要的民營工業之一。[4]

樹膠工業在戰前香港也佔有一定的位置。雖然英國人一直將香港定位為遠東地區重要的轉口港，以對華貿易作為主要的經濟活動，但這並不表示香港在戰前全無工業發展。事實上，工業在當時香港經濟的發展上有一定重要性，在二十世紀三十年代初有超過十萬人從事製造業，佔當時勞動人口百分之二十五。[5]那時候，華資工廠的創辦人大多是廣東籍的實業家，不少也是樹膠工業的投資者。[6]香港的樹膠廠在二十世紀三十年代年產膠鞋六百萬雙，每年出口達港幣六百至七百萬元，在戰前曾經是世界鞋市場的主要貨源地。[7]

二次大戰前，馮強樹膠廠在粵港兩地皆是樹膠工業的龍頭，其資

3 楊瑞貞：〈試論歐戰前後廣州的近代工業〉，《近代史研究》1993年第2期，頁162-163。

4 連浩鋈：〈陳濟棠主粵時期（1929-1936年）廣州地區的工業發展及其啟示〉，《中國社會經濟史研究》2004年第1期，頁94-96。

5 Tak-Wing Ngo, "Industrial History and the Artifice of Laissez-faire Colonialism," in John Carroll and Mark Chi-kwan eds., *Critical Readings on the Modern History of Hong Kong*, Vol. 3 (Leiden: Brill, 2015), pp.1135-1138.

6 張曉輝：〈近代香港的華資工業〉，《近代史研究》1996年第1期，頁160。

7 張曉輝：〈近代香港的華資工業〉，《近代史研究》1996年第1期，頁155、163。

本額及僱請工人的數量遠高於其他同業。[8]然而，學界至今對該企業的討論仍然停留在宏觀概述的層面上，或只附於有關戰前粵港兩地工業史的研究裡，深入探討該企業的發展的專文仍然罕見。

近年，不少學者對華資企業的營運與管理模式進行深入研究，認為它們深受傳統儒家文化影響。科大衛指出，中國人的信任是建基於血緣關係之上，企業的所有權與繼承方式正好體現了這個基礎。[9]因此，只有家族中的男姓子嗣才有繼承權，而家族中的男性成員多會被安置在企業內重要的位置上，確保企業內的管理和財政大權牢牢掌握在家族成員手中。[10]另外，中國傳統的家庭倫理強調長幼有序，長輩在家族中擔當領導者，族內所有事務不論大小皆由他決斷，晚輩必須完全遵從長輩的決定，黃紹倫認為這種家長作風也常見於華人的企業之中。[11]不過，學者也注意到近代華資企業家吸收西方現代化的商業經營模式。顏清湟指出，永安百貨公司在企業管治上採用混合的架構，一方面保留傳統中國家族經營的模式，另一方面卻彷照西方現代企業，完善內部的管治架構，設立董事局負責制定企業的發展方針，由司理和副司理負責日常營運的管理，並統轄下屬各部門的工作。[12]

8 連浩鋈：〈陳濟棠主粵時期（1929-1936年）廣州地區的工業發展及其啟示〉，《中國社會經濟史研究》2004年第1期，頁95；同參閱Tak-Wing Ngo, "Industrial history and the artifice of laissez-faire colonialism," in John Carroll and Mark Chi-kwan eds., *Critical readings on the modern history of Hong Kong*, vol. 3 (Leiden: Brill, 2015), p.1139.

9 David Faure, *China and Capitalism: A History of Business Enterprise in Modern China* (Hong Kong: Hong Kong University Press, 2006), pp.37-40.

10 Choi Chi-cheung, "Kinship and Business: Paternal and Maternal Kin in Chaozhou Chinese Family Firms," *Business History*, Vol.40, No.1 (January 1998): pp.26-49.

11 Wong Siu-lun, "The Chinese Family Firm: A Model," *The British Journal of Sociology*, Vol.36, No.1 (March 1985): p.58.

12 Yen, Ching-hwang, "The Wing On Company in Hong Kong and Shanghai: A Case Study of Modern Overseas Chinese Enterprise, 1907-1949," in R. Ampalavanar Brown ed.,

陳錦江認為，先施公司先進的營銷技術是廣東商人馬應彪從澳大利亞百貨業引入的。[13]張曉輝更具體地列出近代華商在那些範疇上借鑒了西方的營銷技術，包括創立本牌產品、借重廣告、減價促銷、生產嚴格保密和產品嚴厲防偽，及展拓營銷網點等。[14]究竟馮強樹膠廠在企業管治、生產與營銷技術上，有否具備上述華資企業的特色呢？這正是本文所探討的問題。

## 二　建廠、擴展與重置

馮強樹膠廠創建於二十世紀初，由馬來西亞華僑馮強於廣州創立。馮強（1891-1973）祖籍廣東省雲浮縣，十二歲時因家貧被迫離鄉別井，出國謀生，跟隨表叔旅居於馬來西亞芙蓉市，學習汽車、機器修理技術。一九一九年，他有感膠鞋業在華南地區發展迅速，於是設廠於廣州泰康路（今越秀區）。廣州當時正值樹膠工業興盛的時期，除了馮強樹膠廠外，中國第一家、中國大一家、平安福、興業、萬里、國光等樹膠廠皆設於廣州。[15]

一九二五年，馮強將業務擴展至香港，考慮到位於港島的筲箕灣是當時新興的工業區，並已有電車行駛，交通便利，於是選址該地設廠生產，該廠佔地兩萬餘呎，僱請男女工人超過三百人，是當時華資

*Chinese Business Enterprise: Critical Perspectives on Business and Management*, Vol.1 (London: Routledge, 1996), pp.376-377.

13 Wellington K. K. Chan, "Personal Style, Cultural Values and Management: The Sincere and Wing On Companies in Shanghai and Hong Kong, 1900-1941," in *The Business History Review*, Vol. 70, No.2 (Summer 1996): pp.141-166.

14 張曉輝：《香港華商史》（香港：明報出版社，1998年），頁111-116。

15 柯萬霖、梁穎整理：〈廣州樹膠業〉，《廣州文史》，第51輯。http://www.gzzxws.gov.cn/gzws/gzws/ml/51/200809/t20080916_7558_1.htm

企業中屬規模較大的工廠。[16]馮強此舉與當時不少華資企業在港設立業務的做法如出一轍，一方面是由於香港在英國殖民管治之下，政治和經濟相對內地穩定，而且香港的殖民地身份亦有助馮強從海外輸入原材料和出口產品到海外市場。[17]當時，馮強位於廣州和香港的廠房有明確的分工，前者主要負責供應國內市場所需，而後者的產品則主要供應香港、南洋及海外市場。[18]一九三一年，馮強將原位於泰康路廠房搬往新興工業區河南（今廣州市海珠區），繼續生產。一九三七年，馮強樹膠廠正式在香港註冊，成為一間有限公司。[19]

一九三七年爆發的中日戰爭對馮強樹膠廠的發展可謂是雙刃劍，一方面戰爭導致國內對於樹膠產品的需求急升，令生意大增，及後二戰在歐洲爆發，歐美地區的舶來品未克東來，遠東市場完全被港廠出品所奪，南洋市場也有供不應求之勢，為了應付空前的訂單，舒緩港廠的壓力，馮強遂於一九三八年另設工廠於馬來西亞吉隆坡，主要負責供應南洋市場，形成廣州、香港、吉隆坡三廠並立的格局。[20]另一方面，隨著國民政府的軍隊於戰場上節節敗退，沿海不少大城市皆落入日本人手中，戰火正逐步向華南地區伸延，廣州於一九三八年下半年亦開始感受到日本侵略的威脅，位於廣州的馮強樹膠廠亦危在旦夕。為了保存機器和生產人員，馮強決定將廣州的廠房閉關，並將全廠員工及機器轉移往新建立的馬來西亞吉隆坡分廠內繼續生產。[21]

---

16 〈參觀馮強樹膠廠記〉，《香港工商日報》，第11版，1928年11月21日。

17 "The Fung Keong Rubber Manufactory," *Hong Kong Daily Press*, August 15, 1933.

18 〈馮強樹膠製造廠有限公司〉，《香港名廠國貨介紹錄》，第一期（1947年），頁142。

19 "Preliminary Examination of Director Ng Yam King (29 August 1967)," p.2, Hong Kong Public Record Office.

20 〈馮強樹膠製造廠有限公司〉，《香港名廠國貨介紹錄》，第一期（1947年），頁142；同參閱〈訪問馮強膠廠〉，《華僑日報》，1950年1月1日，頁12。

21 港僑雲浮會所有限公司編：《雲浮縣志》（香港：港僑雲浮會所有限公司，1997年），頁105。

一九四一年十二月太平洋戰爭爆發，馮強樹膠廠再受重創。日軍空襲珍珠港標誌著對以英美為首的同盟國正式宣戰，香港作為英國殖民地遂成為日軍下個侵佔目標。同年十二月八日早上八時，日軍轟炸啟德機場，在邊境部署已久的日軍地面部隊迅即越過深圳河，兵分兩路向新界地區推進。儘管香港守軍奮力抵抗，奈何寡不敵眾，最終港督楊慕奇於聖誕日宣佈投降，歷時十八日的香港保衛戰告一段落。[22]英國在香港的軍事防衛力量迅速被日軍擊潰，令包括馮強在內的不少人始料不及，這也可以解釋為何馮強並未有如三年前於廣州般將港廠轉移往其他地方。由於日本對香港實施經濟劫掠，馮強樹膠廠在香港屬規模較大的企業，自然受到日軍覬覦，多次到廠內搜劫，廠內的機器以至貨倉內擺放的原材料及存貨被搜括一空，損失慘重。[23]

戰後，馮強樹膠廠致力恢復在香港和吉隆坡的生產，但基於國內政局不穩，未有重返廣州。馮強樹膠廠位於港島筲箕灣的工廠於一九四六年重新恢復生產，負責供應整個中國大陸的市場。然而，戰後初期的經營環境發生巨變，各國為保國內工業，實施貿易保護主義，海外訂單已較戰前大幅減少。一九五〇年六月韓戰爆發，美國大量搜購樹膠用作軍用品，導致樹膠價格飛升，由每擔介乎港幣一百一十至一百二十元大幅漲至港幣四百九十五元，產品售價被迫提高，海外貿易進一步萎縮。[24]而且，中國參與韓戰招致聯合國和美國實施經濟貿易封鎖政策，馮強樹膠廠因而喪失整個中國市場。同時，共產主義席捲全球，令工人階層意識到可以透過工運爭取改善工資和待遇，加上左右兩派工會的組織與發動，導致整個二十世紀五十至六十年代馮強樹膠廠內勞資關係緊張，多次發生工人停工或資方關廠的事件。雖然七層

22 有關十八天香港保衛戰的詳細過程，參閱鄺智文、蔡耀倫：《孤獨前哨：太平洋戰爭中的香港戰役》（香港：天地圖書公司，2013年），第四和五章。

23 〈馮強樹膠製造廠有限公司〉，《香港名廠國貨介紹錄》，第一期（1947年），頁142。

24 《香港年報1951》（香港：華僑日報出版社，1951年），頁28。

高的新廠房於一九五六年七月在筲箕灣落成啟用，但始終無法阻止馮強樹膠廠在香港日走下坡的局面，[25]受僱於港廠的工人數目從一九四九年的約一千三百人銳減至一九六七年僅有四百人。[26]踏入二十世紀六十年代，樹膠產品面臨龐大的競爭，香港馮強樹膠廠於一九六四年更出現虧損，迫使工廠另謀出路，嘗試生產當時流行的塑膠產品，但始終未能扭轉局面，更因此欠下不少債務。[27]更不幸的是，一九六五年香港馮強樹膠廠與荃灣工廠大廈的業主陳逸發生租務糾紛。兩年後，最高發院裁定馮強樹膠廠敗訴，需賠償港幣一百七十三萬元予後者。馮強樹膠廠無力作出賠償，於一九六七年七月向香港最高法院申請清盤，獲得批准。[28]馮強於一九七三年於香港的住所內逝世，享年八十二歲。

## 三　企業的所有權、管治與決策

馮強樹膠廠在香港註冊，一方面採用西方企業常見的股份制度，另一方面致力保持家族對企業的所有權。從該廠的註冊文件所見，資本為港幣兩百萬元，共發行二十萬股，每股港幣十元。由於該廠是一間有限責任的私人企業，所以公眾無從購買它的股票或債券。[29]該廠的全部股份最初是由馮強和他的兒子馮子儀持有，他們也代表了馮強樹膠廠簽署了註冊文件。[30]在日軍侵佔香港前，馮強曾將他手上的股

---

25 〈馮強廠新廈廿二起啟用〉，《大公報》1956年7月16日，頁5。

26 "Affidavit of Mak Ying Wai," p.1, Hong Kong Public Record Office.

27 "Petition," pp.1-2, Hong Kong Public Record Office; see also "Preliminary Examination of Director Ng Yam King (29 August 1967)," p.9, Hong Kong Public Record Office.

28 "Petition," pp.3-4, Hong Kong Public Record Office.

29 "Memorandum of Articles of Association of Fung Keung Rubber Manufactory, Limited," p.9, Hong Kong Public Record Office.

30 "Memorandum of Articles of Association of Fung Keung Rubber Manufactory, Limited," p.5, Hong Kong Public Record Office.

票分配予他的五位女兒（馮育恩、馮育英、馮育念、馮育琨和馮育堅）及企業內的高級管理人員，不過，他本人仍然持有該廠超過七成的股份，而馮氏家族成員合共持有該廠超過八成的股權（見表一）。[31] 換言之，該廠的所有權仍然保持在馮氏家族手裡，而馮強是該企業的執行董事（managing director），擁有絕對權力處理該廠的大小事務。

馮強的企業王國所面對的最大問題是馮家男丁單薄。馮強有兩位妻子及共九位女兒，唯兒子只有馮子儀一人。雖然馮強努力培育馮子儀繼承家業，而馮子儀也是有能之士，擔任企業的總經理，但未來若要順利接班，他也必需得到企業內領導層的支持和扶助。為了確保獲得企業內高層管理人員的支持和效忠，馮強將少量股份分配予他們，當中包括霍金石（司理）、許卓華（副司理暨會計主任）和歐啟明（董事暨廠長）等人。由於他們合共只持有約百分之十五的股份，並不足以挑戰馮強在企業內的領導地位，但卻可將他們與企業的利益綑綁在一起。[32]而且，該廠對股份轉移有嚴格的限制，註冊文件列明容許股份在家庭成員之間自由轉移，但如任何股東欲出售企業的股份，其他股東則有優先權以合理價錢購買前者的股份，如此安排有助確保馮強樹膠廠的股份不會輕易流入外人手中，保持馮氏家族的所有權和在企業內的領導地位。[33]另外，馮強利用婚姻的紐帶強化家族對企業的控制力。鄧思永於一九三四年與馮育英結婚，正式成為馮強的女婿後，馮強立刻將他招攬進入企業，並委託他掌管廣州的樹膠廠，這安

31 "List of shareholders of Fung Keung Rubber Manufactory Limited," Hong Kong Public Record Office.

32 "List of shareholders of Fung Keung Rubber Manufactory Limited," Hong Kong Public Record Office.

33 "Memorandum of Articles of Association of Fung Keung Rubber Manufactory, Limited,"pp.13-14, Hong Kong Public Record Office.

排明顯是希望彌補馮家男姓家庭成員不足的缺陷。[34]

### 表一　日治時期馮強樹膠廠的股東名單

| 姓名 | 職業 | 股份數目（共50,000株）* | 百分比 |
|---|---|---|---|
| 馮強 | 馮強樹膠廠東主 | 35,700 | 71.4% |
| 馮子儀 | 馮強樹膠廠董事 | 2,000 | 4% |
| 霍月明 | 無業 | 500 | 1% |
| 馮育恩 | 馮強樹膠廠職員 | 500 | 1% |
| 霍金石 | 馮強樹膠廠職員／樹膠商 | 1,500 | 3% |
| 許悼華 | 馮強樹膠廠職員 | 1,000 | 2% |
| 馮育英 | 無 | 1,000 | 2% |
| 馮育念 | 無 | 1,000 | 2% |
| 馮育琨 | 無 | 1,000 | 2% |
| 馮育堅 | 無 | 1,000 | 2% |
| 馮柱臣 | 馮強樹膠廠職員 | 2,400 | 4.8% |
| 鄧子楠 | 馮強樹膠廠職員 | 1,000 | 2% |
| 歐啟明 | 馮強樹膠廠職員 | 600 | 1.2% |
| 謝炎武 | 馮強樹膠廠職員 | 600 | 1.2% |
| 譚福雲 | 馮強樹膠廠職員 | 200 | 0.4% |

資料來源："List of shareholders of Fung Keung Rubber Manufactory Limited," 香港歷史檔案館藏

* 香港佔領區總督部於一九四二年七月二十四日頒佈《管區內通貨及交換規定》，宣佈將軍票兌換率定為一圓軍票兌港幣四元。

34 York Lo, "Fung Keung (1891-1973) - King of Rubber Shoes," *TheIndustrial History of Hong Kong Group*, 10 Jan. 2022, http://industrialhistoryhk.org/fk/.

馮強在樹膠廠的管治與決策上所扮演的角色，可透過發生於一九五〇年下半年的勞資糾紛中略窺一二。事件始於一九五〇年八月九日，香港馮強樹膠廠管理層突然於深夜在大門張貼告示，宣佈因無工可做，即日將全體一千二百名員工遣散，並定於八月十二日清發所有工資。資方解釋關閉工廠是因韓戰爆發，美國、英國、蘇聯等國家大量搜購樹膠作軍事用途，來自星加坡的樹膠原料大幅漲價，導致生產成本大幅上升，馮強樹膠廠本欲透過提高膠鞋定價來抵銷成本上漲，但不為佔該廠九成訂單的英國買家所接受，訂單大幅減少，使樹膠廠生意大減，加上舊貨已全部做起，故決定停工並解僱全體工人。[35]受影響工人於是在親臺灣的僑港膠鞋業工會的領導下，尋求香港政府勞工處介入調停。[36]表面上，香港馮強樹膠廠是由總經理馮子儀和司理歐啟明主理，歐啟明更代表資方出席所有與工會及勞工處的會議。惟曾於一九五〇年十一月二十七日派出代表團訪問該廠的國際自由工會聯盟（The International Confederation of Free Trade Unions）卻質疑歐氏對該廠的經營及政策的實際影響力和話語權。[37]代表團的報告指出，雖然歐氏負責對外宣佈補償方案，但實際上方案是由身在吉隆坡的執行董事馮強所擬定，歐氏只是聽命行事。代表團相信歐氏在事件發生前兩至三個星期已獲悉有關安排，但馮強不許他向工人透露半點，以免遭到後者報復，毀壞廠內的設備，歐氏曾游說馮強取消關廠的決定但最終失敗。[38]勞工

35 "Confidential report on the closure of F. K. R. Factory," p.4, Hong Kong Public Record Office.

36 當時部分左派工人則尋求親北京的樹膠塑膠總工會協助，屢次要求與廠方和勞工處交涉，但廠方對該會的要求反應冷淡，經常缺席會議。而該會與親臺灣的僑港膠鞋業工會在公開場合或報刊上經常針鋒相對，互相批評。

37 "Confidential report on the closure of F. K. R. Factory," p.2, Hong Kong Public Record Office.

38 "Confidential report on the closure of F. K. R. Factory," pp.6-7, Hong Kong Public Record Office.

處的內部文件也揭示了馮強在事件中扮演著關鍵角色。勞工處的官員於一九五〇年十二月上旬直接發送一封電報予馮強，不久後收到歐啟明的回覆，指只要工人願意接受輪流工作的安排，並放棄要求加薪及原先資方所提出的七天補償方案，馮強答應重開工廠。歐啟明更私下透露，馮強並不擔心因提出關廠而失去經過多年培訓的熟練工人，但卻害怕集體遣送工人回鄉後可能導致他本人在家鄉裡的聲望受損，因為廠內有近半數的員工是來自他的家鄉廣東省雲浮縣。[39]由此可見，馮強樹膠廠內的所有重大決策，皆由馮強決定，而歐啟明甚至馮子儀只是馮強在香港的代理人和執行者。

馮強不重視工會，甚至對工會採取強硬態度。例如一九五三年十月僑港膠鞋業工會代表工人向馮強樹膠廠爭取改善待遇時，資方的答覆是只會與受影響的工人簽署新合約，而不會接受由工會作工人代表，原因是工廠聘請的是工人而非工會。在會議中，資方批評工會不顧資方的處境，認為工人薪酬待遇的釐定必須要考慮到現實的經營環境，馮強樹膠廠的產品在市場上正面臨激烈的競爭，一旦成本上漲，競爭力勢必下降，影響生意額，一旦被迫結業，所有工人將會失業。[40]這反映馮強認為作為家族企業的首領，有責任照顧所有工人的利益，也期望工人能夠同舟共濟，以整個企業的利益為先。一九五四年，僑港膠鞋業工會再次代表工人向資方爭取調整工資，並草擬勞資集體合約草案，提出包括工人的聘任與晉升需由勞資雙方共同成立的協商委員會通過、工時由每天九小時減至八小時，工作五年後可轉為長工，及向長工工人提供宿舍和膳食等訴求。[41]同年六月十八日，在香港的馮

39 "Confidential minutes of 23.12.50 to Hon. C. S.," p.1, Hong Kong Public Record Office.

40 "Records on the meeting for the draft agreements between the Fung Keung Rubber Shoe Factory and the Hong Kong Rubber Shoe Workers Union," pp.1-2, Hong Kong Public Record Office.

41 "Draft employment contract," Hong Kong Public Record Office.

子儀收到來自吉隆坡父親馮強的電報，馮強認為該合約草案非常不合理，指示不能接受及簽署，更表明領導層不應以工會作為談判對象，他認為該廠的工人待遇在香港已屬最佳，且認定工人不會遵守協議。[42]一九五六年一月，在馬來西亞吉隆坡的馮強樹膠廠更發生解僱工會領袖事件。[43]這些皆反映馮強對工會的強硬立場。

## 四　生產、宣傳與銷售

馮強年青時曾在馬來西亞擔任學徒，對現代機械生產相當熟悉，也曾走訪美國和日本研究樹的種植保護與化驗，對於國外最新的樹膠生產及製造技術早已有所認識。[44]回國後於廣州創立馮強樹膠廠，以生產各款橡膠靴鞋為主，但也有例如皮球、單車及汽車輪胎等副產品。馮強樹膠廠在製鞋工藝上作出革新，率先採用鋁鑄鞋楦取代以往的木楦成型。[45]以木楦製鞋模的方法在西方工業革命後出現，以應付大量生產，但缺點是易受空氣中的濕氣和水分所影響，且在製造過程中遇上高溫或低溫即易於膨脹或收縮，出現變型和龜裂的情況，使用鋁楦則可避免此情況出現，且製作速度快，加上較木楦耐用，在生產過程中更能抵禦高溫、耐寒和碰撞。另外，馮強樹膠廠使用混合有機促進劑進行硫化。[46]硫化在樹膠的生產過程中是重要的程序之一，利用硫

42 "Cable of 19-6-54 from Fung Keung Rubber Shoe Company," Hong Kong Public Record Office.

43 "Extract of 23.1.56 from Hong Kong Standard. Confirmation of strike report sought locally," Hong Kong Public Record Office.

44 〈有裨民生馮強製造樹膠廠小史〉，《新建設（廣州）》第6期（1929年），頁252。

45 《廣州樹膠業》，http://www.gzzxws.gov.cn/gzws/gzws/ml/51/200809/t20080916_7558_1.htm

46 《廣州樹膠業》。

磺、炭黑等，經過高壓加熱，將生樹膠變成硫化樹膠，使之更具強度、彈性、減少變形、不易老化，令所製造出來的產品更為耐用。硫化促進劑的使用，有助縮短硫化時間和溫度，而混合有機促進劑較業界最早使用的無機促進劑的促進效果更好，對樹膠的硫化效果更佳。

另外，馮強樹膠廠採用現代工廠分工的大規模生產模式，劃分不同的部門和工序，各司其職，單是做膠鞋和膠底，就分作十餘部分工作，以製膠鞋和膠底部總其成，兩部各有四至五個小部分，而以剪膠底邊及上膠底部工人最多。[47]由於不同的工序分配予不同的工人負責，每位工人只處理一個工序，久而久之，工藝自然嫻熟，生產效率因而大大提升。以一九三三年港廠為例，當時工廠內在生產最旺的冬季月份僱請了一千八百名工人，每天生產各式膠鞋一萬對；即使是淡季的夏天，雖然僱請工人的數目減至一千人，但產量亦有六千對；至於廣州的廠房於夏天每天可生產七千對。[48]同時，該廠建立了一套識別制度，每位工人需要在自己的出品上標示特定記號，一旦出錯廠方也容易追查並追究責任。[49]工人分日、夜兩更，每天工作十小時，日更由早上七時至中午十二時，午飯後復由一時至六時下班；夜更由下午一時至晚上十時，晚上六時至七時為休息時間。[50]二十世紀三十年代以後，則容許日更工人自由選擇於晚上加班，從七時至八時。[51]雖然廠內不少工人來自馮強的家鄉，[52]但要進廠打工殊不容易，因為資

47 〈馮強樹膠廠失事詳情再誌〉，《香港工商日報》，第11版，1928年12月19日。

48 "The Fung Keong Rubber Manufactory," *Hong Kong Daily Press*, August 15, 1933.

49 "The Fung Keong Rubber Manufactory," *Hong Kong Daily Press*, August 15, 1933.

50 〈馮強樹膠廠失事詳情再誌〉，《香港工商日報》，第11版，1928年12月19日。

51 黃淑暖：〈馮強膠廠和康元製罐廠參觀記〉，《真光》（香港）1939年6月，頁54。

52 York Lo, "Fung Keung (1891-1973) - King of Rubber Shoes," http://industrialhistoryhk.org/fk/.馮強樹膠廠聘用同鄉作為工人的情況在戰後仍然持續，至1950年仍有約500至600名工人是來自廣東省雲浮縣，佔全廠工人接近半數。參閱"Confidential minutes of 23.12.50 to Hon. C. S.," p.1, Hong Kong Public Record Office.

方對工人的挑選是相當嚴格。倘若工人對造鞋已有相當經驗，可不必先在工廠學習，否則就需先到工廠學習，再經過考試選取，同時要有擔保人擔保，才可以進廠工作。[53]

在二十世紀二十至三十年代，馮強樹膠廠工人的工資微薄，難以維持生計。當時工人的工資有的以「件」計，有的以「日」計，收入多寡視乎工作的能力和工藝的優劣而定，有的每天可獲七角至一元的工資，但也有部分工人每天祇能賺到一角錢。[54]而且，雖然女工的人數較男工多，[55]但男女卻同工不同酬，這正好反映傳統中國男尊女卑的情況。儘管僑港膠鞋業工會於戰後初期曾經爭取改變但不成功，[56]這種不公的情況直至二十世紀五十至六十年代仍然存在，例如在一九六〇年六月的工潮中，資方願意將男工的日薪調高四毫、女工則只上調三毫；勞方認為加幅太少，但他們所提出的反建議，是將男工的日薪增加港幣六毫、女工則增加港幣五毫，可見勞方也接受男女同工不同酬的不公平情況。[57]

在宣傳和營銷方面，馮強樹膠廠借鑒近代西方的銷售策略，創立馳名中外的「寶塔牌」商標。「寶塔牌」又被稱為「馮強鞋」，可見該商標在市民大眾心目中擁有良好聲譽，成為馮強樹膠廠的標誌。該品牌以經濟耐用，質料講究見稱，在戰前已風行香港及內地。馮強樹膠

53 黃淑暖：〈馮強膠廠和康元製罐廠參觀記〉，《真光》（香港）1939年6月，頁54。

54 黃淑暖：〈馮強膠廠和康元製罐廠參觀記〉，《真光》（香港）1939年6月，頁54-55。同參閱"Fung Keung Rubber Manufactory Company - Cheng Kwai Ying, outworker 1930s," http://industrialhistoryhk.org/fung-keong-rubber-manufactory-company/.

55 〈馮強樹膠廠失事詳情再誌〉，《香港工商日報》，第11版，1928年12月19日。

56 "Hong Kong Rubber Shoe Workers Union's revised draft on proposed employment agreement between the Fung Keung Rubber Factory, Ltd. (Oct 1953)," Hong Kong Public Record Office.

57 "News extract from Kung Sheung Daily News of 19.6.60," Hong Kong Public Record Office.

廠也懂得利用廣告進行宣傳，月份牌、畫報、報章廣告等皆是當時馮強樹膠廠所利用的主要宣傳方式。馮強樹膠廠致力拓展營銷網點，提高接觸更多潛在顧客的機會，例如於一九三三年二月先在廣州太平南道設立總批發處[58]；兩個月後，再於香港油麻地彌敦道三五五號設立分銷處，後者只會在星期六和星期日開市，以方便九龍半島的居民選購馮強樹膠廠的產品。

二十世紀三十年代正值日本帝國主義在中國擴張，香港和國內民眾民族主義情緒高漲，社會上抵制日貨的聲音不絕於耳，馮強樹膠廠作為華資企業，正好藉此機會擴大市場。一九三一年日軍侵佔東北三省後，馮強樹膠廠即在報章刊登廣告，強調該廠完全是華人資本，所製的樹膠粘鞋是真正的國貨，採用國內上等土產原料，只有在國內未有出產的材料，才會向歐美購買，呼籲中國人多購國貨協助振興中國的工業，維持工人生計。[59]廣告內所陳述的內容是否完全屬實，尚有可辯論之餘地，因為製鞋的樹膠是由英屬馬來半島入口，鞋面上的帆布是來自英國蘭開夏郡，而用作固定靴鞋的膠邊也是從英國入口，只有鞋帶和用作裝載膠鞋的紙板盒是由本港工廠所生產。[60]馮強樹膠廠從英國或英屬地輸入原材料，目的是要符合申請領取英屬特惠稅證的條件，使其產品在英聯邦市場享受優待。[61]但無論如何，馮強打著愛國旗號的宣傳策略是成功的，因為當時民眾普遍稱呼馮強樹膠廠所製

58 〈馮強膠廠自置州總批發處開幕紀念（民國弍十弍年二月一十五日）〉，《廣東建設廳工業試驗所年刊》（1933年），頁483。

59 〈參觀馮強製造樹膠廠記〉，《工商晚報》（香港），第3版，1931年10月21日。

60 "The Fung Keong Rubber Manufactory," *Hong Kong Daily Press*, August 15, 1933.

61 英屬特惠稅證的政策始於一九三二年，規定凡輸入英國的工業製品，如欲獲得稅務優待，其所採用的原料必須百分之百來自英國或英國海外屬土。此政策的原意是透過給予英聯邦國家及地區特別的稅務優惠，促進它們與英國本土的商貿往來。

的膠鞋為「愛國鞋」。[62]

當然，民眾並非單純因馮強樹膠廠在報章刊登廣告就認可該廠的出品，馮強身體力行支持和贊助各種愛國活動，也有助民眾將馮強在公眾場合所塑造出來的愛國商人形象投射在其樹膠廠的產品上。馮強與國民政府早有淵源，在二十世紀二十年代時已在馬來西亞積極支持孫中山的革命運動，曾被孫中山委任為芙蓉中國國民黨支部總務科主任和副部長。[63]一九三八年，馮強認購香港救國公債分會發行的公債港幣一萬元，並以樹膠廠的名義再認購港幣一萬元，再發動該廠全體職工長期九五捐薪購債，大半年間共購公債達港幣九千二百元。[64]翌年，香港廠商聯合會舉行「八一三」獻金運動，該會會員馮強樹膠廠於該年八月十三日以該廠體育部的名義，舉辦一場對康元制罐廠的籃球比賽，地點於馮強樹膠廠的球場舉行，售出門票逾千張，共籌得國幣4,485元。[65]同時，該廠的男女職工也舉辦獻金運動，共籌得國幣4,881元，兩筆款項合計共國幣9,366元，交由中國銀行匯款到國民政府手中。[66]

一九三七年日本正式發動對華侵略，香港殖民地政府擔心日軍未來會在戰場上使用瓦斯毒氣，未雨綢繆，除在軍事上作出佈置外，亦在民間籌備防毒運動。馮強樹膠廠有見及此，遂調撥資源，試製防毒面具。[67]當時該廠有三個部門參與製造防毒面具，包括男工部、女工

---

62 "Chinese Manufactures," *Hong Kong Memory*, http://www.hkmemory.hk/collections/prewar_industry/topics/topic9/index.html.

63 港僑雲浮會所有限公司編：《雲浮縣志》（香港：港僑雲浮會所公司，1997年），頁105。

64 〈馮強購債萬元〉，《香港華字日報》，第8版，1938年3月25日。

65 〈籃球獻金賽康元勝馮強〉，《香港工商日報》，第12版，1939年8月14日。

66 〈籃球獻金賽康元勝馮強〉，《香港工商日報》，第7版，1939年8月14日。

67 〈防毒面具馮強膠廠試製成功〉，《香港工商日報》，第9版，1937年8月5日。

部和試驗部，合共有工人大約二百五十人，當中女工佔多數，達兩百人，主要負責剪貼轆薄膠帶、配眼鏡片、檢驗膠殼是否完善等精細工作，男工則主要負責壓膠殼等粗重工作。試驗部負責試驗防毒面具的藥罐內的藥粉，最初聘請德國化驗師負責管理，後改聘華人擔任，藥粉則購自德國。製造防毒面具的人需要經過特別的訓練。當時香港的民用工廠中能夠生產防毒面具寥寥可數，馮強樹膠廠是其中之一，每日可以生產千具防毒面具，分為軍用和民用，分別在於藥罐的大小，民用的較小，只可供給六至八個小時的防毒效能，軍用的較大，可以使用達十四小時，每套售價由港幣八元至十三元不等。[68]由於日軍於戰場上多次使用毒氣攻擊國民黨的軍隊，故馮強的防毒面具銷路不俗，例如一九三八年當日軍在漢口惠陽施放毒氣，各界賑濟華南難民聯席會即決定選購由馮強樹膠廠所生產的防毒面具。當然筆者並不懷疑馮強的愛國情操，因為馮強樹膠廠為每具面具定價港幣八元九毛，惟訂製十具，則捐送五具、一百具送五十五具。這個折扣較同樣接到訂單的強華樹膠廠來得慷慨，後者為每具面具定價港幣九元，訂製一千具以下者每一百具送五具，一千具以上，每一百具亦只送十具。[69]不過，馮強此舉客觀上帶有宣傳的效果，有利向市民大眾塑造馮強樹膠廠作為愛國企業的形象，在國難當前，民族主義情緒高漲之時，拋磚引玉，對提升馮強樹膠廠的生意有莫大的幫助。

## 五　總結

廣東位處中國南方，自古以來是中國接觸世界最前沿的地方之一。

68 〈防毒面具的製造，馮強樹膠製造廠巡禮〉，《香港工商日報》，第11版，1937年10月24日。

69 〈賑聯會捐購面具由強華馮強製造〉，《大公報》（香港），第6版，1938年10月22日。

自晚清以來，中外海洋貿易頻繁，不少粵籍商人從事買辦工作。[70]同時，清末海外移民潮的出現，不少離鄉別井遠赴美洲、澳大利亞、南洋等地謀生的皆是廣東人，當中部分人在歷盡辛酸，積累足夠資本後，成功發跡，或創辦企業於海外，或回國興辦實業。他們相比於國內其他地區的商人，在較多機會了解世界，因而更容易接受新鮮事物，而靈活變通的性格有助他們在商場上兼容中西的商業文化和經營哲學。[71]馮強的經歷正好反映這種情況，年青時在南洋當學徒，對現代工業生產有相當認識，回國後在廣州創辦樹膠廠，在當時是新式工業。二十世紀二十至三十年代是馮強樹膠廠的擴張期，先後在香港和吉隆坡設廠生產，成功將企業跨國化。馮強採用先進的生產技術，引進西方現代的大規模生產方式，實施分工制，大大提升生產量。同時，他借鑒西方的營銷方式，重視宣傳，創立「寶塔牌」商標，拓展營銷網點，使之成為民國時期華南地區知名的華資企業之一。

熊月之在研究近代旅居上海的香山人時指出，雖然他們能夠融會中西，但在吸取西學的同時，並沒有脫離中華文化，中華文化對他們的影響根深蒂固。[72]這個分析也適用於馮強身上。馮強樹膠廠因要在香港註冊，故必須確立現代商業的股份制度，但馮氏家族仍然牢牢掌握絕大多數的股份，而馮強作為家族企業的首領，出任企業的執行董事一職，所有企業內的大小事務，皆由他決斷。另外，中國傳統的家

70 有關近代中國買辦研究，可參閱Yen-p'ing Hao, *The Comprador in Nineteenth Century China: Bridge between East and West* (Cambridge: Harvard University Press, 1970)。書中提及的買辦，例如何東、莫仕揚、陳廉伯、鄭觀應、唐景星、徐潤等皆為著名的廣東商人。

71 黎志剛：〈香山商人的冒險傳傳〉，《中國近代的國家與市場》（香港：香港教育圖書公司，2002年），頁342；邱捷：〈近代廣東商人與廣東的最早現代化〉，《廣東社會科學》2002年第2期，頁77。

72 熊月之：〈上海香山人與香山文化〉，《社會科學》（上海）2006年第9期，頁155。

族企業很重視親緣和鄉緣，親族子弟或同鄉伙伴很多時會被安排成為企業內的管理人員或分公司的主管，而西方現代企業較多聘請職業性的管理專才，負責企業的日常管理與營運。馮強樹膠廠則介乎於兩者之間，馮強有意培育獨子馮子儀繼承家業，並委任他負責主理香港的業務，廣州工廠的生產則交由女婿鄧思永負責。但礙於家族內男丁單薄，故需任用家族以外的專業人才協助管理，為了確保他們的效忠，馮強將少量企業的股份贈予他們，冀望他們能夠為企業的利益盡心盡力。在基層員工的聘用上，雖然樹膠廠重視工人的技藝水平，但半數工人來自廣東省雲浮縣，這反映馮強始終重視鄉緣。

二十世紀三十年代是日本帝國主義侵華最烈之時，也是中國人民族主義的高潮期。馮強於此時積極參與救國運動，除了公開呼籲國人使用國貨，還身體力行支持和贊助各種愛國活動，並響應香港殖民地政府的號召，調撥資源研製防毒面具，在日軍於戰場上使用毒氣時，以優惠價錢出售面具予各界賑濟華南難民聯席會。凡此種種皆有助增強其社會聲望，積累文化表徵的資本（Symbolic Capital），塑造其在市民大眾心目中愛國商人的形象，並進而將之投射在馮強樹膠廠的產品上，「寶塔牌」膠鞋被當時民眾稱為「愛國鞋」，正是反映此情況的出現。愛國形象的建立不僅有助馮強樹膠廠提高在國內的生意，更有助該廠擴展香港以至海外華人的膠鞋市場。

# 第八章
# 一次世界大戰前後期間廣東地區的銀行與儲蓄

李浩訓

香港城市大學中文及歷史系研究助理、香港城市大學中文及歷史系博士

## 一　前言

上世紀上半葉中國的政治、軍事嬗變，對社會、經濟領域產生不可忽視的影響。學界對南京政府時期經濟金融、江浙滬、京津兩大區域的銀行、儲蓄業多為關注。相對而言，有關廣東地區的銀行與儲蓄，特別是在一次世界大戰前後的研究為未墾之地。本文在檔案報刊、資料彙編的基礎上，結合前人有關廣東地區的政局、經濟金融的相關研究，著重探討該時期廣東地區的銀行與儲蓄事業。一方面，廣東的銀行業、儲蓄事業，與現有的全國性研究般，展現出近代金融業與政局、政權的關聯；另一方面，由於這一時期廣東與中央政權相對分隔的政治、地理環境，該地區的儲蓄事業發展、模式也呈現出「在地化」的特徵。儲蓄作為一個「場域」牽涉到民眾、金融組織及政府當局之間關聯，提供一種研究近代政治、經濟問題的一種觀察視角。

## 二　研究綜述

有關中國第一次世界大戰期間前後的經濟討論，圍繞著當時是否為中國近代部門發展的「黃金時代」而展開。早期的一些觀點認為，由於第一次世界大戰主要在歐洲發生，戰火對中國的衝擊較小，外國自顧不暇，因此在工商業方面減少了對中國本土企業的競爭及衝擊，因而獲得了所謂的「喘息」機會。本土的工業獲得了相較於之前優越的發展環境。[1]這類觀點主要側重於國際因戰爭對產品普遍的需求增長或銀價上升對中國所帶來購買力優勢等視角去研究一戰期間的中國經濟問題。但由於當時中國的工業逐漸融入世界經濟，部分原材料、生產設備需要進口方可對生產進行投資以實現增長。因此近來有學者從這一角度質疑在一戰的背景下，外國對中國的原材料、生產設備進口放緩，中國的工業等經濟部門何以實現增長的理路下進行分析。[2]

1　例如法國學者白吉爾（Bergère）在有關中國資產階級的研究中，就認為第一次世界大戰對資本主義、現代部門的形成，是一個「極好的」(magnificent) 的機會。見：Marie-Claire Bergère, Janet Lloyd translated, *The Golden Age of the Chinese Bourgeoisie, 1911-1937* (Cambridge: Cambridge University Press, 1989), pp.64-70。而蒲嘉錫（Pugach）有關中華懋業銀行發展史的研究中也持類似觀點，一戰雖然對中國產生了一些混亂，但有較大的積極影響，「引發了中國工商業發展的一次熱潮」，成為資本主義發展的黃金時期。見：Noel H. Pugach, *Same Bed, Different Dreams: A History of the Chinese American Bank of Commerce, 1919-1937* (Hong Kong: Centre of Asian Studies, University of Hong Kong, 1997)，譯文參考中譯本：趙真華、陳佳琪譯：《同床異夢——中華懋業銀行的歷史（1919-1937）》（北京：北京大學出版社，2014年），頁26-27。國內學者也有學者持類似觀點，如馬洪林：〈第一次世界大戰期間上海民族工業的發展〉，《歷史教學》第5期（1980年），頁28-31。近年又重現類似觀點，見段玉婷、劉金玉：〈第一次世界大戰對中國的影響再思考〉，《民國研究》第2期（2018年），頁210-225。

2　如劉巍在〈中國在第一次世界大戰期間的資本品短缺、貨幣緊縮與總產品下降〉一文認為，鋼鐵、機械的進口，常被視為工業發展的指標。但中國在一次大戰中，進口鋼鐵銳減而出口驟增，形成出超。由此認為民族資本生產能力不可能迅速提升。

其中有學者認為「黃金時代」的錯覺，在於物質需求所造成的價格上漲導致。這類觀點相較於認定一戰時期中國經濟處於「黃金時代」的看法較為合理，不過對於進口最終導致近代工業實際到位的投資呈下降趨勢的產生過程，這類研究沒有詳細的解釋說明。另外對於其他國內外學者推算一戰前後時期工業產品生產指數呈上升趨勢的結論，這類研究也無直接而明確的回應。[3]不過縱使在一戰期間中國經濟是增長抑或是停滯，當時白銀價格上漲、國內輕工業發展相對重工業順利、一戰後中國經濟隨著海外主要國家的復蘇而得以進一步發展為學界的主要共識。

地方銀行或區域性銀行的研究，研究樣本數量較為豐厚的最早可見於姜宏業主編的《中國地方銀行史》，內涵蓋了地方官銀錢號、中國地方省市銀行、中國革命政權銀行等行史概述，涉及廣東地區的有廣東官銀錢局、廣東地方實業銀行、廣東省銀行、廣州市銀行、海南銀行。論者簡要提及這類機構出於財政、經濟建設需要而提倡、發展儲蓄。[4]可見論者是從機構利益的角度分析儲蓄。張曉輝立足於廣東社會經濟史的研究，研究理路也與上述研究相近。該時期廣東地區銀行業，特別是官辦銀行隨政潮而變遷，同時由於廣東政局、社會複雜，區域環境決定了該省銀行業的特殊性。[5]以上類型的研究，主要

---

見魏格林（Susanne Weigelin-Schwiedrzik）、朱嘉明主編：《一戰與中國：一戰百年會議論文集》（北京：東方出版社，2015年），頁389-407。

3 例如日本學者久保亨及華裔學者章長基推算一九一二至一九三五年十五項工業產品生產指數，一戰期間的數據呈上升趨勢。兩者數據同列，見：卓遵宏、姜良芹、劉文賓、劉慧宇：《南京國民政府十年經濟建設》，收入張憲文、張玉法主編：《中華民國專題史》（南京：南京大學出版社，2015年），第6卷，頁120-121。

4 姜宏業主編：《中國地方銀行史》（長沙：湖南出版社，1991年），頁91、358、360、366-367、372、632。

5 張曉輝：《民國時期廣東社會經濟史》（廣州：廣東人民出版社，2005年），頁387-389。

對地方銀行業的發展作史實概述，並在此基礎上進行簡要評論，並銀行內的儲蓄、存款作為下設業務略微介紹。而基於上海、江浙地區的銀行儲蓄的研究，在陳述機構發展歷程的同時，亦會通過相關的數據展現機構內儲蓄業務的運作狀況，藉此對機構的設立、發展趨勢的變動作出解釋。[6]日本學者林幸司在其有關川渝地區聚興誠银行的專著中，提到該行的存款業務，有當地地方軍事勢力的存款、重慶附近地方軍事勢力的存款，還有向重慶過境駐扎的各軍事勢力存款。[7]雖然該書是以探討單一銀行機構與政權、社會關係為中心，未對該行的儲蓄進行專門的分析研究，但論者所提出該行發展因應時勢在他律性廣域經濟及自律性地域經濟的兩種模式中相互切換，為分析銀行的發展、儲蓄業務的變化提供文化上的解釋。[8]

目前儲蓄專題的研究，可以分為特殊儲蓄業務或機構、郵政儲蓄、信託業幾類。張新知、王學文著重介紹偽滿洲國的儲蓄運動，並將發行「必勝儲蓄票」等舉措視為當局搜刮民財的目的，但沒有對當局如何組織，及民眾對當局實施強制儲蓄的看法有更深入的分析及論

6 見楊天亮：〈淺析1923-1937年的四行儲蓄會〉；張乃琴：〈上海市銀行的籌建與經營狀況述略〉。此兩文皆載於復旦大學中國金融史研究中心編：《近代上海金融組織研究》（上海：復旦大學出版社，2007年），頁19-36、273-281。

7 林幸司：《近代中國民間銀行的誕生》（北京：社會科學文獻出版社，2019年），頁59。

8 「他律性廣域經濟」即主要是由國家權力進行支配的非區域性經濟秩序，而「自律性地域經濟」更多是以地區民間商人活動所形成的區域經濟秩序。該研究認為「自律性地域經濟」側重於商人的自主性，但由於地域觀念等方面使然，與區域的政治、社會環境牽連較深，經營上不免受到影響。例如銀行與地方軍閥的關係，可能帶來業務上的便利，而一旦地方軍閥倒台或者有變故，銀行的發展也會受到消極影響。此概念將會借鑑於下文對廣東地區銀行業發展狀況的問題。有關「他律性廣域經濟」和「自律性地域經濟」之討論，詳見：林幸司：《近代中國民間銀行的誕生》（北京：社會科學文獻出版社，2019年），頁268-272。

述。[9]以一九三〇年商號吸收社會儲蓄為例，朱蔭貴通過部分商號的報導、聲明分析了商號吸收儲蓄的緣由，也梳理了南京政府發佈相關禁令後地方政府、各類商業機構、組織的反應。[10]研究商號吸收儲蓄，不能僅考慮當時的社會背景，還要觀察整個商業活動的淵源及後續的結果。該文側重於從政府、相關機構的視角進行分析。關博以社會保障學的視角，研究一九二〇年代的工人儲蓄。[11]論者並不單純把工人儲蓄視作推行社會公益的一種形式，還關注到儲蓄中工人與工廠的私人性、職業性的關係。為以往著重於金融機構與儲蓄對象之關係的研究開闢一種新視角。不過在工人儲蓄失敗的原因討論上尚有可商榷之處。[12]賈秀堂以一九三〇年至一九三七年郵政儲金匯業局為例，論述該局的創立原因和創立過程，論者認為郵政儲金匯業局在運作期間有兩個成效，一是為政府籌資，二是輔助國家建設。同時他認為南京國民政府初期建立的國家金融制度的舉措，應該要結合當時的實際情形肯定這種制度的積極意義，不能過於以現代的標準評價。但對該機構開展儲蓄業務的討論，基本沿用目前學界關於南京政府實行「金融統制」的主流論調，認為機構興辦儲蓄及壽險業務是在現實情況下

---

9　張新知、王學文：〈偽滿洲國滅亡前發行的「必勝儲蓄票」〉，《內蒙古金融研究》S4（2003年），頁25-27。

10　朱蔭貴：〈論近代中國企業商號吸收社會儲蓄——1930年南京政府禁令頒布前後的分析」〉，《復旦學報》（社會科學版）第5期（2007年），頁96-106。

11　關博：〈民國時期工人儲蓄制度分析及檢討——基於社會保障學視角〉，《廣西大學學報（哲學社會科學版）》第3期（2011年），頁63-67、74。

12　一九三七年日本全面侵華開始戰時經濟，而在一九三五年國府對於法幣、銀行業的改革，體現了國有化、統制經濟的色彩。甚至根據小科布爾（Coble, Jr.）的研究，這種經濟、金融統制手段在一九二〇後期已經開始。所以文中有關工人儲蓄的受經濟自由主義的因素影響這一說法需要更詳細的論證。小科布爾的研究，見：Parks M Coble, Jr., *The Shanghai Capitalists and the Nationalist Government, 1927-1937*. 2nd ed. (Cambridge, Mass.: Harvard University Press, 1986).

吸收游資以支持國家經濟。使得在機構及業務性質討論上，與學界關於民國時期「國有化」銀行發展現象的討論結果無異。沒有注意到民眾在儲蓄上存在自主性。在儲蓄業務的數據分析上，主要以總局（全國性）的引用及分析為主，缺乏具體的地區性分析。[13]李耀華建立在豐富的史料基礎上，對部分企業的工人儲蓄政策及計劃進行實證分析，展現了這些企業的儲蓄收益情況及風險，對學者後續從事民國儲蓄研究特別是工人儲蓄提供量化分析的思路。但其研究的不足在於，雖然研究內容為實證分析，也同時對儲蓄的現象尋求了文化上的解釋，但論者強行將工人儲蓄和儒家文化及「科學管理」進行附會，將積累方式和家庭風險分散模式，視為對儒家文化的契合和「科學管理」的體現，論證不嚴謹。[14]李彬彬基於前人有關有獎儲蓄會吸收社會游資的史實敘述上，深入討論了有獎儲蓄會經營模式及當局取締政策變化。[15]儲蓄機構與政府部門不一定是單純的被監管與監管的關係，事實上有更複雜的相互利用、博弈的元素在內。一九三五年國府創建了中央信託局，承接包含公務員、軍人儲蓄等特種儲蓄業務，謝永棟在有關中央信託局的研究中，對信託局的建立過程及原因進行了梳理及分析，同時對當局如何設立公務員、軍人儲蓄及有獎儲蓄的過程有詳細的史實敘述。[16]然而對這些業務實施後數據上所體現的成效及對同一時期社會上商辦金融機構所形成的衝擊沒有說明及分析。研

13 賈秀堂：《郵政金融視域下的政府與社會研究——以1930-1937年長三角地區為考察對象》（桂林：廣西師範大學出版社，2012年），頁194-195、260-270。

14 李耀華：〈近代企業自發職工儲蓄資金融通還是科學管理〉，《中國經濟史研究》第3期（2013年），頁114-123；李耀華：〈儒家文化與社會保險以近代中國職工強制儲蓄為例〉，《財經研究》第39卷第9期（2013年），頁47-58。

15 李彬彬：〈試論民國時期外國在華有獎儲蓄會〉，《社會科學》第6期（2016年），頁160-170。

16 謝永棟：《南京國民政府中央信託局研究（1935-1937）》（北京：中國財政經濟出版社，2016年），頁214-218。

究主要側重於當局視角。郭夢圓通過文獻研究結合法學的方法，解讀清朝末年的《儲蓄銀行則例》內容以及討論北洋政府管制儲蓄事業上對該法的沿用。從立法背景、立法內容、歷史意義等方面進行考察。但由於僅著重解讀民國一手法律材料，沒有過多注意該法與頒布初期的政治、經濟環境之關聯及脈絡。[17]

此可以得出的觀察是，一戰時期的經濟討論，多著重於工業經濟部門的討論，即使內含「銀行存款」、「活期存款」的分析，目的也是為了透過貨幣存量的分析去研究該時期的經濟趨勢。[18]並非以銀行、儲蓄為中心去探討民國政治、社會之脈絡。而民國儲蓄議題在當下的學術發展有兩個，一個是從屬式的，即它是近現代銀行業發展的相關、從屬性的研究，從銀行的業務方面進行討論；另一個是碎片式的，即儲蓄的這一研究對象，被切割成特定的儲蓄類型、儲蓄機構或儲蓄事件進行分析。此外，除以上海、江浙為討論中心的研究外，有關其他地區的銀行與儲蓄研究，顯得相對「概述性」及「稀缺性」。為此，本文通過相關資料，希望釐清一戰前後廣東地區的銀行與儲蓄事業的狀況及特徵。

---

17 郭夢圓：《清末《儲蓄銀行則例》研究》（海口：海南大學法律史學碩士論文，2018年5月），頁1-46。

18 如劉巍：〈中國在第一次世界大戰期間的資本品短缺、貨幣緊縮與總產品下降〉就利用包括「活期存款」的數據分析一戰時期中國的貨幣存量下降，並以其他實證案例認為「貨幣萎縮與經濟增長」相伴的情況在市場經濟國家尚未發現。雖然量化分析在數據及實證上有說服力，但根據筆者對民國儲蓄事業的研究，這項結果仍需要學界共同進一步分析、討論，例如當時的「活期存款」一項，是否為概念上的「活期存款」？因為當時儲蓄會、商號也有吸收活期或者類似的儲金，所以數據是否過於偏小。其次，當時的中國是否為「市場經濟國家」也需要定義及討論。最後有不少銀行史的研究指出民國的銀行多將存款投資於房地產、公債，而非生產領域，因此用「活期存款」對一戰時中國的工業生產發展進行分析需要更全面地考慮。該文收入：魏格林（Susanne Weigelin-Schwiedrzik）、朱嘉明主編：《一戰與中國：一戰百年會議論文集》（北京：東方出版社，2015年），頁398-407。

## 三　一戰前後時期廣東地區銀行與儲蓄的設立及發展

### （一）晚清民初時期

按筆者所考，廣東地區的近代儲蓄事業之發端，乃一九〇八年前碣石鎮總兵劉永福等人擬設立儲蓄公司之舉。創辦人士見東西各國城鄉無不開設儲蓄機關，以使金融週轉和形成民眾節儉的風氣，於是相關職商十四人，「稟擬設立均益有限公司專辦儲蓄」，募集一百萬元，舉定李煜芬為總理，另定三人協理，共負公司責任。公司相關簡章、設立條件妥當，勸業道核准註冊。[19]而後陸續有商人紛至設立儲蓄機構。如一九〇九年郭樂任永安公司董事主席，並改組織為股份有限公司。在中山石岐設永安銀業部，經營儲蓄僑匯。[20]藉此吸收社會資金，用於各分號的資金週轉。[21]故廣東之近代儲蓄事業，不為錢莊、銀行等金融機構所專有。

同一時期，全國性的銀行也於廣東設立分行，並設置存款業務。例如一九〇九年交通銀行廣州分行公示所統計的按月存款利率及款項，截至止年底暫存和長期款項都有一百萬兩以上。[22]而本地銀行金融機構開設儲蓄業務之開端，可溯至一九一二年廣東官銀錢局下設儲蓄部。當時官銀錢局發行紙幣由於信用頗低，為了回收市面流通的紙幣，決定開設儲蓄部，辦理收存商民儲蓄存款的業務。至次年八月儲

19 林忠佳、張添喜主編：《《申報》廣東資料選輯七（1907.7-1910.3）》（廣州：廣東省檔案館《申報》廣東資料選輯編輯組，1995年），頁164。

20 廣東省政協文史委員會編：《廣東文史資料存稿選編：省港大罷工港澳華僑史料》，第3卷（廣州：廣東人民出版社，2005年），頁749。

21 中國人民政治協商會議廣東省委員會文史資料研究委員會編：《廣東文史資料：廣東工商經濟史料》（廣州：廣東人民出版社，1988年），第56輯，頁169。

22 〈交通銀行廣州分行按月存款並利率表（宣統元年分）〉，《郵傳部交通統計表》，3（1909年），頁1。

款約有四百萬元。[23]可見此時廣東地方政府已有通過減少市面流通貨幣以控制通貨膨脹的財政思路。而該儲蓄業務，分定期儲蓄和日常存款兩種，定期按期限不同付四厘到八厘利息，日常存款為三厘至三厘五。後收存款四百餘萬元，將數十萬元用於放款。但由於難以追收，隔年將辦理儲蓄所收款項，無息撥充軍餉。隨後受全國及地方政局變動，加之官銀錢局自身的管理問題，截止至一戰爆發，機構經歷擠提、存款準備金不足、放款收回無望等情況，實力衰退。[24]同一時期粵港兩地也有兩家銀行相繼設立，一是陳炯明代理軍政府都督所創設的廣東軍政府銀行，另一家是一九一二起由港商李煜堂等人於粵港兩地皆設機構的廣東銀行。

## （二）一戰期間

一九一四年第一次世界大戰爆發。對中國的衝擊及影響，較為直接的是圍繞山東問題等恢復國家主權所引發的事件，例如華工援歐、「二十一條」等。[25]在金融、銀行方面的影響相對而言較小，主要體現在銀價的上升。《海關十年報告》中提到，一九一四年到一九二〇年標準銀價從二十五便士每盎司上升到接近九十便士每盎司。匯率也隨銀價從每兩兌換兩先令四便士上升到九先令三便士。這種情況吸引了中外冒險家。此時就上海而言，突出的現象是華資銀行增多。[26]不

23 廣東省地方史志編纂委員會編：《廣東省誌．金融誌》（廣州：廣東人民出版社，1999年），頁62。

24 中國人民政治協商會議廣東省委員會文史資料研究委員會、廣東人民銀行廣東省分行金融研究所編：《廣東文史資料：銀海縱橫》（廣州：廣東人民出版社，1992年），第69輯，頁95。

25 有關中國在一戰中的相關研究，較為全面、深入的可見：Frances Wood, Christopher Arnander, *Betrayed Ally：China in the Great War*(Havertown: Pen & Sword Books, 2016).

26 徐雪筠等譯編：《海關十年報告：上海近代社會經濟發展狀況（1882-1931）》（上海：上海社會科學院出版社，1985年），頁187-190。

過這類銀行主要是集中在商業發達或政治中心的區域或其附近。而且這些機構雖為「新式銀行」，但經營上多數都存在問題，主要運作是通過高息吸引儲戶再運用在如房地產、債券等投機上。時人觀察一戰後期，新式銀行的發展漸繁盛，在一戰結束不久，數量也超過錢莊。銀行與工業的關係變得密切，互為輔助。[27]說明即使存在如前述某些學者所認為中國工業發展在一戰時期停滯或「萎縮」的情況，但生產部門仍在外部競爭相對減緩的背景下，有一定程度的發展，並在資金融通方面與銀行的等金融機構發生關聯。同時生產部門與一戰時中國遭受外力衝擊較小的這一社會、經濟環境相結合，共同形成了促進了本土新式銀行業發展的有利條件。

本土新式銀行不僅在這一時期的設立數量上有明顯的增長，部分銀行在實力及業務上也有明顯的提升。當時江浙滬及京津地區，分別作為中國的經濟、政治重心而齊聚了較多的新式銀行機構。如一九一五年由留美人士陳光甫所設立的上海商業儲蓄銀行及一九一四年由北洋派所設立新華儲蓄銀行，這兩家銀行在一戰期間及之後的時期皆重視儲蓄存款業務，前者被某些學者稱為「或許是唯一一真正意義上成功的儲蓄銀行」，後者則在一戰期間積極推行有獎儲蓄票，並由副總經理專程南下各省向軍人、工人等群體宣講儲蓄之意義。[28]

新式銀行業中有部分個體在一戰期間迅速發展外，也萌生行業自

27 鄧飛黃：〈中國經濟的衰落程度及其前途〉，《中國經濟》第1卷第2期（1933年），缺頁碼。轉引自李一翔：《近代中國金融業的轉型與成長》（北京：中國社會科學出版社，2008年），頁107。

28 Noel H. Pugach, *Same Bed, Different Dreams: A History of the Chinese American Bank of Commerce, 1919-1937*（Hong Kong: Centre of Asian Studies, University of Hong Kong, 1997），譯文參考中譯本趙真華、陳佳琪譯：《同床異夢——中華懋業銀行的歷史（1919-1937）》（北京：北京大學出版社，2014年），頁29；〈來件：鮑宗漢南下之宣言〉，《申報》第2卷第22期（1915年）：10-11。

律、組織同業公會的意識。一九一八年上海銀行公會設立，一方面體現了部分銀行此時已漸生實力，開始組織同業公會共同促進、規範業務發展；另一方面也意味著上海本土新式銀行業界已經形成了影響力頗大的利益團體，並在地方乃至全國的「公共領域」發揮作用。[29]而該公會的機關報《銀行週報》在創刊初期，就已提倡儲蓄。對於民眾實踐儲蓄，論者主要抨擊當時社會生活奢侈，要求民眾從德行做起，節儉儲蓄。對於行業推行儲蓄方面，論者分別從各類儲蓄機關的組織及功用、儲蓄的吸收及宣傳方式、有獎儲蓄業務或有獎儲蓄會的性質分析等方面進行介紹。[30]可以看出一戰期間，經濟較為發達的地區，如上海，在本土新式銀行設立、發展的熱潮興起的同時，銀行業界已經明顯注意到儲蓄的作用，並積極提倡。他們針對當時社會奢靡風氣，提倡金錢節儉，並對如何促進儲蓄事業發展提出了意見。同時他們也提前注意到了儲蓄事業的一些問題。

若單就銀行設立數量而言，廣東地區在一戰期間所設立的銀行機構不如江浙滬及京津兩大區域，且當時部分機構是由總行在香港的華資銀行於廣東省內所增設的。考慮到廣東地區當時經歷護法、護國戰爭，加之地方政府的掌權勢力屢次變動，當時廣東地區的銀行業發展難免會受到政局不穩之牽連。而香港華資銀行於粵地設置分所的舉措從側面說明了當時粵港兩地經濟、社會羈絆之深。這些銀行主要為廣東地方實業銀行、香港工商銀行、香港華商銀行。其中廣東地方實業

---

29 有關商會、同業組織對近代中國政治、社會影響，以及商會與「公共領域」關係之討論，可見李培德編：《近代中國的商會網絡及社會功能》（香港：香港大學出版社，2009年）；李培德編：《商會與近代中國政治變遷》（香港：香港大學出版社，2009年）。

30 見：〈提倡儲蓄論〉，《銀行週報》第1卷第24期（1917年），頁8-9。〈提倡儲蓄論（續）〉，《銀行週報》第1卷第25期（1917年），頁9-10。〈論有獎儲蓄之利弊〉，《銀行週報》第2卷第18期（1918年），頁5-6。

銀行前身為廣東官銀錢局。香港工商銀行於一九一七年由哥倫比亞大學留學生團體「仁社」的成員發起設立，主要推行儲蓄業務，隔年在廣州設置分行。香港華商銀行則於一九一八年由香港米商劉小焯與安南華僑劉希成等人合資創辦，同年於廣州設分行。[31]綜上而論，相比起江浙滬及京津兩大區域，一戰時期的廣東地區銀行業不及前兩者發達。[32]

此時廣東地區的銀行業，受到了全國性金融危機及地方政局的雙重影響，開始呈現「在地化」的發展趨勢。一九一六年三月二十一日，廣東地區的中國銀行、廣東銀行及其他各類銀行，因全國政局所造成的金融信用問題，人心不穩，民眾紛紛提取存款，兌換錢幣，而各界恐慌四起。[33]其後廣東地區的銀行、儲蓄事業受到政治、經濟之漣漪影響明顯。一九一七年五月八日，廣東官銀錢局奉北洋政府令停

31 廣東省地方史志編纂委員會編：《廣東省誌．金融誌》（廣州：廣東人民出版社，1999年），頁14、213；中國人民政治協商會議廣東省委員會文史資料研究委員會、廣東人民銀行廣東省分行金融研究所編：《廣東文史資料：銀海縱橫》（廣州：廣東人民出版社，1992年），第69輯，頁155-156。香港工商銀行於一九三〇年因經營不善及總經理薛仙舟離世而停業，同一時期北方也有一家工商銀行，為山東工商銀行，但這家銀行早在一九二六年就因經營不善而被清理。見：〈銀行界消息：清理中之山東工商銀行〉，《銀行雜誌》第3卷第16期（1926年），頁85-86。有部分資料將兩行的信息混淆。

32 一戰期間的江浙滬地區、京津地區，單是新設立的銀行有新華儲蓄銀行、鹽業銀行、上海儲蓄銀行、中孚銀行、金城銀行等，這些銀行隨後成為重要的區域性乃至全國性的銀行，例如鹽業、金城兩行為「北四行」之中的其中兩行，而上海商業儲蓄銀行屬於「南三行」。一九一五年，同屬「南三行」的浙江興業銀行從杭州遷至上海，發展進入新階段。

33 中國人民政治協商會議廣東省委員會文史資料研究委員會編：《廣東文史資料：廣東軍閥大事紀》（廣州：廣東人民出版社，1984年），第43輯，頁48。史瀚波（Sheehan）對當時天津地區的中交停兌風波進行了研究，是對一九一六年中交停兌風波較為深入的研究。見：Brett Sheehan, *Trust in Troubled times: Money, Banks, and State-society Relations in Republican Tianjin* (Cambridge, MA: Harvard University Press, 2003).

業。[34]雖然其名義上被取消，但實際廣東政府不久就改組官銀錢局為廣東地方實業銀行。由此可見，廣東地方政府與當時的中央政府存在「各行其是」的現象。不過，雖然地方主義使然，貌似能對區域性銀行發展提供助力，但是由於自律性地域經濟的不良因素，廣東地方實業銀行運作時期較短，於一九二〇年結業。其中原因之一在於當時岑春愃、陸榮廷等桂系人士治理廣東，廣東本省的經濟利益乃部分轉移至掌控政府的桂系手中。[35]銀行的儲蓄事業實際上很難不受其影響，資金主要用於桂系軍政活動而非本省經濟民生建設實屬無疑，因此該行隨一九二〇年陳炯明擊敗桂軍，進而桂系失勢而停業。一九一四年六月，前述廣東軍政府銀行改組為中國銀行廣東分行，行長為王璟芳，開業不久奉中央令解決粵省濫發貨幣的問題。該行也「光景不長」，於一九一八年停業。[36]儘管廣東地區的銀行儲蓄存款業務在發端時期就受到政局、社會環境的影響，但相關領域的有識之士仍意識到儲蓄的作用，例如一九一五年時任交通銀行總經理，廣東籍出身的梁士詒就在演講中提到，儲蓄銀行的利益在於能夠集少成多，一方面既可以獎勵人民儲蓄之風，另一方面亦可以增加銀行的存款資金。銀行首要任務在於吸收存款。因此，需要從國人的觀念入手，令「銀行為總帳房」的習慣進入民眾行為中去。同時提倡要兼顧「廣告」和「聲勢」，運用感情聯絡，使得儲戶、儲款「集腋成裘」。[37]

---

34 姜宏業主編：《中國地方銀行史》（長沙：湖南出版社，1991年），頁6。

35 杜恂誠：《中國金融通史：北洋政府時期》（北京：中國金融出版社，2002），第3卷，頁219-220。

36 〈廣東中國分行開幕紀〉，《申報》第6卷第9期（1914年），頁6；張曉輝：《民國時期廣東社會經濟史》（廣州：廣東人民出版社，2005年），頁381。

37 政協廣東省三水縣文史資料研究委員會編：《北洋政府國務總理梁士詒史料集》（北京：中國文史出版社，1991年），頁248-253。

## （三）一戰後至南京政府成立前夕

有學者認為，民國成立後，特別是經過第一次世界大戰及戰後幾年的快速發展，中國的本土新式銀行業已經具有一定規模的實力，與在華外國銀行和錢莊形成「三足鼎立」。[38]儘管在一戰時期，廣東地區的銀行業發展不如江浙滬、京津地區繁盛，但進入一九二〇年代，該地區迎來了銀行遍設的時期。省立廣東省銀行、遠東實業儲蓄銀行、廣東儲蓄銀行、興中商業儲蓄銀行、五華實業信託銀行、惠豐商業儲蓄銀行、南方實業儲蓄銀行等行相繼設立。香港的華商立足粵港，成立了區域性或全國性的銀行。而政治與金融的關係在這段時間更為突顯。

一九二〇年，前述的香港華商銀行開設儲蓄業務，用於支持革命政府並「協助文教機構收付學費」等業務。[39]說明銀行的業務，具體到儲蓄、存款上已有非營利性的考量因素。當然，「非營利」也僅是相對而言，有些儲蓄業務並不會帶來明顯的資金收益，而有政治方面的考量在其中。例如前述的香港工商銀行，除了在粵港地區立足外，也將業務推至上海、華北等地。一九二〇年代該行就已經跟隨馮玉祥軍隊辦理儲蓄，信用頗佳，特以優待軍人儲蓄著稱，因此社會都樂於往來。被時人稱為「唯一之軍人儲蓄機關」。[40]更在一九二五年、一九二六年間，該行為了方便軍界儲蓄，還先後在張家口東關裕通銀行及北京旃壇寺設立辦事處。[41]設立不久之後，軍界士官儲蓄者踴躍，無

38 李一翔：《近代中國金融業的轉型與成長》（北京：中國社會科學出版社，2008年），頁382。

39 廣東省地方史志編纂委員會編：《廣東省誌．金融誌》（廣州：廣東人民出版社，1999年），頁213。

40 〈西北工商銀行之軍人儲蓄〉，《銀行月刊》第6卷第1期（1926年），頁222。

41 〈銀行界消息彙聞：香港工商銀行設張垣儲蓄部〉，《銀行月刊》第5卷第12期（1925年），頁178。〈銀行界消息彙聞：張垣工商銀行設立駐京辦事處〉，《銀行月刊》第6卷第12期（1926年），頁174。

不稱便利。銀行還印發儲蓄章程提供給諮詢人士。[42]一九二二年其上海分行有大量活期存款，都來自投機份子。而銀行內的管理者也先後躋身廣東省銀行、廣州市財政局、參與政治活動。[43]一九二三年八月國民勸業儲蓄有獎銀行在廣州開幕，資本一百萬，辦理各種活期、定期儲蓄，以「勸業儲蓄為主旨」，「圖謀資本之集中」為目的。同時也發行類似有獎儲蓄會的儲蓄券。並擬於各地招徠、設置儲蓄代理處，用於代收儲蓄款。[44]香港國民商業儲蓄銀行、遠東實業儲蓄銀行等也在同一時期相繼刊登廣告，利用宣導、提供各類服務等方式邀請民眾至銀行存放款項。可以說這時期的廣東地區本土銀行儲蓄在形式、業務種類、機構數量上都有相較於晚清民初時期的擴張與增長。

官辦銀行方面，一九二〇年當地政府成立廣東省銀行，後改名為省立廣東省銀行。同一時期廣東財政廳核准成立廣東儲蓄銀行，專辦儲蓄。[45]但該行背後與吳佩孚存在關聯，總理劉煥擬被授予粵省財政官職，由於謠言及總理即將赴政府任官職，被迫停業整理。[46]不僅北洋勢力「指染」廣東地區銀行、儲蓄業，客軍也產生影響。一九二二年六月陳炯明雖發動軍事政變驅逐孫中山，後續在緬、桂軍勢力的幫助下，孫中山於一九二三年初在廣州第三次建立政權。有英國官員分析，一九二三年背後由客軍實力操縱的廣州市以不同名目，榨取了不少於一億元的收入，其中有七成被客軍徵收並匯往了他們的省份。[47]

---

42 〈西北工商銀行之軍人儲蓄〉，《銀行月刊》第6卷第1期（1926年），頁222。

43 林金枝、莊為璣編，《近代華僑投資國內企業史資料選輯：廣東卷》（福州：福建人民出版社出版，1989年），頁643-644。

44 《廣州民國日報》，第2版，1923年8月1號。

45 〈銀行界消息彙聞：廣東儲蓄銀行之設立〉，《銀行月刊》第2卷第4期（1922年），頁122。

46 〈銀行界消息彙聞：廣東儲蓄銀行停業〉，《銀行月刊》第4卷第7期（1924年），頁146。

47 張俊義、劉智鵬：《中華民國專題史：香港與內地關係研究》（南京：南京大學出版社，2015年），第17卷，頁66。

一九二四年一月，孫中山在廣州召開了國民黨一大。為了實現北伐目標，需要金融力量支持，由於當時廣東的地方銀行信用、實力不足，便籌劃設立新的銀行——中央銀行。不過雖然名義上的「中央銀行」已經出現，但早期其信用仍受到政局波动影響。例如一九二七年蔣介石下野，就引發民眾擠兌。[48]「中央銀行」在廣東的設立重要性，更多是在意義上而非實際上的。此時因「三大政策」推行，國共合作，政府當局對金融、銀行的政策思路及儲蓄事業逐漸引入了金融統制、群眾動員的策略，中央銀行的設立和當時省港大罷工的民眾提存行為，其實是該思路、模式的初步體現。[49]而這類思路、模式也漸沿用至南京政府時期。而後，隨著北伐成功，寧漢合流，國府定寧，截至止抗戰前夕，包括廣東地區內經濟發達區域，銀行業、儲蓄事業的發展迎來較前期好的環境。儲蓄的模式類型也更為多樣。[50]

## 四　廣東地區的銀行與儲蓄的發展趨勢及特點

通過第一次世界大戰前後廣東地區銀行與儲蓄的發展史實梳理，可以發現，一九〇〇年代至一九二〇年代廣東地區的銀行與儲蓄發展趨勢因各個時期的政治、社會背景的情況不同，而基本呈現出「自律性地域金融模式——多元金融模式」的路線。

---

48 廣東省地方史志編纂委員：《廣東省誌・金融誌》（廣州：廣東人民出版社，1999年），頁16。

49 罷工期間香港當地銀行遭民眾擠提，有報導稱民眾提款回省。廣東哲學社會科學研究所歷史研究室編：《省港大罷工資料》（廣州：廣東人民出版社，1980年），頁730-731；〈廣州大罷工記〉，《申報》，第5版，1925年6月23日。

50 據筆者研究，一九二〇年代至抗戰前夕，各類儲蓄機構湧現，甚至銀行在儲蓄事業的經營上也更為積極，部分銀行甚至提供針對特定群體或採取特殊業務模式的「特種儲蓄」業務，如軍人、工人、教育兒童、婦女儲蓄、有獎儲蓄等。

## (一) 晚清至一戰時期的自律性地域金融模式

由上述可知，晚清民初時期廣東地區的儲蓄事業的初倡，主要是由前地方官、地方官銀錢局發起的。而且在發起、設立的目的上，更多是將「吸收社會資金」視為一種手段或工具，其最終目的更多是為了解決儲金吸收機構自身的資金週轉或信用問題。初期一些商業儲蓄機構，例如均益有限公司等，主要為了金融融通或分號資金週轉。而廣東官銀錢局，是為了通過吸收儲蓄而減少貨幣流通以抑制通貨膨脹，類似現今中央銀行提高存款利率以控制通脹程度的舉措。然而也正是由於這種自律性地域金融模式，在這個時期至軍政府初期，受掌控廣東地方政府的政治勢力變動，金融事業不穩定。部分銀行，特別是官辦銀行，其運作的情況及命運，與背後政治勢力緊密關聯。而且，一旦關聯的政治勢力失勢，新的一方或對手得勢、掌權，這些金融機構就面臨解散或改組，如上述廣東地方實業銀行、廣東軍政府銀行的興衰即是如此。

具體到儲蓄方面，民眾缺乏主動性，更多是被當地政府、金融機構帶動而進行儲蓄、存款。有論者觀察到當時國內的情況，從社會文化風氣、銀行的角度分析儲蓄事業。提倡儲蓄要先講求儲蓄機關，並採取不同的方式吸引儲蓄者。[51]並結合歐美各類儲蓄機關的案例條陳出銀行機構如何推進儲蓄業務，包括抬高利息、設立儲蓄的推廣部門等。相比較而言，對於從民眾角度出發的分析、評論，側重於「道德勸諫」，多是倡議民眾要養成節儉、儲蓄之美德，同時不要浮躁貪心，被社會一些有獎儲蓄所吸引。[52]可見就當時全國的狀況而言，儲

51 〈提倡儲蓄論〉，《銀行週報》第1卷第24期（1917年），頁8-9；〈提倡儲蓄論（續）〉，《銀行週報》第1卷第25期（1917年），頁9-10。

52 〈來件：聶管臣先生之儲蓄談〉，《銀行週報》第2卷第16期（1918年），頁15-16。

蓄事業的推廣，時人認為關鍵在於相關機構的發展，對於民眾，更偏向於在思想、行為上養成他們自身儲蓄的觀念，避免投機心態，而非引導他們如何具體分析各類儲蓄產品。廣東地區當時作為全國經濟較為發達的區域，基本景象也不會脫離這種「政府及機構主動吸儲，民眾被動存儲」的情況。

### （二）一九二〇年代上半期的多元金融模式

如前述雖然廣東地區在一戰期間不如江浙滬、京津地區般出現銀行業的快速增長，發展相對滯後，但隨後在一九二〇年代也進入了蓬勃發展的時期。除了銀行設立的數量相較之前多以外，銀行的業務經營、儲蓄事業也漸趨多元。這類「多元」，主要體現在儲蓄種類多元、吸收存款目的及儲金用途多元的方面。

所謂儲蓄種類多元，即當時除了活期存款業務，銀行等金融機構也會提供定期存款、特種儲蓄存款業務。例如國民勸業有獎銀行在開幕時就提供各類活定期儲蓄、有獎儲蓄的業務供廣東民眾選擇。[53]一九二〇年代金融業發達的江浙滬、京津地區出現了針對特定團體或採取特定業務模式的「特種儲蓄」，例如軍人儲蓄、教育儲蓄。當時廣東地區也有銀行相繼設立、運作這些業務。說明廣東地區的儲蓄事業與其他地區存在共性。[54]不過，與以上兩地相比較而言，廣東地區還是以區域性經濟為主，經濟的體量、繁榮程度不如江浙滬、京津兩地。在報刊的報導、宣傳上，相比起軍人、學校教育儲蓄，有關工

53 《廣州民國日報》，第2版，1923年8月1日。

54 例如金城銀行也有承攬軍隊軍人儲蓄，見：〈周作民被傳詢〉，《申報》第8卷第27期（1926年），頁6。而教育儲蓄的發起運作模式，在這兩個地區樣式上也更為豐富，有銀行發起獨立運作的模式、銀行與教育機構共同發起及運作的模式、機構發起後由銀行負責指導或承接運作的模式。教育儲蓄的相關討論，可見仲誥：〈小學校儲蓄事業實施之商榷（經濟）〉，《申報》第1卷第13期（1927年），頁18。

人、婦女儲蓄的業務鮮少提及。[55]這種情況，是否因廣東地區工廠、工業不如此兩地發達，抑或是當地社會文化較為傳統保守，婦女地位、女性自主意識較低等因素造成，有待學界後續共同研究。但整體而言，該時期儲蓄業務、種類已趨多元化。而業務種類一旦走向多元化，提供各類存款儲蓄業務，特別是特種儲蓄，就意味著包含銀行在內的儲蓄機構開始運用差異化的市場競爭策略去推廣儲蓄業務。即使這種行為是機構主動的商業考量，有私利的因素存在，但此時銀行也著實考慮到了現實情況，並利用不同人群的實際需要去擴展業務，最終機構與儲戶能夠得到雙贏。例如針對軍人軍隊、在校學生的儲蓄存款。

而吸收存款目的及儲金用途多元，在於儲蓄機構對吸收社會游資的目的已不再侷限於為了本機構的資金週轉或金融支持，而還有一些深層次的含義及意圖。例如前述有銀行之儲蓄設立是為了支持革命軍政或助力公益事業，呈現出由「私」至「公」的景象，一定程度上體現出銀行的社會責任感，而不是只重視機構私利。當然前一時期銀行等儲蓄金融機構與政治的關聯並未祛除，實際上二者間的「共謀」仍然存在，銀行在注重盈利、經營和社會責任感之間並不是衝突的，各種商業行為背後有不同利益的考量。例如香港工商銀行的創辦人們雖在立場、私人關係上同情以孫中山為首的革命派，但也會為馮玉祥部提供軍人儲蓄服務。[56]北洋、客軍勢力所支持的金融機構也不可能完

55 例如同一時期，上海的蘇州銀行就同時提供了軍人、婦女、工人、養老等儲蓄業務。見：〈上海蘇州銀行〉，《申報》第11卷第4期（1922年），頁7。有關這兩地的工人、婦女儲蓄的報導、時人分析，可見：〈銀行界消息彙聞：中國女子商業儲蓄銀行之近聞：中國女子商業儲蓄銀行〉，《銀行月刊》第1卷第9期（1921年），頁116；〈銀行界消息彙聞：上海生大銀行設女子儲蓄部〉，《銀行月刊》第2卷第11期（1922年），頁145；〈國內婦女消息：女子商業儲蓄銀行已開幕〉，《民國日報・婦女週報》第40期（1924年），頁6。

56 〈銀行界消息彙聞：香港工商銀行設張垣儲蓄部〉，《銀行月刊》第5卷第12期（1925年），頁178。

全為了這些勢力的利益而絲毫置廣東本地社會、民眾不顧經營運作，例如客軍勢力在廣東汲取的資金，還是留下三成用於市政建設。[57]否則，這些機構更多會像同一時期外國有獎儲蓄會般遭受社會輿論的聲討與政府的查封逐漸衰退，而不是主要因廣東地方政府內的政治勢力變動被改組或解散。[58]

此外，對儲蓄機構而言，儲蓄的目的及用途在功能上的意義，其實並不僅僅是資金轉移所產生對使用方的支持。有些情況下，「存」與「取」需要聯繫起來。對銀行而言，「儲戶存款」一項，在其財務報表中，屬於「負債」。簡單來說，儲戶是銀行的債權人。「存」入某銀行，會實現該行或該行背後政治勢力集資的目的及後續收益。[59]而一旦「取」會影響乃至損害這個目的，同時可能會形成對其他機構或政治勢力有利的局面。例如一九二五年十一月、十二月省港罷工後香港當地各銀行存款斷絕，提款增加，並出現了擠提的情況。[60]有報刊報導香港華人向銀行「提取存款回廣州」。[61]而最後廣東地區的銀行儲蓄金額是否因香港華人存款之轉移有明顯的增長，雖然暫不可考。但資金的轉移必然對原有儲蓄機構及所在地區產生消極的影響。與此同時，儲戶在資金遷入地也多少涉及到消費、投資，這種情形對資金遷入地無疑帶來一定程度的好處。因此，儲蓄的目的、影響及比前一時

57 張俊義、劉智鵬：《中華民國專題史：香港與內地關係研究》（南京：南京大學出版社，2015年），第17卷，頁66。

58 李彬彬對外國有獎儲蓄會與南京政府就取締事宜的博弈，民眾、學界對儲蓄會的不滿有深入的研究。有獎儲蓄會的取締，最先是學界、社戶輿論所號召，政府當局再進行跟進。相關研究見李彬彬：〈試論民國時期外國在華有獎儲蓄會〉，《社會科學》第6期（2016年），頁160-170。

59 因為儲蓄機構可將存款再投資運用。

60 廣東哲學社會科學研究所歷史研究室編：《省港大罷工資料》（廣州：廣東人民出版社，1980年），頁730-731。

61 〈廣州大罷工記〉，《申報》，第5版，1925年6月23日。

期更為複雜、多元。

綜上所述，一九〇〇年代至一九二〇年代廣東地區的銀行與儲蓄的發展，基本呈現出「自律性地域金融模式——多元金融模式」的路線。從初期偏重本土發起，自主發展，再在全國、區域政治、社會環境的影響下，呈現形式各異、目的、利益複雜而多元的景象。

## 四　結語：「作為研究視角的儲蓄」

本文通過梳理一戰前後時期廣東地區的銀行與儲蓄發展，並加以分析，藉此探討此一時期廣東地區的銀行與儲蓄的設立、運作情況及其特徵。受當時中國的政治、經濟、社會影響，加之廣東地方政治勢力的變動，這一時期廣東地區的銀行與儲蓄既類似江浙滬、京津地區的儲蓄事業，出現諸如儲蓄存款事業之運作受私利與公益夾雜影響、銀行機構經營特種儲蓄等現象。又因區域內特殊的政治、社會環境，發展上較江浙滬、京津地區滯後，呈現出工人、婦女儲蓄之宣傳、討論相對稀少、民眾「存取」行為複雜的「在地化」景象。可見，儲蓄這個「場域」連結了政治、金融機構及民眾，涉及「政治動員」、「社會安定」及「金融利益」。儲蓄專題研究提供了一個視角去觀察民國的社會歷史發展。相關的研究討論應逐漸超越其作為金融、銀行史的從屬地位，抑或是局部、片段式的研究。至於其他地區的儲蓄事業是否也存在「在地化」的發展，全國範圍內民眾的「存取」意志是否因社會發展而逐漸樹立，以及儲蓄在「政治動員」與「社會安定」的相互張力，是筆者後續研究所關注的方向及重點。

# 第三編

# 一戰與中國的基督教、教會及其教育系統

# 第九章
# 一次大戰後中國的科學與基督教的論爭

何慶昌

香港學者，香港中文大學哲學博士、哲學碩士、道學碩士，香港大學文科碩士

## 一　前言

科學與基督教的爭論早於西方十七、十八世紀理性主義出現而不斷發展，經百多年交鋒，雙方對話的觀點不斷豐富，到二十世紀先後隨中國留學生留學歐美、新文化運動及五四運動進入中國，並循著二十年代中國社會及文化的政治化發展，西方有關科學與基督教的爭論被搬遷、入口到中國，在中國重現／演，成為知識分子及青年學生公共領域的熾熱議題，科學萬能成為當時放諸四海的通論，被受高度重視及禮遇。本文以中國知識界熱烈追捧西方科學為背景，從當時流通雜誌如《青年進步》、《真理與生命》、《真光》等探討中國的基督教知識分子對青年學子熾熱追求西方科學的回應，說明他們同樣借用西方科學的資源，特別是科學性的論理方式，在民國一、二十年不同時期回應科學主義的泛濫，並對基督教與科學的關係作初步疏理及分類。

## 二　年青學子出洋留學

出洋留學是近代中國歷史發展的重要現象。清中葉自容閎率領學童出洋留學後，中國學子沒有因朝廷迫令回國而停止出洋留學，[1]相反，自甲午戰敗、戊戌維新、庚子賠款及清政府宣告廢科舉的政令，鼓勵追逐個人仕途、成就家族寄托或以西學救亡等不同目的的中國學子先後出洋留學，數目不斷增加，出洋留學日漸普遍。[2]他們大部分吸納了西方的理性、科學及科技知識，也有學習當時的文學、科學、商學、社會科學及哲學思想等西方知識，這些「海歸」畢業生帶著不同的西方文化思想回國，實現他們各自的夢想。[3]然而，當中不少人帶著「科學救國」的民族主義情緒遠赴西方學習，受新奇知識吸引而膜拜科學，視之為萬能解藥，能救治落後中國的政治、社會、民族、智商、文化；畢業回國後，西方科學在他們眼中變成了「科學主義」。

新文化運動聚焦了這批出洋畢業生的共識，五四運動卻引發他們的分歧。自胡適引進白話文運動後，引入強調人的自我個性、思想解放、社會進化論等西方的科學文化以檢討、救治、甚或取代中國文化

1　清廷迫令學子回國原因，參石霓：〈中國留美幼童被中途撤回之原因分析〉，發表於《學海無涯：近代中國留學生國際學術研討會》(香港：香港歷史博物館，2003年)，頁1-14。

2　詳參王奇生：《中國留學生的歷史軌跡：1872-1949》(武漢：湖北教育出版社，1992年)。此著作是較有系統敘述自香港馬禮遜學堂的校長布朗博士帶領容閎等三位學生到海外升學為始，至一九四九年中國留學生出洋留學的各種記錄有條理地梳理，雖未見深入分析，卻是良好的導論。

3　Stacey Bieler的研究與王奇生相似，以容閎帶領學生到海外升學為起點書寫，以追尋現代化為主題臚列各學生留學美國的目的，由此吸納不同學科的知識，希冀成就自己或振興民族的夢想。詳參其著作*"Patriots" or "traitors"?: A history of American-educated Chinese students* (Oxfordshire England; New York: Routledge, 2015)，當中不乏以西方科學救國目的，頁270-284。

已成為學界共同和唱的高調，[4]激發不同學術訓練背景的知識份子對中國現代化產生了保守、溫和及激進等不同的方案，形成百家爭鳴的現象。發展不久，這批「海歸」學者也因為不同學術背景的訓練，[5]個人性格、對國情的不同理解，最終在五四運動後分道揚鑣，成了救亡與啟蒙的雙重變奏。[6]不過，無論從事救亡抑或啟蒙路線的知識份子，他們大多擁有共同點，就是擁抱西方文化，繼承英、法、德等歐陸及美國的理性、科學、進化的思想，但對同是來自西方文化傳統——宗教，並沒有多大好奇或好感。

只有少部份吸收了西方宗教知識的「海歸」畢業生，對孕育近代科學以前的西方歷史及文化有較基本的認識，他們大多在出洋留學前後皈依基督，擁有西方宗教的身分，畢業回國後從事與文化教育相關的行業，稍後在民國建立至二十年代出現的現代化議題而與宗教發生的論爭進行辯護，[7]將西方近現代二百多年來的科學與基督教爭論在中國重演，進行角力戰。[8]

---

4 西方科學甚至被應用在當時知識份子各種的文學作品裡，科學影響新詩的意象，數學概念被引入成文學創作的公式。詳參劉為民：〈五四文學革命中的科學觀念〉，《二十一世紀評論》總53期（1999年6月號），頁63-71。

5 高力克指出，不同學術背景訓練的知識份子在思想主張激進與保守程度有密切關係，參〈五四啟蒙的兩種模式——陳獨秀與杜亞泉〉，《二十一世紀評論》總113期（2009年6月號），頁18-28。

6 李澤厚提出，五四運動使救亡思想壓倒了啟蒙方案，見〈救亡與啟蒙的雙重變奏〉，《走向未來》創刊號（1986年），後載於李澤厚：《中國現代思想史論》（臺北：三民書局，1996年），頁3-46。

7 Xinping Zhou, “Western and Chinese Philosophical and Religious Thought in the Twentieth Century,” *Studies in Chinese Religion* 1:1(2015), pp. 94-95.

8 郭穎頤以吳稚暉、陳獨秀、胡適、三位科學家、科玄論戰參與者為例，指出在科學主義及社會主義在一九〇〇至一九五〇年中國的思想發展，被視一種信仰，當中也涉及宗教議題，參Denny W. Y. Kwok, *Scientism in Chinese Thought, 1920-1950*(New Haven: Yale University Press,1965), pp. 11-30。

## 三　民初基督教知識分子的初步回應

從民國初年開始，中國基督教知識分子已經從西方基督教揀選一些基督教與科學有正面關係的材料，特別是西方討論有關進化論和創造論的著作，通過他們的消化和引用，展示科學與基督教比較正面關係的信息：承認過去西方基督教會和神學家對宇宙狹窄的理解和解釋，曾壓迫科學家的創新理論及發現，犯了錯誤；指出近代科學的實踐和發明証明過去科學理論也是真理的一部分；肯定科學（特別是生物進化的科學）仍有開發未可見及不可知的空間；科學與宗教信仰並無衝突，因為不少科學家也有宗教信仰，他們沒有因為科研結果而放棄信仰。[9]

踏入以科學、民主、自由為口號的新思潮的（文化）運動初期，有關科學與基督教關係的討論未成氣候。新一代中國知青觀察到，推翻滿清並未為民族帶來富強；相反，國家處於落後，民智未開，離主權獨立、領土完整目標尚遠，「科學救國」之說逐漸得到普遍年青學子的擁護，他們「聞泰西科學家反對基督教之說，謂基督教乃古代迷信之遺跡，不合宇宙之正理」，「以為科學明於世，則基督教有不能存立之勢」。[10]在一遍打倒迷信的浪潮下，宗教成了被攻擊的對象，部分基督教知識份子以溫和及理性態度作出回應，主調是承認基督宗教與科學固然有衝突，卻不能彼此對立；近世自由思想家雖然預言基督教快將衰亡，預言卻沒有應驗，顯示基督教能經得起現代理性思辨的挑戰；不少著名科學家也信仰基督教，展現基督教也為訴諸理性態度的科學家信任；科學足為基督教之裨助，協助基督教說明信仰的理性基

9　詳參范禕：《道之桴》（上海：中華基督教青年會，1914年）。

10　參謝洪賚：《基督教與科學》（上海：基督教青年會全國協會書報社，1916年），頁1。

礎；基督教與科學在以求事實、求實證為共同的信仰基礎；神蹟並非違反物理定例；物理學中也多含神蹟；並提出「有神的進化論」。[11]以上列陳的概括性觀點，反映了基督教知識分子在面對追求科學和理性的社會思潮時，嘗試尋找基督教與科學理性的交接點，並展開初步的對話，給予社會知識分子和青年學子一個正面的印象：基督宗教與科學不是勢不兩立，可以共存，不會因科學的進步而被淘汰，其理性基礎能適應及超越社會之演變。

隨著新文化運動被一九一九年五四事件政治化後，青年學子反洋的民族情緒高漲，打著高舉科學、反對迷信的旗幟針對中國傳統宗教外，也針對來自西方的基督教；知識份子如陳獨秀對基督宗教態度的轉變是具代表性，選取來自西方的科學及思想，卻拋棄西方的宗教。[12]部分基督教青年知識分子因應時代需要，遂成立「北京証道團」，「運用新時代科學和哲學上的觀念，來澄清現今宗教上的誤解和疑惑，務求把基督的真理表明出來」，[13]並透過《生命》月刊、《真理》週刊及在基督教青年（協）會出版的叢書說明基督教是一個經歷長久進化、合乎理性、科學化的基督教。有基督教學者借用西方學者的學說，以西方社會及教會的演化源於創新及冒險精神、開放與保守力量的整合等理論指出，「今日的中國，是教會的良機，也是教會的危機」，「能應環境的宗教，方纔可謂有生活的機能」，「基督教能入各種境界而依舊生存繁盛，因為基督教裏面有真實的生活」；[14]並進一步說

11 謝洪賚：《基督教與科學》，頁1-105。

12 參楊劍龍：《「五四」新文化運動與基督教文化思潮》（上海：上海人民出版社，2012年），頁111-131。

13 "Christian Renaissance in China——Statement of Aims of the Peking Apologetic Group," *Chinese Recorder* 51:9(Sept 1920):636.

14 趙紫宸：〈宗教與境變〉，《青年進步》第30冊（1920年2月），頁30-43。後載於《趙紫宸文集》（北京：商務印書館，2007年），第3卷，頁17。

明，基督宗教能夠隨時代變遷而進化，適應不同的環境，「基督教不要適應新環境則已，若要適應新境，便離不開理性」。[15]這觀點意味著一個理性的基督宗教能在西方歷史演進中適應及配合科學、思想、文化、社會、政治、經濟等層面的發展，同樣，中國新舊文化及社會急劇轉變的需要，理性科學的追求，對基督宗教也有革新及鞭策的作用，「每逢科學發明一理，若和宗教有些齟齬，總要有一番的衝突。幸而科學有確實的證據，實在的作為，使人不能不隨順他的訓令，也使宗教不能不發生反復的思考和正當的覺悟。在思想史、宗教史上、科學哲學都是促進宗教革新的莫大勢力」，[16]使宗教對社會作出貢獻。

有基督教學者提倡引入西方聖經考據學作為中國知識分子了解及研究聖經的基礎，[17]也有基督教知識分子觀察到年青知識分子及學子對聖經的藐視是來自種種誤會，例如把聖經與教會已不合時宜的組織制度、儀文禮式混在一起討論，又常把聖經和不符理性及邏輯的經解混雜不分，學子更一窩蜂跟從某些時尚學風批判聖經，卻未對聖經有基本的閱讀和分析，便斷言聖經不合時宜和破產。[18]另一方面，有學者觀察到，「反對（基督教）者不能分別：歷史與神學；科學與宗教；信仰與信條；基督教和基督徒；主要和次要，這條和那條」，並提出「真正的科學，一定明白宗教與科學是互助的，不是對抗的」。[19]也有基督教學者鼓勵中國年青學子以公開豁達的態度，用科學化的歷

15 趙紫宸：〈新境對於基督教的祈嚮〉，《生命》第1卷第4期（1920年11月），頁1-16。後載於《趙紫宸文集》（北京：商務印書館，2007年），第3卷，頁47。

16 趙紫宸：〈促進宗教革新的勢力〉，《青年進步》第31冊（1920年3月）。後載於《趙紫宸文集》（北京：商務印書館，2007年），第3卷，頁28。

17 參司徒雷登講、胡學誠譯：〈基督教的唯一訴求〉，《生命》第1卷第2冊（1920年9月），頁2。

18 趙紫宸：〈聖經在近世文化中的地位〉，《生命》第1卷6冊（1921年1月），頁21。

19 沈青來：〈對於反對基督教者的感想〉，《青年進步》第41冊（1921年3月），頁6、7。

史方法研究及批判《聖經》；[20]更也有基督教學者指出，西方的「聖經學者持公開的態度，用科學的方法，……把（聖經）歷史的事跡，宗教的經驗，哲學的界定，時代的性質，文字的組織，體格的變更，神話的元素，一一分別說明，……因此得了一個經學界的同意。這個經學界理性上的同意，與哲學界科學界學說的同意，有同樣的性質；為了有同樣的性質，所以有同樣的權威」。[21]這些基督教學者相信，有了這種科學化和西方理性的聖經學者的權威研究，中國年青學子便能客觀和理性地認識基督教。以上基督教知識分子的種種努力，旨在向中國知識分子和年青學子說明基督教是「進化和理性」的宗教，[22]好讓基督教能立足於現代中國的理性及科學文明。

中國年青學子參與「少年中國學會」舉辦有關的宗教與科學關係的講座，[23]西方各哲學家來華的講座，[24]科學與玄學的論戰，[25]並經政黨的煽動後，反洋的民眾情緒非常高漲，高舉科學、反對迷信的口號針對中國傳統宗教，對來自帝國主義的西方基督宗教也十分反感，因而出現非基督教運動（1922-1927），影響遍及全國的沿海城市。[26]有

20 羅運炎：〈新思潮和基督教〉，《生命》第2卷第1冊（1921年6月），頁3。

21 趙紫宸：〈聖經在近世文化中的地位〉，《生命》第1卷第6冊（1921年1月），頁4-5。

22 簡又文：〈甚麼是基督教？〉，《生命》第2卷第2冊（1921年9月），頁6。

23 詳參陸志韋：〈科學與宗教〉，《少年中國》第2卷第11期（1921年5月），頁9-11；李潤章：〈宗教與科學〉，《少年中國》第3卷第1期（1921年8月），頁55-58；周太玄，〈宗教與進化原理〉，《少年中國》第3卷第1期（1921年8月），頁58-63；李思純：〈信仰與宗教〉，《少年中國》第3卷第1期（1921年8月），頁63-66；余家菊：〈基督教與感情生活〉，《少年中國》第3卷第11期（1922年6月），頁1-14。

24 詳參姚興富：〈杜威、羅素宗教觀在「五四」時期的影響〉，《世界宗教研究》2011年第1期，頁1-6。

25 詳參汪孟鄒編：《科學與人生觀論戰》（初版，上海，1923年；再版，香港中文大學，1973年）。評論此論戰可參葉其忠：〈1923年「科玄論戰」：評價之評價〉，《中央研究院近代史研究所集刊》第26期（1996年），頁181-234。

26 有關反對基督教的各種言論，可參考聶文匯編：〈非基督教文字索引〉，《中華基督教

基督教學者觀察一九二〇年代的非基督教運動，可以分為宗教討論時期（1920-1921）、非宗教時期（1922）、非基督教時期（1924）的階段發展。[27]

## 四　基督教學者的回應

簡又文編的《新宗教觀》（1922）正是針對時代的需要而出版，當時青年學子理解「宗教不過是迷信，宗教是一成不變的東西，……宗教與進化和社會主義絕不相容」，簡氏編輯此著作，旨在「將一種比較上較為適符事實和合乎近代學理之新的觀念，介紹出來，以供研究。所謂新的宗教觀觀念，就是以宗教為人類生活裏一種經驗，常呈救助生命的功用，而與科學，哲學，社會主義等，各有範疇並行不悖，而於基督教則更能加以進化的歷史的眼光之觀察」。[28]

簡又文編譯的三卷《宗教與科學》於同年較後出版，正是適值非基督教運動爆發後不久，他在引言指出，一些對科學與宗教一知半解之士，「動輒以『科學與宗教廢』，或『科學與宗教不兩立』等語，為『非宗教』的大前題」；另一方面，「信教者對於宗教亦多無近代科學的智識以為基礎，亦鮮有明白科學與宗教本身之真相，乃對於一切以異於古老傳說及一向宗奉的信仰之新學說懷疑之，攻擊之，從未能反躬自審，看古老的信仰果有悖於新學術否，然後自行滌濾和改造宗教的內容外表，以適應於新環境在智識上，倫理上，精神上的新要求。由此觀之，則後者是『盲信』，而前者卻是『盲非』；今日吾國科學與

會年鑑》第8期（1925年），頁142-176；〈非基督教文字索引續編〉，《中華基督教會年鑑》第9期（1927年），頁98-118。張亦鏡編：《批評非基督教言論彙刊全編》（上海：美華浸會出版社，1927年）。

27 李榮芳：〈非基督教運動〉，《真理週刊》第2年第45期（1925.2.1），版1-3。

28 簡又文編：《新宗教觀》（上海：中華基督教青年會，1922年），頁叁，肆。

宗教之戰是『盲戰』耳」。[29]簡氏編譯此書，目的是要「重新研究宗教與科學彼此的宗旨和本性，掃除彼此相見攜手的障礙，而後定其各自的範圍和互生的關係，使兩者各呈其特殊的功用，以服務於共同的主人翁——是即個人和社會的生命」。[30]簡氏強調，選譯的文章「是最近代出品中之特佳者，其所陳出之答案者都與近代科學哲學社會學心理學等學術思潮符合，最能令人滿意」。不過，簡氏也勸導讀者，「萬不可就謬然盲從以其（該書）為其絕頂終極真理」，應「能參考他項書籍，觀察古今事實，自做一番登堂入室的工夫，直接向宇宙裏的真體及人生裏的經驗討資料，思之索之，在與他人及本書，再以他人及本書所說的為參考為導線，復一一親自試驗其功效，然後自下假定的結論，此方不是盲從盲信，而為自己所得所有的結論」。[31]簡氏編譯的《宗教與科學》，內容分開宗教與科學協作、進化的宗教、宗教與科學之關繫三個範疇進行論述，是利用西方的學術研究正面回應國內因宗教與科學衝突而產生充滿盲目的民族情緒、盲從附和的社會運動，也提醒信仰基督宗教的人不應將信仰變成迷信。

為《宗教與科學》寫〈序言〉的陸志韋表達他對科學與宗教關係的觀點，他指出，「科學和宗教的對象是無所不同的」，物質世界的現象都是科學家來和宗教家的研究對象，「因此不免產生誤會，科學罵宗教是迷信，是依賴性，是思想的蟊賊。宗教笑科學是木偶，是機械發狂，是捨本逐末」;「科學和宗教的態度是絕對不同的」，「一是信仰的，神祕的，一是分析的，唯識的」。陸氏認為科學和宗教是不可能有「政治式」的調和，「宗教讓一步，科學也讓一步，不算是文明的

29 簡又文編譯：《宗教與科學》（基督教認識叢書第六種）（上海：青年協會書報部，1922年），第3卷，頁肆。

30 簡又文編譯：《宗教與科學》（基督教認識叢書第六種），第3卷，頁肆，伍。

31 簡又文編譯：《宗教與科學》（基督教認識叢書第六種），第3卷，頁捌，玖。

待遇」，「兩種的態度決不能同時在同一身上發生。現在有人在禮拜堂講相對論，為了提倡科學的宗教；又有人在生物試驗室內顯上帝創造萬物的奇妙，還敢說是宗教的科學。究竟一方面把精神毀傷，一方面把論理割絕，因為強不能以為能的緣故」。[32]

部分基督教學者不單藉年青學子熱切追求進步（化）、理性和科學的社會思潮來回應基督教外部的挑戰，更盼望利用這種社會思潮能對教會進行內部革新，為輸入中土的西方基督教傳統神學思想賦予適切時代的新詮釋。劉廷芳稱，他願意運用科學性和歷史性的研究方法，「指出昔日基督教的前輩曾相信一些怪謬的理論和幻想，當中不少是他們自我的創作和過於瑣碎的分析；我們也願意承認曾缺乏勇氣去糾正或改變他們」。[33]趙紫宸盼望新思潮的科學及批判精神能應用到社會和教會的改革裡去，發揮它應有的精神，他指出，「這種精神，這種態度，對於一切現存的制度必然有所攻訐排黜，把一切不合理、不公平的社會的裝飾品揭除，使內包的腐敗罪惡完全彰露出來」；[34]教會的情況與社會也差不多，趙氏指出，「教會的領袖，也有許多如此的。他們說，照新思潮的法子批判基督教，那麼基督教要破產了。……他們說依了科學的理論，道德的準則，這公會那公會的特色就要打破了。……他們專要保守一種格式，不要發揚一種生活和權能，道德和覺悟，把死東西當做活寶貝，不能理解的教義代替活潑的信條，不成問題的舊神學看做宗教的元素，所以要說他們在舊社會裏

32 陸志韋博士是在芝加哥大學研究心理學，在當時任國立東南大學心理學主任教授。同上，頁拾壹至拾肆。

33 Timothy T Lew, (劉廷芳). "China's Renaissance--the Christian Opportunity," *Chinese Recorder* 52(May, 1921):319-320.

34 趙紫宸：〈新境對於基督教的祈嚮〉，《生命》第1卷第4期（1920年11月），頁1-16。載於《趙紫宸文集》（北京：商務印書館，2007年），第3卷，頁52。

倒能宣道，在新學界裏，倒要箝口結舌，一籌莫展了」。[35]趙氏強調，「基督教若然實在含蘊合理的生活，那麼不但應當使人從一切罪惡，一切不合理的制度思想中解放出來，而且還要使人不再入於罪惡和不合理的制度思想而受其束縛」；[36]他建議，教會種種的教義和傳統的實踐應當進行理性或科學化的解釋，例如：「若說人必須要水裏浸過一次或三次，然後方能得救，你就應當解釋為什麼必須如此而後可以蒙恩的。若說一個公會的教友不能和那個公會的教友共赴聖餐的，你就應當講明白為什麼必須如此而後可為耶穌的門徒。你說《聖經》上一字一字是如此指明的，那麼《聖經》為什麼這樣講，我們為什麼必要一字一字的依從，你也不能不講清楚。若說衹有威權，沒有理解，那麼我們大家分手罷？你去跟從威權，別人卻要要求理解的。……若說人必須如此方才可以有宗教，你就當一件一件的在『為什麼』三個字上做完備的答覆」。[37]張錫三描繪了一九二〇年代前半葉的各種運動及主義挑戰教會的現象，「恐怕教友也跟著這些社會的人亂跑，也要推翻教會的專制；也要改革教會的信條；也要完全改革教會的組織；教友要興起來干涉宣教士，……教會自身起了一種恐懼」。[38]更有基督教徒要求教會作出具體的內部改革，並「徹底研究聖經，應該用科學方法來解釋」。[39]這正說明了社會上的科學和理性的思潮運動正蔓延到教會裡去，並造成教會的恐慌，特別是負責牧養的神職人員，恐怕教會裡出現前所未見的變革。

---

35 趙紫宸：〈新境對於基督教的祈嚮〉，《生命》第1卷第4期（1920年11月），頁1-16。載於《趙紫宸文集》，第3卷，頁53。

36 趙紫宸：〈新境對於基督教的祈嚮〉，頁47。

37 趙紫宸：〈新境對於基督教的祈嚮〉，頁47。

38 張錫三：〈基督教與新世代社會運動〉，《生命》第4卷第9-10冊（1924年6月），頁92。

39 金震興：〈徵求意見的回答——其十六〉，《真理週刊》第3年第14期（1925.7.5），版4。

有中國基督教學者指出，青年學子應該用科學精神檢查對基督教的批評是否合理，不應盲從附和任何潮流，要懂得分辨；同時也指出，基督徒對各種外界批評應採取包容、理性、和平及接納的態度；[40]也有中國基督教知識分子呼籲，教會裡的平信徒要有科學化的信仰，[41]更有中國基督教知識分子面對以理性和科學為旗幟的非基督教運動時，強調以根據事實、破除成見、觀察全體的科學精神，指出非宗教大同盟對基督教的指控也是不合科學和理性精神的；同時也指出，宗教在歷史上束縛人的思想的進步，教會曾迫害創新學說的人，但並不等於宗教本身與科學是相反的；更指出信徒過於熱心，干涉其他範圍以外的主義。[42]

## 五　對非基督教運動的回應

有針對非基督教運動的學子高唱「科學是萬能的，凡宇宙間所有的問題，科學都能以解決」，「科學昌明，宗教就要快破產」論調的中國基督教知識分子，將宗教和科學作一個客觀和理性的比較，說明它們的分別，他指出，「科學是客觀的，物質的，有形的，有限的；宗教則為主觀的，精神的，無形的，無限的。兩下裏是絕不相應，也實在沒有相提並論的必要；那麼各走各的途徑，還能發生什麼衝突呢？不過是他們兩個的目的，乃是要達到同一的地方；一個是要應用發明的結果，以求人生的勝利；一個是要精神向上擴充，以求靈性上的健

40 劉廷芳講，劉昉記：〈我們當作什麼？〉，《生命》第3卷第9冊（1923年5月），頁1-6。

41 許地山講，劉昉記：〈我們要什麼樣的宗教？（一）〉，《生命》第3卷第9冊（1923年5月），頁1-4。趙紫宸講，徐曼華筆錄：〈我們要什麼樣的宗教？〉，《生命》第3卷第9冊（1923年5月），頁1-2。

42 胡學誠：〈為非宗教大同盟進一解〉，《生命》第3卷第3期（1922年11月），頁6，8。

全。總的來說：都是要解決不滿的人生，到一個安全的地步」，「這樣說來，宗教與科學既是同以達到人生圓滿為目的，那麼就應當分途進行，互相聲援；然而現在又為什麼要劃井分疆，堅壁高壘；彼此對峙起來」？[43]所以，「應當嚴格分析的，不是宗教與科學，乃是真理與非理的信仰。宗教固然有賴於信仰，其實科學又何嘗不是有賴於信仰呢？例如科學對於宇宙間的吸力，是充分信仰的；並信仰吸力在宇宙的某處，為普遍的活動；其實此種信仰，並不能得充分的証明，也不能得有切實的觀察、所以僅可說是一種信仰就是了。此外宗教有時因為受了某一時代的限制，所以免不了他信仰上的固執」；「現在的人說以前人的信仰為固執，為迷信；其實現在的人又焉能管保將來的人不說現在的人為固執為迷信呢」？再者，科學也有其限制，「科學所能解釋的問題，只能施用於眼前的實事實物，並不能使人得有宇宙人生的完全知識」，就連「著名的科學家，既對於宇宙的事物，興這樣的浩嘆；足証科學領域，是有限的，萬不能迷信它是萬能的」。[44]「總的來說：科學是增進人類物質幸福的利器；宗教是滿足人類精神生活愉快的特能；這兩樣一樣也少不得，一樣也是偏不得。再就知識方面說：宗教也是有賴於科學，因為沒有科學，則凡宗教所講說的，即不能著於邊際，也就是不能於現在世界中置堅固的基礎。科學若無宗教則不能辨別宇宙人生的目的意義，不明白人生的神聖權，一味唯物，終至於世界枯澀，毫無意趣」，所以，「宗教與科學，相攻是自殺，攜手是兩全的」；不過，這位中國基督教知識分子的總結說：「說一句公道話：凡是真理必超越科學，不是違反科學。法國也有個名人說：『膚淺的科學，能使人離開宗教；高深的科學，則又能使人復歸於宗

---

43 羅運炎：〈基督教與科學〉，《基督教與新中國》（上海：美以美全國書報部，1923年），頁1-3。

44 羅運炎：〈基督教與科學〉，頁4-6。

教』」。[45]基督教知識分子似乎在說明，宗教與科學各自有其限制，不能迷信其能力；對於成就人生之圓滿是共同追求的目的，甚至有捨短取長的合作空間；宗教比科學更具永恆價值。

也有中國基督教知識分子在科學與玄學論戰後，雖然認為「凡科學上已經証明的事實，決不是宗教家者與玄學家幾句空話所能推翻的」，但也指出，「科學只管進步，宗教依然有存在的價值」，因為「科學家不應在得到充分証據以前，無端闖入不可知的境界中，武斷推翻宗教的信仰」；況且，「宗教的目的是教人為善，並沒有預備將一切科學原理都包括在教條內」，兩者的目的是截然不同，「科學的目的在擴充知識，宗教的功能在慰寂情感，「宗教與科學應當相輔而行，不該互相攻擊」，[46]兩者都是為人類服務的。樂靈生也指出，宗教和科學各有範疇、各有限制，也有相近的地方，需要互補。[47]陳立廷也指出，「宗教與科學是決不能避免衝突的。二者都各在不同的範圍內運用權能，自然至終的結果不能強求其同，不要說廣泛不同的科學與宗教兩界，就是在科學本身的範圍裏邊許許多多的相反的景象也不是不常發見的」；[48]他補充說，「科學是關連乎由觀察所得的普通狀況，用以統治物質界的現象的；而宗教是運用於道德上和審美上價值的思考方面的」，呼籲人們「容納各個歧異的見解」。[49]梅貽寶強調宗教對人生產生科學性的功能，它能把人生中雜亂的經驗綜合起來，作出一個合理的解釋，繼而產生較為完整的價值觀。這樣，宗教不但能夠答覆

45 羅運炎：〈基督教與科學〉，頁8-9

46 朱經農：〈科學與宗教〉，《文社月刊》第1卷第11-12冊（1926年10月），頁5、19、20。

47 樂靈生講，彭樹仁譯述：〈關於宗教與科學的思想的第一步〉，《生命》第4卷第9-10冊（1924年6月），頁55-61。

48 陳立廷：〈宗教與科學〉，《青年進步》第115冊（1928年5月），頁35。

49 陳立廷：〈宗教與科學〉，頁36，37。

很多理智上的疑問，而且建立個人、人類和宇宙間的關係。[50]

有基督教知識分子延續餘音，強調基督教是進化、生機不斷、常變化及改造的宗教。[51]也有基督教學者繼續鼓吹應用西方聖經考據學研究聖經，並以創世紀為例展示一種對聖經的科學化研究方法。[52]也有基督教學者指出，西方的聖經考據學「給予基督徒一個科學方法去研究聖經；舊研究聖經的方法，（過去）是凡聖經上所記的一筆一劃，都是神聖不可侵犯的，不可更改的，不論上邊的話與科學相反與否，不管他合乎常理否，一直的信而已。但是一受了新運動的影響，也就想起研究，批評性的內容，以科學的眼光去看舊約和新約，就知內中不全都是救人的要道：有的是神話，有的是故事或遺傳；有的是文學或歷史，內中也免不了有迷信的地方，然而聖經中的裏面，是有救人的道理，不是字字皆是救人之道就得了。有了這科學的方法來研究聖經，就破除很多疑惑及迷信」，[53]使教會裏年青基督徒對聖經有進步的看法。李榮芳介紹西方舊約聖經考據學的基本方法，辨別什麼是敘述、神話及啟示，[54]也引入西方聖經考據學如五源說、六經說等理論闡釋舊約聖經各卷的主題、結構和信息。[55]有基督教學者不單將西方聖經考據學用於研究舊約聖經，也用於研究新約聖經的耶穌。針對

---

50 梅貽寶：〈宗教的實質〉，《真理與生命》第6卷第7期（1932年5月），頁4-5。

51 太簡：〈基督教的特優點〉，《真理週刊》第2年第10期（1924.6.1），版1-2。雁心：〈基督教是進步的宗教嗎？〉，《文社月刊》第3卷第6冊（1928年4月），頁8-15。她根據芝加哥大學克士教授（Cases, S. J）"The Developmental Nature of Christianity"一文從歷史和思潮角度說明基督教是進步的。

52 如悲：〈創世紀前十一章底研究〉，《生命》第4卷第9-10冊（1924年6月），頁62-78。

53 張錫三：〈基督教與新世代社會運動〉，《生命》第4卷第9-10冊（1924年6月），頁94。

54 李榮芳：〈如可研究聖經〉，《真理與生命》第1卷第11期（1926年11月），頁309-310。

55 李榮芳：〈舊約導論〉，《生命》第5卷第1冊（1926?年），頁12-25。李榮芳一直刊載在《生命》月刊至第6卷第6期（1926年3月），並與《真理》週報合併後，繼續在《真理與生命》刊行完畢為止。

當時青年知識分子和學子對耶穌的誤解，簡又文透過聖經考據學作出澄清，[56]更有基督教知識分子引介西方考據學的並排閱讀、符類福音及彼此間異同比對的科學方法，研究新約四福音書。[57]寶廣林更引入西方學術專著，從研究角度引介及探討「歷史的耶穌」課題。[58]

## 六　分析

以上敘述了中國知識分子利用西方進化、理性的科學精神對基督教的攻擊，也陳述了中國基督教知識分子同樣利用以上的科學精神不單對中國知識分子和青年學子作出回應，同時也說明他們也利用科學精神改革社會和教會的訴求。然而，教會內的先進份子對中國知識分子的回應也有一定程度的差異，這視乎他們所屬的宗派、教會的教導和自己的（學術）訓練背景、刊載他們著作（文章）的出版社或雜誌的宗派／神學立場取向所決定。一批基督徒知識分子在《真光》雜誌出版的文章，是以傳統信仰立場回應社會的科學化和理性運動的訴求。陳文藻介紹阿巴甸大學 J Arthur. Thomson 之觀點，指出「自然之上，確有一種更偉大的力或智慧，指揮管理著，而愈信上帝的存在了」。[59]

56 簡又文：〈耶穌是私生子嗎？〉，《真理週刊》第2年第40期（1924.12.18），版1-2。簡氏作此文的原因是有許多人信此為真，需要透過聖經考據學作出澄清。並繼續在《真理週刊》第2年第41期（1925.1.4），版1-2及《真理週刊》第2年第10期（1925.1.11），版1-3討論此問題。簡又文：〈耶穌是復活了嗎？〉，《真理週刊》第3年第3期（1925.4.12），版1-4。此題目繼續在《真理週刊》第3年第4期（1925.4.26），版1-2；第3年第5期（1925.5.3），版1-2；第3年第6期（1925.5. 10），版1-2；第3年第7期（1925.5.17），版1-2繼續討論。

57 洪煨蓮：〈介紹一種讀四福音的方法〉，《真理與生命》第1卷第11期（1926年11月），頁303-308。

58 寶廣林：《耶穌的研究》（上海：中華基督教文社，1928年）。

59 陳文藻：〈一位科學家的上帝觀〉，《真光》第24卷第11、12合號（1926年2月），頁47。

北大二年級學生張仲山反對用科學方法研究宗教，指出這只會導致兩者產生衝突，認為兩者的探索方法不同，建議應該利用柏格森（H. Bergson）等哲學家的進路來探討宗教的問題。[60]徐紹華申述聖經的傳統觀念和引述西方的著作指出，聖經內的敘述是合乎及超乎科學的標準，[61]他指出，「一個最普遍的理由把聖經的正確意義失去，乃是在於忽略歷史上和文法上的解釋。聖經應該按其所寫時代的眼光，地點和情形，當作歷史的讀法，聖經中所有文字和句讀應該引用最完全文法上和編纂辭彙的知識的原理。聖經中的文法，字彙等等，乃我們讀聖經的需要工具，然而不幸很少的人用這樣儒雅的工作，所以結果各人的眼光不同，遂生衝突，就以為是聖經的教訓。這種解說使我們在這時候注意，就是以聖經在今日科學中佔無上的權力。此乃與聖經的目的相矛盾，因為聖經乃是為宗教而作，不是為科學而作」；[62]徐氏引述一些經文指出，「聖經的目的乃是啟示我們對神和人的本分；若以聖經當做科學無上的威權，乃大錯特錯。著作聖經的人乃專門於屬靈方面不專門於科學方面」。[63]不過，徐氏指出，「聖經中的科學是在該時代所寫的，然而仍然能合二十世紀的科學眼光。就是說『日之東升西墜』就是現今二十世紀的學者，或者就是科學家，也是這樣說法」；「至於讀聖經之法，亦不同，有的字句當看作文字讀，有的當看作比喻讀；『東升西墜』只可以看做一種習慣的說法而已」；徐氏總結說，「不要因為有的人以為聖經與科學相衝突，就說聖經無價值。聖經裏頭有科學，聖經是諸科學的源頭，但是我們讀聖經不是讀裏頭的科

---

60 張仲山：〈現代一般人在研究宗教之方法的批評〉，《真光》第25卷第11號（1926年11月），頁1-10。

61 參徐紹華：〈聖經之科學的信仰〉，《真光》第26卷第7、8、9合號（1927年10月），頁1-15。

62 徐紹華：〈聖經與科學〉，《真光》第26卷第10號（1927年11月），頁14。

63 徐紹華：〈聖經與科學〉，《真光》第26卷第10號（1927年11月），頁15。

學，乃是研究其中的真理」，「聖經使人知道神，科學使人知道物質，二者各有其領域，並沒有衝突；不但沒有衝突，而科學反助聖經，反証明聖經中的創化論是實在的」，科學提出的研究成果正合聖經預言和敘述。[64]

在討論基督教與某種科學的關係時，特別是進化論和基督教的創造論，不同的基督教知識份子採取不同的進路，有的從科學角度以調和宗教和科學的衝突，有的則從宗教信仰立場出發，說明進化論的限制。前者有鄒秉彝的〈進化論與基督教〉，[65]後者有徐紹華的〈聖經與科學〉，徐氏指出，「現在大多數的宗教家，大多數的神學家，也許大多數的基督徒，一方面相信進化論，一方面又相信創化論（神），就去把這二種不相合的道理，調和起來。由這種的調和就名之『有神進化論』。他們以為進化論乃是一種普通宇宙的程序，是神在其中運行管理，以為神能創造天地萬物，何以不能把一個極微少的下等的單細胞動物變成高等動物？他們並且把神直接居間動作來解釋進化家所不能解釋的，這種主張有神進化論的人，明明是自欺欺人」。[66]徐氏強調，「我們基督教的聖經是數千年來就有，直至現在，許多基督徒因為進化學說出來，是與聖經相反對，由是就想法子與他調和，唉！何必！調和就是降格」。[67]他補充，「進化論最大的証據，不過是胚胎

64 參徐紹華：〈聖經與科學〉，《真光》第26卷第10號（1927年11月），頁17-20。他繼續寫〈聖經與科學（二）〉，《真光》第27卷第5號（1928年5月），頁20-26；〈聖經與科學（三）〉，《真光》第廿七卷七號（1928.7.15），頁18-25；〈聖經與科學（四）〉，《真光》第27卷第8號（1928.8.15），頁39-48以說明之。另參徐紹華：〈神蹟之科學的信仰〉，《文社月刊》第2卷第5冊（1927年3月），頁53-59。徐氏的觀點是以傳統或教義的角度出發，說明聖經內的神蹟是合乎科學。

65 參鄒秉彝：〈進化論與基督教（續）〉，《文社月刊》第2卷第2冊（1926年12月），頁9-16；鄒秉彝：〈進化論與基督教（第三章）〉，《文社月刊》第2卷第4冊（1927年2月），頁12-29。

66 徐紹華：〈聖經與科學〉，《真光》第26卷第10號（1927年11月），頁19。

67 徐紹華：〈聖經與科學〉，頁19。

學，化石學，分類學，解剖學等等。這幾件卻不能作進化論的証據，因為這幾件都是靠不住的」，「進化論既然不成事實，就不是真理；既然不是真理，那麼聖經就是真理了，因為聖經中明明記載神重新世界，並於六日間創造萬物和人類，我們現在對於萬物的原始既然沒有良好的解釋，為什麼丟棄我們原有的信仰來與進化論調和？這豈不是把我們的聖經的真理降低了麼」？[68]唐馬太也指出，「基督教和科學在牠（科學）本身上完全是不容混合的」，但可彼此攜手；[69]汪嶼和金陵大學生魏光熹也有類似的論調，他以舊約聖經創世紀的創造論為中心，說明進化論的限制；[70]周瑞甫更指出，宗教是能夠補足科學的限制，[71]倪柝聲也有類似的論調。[72]

## 七　總結

中國基督教知識份子面對各種科學方法研究基督教的挑戰，也引入西方各種不同的科學方法研究基督教的各種現象。冶我主張引用 Max Muller, Kellogg 等之研究法，不能單靠科學對宗教的定義和解釋。[73]

---

68 徐紹華：〈聖經與科學〉，《真光》第26卷第10號（1927年11月），頁20。

69 唐馬太：〈基督教與科學〉，《真光》第30卷第9號（1931年9月），頁3。

70 參汪嶼：〈基督教是違反科學阻礙社會進化嗎？〉，《真光》第30卷第6號（1931年6月），頁1-5。魏光熹：〈進化論與創造論的新解〉，《真光》第27卷第7號（1928.7.15），頁10-18。魏氏繼續寫〈進化論與創造論的新解（二）〉，《真光》第27卷第8號（1928.8.15），頁24-29；〈進化論與創造論的新解（三）〉，《真光》第27卷第9號（1928.9.15），頁36-40；〈進化論與創造論的新解（四）〉，《真光》第27卷第10號（1928.9.15），頁24-31（指出進化論缺乏進化連繫的完整環節，頁30）；進化論與創造論的新解（十一）〉，《真光》第28卷第9號（1929年9月），頁35-42。

71 參周瑞甫：〈宗教是調劑科學的要素〉，《真光》第30卷第9號（1931年9月），頁71-72。

72 倪柝聲：〈創世紀與地質學〉，《真光》第25卷第7、8號（1926年9月），頁35-44。

73 冶我：〈研究宗教所應注意比較的幾個定義〉，《真光》第30卷第10號（1931年10月），頁6。

劉強提出，可以引入社會科學的理論探討基督教的種種現象，並進行科學化的解釋。[74]胡世增及陳文淵建議，以心理學角度對基督教某些活動和現象進行研究；[75]劉廷芳以西方教育學角度說明宗教教育的課程是以人為本——依據人成長進程各階段（科學化）而制定的，並說明大學宗教學的任務。[76]涂羽卿探討基督教與新物理學的關係，並論述宗教與科學並無衝突，應當攜手。[77]

進入抗戰時期，中國基督教知識分子探討基督教和科學的關係開始式微，著作也少了。不過，經歷二十年代各種科學與理性的社會運動後，中國基督教知識分子有關這方面的著作大都遵從以理性和科學化角度說明基督教的精神，特別是基督教對當時代的意義，例如：趙紫宸的《神學四講》、吳耀宗的《沒有人看見過上帝》、謝扶雅的《基督教現代思想》。[78]直到共產黨取得中國政權後，基督教需要面對唯物主義思想的政權，她需要通過是否迷信或合乎科學的標準，這個問題

74 劉強：〈從社會科學上觀察基督教〉，《真理與生命》第4卷第20期（1930年7月），頁14-21。

75 胡世增：〈奮興會之心理的研究〉，《真理與生命》第7卷第3期（1931年12月），頁18?-24。胡世增：〈宗教的病理現象與心理治療〉，《真理與生命》第7卷第6期（1933年4月），頁31-40??。另參劉廷芳、楊蔭瀏譯：〈心理學對於宗教影響的一瞥〉，《真理與生命》第8卷第3期（1934年5月），頁118-130。陳文淵：《基督教與新心理學》（非常時叢書第3類第9類）（上海：青年協會書局，193?年）。

76 劉廷芳：〈製造宗教教育課程的原則〉，《真理與生命》第8卷第2期（1934年4月），頁91-98。劉氏繼續寫〈製造宗教教育課程的原則（續）〉，《真理與生命》第8卷第4期（1934年6月），頁202-205；〈製造宗教教育課程的原則（續）〉，《真理與生命》第8卷第5期（1934年10月），頁264-267以說明之。另參劉廷芳：〈一個大學的宗教學院的任務與標準〉，《真理與生命》第8卷第7期（1934年12月），頁330-338。

77 涂羽卿：《基督教與新物理學》（非常時期叢書）（上海：青年協會書局，1939年）。

78 謝扶雅：《基督教現代思想》（青年叢書第2集第17種）（上海：青年協會書局，1941年）。吳耀宗：《沒有人看見過上帝》（上海：青年協會書局，1943，1948年）（5版）；（建議用理性以外的途徑追尋上帝，特別是理性與信仰的一段），頁111-112。趙紫宸：《神學四講》（青年叢書第2集第36種）（上海：青年協會書局，1948年）。

又再被提出來。[79]

從以上列舉的例子，我們發現中國基督教知識分子對基督教與科學關係的討論可以分成幾個類別，有「各自獨立」(independence) 的關係，也有互相「對話」(dialogue) 的關係，由此而延伸出如「互相豐富」(mutual enrichment)、「互相啟蒙」(mutual illumination)、「互相攝取」(assimilation) 的關係，主張彼此是「衝突」(conflict) 及「結合」(integration) 的關係是稀少的，(縱然不同的人對「衝突」有不同的理解和詮釋，主張兩者是衝突的關係只是在某些方面，而不是對立的關係)。然而，歸類為「對話」(dialogue) 的關係類別，就要視乎對話的開放及深入程度和目的而定；部分中國的基督教知識分子採取「對話」模式，除了要達到各自獨立、非對立、保持尊重及攝取對方優越之處的基本目的外，最終是要說明宗教比科學更「超越」，突顯科學的限制，特別在可見的宇宙及物理規律的背後不可見的上帝，人性、宗教性及道德等議題。[80]

79 參江文漢：〈基督教是否反科學？〉，《基督教與馬列主義》(宗教與生活叢書)，(上海：青年協會書局，1950年)，頁54-61。

80 詳參Ian G. Barbour, *When Science meets Religion* (New York: HarperCollins Publishers Inc., 2000), pp. 7-38及John F. Haught, *Science and Religion: From Conflict to Conversation* (New York: Paulist Press, 1995), pp.9-26的分類。

# 第十章
# 導夫先路・潤物無聲：一戰後基督教會關懷中國和香港初探

劉義章

香港中文大學文學士，美國加州大學聖塔芭芭拉分校哲學碩士及哲學博士，
曾任香港中文大學歷史系副教授及建道神學院基督教與中國文化研究中心學術總監

黃子峰

香港中文大學一級榮譽文學士、香港大學教育碩士、美國哈佛大學教育研究院學校管理及領導證書。現任東華三院教育科高級教育服務主任（策劃及發展）、香港聖公會教育歷史文獻計劃研究員

## 一　前言

自一九一五年迄一九四一年，世界先後經歷了第一次世界大戰（1914-1918）、日本侵華（一九三七年七月七日「盧溝橋事變」）、第二次世界大戰爆發（一九三九年九月一日德國入侵波蘭）以及太平洋戰爭爆發（一九四一年十二月八日日本偷襲美國珍珠港）。香港社會隨著時局變化而發展；其間教會亦發生相應的變化。本文擬從一個機構——香港中華基督教青年會和一份雜誌——*The Outpost*（《先導》）探討基督教會在一戰後對中國和香港社會的關懷和所作的貢獻。

## 二　香港中華基督教青年會對香港和中國的關懷

香港中華基督教青年會自一九〇一年成立以來，致力於為青年人提供「德、智、體、群」四育以培養其「基督化人格」，從而激發其愛人、愛社會、愛國家情懷。有關香港中華基督教青年會對香港和國家的關懷，本文嘗試舉列林護這位青年會早期領袖，以及青年會為抗日戰爭所作貢獻來說明。

林護通過其聯益建築公司，為香港建築工程提供優質服務，負責承建多間教堂和教會學校，造福了香港建造事業。[1]

### （一）早期領袖林護

香港中華基督教青年會創會會員林護（1870-1933）堅決擁護聖公會的教義，在香港履行他的責任，終身不渝。聖公會認為所有教徒，都有責任藉耶穌之名，伸出援手，服務社會。[2]林護在澳洲時，曾受惠於他經常在晚上和星期日前往學習英語的青年會，但在香港定居後，卻發覺這裡並沒有協助青少年發展《德、智、體》三育的組織，於是致力推動香港青年會的建立。一八九九年，加拿大人索瑟姆和來自上海的布羅克曼訪港，會見了不少具影響力的華人，跟他們討論是否可以在香港成立一個植根於基督教、旨在提供教育及休閒活動給青年人的機構。林護和來自四邑的美國歸僑李煜堂，都是跟上述訪客會面的眾多華人之一。[3]

---

1　詳參周佳榮撰寫的傳記，見李金強主編：《香港教會人物傳》（香港：香港華人基督教聯會，2014年），頁347-349。另見周佳榮、黃文江著：《香港聖公會聖保羅堂百年史》（香港：中華書局，2013年），頁16-18。

2　陳慕華著，馮以浤譯：《林護——孫中山背後的香港建築商》（香港：香港中文大學出版社，2017年），頁27。

3　陳慕華著，馮以浤譯：《林護——孫中山背後的香港建築商》，頁53。

在香港，一九〇一年創辦的青年會，到一九〇四年便一分為二了：初期是兩個部門，一為華人，一為洋人。從一九〇八年起，它們更進一步成為各自獨立的機構，本來的委員會變為臨時董事局，但共用同一份會章。一九一〇年，華人青年會首次發起推廣會員行動，林護獲委為領導。當時訂定的目標是五百個新會員，但由於他的熱心和努力，結果取得了驚人的成績，實際參加的人數為九百二十一，比預期高出近一倍。連同原有的會員，是年會員的總數是一千三百人。」[4]

隨後兩年，華人青年會的熱心會友又再推行另一項計劃：籌款在必列者士街近皇仁書院的地方，興建一所學生宿舍，因為前者是一所走讀學校，但不少學生是從內地來的，他們需要住宿的地方。林護和一些會員於是發起者香港籌款，加上在紐西蘭、加拿大和美國募捐得的款項，興建了一座包括宿舍、學生聚會場所和一間中文日校的大樓。他也獲得了這份建造合約。[5]

第一次世界大戰前夕，華人青年會的領導人收到美國發來的電報，表示如果香港籌到足夠買地的錢，他們將樂意捐出七點五萬美元的建築費。收到電報時，座中的領導人紛紛解囊支持，是晚一共募得一點二五萬元，約佔地價的四分之一；其中三千元來自林護。

一九一八年落成的六層高青年會大樓，現已列為歷史建築物。大樓除了會議室、閱覽室和一個可容數百人的演講廳之外，還有當時最先進的室內體育設施，包括：一個游泳池、一條跑道和一個籃球場。[6]

林護「又是華人青年會的一位重要成員，在會內致力把教徒和非教徒聯繫起來。」[7]香港青年會創辦人李煜堂和林護通過他們在教會

---

4　陳慕華著，馮以浤譯：《林護——孫中山背後的香港建築商》，頁54。

5　趙曉陽主編：《香港中華基督教青年會會史1901-2012》（香港：香港中華基督教青年會，2013年），頁14。

6　陳慕華著，馮以浤譯：《林護——孫中山背後的香港建築商》，頁55-56。

7　陳慕華著，馮以浤譯：《林護——孫中山背後的香港建築商》，頁57。

和商界脈絡特別兩人是所屬香港四邑工商總會，全力支持孫中山等人領導的革命運動。

在廣東，李煜堂一九一一年八月成立了保路同志會。十月，武昌起義之後，李煜堂以廣東保路會的名義，在廣州組織一個以工會、商會和慈善團體的會員為主幹的群眾大會。他即場果敢地宣告廣東獨立。十一月十八日，革命黨人在香港四邑商會的會所舉行會議，選出孫中山的親密戰友胡漢民，為革命政府的廣東都督。他在三十名四邑人，包括林護、李煜堂和楊西巖的連署支持下，前往廣州接任；並於上任後，按孫中山的指示，委任李煜堂為廣東省臨時司庫。」[8]革命成功推翻滿清政府後，林護堅決不要當官，而致力於經商以支持國家建設。

他不願意私下受惠於自己支持的革命運動。他看到當年的廣東是多麼的無法無天，並憑他那敏銳的感覺，預見到未來的中國，其社會和政局都會趨向動盪。他不想讓家人生活在一個混亂的地方，寧願留在比較安定的香港，繼續營商。他的建造事業，使他可以在財政上繼續支持那一貧如洗的新政府。後來，孫中山因為他那忘我地支持革命的精神，而稱他為「革命完人」。[9]

香港基督徒包括李煜堂和林護運用他們在教會和社會的關係網羅，捐助革命，革命成功推翻滿清政府後，大力支持中華民國臨時政府在廣東省的建設和解決廣東省臨時政府財政困難。除了行政上的日常開支外，臨時政府需要以百萬計的金錢支付正規軍隊和民軍隊糧餉。胡漢民試圖向當地的商人籌款，以及利用印刷鈔票的方法去捏覺問題。但後者導致了廣州貨幣嚴重貶值的現象。為了維持貨幣的穩定，李煜堂和林護等於一九一二年在廣州成立了「廣東銀行」。這家

---

8 陳慕華著，馮以浤譯：《林護——孫中山背後的香港建築商》，頁68。

9 陳慕華著，馮以浤譯：《林護——孫中山背後的香港建築商》，頁69。

在香港註冊的銀行，期待可以在海外和香港分別籌得四百萬元和一百萬元。[10]

為了使國家富強起來，林護致力發展中國的城市、促進它們的現代化，希望藉此帶動當地的商業活動。他相信，一個四分五裂的國家是無法富強起來的。因此，在孫中山逝世之後，他毫不吝嗇地捐出大筆款項，支持由蔣介石領導的北伐。[11]林護作為香港青年會其中一位創會會員，為香港社會和中國作出了重大的貢獻。

林護年輕時，通過加入聖公會和參與青年會的活動，建立起來的龐大社交網絡，讓他日後在香港和國內不少地方都有多個接觸點。他當初決定在香港立足，很可能已考慮到借助四邑同鄉的網絡。他這些朋友很多都是孫中山的忠誠支持者，致力協助他推翻滿清政府。在一九○○年代，他們成立了四邑商會，旨在促進廣東的商業活動，使之現代化。[12]

林護大力支持青年會的活動，無疑也是他差點成功取得中、西青年會全部合約的原因之一（唯一的例外是必列者士街的華人青年會）。華人青年會讓他接觸到不同宗派的基督徒，以至非基督徒和無宗教人士。香港聖公會的朋友如黃茂林和李維楨，以及澳洲回流的老朋友如馬應彪、歐彬（分別是先施公司的創辦人和司理）和郭標、郭泉、郭樂（他們是永安公司的創辦人），都是青年會的「擁躉」，因為它是「聚腳」的好去處，方便在職青年會學生工餘或課餘在那裡聚會，閒聊或討論公事，以及參與各種閒暇活動和體能訓練。林護與馬氏和郭氏兄弟，以及其他澳洲朋友的情誼，導致他到上海發展業務。林護是馬氏和郭氏兄弟的好朋友，彼此的後人也保持聯絡，他自己更

10 陳慕華著，馮以浤譯：《林護──孫中山背後的香港建築商》，頁69-70。

11 陳慕華著，馮以浤譯：《林護──孫中山背後的香港建築商》，頁70。

12 陳慕華著，馮以浤譯：《林護──孫中山背後的香港建築商》，頁164。

在先施公司當過幾年董事。國人視忠誠為重要美德，林護的成就與此不無關係。[13]

林護的名字經常見報，通常是作為華人聖公會的代表，參與教會的活動，例如歡迎到任的會督或惜別卸任的。他常常代表香港華人青年會，參加全國青年會會議，也頗常代表香港中華總商會，出席各種不同的會議。報章上也經常有他大力捐贈學校和慈善活動的報道。[14]

「反對蓄婢會」成立於一九二一年，次年三月二十六日在華人青年會召開第一次週年大會。執行委員會由林護和霍慶棠（馬應彪夫人），以及十二位其他人士組成。霍慶棠是聖士提反堂的主任牧師霍靜山的長女，也是香港基督教女青年會的創辦人及第一任會長。具財力和語文能力的林護，負起了全部有關「妹仔」文告的出版任務，不論是中文的，還是英文的，也不論是發去報章的，還是在本港或外地流傳的。執委會與華民政務司哈利法克斯開會時，建議立例取消婢女制度。在他們和英國的關注組的努力下，當年（1922）十二月就取得了成績。經過一輪激烈的社會辯論（參與者包括各大報章、香港中華總商會、街坊福利會、東華醫院和多個工會）之後，法案終於獲得通過。要革除一個已經根深蒂固的社會傳統，特別那是對富裕精英有利的傳統，不是立竿便可見影的，但數年之後，蓄婢這陋習便消失得無影無踪了。林護在這段時候，當了幾年「反對蓄婢會」的義務司庫。[15]

慈善事業的參與與社會公義的追求，使林護與基督徒，不論什麼教派，也不管中外，都心連著心，並且血脈相通。在回顧他們〔林氏兄弟〕對社會事務的參與和慈善事業的貢獻，以及〔林氏兄弟主持下的聯益〕公司從一九二〇年代到一九三〇年代初的事蹟時，也許會同

13 陳慕華著，馮以浤譯：《林護——孫中山背後的香港建築商》，頁164-165。
14 陳慕華著，馮以浤譯：《林護——孫中山背後的香港建築商》，頁166。
15 陳慕華著，馮以浤譯：《林護——孫中山背後的香港建築商》，頁167。

時注意到，以待機而動、勤奮努力、審慎冒險、順應時勢、能屈能伸等策略來營商賺錢，跟一個遠大的社會理想，如使這個世界變得更美好，是可以共融而不是背道而馳的。[16]

## （二）青年會與抗日戰爭

國家抗戰前半期（1937-1941），香港中華基督教青年會或獨自或聯合廣州青年會，組織傷兵服務團，為祖國抗日英勇軍兵提供就傷、代寫家書等服務，還有每當祖國大陸發生自然災害時，都當仁不讓，在香港發起募捐賑災，例如：一九二零年「華北五省遭遇嚴重旱災，災民一千五百萬人，本會成立籌賑團，於十一月十一、十三及十四日大舉籌款遊行，以本行銅樂隊先導，設一大布幕，沿途勸捐，請住戶及路人將金錢擲下，三日內得款六七餘元。並設救濟信封，寄給會員捐助。復在九如坊新戲院及本會成人部演劇籌款，萃群芳班、優天影班報效。收入全數撥為【華】北五省及東北江賑濟之用。」一九二二年廣東潮汕地區發生歷史上嚴重風災，香港基督教青年會響應香港社會各界和各行各業，發起籌款賑災義舉。「一九二二年九月一日成立潮汕風災籌賑團。」而「一九二四年八月七日為三江水災演戲籌賑。」[17]

一九三一年九月日本在瀋陽發動「九一八事變」，揭開長達十五年侵華戰爭序幕。翌年一月（一九三二年）日軍繼而在上海發動「一二八事變」。香港中華基督教青年會隨即於「三月一日派救傷隊員八人，會同本港各隊出發【前赴】淞滬戰區服務。」[18]

16 陳慕華著，馮以浤譯：《林護——孫中山背後的香港建築商》，頁167-168。

17 〈香港中華基督教青年會五十年會史〉，載香港中華基督教青年會：《香港中華基督教青年會五十週年紀念特刊1901-1951》（香港：香港中華基督教青年會，1951年），頁49-70。

18 〈香港中華基督教青年會五十年會史〉，載香港中華基督教青年會：《香港中華基督教青年會五十週年紀念特刊1901-1951》，頁49-70。

## 三　《先導》反映維多利亞教區協會對中國和香港的關懷

本節擬從聖公會維多利亞教區時期的刊物 *The Outpost*（《先導》）探討教區於一戰後對中國和香港的關懷。《先導》是設於倫敦的維多利亞教區協會（Victoria Diocese Association）的定期刊物，一九二一年一月正式出版（一九二〇年九月出版發刊辭）。維多利亞教區協會的設立，旨在支援維多利亞教區佈道宣教事業；而《先導》的發行除了作為協會喉舌，亦發揮居間聯絡作用，讓前線教區與母會維持緊密聯繫。

從一戰到太平洋戰爭爆發，聖公會維多利亞教區分別由杜培義主教（The Right Reverend C.R. Duppuy）和何明華主教（The Right Reverend R.O. Hall）領導。杜培義主教（The Right Reverend C.R. Duppuy）一九二〇年九月在《先導》的發刊辭中開宗明義是關懷中國，通過在香港興辦教育為中國培養人才，從而滿足中國步向現代化所需。同時，從《先導》所刊載文章和圖片，我們看到教會對香港社會尤其是弱勢群體關懷備至，義無反顧。

《先導》為半年刊，每年一月及七月各出版一期，每期共十六頁，內容包涵主教牧函、有關中國的專題文章、有關香港維多利亞教區的歷史及發展的專題文章，更有各項事工描述如聖堂、學校及服務機構的建立和發展情形，部分期次會刊有醫療、教育、傳道等事奉的人才徵求啟事。下文分從情懷中國及服事香江兩部分進行探討。

### （一）情懷中國

杜培義主教在發刊辭中開宗明義關懷中國，華北教區顎方智主教（The Right Reverend F.L. Norris）以「中國」為題在第一期發表專題文章，通過論述「香港是否中國（Is Hong Kong China?）」進而求問自身陞座為中國主教的角色，乃至教區與中國其餘部分的關係，進而探尋「中國真的於我有關（Does China really matter to us?）」的問題。[19]

在杜培義擔任聖公會維多利亞教區主教的十三年間（1920-1932），《先導》對當時中國在福音、教育、醫療的需要確是不遺餘力的報道及推展，而其中對雲南、南寧、增城三地更是念茲在茲，各期《先導》均有跟進發展的報道。一九二六年，壁加女士（Miss H.A. Packer）在《先導》發表〈面對中國的問題（Facing China's Problems）〉，以她在雲南府的所見聞，對當地醫療的匱乏及販賣女孩的風習作詳盡的描述，杜培義即以〈雲南府的需要〉為題撰文於同期作出呼籲，即是一例。[20]

除了對中國國內人民深表關懷，《先導》亦報道對海外華人的關注。一九二四年，桂湘教區主教 William Banister 報道「海外華僑及其工作」，描述海外華人僑居異邦面對的困難和挑戰，對改善其工作待遇作出深刻的呼聲。[21]

繼任的何明華主教對中國同樣關切。一九三二年，當何明華仍為候任主教時，他在《先導》發表牧函，明言他被選立是「上帝的計劃」，更希望凝聚維多利亞教區協會同道「心繫華南」（Keep us in South China in your mind and heart without strain and without botheredness）。[22]

自何明華陞座為主教後，《先導》有更多篇幅報道教區的鄉村發

---

19 Victoria Diocese Association. *The Outpost*. Hong Kong Sheng Kung Hui Archives, (Vol. 1 Jan. 1921).

20 Victoria Diocese Association. *The Outpost.* Hong Kong Sheng Kung Hui Archives, (Vol. 13 Jan. 1926).

21 Victoria Diocese Association. *The Outpost*. Hong Kong Sheng Kung Hui Archives, (Vol. 10 Jan. 1924).

22 Victoria Diocese Association. *The Outpost*. Hong Kong Sheng Kung Hui Archives, (Vol. 27 Jan. 1932).

展。[23]而何明華與維多利亞教區協會多方協調，更希望能任命中國人擔任主教職務，有助推展教區在鄉村地區的工作，終分別於一九三五年及一九四〇年任命莫壽增及朱友漁為副主教，共襄聖工。[24]

何明華主教更是身體力行去走訪華南乃至桂湘、雲貴及浙江等教區，體察各地事工發展，並於一九三九年以〈當代宣教之旅〉（A Modern Missionary Journey）為題於《先導》別冊向維多利亞教區協會匯報，增進同道中國發展需要的了解。[25]同年，當時二十八歲的年輕宣教士，後來繼任主教的白約翰（The Right Reverend Gilbert Baker）在《先導》報告「廣東難民工作」，呼籲協會同道協助救濟支援，充分反映對中國時局的關懷。[26]

一九四〇年，何明華主教更以「上主之道：中國西南的機遇」（A Highway of Our God: Opportunities of the South-west）為題在《先導》呼籲更多有心志的協會同道，回應當時的移民潮，開展教育及醫療的事工，踐行上主之道。[27]由此可見，《先導》所刊布的報道回應當時中國的時代關懷。

## （二）服事香江

聖公會在維多利亞教區時期致力興辦教育，務使為不同階層提供

---

23 Victoria Diocese Association. *The Outpost*. Hong Kong Sheng Kung Hui Archives, (Vol. 31 Jul. 1934).

24 詳參黃文江撰寫的傳記，見李金強主編：《香港教會人物傳》（香港：香港華人基督教聯會，2014年），頁113-117。

25 Victoria Diocese Association. *The Outpost*. Hong Kong Sheng Kung Hui Archives, (Supp. Jul. 1939).

26 Victoria Diocese Association. *The Outpost*. Hong Kong Sheng Kung Hui Archives, (Vol. 37 Jul. 1939).

27 Victoria Diocese Association. *The Outpost*. Hong Kong Sheng Kung Hui Archives, (Vol. 39 Jul. 1940).

學習機會，《先導》的專題文章和報道充分體現對教養孩童的心志。早在杜培義主教到任之初，《先導》已對興辦學校有相當報道。一九二三年至一九二四年，每期均報道廣東及香港的教會學校，特別舉列當時聖士提反書院、聖希爾達學校及聖三一書院的需要作出呼籲。[28] 杜培義亦在牧函中詳列牧函各校發展動態，好讓協會同道了解教區的教育需要，希望有心志人士投身教育事業。[29]

一九二二年，時任律師的 F.B.L. Bowley 在《先導》發表〈教會與香港的兒童〉，探討香港兒童對教育的需求，指出這是教會「當盡之義」。[30]C.B. Shann 牧師報道「香港教育的早期歷史」（Early Days in the History of Education in Hong Kong），點出傳教士白思德女士（Miss Sophia Harriet Baxter）教授香港島各區婦女，對社會有移風易俗的貢獻。的確，誠如時任聖士提反女子中學校長史蔑（E.M. Middleton-Smith）在《先導》撰文指出，浮海至香港的宣教士本對「有需要的陌生人」（Strangers in Need）的關懷，誠心服務社會。[31]此育才之本旨，在當時聖公會華人教會更是深植於根。[32]

一九二五年，時為政府醫院醫師的 Alice D. Hickling 對香港水上人家的工作有深刻的關切，在《先導》撰文報道。[33]對香港水上人家的

28 Victoria Diocese Association. *The Outpost*. Hong Kong Sheng Kung Hui Archives, (Vol. 5 Jan. 1923, Vol. 7 Jul. 1924).

29 Victoria Diocese Association. *The Outpost*. Hong Kong Sheng Kung Hui Archives, (Vol 3 Jan. 1922, Vol. 9 Jul. 1925).

30 Victoria Diocese Association. *The Outpost*. Hong Kong Sheng Kung Hui Archives, (Vol 3 Jan. 1922).

31 Victoria Diocese Association. *The Outpost*. Hong Kong Sheng Kung Hui Archives, (Vol 11 Jan. 1925).

32 可參邢福增、劉紹麟：《天國龍城──香港聖公會聖三一堂史1890-2009》（香港：中華書局，2010年），頁98-103。

33 Victoria Diocese Association. *The Outpost*. Hong Kong Sheng Kung Hui Archives, (Vol 11 Jan. 1925).

關懷服務，誠為一戰前後聖公會維多利亞教區關注的事工。此外，海員傳道工作是另一項教會關切的服務，在《先導》有相當的報道。[34]

何明華主教深受當時基督教社會主義（Christian Socialism）思想影響，對婦女權益、勞工及教育問題亟其關注。[35]一九三七年，何明華主教對香港社會普遍對婦女及兒童權益未得到應有的重視發出時代呼聲，在《先導》撰專文〈保護香港婦孺〉，詳列婦女及兒童權益的各項細則，伺後更提交政府改善情況。凡此種種，可見《先導》反映教會對香港社會同階層的關顧。[36]

## 四　結語

黃文江參考黃宗智討論近代中國的「二元文化狀態」（biculturality），提出「二元文化視野下的香港基督教史」，當中以教育及醫療服務論析「二元文化」。[37]教育及醫療服務深植社會文化發展，通過上述對香港中華基督教青年會和 *The Outpost*（《先導》）的探討，基督教會在一戰後對中國和香港社會的關懷和貢獻，潤物無聲，誠然扮演導夫先路的重要角色。

---

34 Victoria Diocese Association. *The Outpost*. Hong Kong Sheng Kung Hui Archives, (Vol 13 Jan. 1926, Vol 14 Jul. 1926, Vol 25 Jan. 1932).

35 李正儀：《步武基督——香港聖公會的社會服務1849-2013》（香港：香港聖公會福利協會，2014年），頁33-36；M.W. Moira Chan-Yueng. *The Practical Prophet: Bishop Ronald O. Hall of Hong Kong and His Legacies*. Hong Kong: Hong Kong University Press, 2015, pp.47-50。

36 Victoria Diocese Association. *The Outpost*. Hong Kong Sheng Kung Hui Archives, (Vol 37 Jul. 1937).

37 黃文江：《跨文化視野下的近代中國基督教史論集》（臺北：宇宙光全人關懷，2006年），頁61-87。

# 第十一章
# 第一次世界大戰與中國收回教育權運動：以福建協和大學的本土化發展為個案

彭淑敏

香港樹仁大學歷史學系助理教授兼副系主任

## 一　前言

二十世紀初期，中國基督教大學的發展達到高峰，形成一個在國家體制以外的獨立高等教育系統。在第一次世界大戰（1914-1918）結束後，中國於一九一九年以戰勝國的身分參與巴黎和會，西方列強竟把戰敗國德國在山東強佔的權益轉交日本，進一步侵略中國主權，強烈的反帝國主義、文化民族主義和民族意識激起全國民憤。接著於二、三十年代，非基督教運動興起，反對教會控制教育席捲全國，南京國民政府開展收回教育權運動，宣示完整的國家主權。自此所有外人開辦的學校必須向中國政府註冊立案，從而結束外人控制教育的問題，重建全國學校系統，並且嚴格管制學校行政、制度組織、課程內容及辦學宗旨，對中國基督教大學的發展影響深遠。[1]本文將以福建

1　楊翠華：〈非宗教教育與收回教育權運動，1922-1930〉，《思與言》第17卷第2期（1979年），頁117-140。民國時期的反基督教歷史研究，參閱Yip Ka-che, *Religion, Nationalism and Chinese Students: The Anti-Christian Movement of 1922-1927* (Belling-

協和大學為個案，討論在收回教育權後，教會大學從傳教士轉移至華人主政的本土化歷程，註冊立案後以私立院校的形式繼續世俗化與中國化的轉型。

## 二 戰時福建協和大學的成立及其發展

晚清至民國初年是基督教教育在華發展的黃金時期，西方差會創辦的中國基督教教會學校有長足發展，入讀人數急速增長。其中尤以十三所教會大學最為著稱，分別為燕京大學、齊魯大學、之江大學、東吳大學、聖約翰大學、滬江大學、金陵大學、金陵女子大學、華中大學、華西協合大學、嶺南大學、華南女子文理學院及福建協和大學，均為英美差會在華興辦的高等院校。[2]福建協和大學成立於一九一六年，時值第一次世界大戰爆發期間，由最早前來福州的英美差會籌備成立，即美國公理會（American Board of Commissioners for Foreign Missions）、美以美會（Methodist Episcopal Church）、英國聖公會（Church Missionary Society）和美國歸正會（Reformed Church in America）在福州聯合創辦。協大成為福州辦學規模最大的教會學校，於一九一八年六月獲得紐約大學董事會頒授臨時特許證，至一九三四年取得永久特許證，授予協大頒發學位的資格。協大於一九三一年向國民政府立案成為私立福建協和學院，正式納入中國教育體系之內，推動行政與學術的本土化發展，並於一九四二年獲准註冊升格為私立

ham: Center for East Asian Studies, Western Washington University, 1980), 31-60；Jessie Gregory Lutz, *Chinese Politics and Christian Missions: The Anti-Christian Movements of 1920-28*(Notre Dame, Indiana, U.S.A.: Cross Cultural Publications, Cross Roads Books, 1988)。

2 郭明璋：〈論清末民初教會大學之發展〉，《基督書院學報》創刊號（1994年），頁1-22。

福建協和大學。最後，協大於一九五一年與華南女子文理學院合併成為福州大學，兩年後改為福建師範學院，並於一九七二年改名福建師範大學，發展至今成為福建省重點建設的大學。[3]

## 三　戰後民族主義與收回教育權運動

就戰後的國際形勢而言，反帝國意識和民族主義高漲，直接影響中國基督教教育的發展。盛極一時的奧斯曼帝國（Ottoman Empire）勢力橫跨亞、歐、非三大洲，卻於大戰結束後崩潰，造成中東政局不穩，大部分領土被英、法等列強瓜分，土耳其只能保留既無工業，也無自然資源的安卡拉（Ankara）。與此同時，土耳其民族主義運動興起，反對帝國主義和外國操控，由革命領袖穆斯塔法・凱末爾（Mustafa Kemal Atatürk, 1881-1938）領導的民族獨立運動，目標是抗拒一切外國強權，爭取完整的國家主權，成功於一九二三年十月二十九日宣布成立土耳其共和國，翌年年初便即關閉所有外國學校，消息傳到中國，引起知識分子如五四運動主要發起人陳獨秀（1879-1942）等人的關注，激起討論外人在中國辦學的現況問題。[4]

二十世紀二、三十年代，中國受到新思潮影響，逐漸形成國家、教育和宗教之間密切的關注。一九一九年的五四新文化運動提倡科學

3　本土化為二十世紀上半葉中國教會大學發展的重要趨勢，來華傳教士和外籍教職員受到中國文化的薰陶，與此同時基督教為適應中國國情與社會需要進行調適。參閱吳義雄：〈美北長老會與華南基督教會的本色化過程〉，《開端與進展：華南近代基督教史論集》（臺北：基督教宇宙光全人關懷機構，2006年）。

4　Bernard Lewis, *The Emergence of Modern Turkey* (New York: Oxford University Press, 1961), 395-436；車效梅、徐繼承：〈論一戰對中東現代民族國家和民族主義的影響〉，《山西師大學報（社會科學版）》第34卷第6期（2007年），頁75-78；謝志恆：〈土耳其早期民族主義興起的原因及特點〉，《新鄉師範高等專科學校學報》第21卷6期（2007年），頁23-25。

民主，基督教除了西方宗教本質外，其來華亦與帝國主義有密切關係，針對基督教的抨擊在往後數年日益增加，國內反教情緒高漲。少年中國學會於一九一九年由王光祈（1892-1936）、曾琦（1892-1951）、李大釗（1888-1927）、周無（1895-1968）、雷寶菁、陳愚生（？-1923）、張尚齡（1873-1932）等在北京創立。學會模仿意大利革命家馬志尼（Giuseppe Mazzini, 1805-1872）創辦的少年意大利，發展成為五四運動時期最多會員的青年社團，也是歷史最長及影響深遠的學會。該會更在1921年連續出版三期的《少年中國》會刊中，大肆批評基督教。[5]

自晚清的教育改革以來，國人瞭解現代教育是促使西方國家強盛的重要因素，挽救國力衰弱之勢必須從教育改革著手，以爭取國家獨立和統一為目標。[6]中華教育改進社於一九二一年成立，公推中國知名教育家范源濂（1874-1927）出任董事長及陶行知（1891-1946）為總幹事。中國教育界和文化界以現代化為改革宗旨，提出中國教育脫離西方宗教控制，主張推行國家主義教育，並指出「基督教教育是造就外國教徒的教育，與造就本國國民的教育根本不能相容，我們承認了基督教教育，就要妨礙國家教育的推行，所以必須反對教會學校，絕對主張收回教育權」，[7]教育主權是「一個國家所擁有的獨立自主處理其內外教育事務的最高權力，這一權力具體又表現為教育立法權、教育行政權、教育司法權和教育發展權」。[8]與此同時，美國芝加哥大

5 寧玉蘭、李俊麗：〈國家主義派與收回教育權運動〉，《鄭州師範教育》第2卷第5期（2013年），頁11-16。

6 區志堅：〈學術制度、團體與「保守」學風的興起——以南高國文史地部的發展為例〉，葉雋主編：《僑易》第1期（2014年），頁56-83。

7 溫宗堯：〈論教育〉，《新青年》第2卷第1號（1916年）；陳啟天：〈我們主張收回教育權的理由與辦法〉，《中華教育界》第14卷第8期（1924年）。

8 楊思信：〈試析收回教育權運動對中國現代教育的影響〉，《教育學報》第8卷第1期（2012年），頁113。

學神學教授巴頓（Ernest D. Burton, 1856-1925）於1921年至1922年間率領調查團來華進行考察，出版《基督教教育在中國》（*The Christian Occupation of China*）一書，卻反映出中國教會教育新的擴展，強調教會學校與國立學校之間的差距，受到中國教育界強烈關注，引致全國非基督教運動的爆發。余家菊（1898-1976）和李璜（1895-1991）合著的《國家主義的教育》（上海：中華書局，1923年），以余氏的〈教會教育問題〉一文，指責教會教育的侵略和妨礙中國統一教育權。[9]

在中國爆發的非基督教運動導致收回教育權運動的出現。一九二二年三月九日，上海學校學生組織非基督教學生同盟，並公開發表《非基督教學生同盟宣言》，反對宗教迷信。隨即於三月二十日在北京成立非宗教大同盟，更獲廣州、南京、杭州、長沙、廈門及福州各省響應，紛紛建立反基督教組織，形成聲勢浩大的全國非基督教運動。[10]同年，由美國的基督教領袖穆德（John Raleigh Mott, 1865-1955）發起的世界基督教學生同盟於四月四日至九日，在北京清華學校舉行第十一屆大會，導致非基督教運動支持者的不滿，強烈刺激了中國的知識界和青年學生，反對國立大學為國際基督教團體服務。學者和黨派也因此積極提倡教育與宗教分離，要求廢除強制性的宗教課程、讀經和禱告等宗教活動，學校不能容許宣傳宗教，須以提倡科學精神為目標，當中以蔡元培（1868-1940）的「教育與宗教分離」、「以美育代宗教」的言論最具代表性。[11]

教育為國家的主權，戰後的反日民族意識日益加劇，激發中國收

---

9 楊天宏：〈民族主義與中國教會教育的危機——北洋時期收回教育權運動之背景分析〉，《社會科學研究》第5期（2006年），頁135。

10 楊天宏：〈中國非基督教運動（1922-1927）〉，《歷史研究》第6期（1993年），頁83-96。

11 寧玉蘭、李俊麗：〈國家主義派與收回教育權運動〉，《鄭州師範教育》第2卷第5期（2013年），頁11-16。

回教育權運動的展開。日俄戰爭（1904-1905）結束後，日本開始在中國東三省建立學校，直到第一次世界大戰結束，西方列強無視中國的民族獨立，竟把山東的權益從德國轉交日本。二十年代初，日本開設的學校及學生人數不斷增加，引起國人高度關注。一九二四年成為反教及收回教育權的轉捩點，近代教育學家、奉天省教育廳廳長謝蔭昌（1877-1928）於同年三月支持成立奉天收回教育權運動委員會，規定外國人在東北設立學校須經省教育廳批准，以及遵循中國的教育法規，目的是保存國家主權。雖然奉天的收回教育權運動隨即遭到日本強力打壓，卻成為中國收回教育權運動較早興起的省分，引起輿論關注。[12]

不久，廣州聖三一教會學校因為要求成立學生會，於一九二四年四月爆發學潮，加上民族主義和非基督教意識的日益高漲，其他各省的西方教會學校相繼掀起學潮。同年十月，在全國教育會聯合會第十屆年會上通過《取締外人在國內辦理教育事業案》及《學校內不得傳布宗教案》，教會教育權問題成為關注的核心。[13]國家教育協會於一九二五年成立，發表收回教育權的主張，舒新城（1893-1960）明言：「狹義的教育權，則專指國家的施教育權與國民的受教育權，為一國所持有的權利，故可謂之為國權。」[14]此外，還出版了大量專論，如余家菊：《國家主義教育學》（上海：中華書局，1925年）、少年中國學會編：《國家主義論文集》（上海：中華書局，1925年）、上海醒獅週報社編：《國家主義講演集》（上海：上海醒獅週報社，1926年）、

12 楊天宏：〈民族主義與中國教會教育的危機——北洋時期收回教育權運動之背景分析〉，《社會科學研究》第5期（2006年），頁131-138。

13 楊思信：〈民國政府教會學校管理政策演變述論〉，《世界宗教研究》第5期（2010年），頁118-128。

14 舒新城：《收回教育權運動》（上海：中華書局，1927年）。

舒新城：《收回教育權運動》（上海：中華書局，1927年）及陳啟天：《建國政策發端》（上海：中華書局，1929年）等。上述全國性教育團體、學會組織、非基督教團體、文化界和教育界均積極推動通過收回教育權的決議，要求北洋政府作出官方回應，促成一九二五年十一月十六日頒布《外人捐資設立學校請求認可辦法》六條，藉此控制外人在中國所開辦的學校。[15]

《外人捐資設立學校請求認可辦法》

（一）凡外人捐資設立各等學校，遵照教育部所頒布之各等學校法令規程辦理者，得依照教育部所頒關於請求認可之各項規則，向教育行政部官廳請求認可。

（二）學校名稱上應冠以私立字樣。

（三）學校之校長，須為中國人，如校長原系外國人者，必須緣中國人充任副校長，即為請求認可時之代表人。

（四）學校設有董事會者，中國人應佔董事名額之過半數。

（五）學校不得以傳布宗教為宗旨。

（六）學校課程，須遵照部定標準，不得以宗教科目列入必修科。

南京國民政府再於一九二七年十一月十九日頒布《修正外人捐資設立學校請求認可辦法》，透過註冊立案對教會學校進行更嚴謹的監督和管理，官方規定的標準包括學校名稱、董事會人選、校長人選、經費來源及學校課程等，是對外人在華開辦的學校正式進行有系統的管

15 楊思信：〈近代中國教育團體與收回教育權運動〉，《廣東教育學院學報》第29卷第6期（2009年），頁84-90；《政府公報》第3459號，1925年11月20日，收入朱有瓛、高時良主編：《中國近代學制史料》（上海：華東師範大學出版社，1986年），頁784。

理，藉此體現中國完整的教育主權。[16]

## 四　福建協和大學的註冊立案及本土化發展

中國基督教大學面對二、三十年代的收回教育權運動，當中上海聖約翰大學外籍傳教士校長卜舫濟（Francis Lister Hawks Pott, 1864-1947）作出強烈抵制，最終導致該校於一九四七年才完成立案。燕京大學校長司徒雷登（John Leighton Stuart, 1876-1962）則採取表面順從的策略，其餘大部分中國基督教大學均在三十年代初完成註冊立案，納入國民政府的教育制度內，得到政府的認可在中國合法辦學，成為由國家統一管理的中國私立教育體制。[17]

從傳教士轉移至華人主政的本土化歷程中，外籍傳教士校長的態度成為關鍵因素，他們是西方差會在華的代表，教會大學由創校開始已經由傳教士校長管理，他們決定行政和教學等各樣重要事項。註冊立案後須要改變教會大學的辦學理念和管理制度，但是校董會和華人校長仍須向西方差會匯報營運和教學情況，繼續保持與西方差會的良好溝通。由於二十年代國民政府決意收回教育權，協大第二任傳教士校長高智（John Gowdy, 1869-1963）掌握當時形勢，馬上把教會大學的辦學權移交國人，積極籌劃申請立案事宜，獲得高度評價。在協大任職時間最長的教育傳教士徐光榮（Roderick Scott, 1885-1971），曾出任代理校長、文學院院長、教務長、英語及哲學教授，稱讚高智校長

---

16 胡衛清：〈南京國民政府與收回教育權運動〉，《聊城師範學院學報（哲學社會科學版）》3期（2000年），頁15-20；趙入坤、李全彩：〈民國政府收回教育權述論〉，《徐州師範大學學報（哲學社會科學版）》第32卷第4期（2006年），頁77-83。

17 謝竹艷：〈基督教大學外籍校長與「收回教育權」運動〉，《海峽教育研究》第3期（2013年），頁77-81、88。

具有「先見」的能力。其繼任人、協大首任華人校長林景潤（1898-1946，1927-1946在任）也感謝高智校長，開啟教會大學轉讓國人治校的先例，[18]協大第二任華人校長陳錫恩（1902-1991，1947年3月至6月在任）也稱道高智的決定具「遠見卓識」：

> 在中國的大專院校，他是第一位面臨突如其來地必須將其學校管理權交給中國人的「傳教士」校長。要完全理解他當時進退維谷的處境相當不易。他沒有任何可以效法的先例。他的辭職盡管有悖許多人的意見，但卻需要一種人類所罕有的遠見卓識和毫不利己的精神。[19]

高智於林景潤繼任後，回到英華中學教授歷史，改為出任協大校董執行委員會委員，並且擔任託事部駐閩代表。於一九三〇年至一九四一年間，出任美以美會福建區會督兼華西會督。一九四一年仍為協大校董會成員，同年退休回美，至一九六三年息勞歸主，享年九十四歲。[20]

中國教會大學向南京國民政府註冊立案的首要條件就是收回教會大學的管理權，為了符合規定，必須選拔新任華人校長和改組董事會成員，自此董事會主席、校長等要職改由中國人擔任。選定合適的華人校長作為接班人是一項非常重要的事情，林景潤遂於一九二七年出任首任華人校長，開啟中國教會大學華人主校的先聲，他的任期是五

---

18 徐光榮著，吳乃聰譯：〈高智博士之為協大校長〉，《協大週刊》第11卷第1期（1940年），頁1-3；林景潤：〈高智退任校長與協大〉，頁1。

19 私立福建協和大學：《私立福建協和大學十五周年紀念冊》（福州：該校，1931年），頁5。

20 申鴻榮著，許碧端譯：〈介紹高智會督〉，《協大週刊》第11卷第1期（1940年），頁3-4。

任校長中最長。[21]林景潤，字琴雨，祖籍福建莆田。早年入讀莆田進群小學和美以美會哲理中學，從小歸信基督。為協大一九二〇年第二屆畢業生，主修政治學。其後赴美留學，先後考獲阿柏林大學（Oberlin College）政治和歷史學碩士、哈佛大學（Harvard University）政治經濟學碩士及哥倫比亞大學（Columbia University）政治經濟及公法學碩士，又為德魯大學（Drew University）社會哲學研究員，成為當時學歷較高的知識菁英，被讚譽為「那個時代第一流的中國基督教教育家」。[22]

林景潤於一九二六年回到協大教授政治經濟學，不久即代替高智出任校長一職，時年僅二十九歲，開啟中國教會大學華人治校的先聲。林氏出任校長前後二十年，歷任大學董事會當然董事及訓導長，也教授經濟學、政治學與黨義，開辦「國民黨黨義理論」與「三民主義」等課程。他熱心發展中國基督教高等教育，曾兼任中國基督教教育會會長、中華基督教高等教育參事會主席、全國基督教協進會執行委員會和全國基督教青年會協會委員。林景潤關心社會事務，曾出任中國文化建設協會理事、福建臨時參議會議員、福建文化建設事業委

21 林景潤的研究，參閱黃新憲：〈基督教高等教育家林景潤的教育觀探略〉，《福建論壇》（人文社會科學版）第1期（2002年），頁93-99；彭淑敏：〈教會大學與近代中國高等教育的轉型：以福建協和大學華人校長林景潤為個案〉，黃文江、郭偉聯編：《法流十道：近代中國基督教區域史研究》（香港：建道神學院，2013年），頁725-747。民國時期，中國教會大學湧現一批傑出的華人校長，相關研究參閱王立誠：〈滬江大學校長劉湛恩〉、陳廣培：〈華中大學校長韋卓文〉、李天綱：〈震旦大學校長馬相伯〉、何建明：〈輔仁大學校長陳垣〉、王奇生：〈金陵大學校長陳裕光〉、周洪宇：〈華西協合大學校長張凌高〉、王奇生：〈金陵女子大學校長吳貽芳〉、朱峰、王愛菊：〈華南女子文理學院院長王世靜〉、朱心然：〈燕京大學校長吳雷川〉和王百強：〈燕京大學校長陸志偉〉，吳梓明編著：《基督教大學華人校長研究》（福州：福建教育出版社，2001年）。

22 嚴叔夏：〈故校長林公琴雨略傳〉，《協大校刊》第28卷第1期（1947年），頁2；徐光榮著，陳建明、薑源譯：《福建協和大學》（珠海：珠海出版社，1999年），頁45。

員會常務委員等。他除了英語成績優異外，也具中文寫作的才華，經常在協大的刊物上發表撰文，並與何樂益（Lewis Hodous, 1872-1949）合作翻譯外文教育專著《教育理論》（*The Principles of Teaching*）。[23] 林氏在協大出任校長初期，面對不少校內壓力，部分員工和學生都曾質疑中國人掌管教會學校的能力，同時也有傳教士反對他的領導，他們都傾向信賴外籍教學人員治校，林氏終以能幹表現消除成見，在任期間運籌帷幄，完成立案與註冊。[24]

公理會的傳教士徐光榮來閩三十三年，是服務協大年資最長的教育傳教士，是該校行政及教學最具代表性的人物。徐氏相信協大的管理從傳教士轉移到國人手中是進步的表現，故此支持他的學生林景潤接任成為協大首任華人校長。在校期間，他們合作無間，林景潤對徐氏更是敬重有加。由於徐氏是外國人的關係，立案後不能繼續出任教務長，但他擁有豐富的行政與教學經驗，此後三名華人校長也時常向他請教，徐氏因而繼續在行政決策上給予意見。徐光榮對林景潤為了配合民國政府的要求，將協大校訓改為「博愛、服務和犧牲精神」極之讚賞，一方面跟基督教的信念十分接近，另一方面也在文字上避免突出教會大學的基督教色彩，符合中國政府的要求，促使協大能夠順利渡過關鍵時刻，得以繼續發展。[25]

---

23 黃新憲：〈基督教高等教育家林景潤的教育觀探略〉，頁93；桑戴克著，何樂益、林景潤譯：《教育理論》（*The Principles of Teaching*）（上海：廣學會，1918年）。有關桑戴克對三十年代中國教育的影響，見區志堅：〈「適應本國國情」教育之構思——以二三十年代陳鶴琴兒童教育理論為例〉，《香港中國近代史學會會刊》第15期（2014年），頁18-24。

24 張光正：〈記協和大學校長林景潤二三事〉，中國人民政治協商會議、福建省莆田市委員會編：《莆田市文史資料》第3輯（1987年12月），頁53-56；楊樹梁：〈我所認識的林景潤校長〉，中國人民政治協商會議、福建省莆田縣委員會編：《莆田文史資料》第5輯（1983年8月），頁68-71。

25 徐光榮著，陳建明、薑源譯：《福建協和大學》，頁48-49；Cyrus H. Peake and Arthur

根據《私立福建協和大學一覽，民國十七年至十八年》，一九二八年至一九二九年度董事會改組，董事會成員十五人，其中華人成員十人，約為總人數的百分之六十七。董事會主席由當時閩北中華基督教會執行幹事林友書出任，[26]華人董事全為福建人士，六人為留美學人，中國教會學校畢業生六人，他們是林友書、林景潤、福州基督教青年會幹事沈志中、福州基督堂座牧林步基、福建省政府委員兼建設廳廳長丁超五（1884-1967）和福建鹽務稽核所總務科科長王允中，分別畢業於福州格致書院、福州英華書院及上海聖約翰大學等，協大畢業生僅得林景潤一人。林友書、福州美以美會連環（教區）司王鑑和、沈志中、林步基及福州中華基督教會牧師翁懷友等五人均在中國教會服務，他們憑藉教會的地位，成為福建教會在該校的代表。政府官員四人亦參與大學的領導工作，分別是丁超五、福建鹽務稽核所總務科科長王允中、福建建設廳科長林禮銓及福建建設廳技正和福建水利局局長洪紳，均為福建地方要員，甚具社會聲望。董事會的外籍人士只有五人，約為總人數的百分之三十三，包括福州美以美會佈道司柯志仁（Harry Russell Caldwell, 1876-1970）、英華書院教員夏平和、福州中華基督會幹事黎天錫、漳州尋源書院教員練欣萬及福州三一中學教員高凌霄（E.M. Norton），具備神學訓練背景，在福建教會或教會學校裡服務。[27]

---

L. Rosenbaum, eds., "China Missionaries Oral History Project, Roderick Scott." *China Missionaries Oral History Collection.*

26 林友書是福州格致書院一九〇二年畢業生，前任福州協和道學校校長，日本及高麗教育考察團團員，當時是閩北中華基督教會執行幹事。抗戰期間，暴民於一九四一年年中強行要脅協大開倉發放米糧，林友書被「倒懸大井邊，用石條壓身」，最後更被燒死，其妻亦慘遭砍殺。鄭瑞榮編著：《榕城格致書院——福州私立格致中學簡史，1848-1952》（福州：福建省、市計委印刷廠，1995年），頁17、86-87。

27 私立福建協和大學：《私立福建協和大學一覽，民國十七年至十八年》（福州：該校，1929年），頁24-26。

在華人執掌管理大權後，中國教師比例同時開始逐漸佔優。協大的校政自一九二七年始交由華人管理，惟早期仍以傳教士和外籍教職員佔大多數，這種情況直至二十年代末、三十年代初才得以逐步改變過來。受到國內抗日戰亂影響，來閩傳教士和外籍教職員人數逐漸減少。其後隨著大學的發展，行政與教學團隊不斷擴充，華人教職員的人數因此不斷增加，並且開始擔任要職。一九二八年至一九二九年度的教職員共三十七人，華人教職員的人數激增，華人教職員增加至二十人，約為總人數的百分之五十四，留美學人十一人，中國教會學校畢業生十人，計有薛廷模（1896-1979）、許玉成（1893-1956）、鄭文昭、洪綬、陳壽鼎，以及協大畢業生林景潤、王調馨（1897-1971）、賴汝楫、羅振夏、嚴訓忠，中外教職員人數的比例已經沒有太大差別。華人教職員的學術資歷優秀，專業經驗豐富，逐步代替傳教士和外籍職員出任重要行政職務，除了首任華人校長林景潤外，美國西南大學（Southwestern University）榮譽法學博士林天蘭（1887-1960）接任徐光榮成為首任華人教務長，徐氏則退居為副教務長；前任福州協和醫學校教授和湖南湘雅醫學校教授兼醫生李學義出任首任華人校醫，薩茸蓮（Ellen Holmes Sutton）退居為副校醫；其他華人教員也相繼出任助理教授、協任教授、講師或助教。福州國學講習所畢業生高聯潰及江蘇優級師範畢業生及清師範科舉人郭熙則出任國學教員，分別教授詩學、小說學、中國歷史及中國文學。[28]

一九二八年至一九二九年度，傳教士和外籍教職員共十七人，約為總人數的百分之四十六，美國美以美會傳教士、美國動物學家克立鵠（Claude Rupert Kellogg, 1886-1977）、美國芝加哥大學（University of Chicago）化學系哲學博士邴光華（Norvil Beeman）和美國公理會傳

28 私立福建協和大學：《私立福建協和大學一覽，民國十七年至十八年》，頁27-32。

教士、前福州格致書院教育心理學教員祝壽康（Frederick Paul Beach, 1876-1937）仍分別掌管生物學、化學、心理學和教育學等學科發展，部分傳教士如美國畢士登大學（University of Pittsburgh）哲學博士薩惠隆（Willard James Sutton, 1895-1970）、美國康奈爾大學（Cornell University）哲學博士麥克福（Franklin Post Metcalf, 1892-?）、英國倫敦大學理學士和美國加州大學碩士馬陳（Frank C. Martin）及美國明尼斯達大學（University of Minnesota）碩士、陶瓷碎片專家沙善德（Malcolm Fisk Farley, 1896-1941）則成為協任教授，其餘包括傳教士和外籍教職員的夫人如徐克麗（Agnes Kelly Scott, 1891-1986，即徐光榮夫人）、祝素露（Ruth W. Beach, ?-1936，即祝受康夫人）、馬陳魯璧（Ruby Martin，即馬陳夫人）和薩葺蓮，以及黎天賜、高智、高孫通和嘉蒲英（Eva Mae Asher）。[29]

協大傳教士萬爾西（William Sandford Pakenham-Walsh, 1868-1960）、愛約翰（John Hurlburt Iris）、穆菲（Henry Killam Murphy, 1877-1954）、杜利特爾（James W. Doolittle）、諾爾（Alva Winfield Knoll）、米爾斯（Clarence B. Mills）、萬撥文（Charles Kenneth Parker）、莊才偉（Edwin Chester Jones, 1880-1924，協大首任校長）、畢鶴德（Harold Arthur Bedient, 1891-1974）、畢芙絲（Florence Margery Bedient）、祁複禮（Harry C. Gebhart）、江耶西（Jesse Earl Gossard）、倪樂善（Clarence Alvin Neff, 1885-1962）、蒲克明（Raymond B. Blakney, 1895-1970）、高伊莉（Elizabeth Thomspon Gowdy, 1874-1965）、力維（Walter Nind Lacy, 1884-1962）、徐國德（Charles P.G. Scott）、曼訥（Edwin D. Miner）、柏齡威（Arthur W. Billing）及甘寶霖（Horace E.

---

29 私立福建協和大學：《私立福建協和大學一覽，民國十七年至十八年》，頁27-32。

Campbell）分別於一九二八年或以前離職。[30]

協大於一九二九年設三院十二系三科，文學院設五系一科，包括中國文學系、外國語文學系、哲學系、歷史社會學系、政治經濟學系和附設國學專修科，宗教教育併入哲學系之內；理學院設三系一科，包括數理學系、化學系、生物學系和附設醫學先修科；新增的教育學院設四系一科，開辦教育原理學系、教育心理學系、教育行政學系、教育方法學系和附設師範專修科。協大將哲學及宗教學系合併，宗教改為選修科目，由徐光榮與美以美會傳教士、哥倫比亞大學哲學博士薛來西（Clement M. Lacey Sites, 1865-1958）負責，並首度由華人教員陳元龍出任比較宗教學助理教授。同時，也有華人教員嚴惠卿（林景潤妻子、嚴復長孫女）、王調馨、賴汝楫（協大一九二七年數理學系畢業生）、丁先誠、陳元龍、薛廷模（1896-1979）、蔡公椿與陳孝怡分別成為助理教授、協任教授、講師或助教。[31]

一九三一年是協大發展的關鍵時刻，成功向國民政府教育部註冊立案，轉為私立福建協和學院，正式納入中國教育體系之內，推動行政與學術的本土化發展，同年一月十七日舉行十五周年校慶。校董會成員十五人中華人佔十名，約為總人數的百分之六十七，包括丁超五、林景潤、林步基、王鑑和、沈志中、黃文玉、倪耿光、王允中、林禮銓及洪紳，由丁超五出任主席。校董會的華人成員仍全為福建籍，政府官員四人，中國教會學校畢業生六人，分別畢業於協大、上海聖約翰大學、金陵女子大學、福州格致書院及英華書院等，均具備福建教會或教會學校的管理經驗。外籍人士和傳教士佔五人，約為總

30 據統計顯示，一九二七年初約有七千五百名傳教士離開中國，見H.T. Hodgkin, "Political Events of 1927 and Their Effect on the Christian Church," *The China Christian Year Book* (Shanghai: Christian Literature Society, 1928)。

31 私立福建協和大學：《私立福建協和大學一覽，民國十七年至十八年》，頁27-32。

人數的百分之三十三，包括高智、范哲民（Paul P. Wiant）、裨益知（Willard Livingstone Beard, 1865-1945）、練欣萬及來必翰（W.P.W. Williams）。與一九二八年至一九二九年度董事會比較，新增會員六人，傳教士和外籍職員包括高智、范哲民、裨益知和來必翰，以及華人董事黃文玉和倪耿光。[32]

協大經歷註冊立案後，於一九三一年設三院十二系二科，分別為文學院設五系，即中國文學系、外國文學系、哲學系、歷史社會學系和政治經濟學系，取消了國學專修科，合併入中國文學系之內；理學院仍設三系一科，分別為數理學系、化學系、生物學系和附設醫學先修科；教育學院仍設四系一科，包括教育原理學系、教育心理學系、教育行政學系、教育方法學系和附設師範專修科。根據中國學制規定，教育學院屬公立學校開辦的學院，協大因而未能具備私立大學須開辦三學院的辦學要求，僅能註冊成為私立福建協和學院。[33]

一九三一年的學制較之一九二八年至一九二九年減少了一科，中外教職員則擴充至四十六人。華人教職員三十二人，約為總人數的百分之七十。中國教會學校畢業生二十二人，其中協大畢業生十一人，分別為林景潤、美國哥倫比亞教育學院碩士陳錫恩、北平燕京大學一九三四年研究院碩士鄭慶端（1909-?）、美國密執根大學（Michigan University）哲學博士鄭作新（1906-1998）、美國康奈爾大學碩士王調馨、前廣州嶺南大學化學助教李宜瀛、美國阿柏林大學碩士高文振、美國哥倫比亞大學圖書館學碩士金雲銘（1904-1987）、前福建教育廳試驗民眾學校校長楊錫圭、前建寧華美小學和明倫小學教員鄧俊和前同昌洋行辦事員嚴訓忠，以理科畢業生較多。其他中國教會大學

32 私立福建協和大學：《私立福建協和大學總則》（福州：該校，1931年），頁13-20。
33 私立福建協和大學：《私立福建協和大學總則》，頁8。

畢業生十一人，包括朱維之（1905-1999）、陳淑元、黃維溪、林發桐、俞人元、陳叔雋、鄭貞琳、黃宗翰、鄭文昭、鄭松錦及林竟寬。留美學人十一人，回閩後在協大出任行政與教學職位，計有校長林景潤、教務長陳錫恩、圖書館副主任金雲銘、校醫李學義、顧問校醫嚴惠卿、社會學系主任陳淑元、教育學和心理學教授陳文淵（1897-1968）、數學教授陳拯、講師林玉璣、高文振及鍾道贊。同時，開始有留日學人曾克熙出任政治經濟學系主任，而國學教師為郭熙、王治心（1881-1968）和朱維之。其中教務長陳錫恩、教育學和心理學教授陳文淵及國學教師王治心日後在中國教會及學界均具有影響力。[34]

外籍教職員祗剩下十四人，約為總人數的百分之三十，仍然由傳教士出任理學院的行政職位，計有邴光華出任理學院院長，薩惠隆出任化學系主任。此外，部分由傳教士培育的畢業生亦開始協助教學的工作，如王調馨和李宜瀛分別出任化學教授及助教。克立鵠仍為生物學系主任，畢業生鄭作新和鄭慶端則出任生物學教授；馬陳出任數理學系主任和物理學教授，嚴惠卿出任物理學和化學教授，並由陳拯和林玉璣教授數學；祝壽康和陳文淵則一同教授教育學和心理學；徐光榮出任哲學系主任，由王治心教授中國哲學。申鴻榮（Everett McKinley Stowe）出任教務處的訓業科主任，協助處理訓導職務，並教授宗教學和教育學，開辦「教育方法」和「教育心理學」等課程。與此同時，其妻申綠蘆（Lulu Stowe）負責教授英文作文和英國文學。其他傳教士如徐克麗、祝素露、沙善德也繼續任職於協大。康樂爾（Robert W. McClure）出任會計一職長達十六年（1928-1944），華人職員嚴訓忠和黃宗翰則為會計處助理員。李學義繼續出任校醫，薩茸蓮則為副校醫；馬陳魯璧出任圖書館代主任，金雲銘為圖書館副主任，黃維溪和

34 私立福建協和大學：《私立福建協和大學總則》，頁15-20。

林發桐為圖書館助理員等。[35]

協大的行政與教學繼續由中外教職員共同合作發展，於一九三四年設三院十七系，增設五系，分別設立文學院（中文研究學系、經濟學系、音樂學系、藝術學系、歷史學系、哲學系、政治和社會學系、西方語言文學系）、理學院（生物學系、化學系、物理學系、應用物理學系、數學系）及教育學院（教育哲學系、教育心理學系、教育管理學系、教育方法學系），中外教職員合共四十四人。協大外籍教職員的人數，到了一九三四年已經大幅度下降至四人，約為總人數的百分之九，其中申鴻榮繼續出任訓業科主任，在協大教授宗教學和教育學前後長達十五年，其妻申綠蘆則繼續教授英語，馬陳魯璧出任圖書館主任及康樂爾出任會計主任。[36]

民國時期內憂外患，加上通貨膨漲嚴重，傳教士和外籍教職員的生活大受影響，徐光榮、邴光華、校長秘書米勒（John Gaines Miller）等人相繼離開了中國或回美休假。就化學教授邴光華的個案而言，他於一九三一年休假回美，翌年獲芝加哥大學化學系哲學博士，託事部和林景潤曾極力游說他返回協大服務。從他們的來往書信反映，林校長十分關心邴氏的健康和家庭生活，也曾建議他的父親一同來閩，並答應提供新宿舍給他與家人一起居住，以便照顧。其中傳教士的薪金成也是討論的重點，託事部因應中國時局問題，表示願意額外撥款給予協大用作補助傳教士在華的生活所需。邴光華在回覆中指出該校的傳教士教職員已經足夠，加上華人基督徒訓練有素，他們的工作能力已是勝任有餘，最重要的是一名傳教士的薪酬足以聘請兩名華人教

35 私立福建協和大學：《私立福建協和大學一覽，民國十七年至十八年》，頁28；私立福建協和大學：《私立福建協和大學總則》，頁15-20。

36 "China Missionaries Oral History Project, Agnes Scott," Cyrus H. Peake and Georgenia F. Irwin, eds., *China Missionaries Oral History Collection*.

師，故此邴氏決定放棄教職。他的接班人為協大一九二一年化學系畢業生王調馨，此乃傳教士把中國基督教教育工作，轉移由華人接管的典型例子。[37]

華人教職員共四十人，約為總人數的百分之九十一，教員二十二人，中國教會學校及協大畢業生十三人，留美和留英學人十人，其中不少為學成歸國的協大校友，他們回饋母校，分別掌管行政職務，以及出任學系主任，除校長林景潤外，還有陳錫恩出任教務長兼教育學系主任，鄭作新出任生物學系主任，林天蘭出任歷史社會學系主任，陳文淵出任代理校長和文科主任等。也有畢業生返回母校從事教學工作，接掌傳教士開辦的自然科學，包括生物學系的鄭慶端和江仁玉，化學系的王調馨、李宜瀛和林維傑等。協大關注福建農村服務工作，於一九三四年首設農村服務試驗區，由協大一九二七年哲學系畢業生、美國耶魯大學哲學博士陳希誠出任指導員。[38]此外，王治心出任國文學系主任，教授中國文學與哲學，郭熙出任國文與歷史學助理教授，陳易園（陳遵統）教授國學及由朱維之教授中國文學。至於華人職員十八人，分別掌管註冊處、教務處、會計處、秘書處、圖書館、歌詠團和校醫等，中國教會學校畢業生十四人，其中協大畢業生五人，分別為檀仁梅（1908-1993）、金雲銘、林其亭、楊錫圭和盧宗奕。[39]

協大完成立案後進行世俗化的轉型。在二十年代中國收回教育權時，強調必須取消強制性的宗教課程，傳教士遂代以哲學和音樂課程來宣揚基督教信仰。徐光榮以哲學一門學科代替宗教教育，透過哲學

37 C.J. Lin to Norvil Beeman, November 23, 1931; B.A. Garside to Norvil Beeman, January 14, 1932; Norvil Beeman to B.A. Garside, January 18, 1932, in Correspondence, Norvil Beeman, 1925-1935, Box 111, Folder 2436, UBCHEA Series IV.

38 陳希誠：〈福建協和大學農村服務工作概況〉，《真理與生命》第8卷第6期（1934年），頁296-303。

39 《協大校友》第26期（2006年10月），頁22-25。

介紹宗教的理念。他表明自己不但是一名教育工作者，也是一名福音傳教士。由於當時的中國政府嚴厲管制宗教教育，他採取間接方法教授基督宗教，開辦哲學系及其後改為外國文哲學系。與宗教有關的課程包括「先知教義」、「耶教研究」、「聖經與現代思潮」、「基督教與社會」、「耶穌之倫理」、「宗教經驗」、「保羅帕信之研究」、「約翰與普通書信之研究」和「耶穌之生命與教訓」等。徐光榮又在「哲學概論」的課堂上，以說故事的形式來宣揚福音。此外，在經濟學和社會學系內開辦「基督教社會主義」，心理學及教育學系則開辦「宗教心理學」和「兒童青年的宗教教育」等。在宗教音樂方面，以其妻徐克麗的工作最為重要，透過基督教音樂，減低語言和文化障礙，藉此增加與非信徒的接觸，宣揚福音，協大首任校長莊才偉也曾負責指揮合唱團。[40]在收回教育權運動政策的影響下，宣教活動受到一定的限制，學生入教人數日見減少。再者，協大畢業生中出任教牧者人數也非常之少。根據徐光榮的分析，這與福建本土宗教興盛有密切關係。他瞭解到佛教在中國社會已經根深蒂固，協大附近鼓山上的湧泉寺，一直以來香火鼎盛，並且得到地方政府在政治上和財政上的支持，他認為華人信徒人數不多，主因為華人家庭成員多為佛教徒。[41]

三十年代，中國教會大學漸漸融入中國的學術主流，出現本土化的發展。[42]協大的辦學規模雖然不大，但極具特色，於一九三一年成立福建文化研究會，成員包括協大教職員和學生，創會會長為文學院院長王治心，會員約為當時學生總人數的七成以上。該會作為民間的

40 私立福建協和大學：《私立福建協和大學一覽，民國十七年至十八年》，頁8-9、16、18；《協大校刊》第29卷第1期（1947年），頁3。

41 "China Missionaries Oral History Project, Roderick Scott," Cyrus H. Peake and Arthur L. Rosenbaum, eds., *China Missionaries Oral History Collection*.

42 黃新憲：〈教會大學與文化變遷〉，《高等教育研究》第1期（1996年），頁82-87。

學術研究團體，以研究會的形式籌辦學術活動，分為六個小組：民族、語言、歌謠、風俗、史地和物產，每三個月舉行一次全體大會，於會上宣讀論文，旨在弘揚本土文化研究，促進學術交流。《福建文化》為福建文化研究會創辦的會刊，出版時間自一九三一年十二月至一九三九年十二月，歷時八年，共出版五卷二十七期。因抗戰遷校影響，曾出現停刊危機。由一九四一年三月至一九四八年六月再度出版，歷時七年，改月刊為季刊，每卷四期，三卷三、四合期，共出版三卷十一期。戰後於一九四九年與《協大藝文》合併為《協大學報》。《福建文化》出版總數為三十八期，中國文學系的教授十分支持，成為協大出版時間最長的學術期刊，亦為較具影響力的自辦刊物。《福建文化》的著述內容廣泛，王治心提出研究宗旨的廣泛性：

> 從研究過去的福建文化來創造改進福建的新文化，原來文化就是生活，凡是關係生活的物質各方面，都是文化範圍中的事，決不要把她看做一種抽象的，形而上的，精神生活的，片面的，過去的，死東西；要看她是創造的，進步的，包括生活全部的活東西。[43]

協大透過出版《福建文化》，於二十世紀上半葉為福建區域研究打下了堅實基礎，致使福建研究成為學者關注的課題。[44]同時，研究會也開辦與福建文化相關的新課程，如王治心的「福建文獻研究」、陳易園的「福建文學史」和魏應麒的「福建民俗學及宗教神話研究」，藉

---

43　治心：〈福建文化研究會的過去與未來〉，《福建文化》第1卷第8期（1933年），頁18。

44　李金強：〈導論——福建區域研究述論〉，《區域研究：清代福建史論》（香港：香港教育圖書公司，1996年），頁1-23。

此培養學生的研究興趣，也同時加強研究的力度。[45]

關於辦學經費，協大作為中國教會大學之一，主要財政來源當為託事部的海外撥款，自籌辦時各差會承諾每年提供500元經費及借撥教學人員一名。[46]託事部撥款成為協大每年總收入中最重要的一環，無論從比例或實際撥款數目來看，均按年不斷上升。多年來的託事部撥款約為全年總收入60%或以上，甚至共有五年的託事部撥款約佔全年總收入的80%或以上。就立案期間而言，託事部撥款由1927至1928年的115,626墨西哥銀元，上升至1929至1930年的198,289墨西哥銀元，升幅約72%。於1931年立案後至抗戰遷校前，即1931至1938年間，雖飽受世界經濟大蕭條的衝擊，協大的收入仍主要依靠託事部撥款。[47]

根據現存資料顯示，以1929年至1930年及1930年至1931年的財政年度為例，則可瞭解公理會、美以美會、聖公會和歸正會等四差會捐款的情況。於1929年至1930年度，託事部從各差會收集的捐款合共11,111美元，公理會和美以美會支付的傳教士薪津，分別為21,602墨西哥銀元和14,354墨西哥銀元。就此總計各差會給予協大的捐款和人力資源，以公理會和美以美會最為重要，分別為差會總捐款的52%和39%，聖公會和歸正會則為4%和5%。於1930年至1931年間，託事部同樣從四個差會收到11,111美元，公理會和美以美會支付該會傳教士的薪津為17,150銀元和23,896銀元。[48]1931年至1932年間，託事部收集

45 際唐：〈關於福建文化研究會與協和大學的幾句話〉，《福建文化》第1卷第1期（1931年12月），頁2-3；治心：〈福建文化研究會的過去與未來〉，《福建文化》第1卷第8期（1933年），頁16-18。

46 協大學生自治會：《福建協和大學廿五周年校慶紀念特刊》（邵武：福建協和大學學生自治會，1941年），頁3。

47 Field Treasurer's Annual Reports, Fukien Christian University, 1916-1942, Box 120, Folder 2549-2552, UBCHEA Series IV.

48 Report of the Treasurer, Board of Trustees of Fukien Christian University for the Fiscal

的撥款中，聖公會和歸正會的撥款減少，四差會的匯款總額則減至10,656美元，聖公會更於1932年停止捐款。[49]

協大自立案以後，其他來源的收入有明顯的增加，約為總收入的10%至40%，主要為哈佛大學燕京學社的捐贈基金收入和洛克菲勒基金會的撥款贊助，用於發展文、理兩院的教研與出版，對大學的擴展甚為重要。以1931年至1932年為例，從哈佛大學燕京學社（Harvard-Yenching Institute）和洛克菲勒基金會（Rockefeller Foundation）收到的款項，分別為協大全年總收入的13%和3%。[50]

英美基督教差會聯合創辦福建協和大學，相繼投放大量人力物力，促成其發展。[51]至30年代，該校不僅接受海外捐款，也受惠於中國政府的補助。根據劉家峰、劉天路的研究顯示，中國政府於20年代對教會大學的補助，約為總收入的10%，至30年代初增加至20%，1936年至1937年則已高達53%，其中金陵大學獲得中國政府的補助金多至63%。[52]30年代始，協大同時獲得中外撥款，使該校進展為中美共同

Year Ended August 1, 1930-July 31, 1931, in Field Treasurer's Annual Reports, Fukien Christian University, 1916-1942, Box 120, Folder 2549-2552, UBCHEA Series IV.

49 Report of the Treasurer, Board of Trustees of Fukien Christian University for the Fiscal Year Ended July 31, 1930; Report of the Treasurer, Board of Trustees of Fukien Christian University for the Fiscal Year Ended July 31, 1931; Report of the Treasurer, Trustees of Fukien Christian University for the Year (11 Months), 1931-1932, in Field Treasurer's Annual Reports, Fukien Christian University, 1916-1942, Box 120, Folder 2549-2552, UBCHEA Series IV.

50 William P. Fenn, *Ever New Horizons: The Story of the United Board for Christian Higher Education in Asia, 1922-1975*, 19.

51 協大於1911年籌備建校時，原由六個基督教差會討論合辦事宜，其後英國公理會和長老會因經費緊張退出，最後獲美國公理會、美國美以美會、英國聖公會和美國歸正會於1916年聯合創辦。

52 劉家峰、劉天路：《抗日戰爭時期的基督教大學》（福州：福建教育出版社，2003年），頁197-198。

發展的高等教育事業。協大獲中國政府撥發專款發展實用學科，也反映中國政府對教會大學的認可。由1936年至1937年度開始，協大獲得福建省政府補助和教育部撥款合共33,800銀元，約為總收入的18%。關於協大中外財政來源之比重，西方的捐款包括託事部撥款、美國哈佛大學燕京學社和美國洛克菲勒的基金，而中國政府的捐款則為教育部、福建省政府及邵武政府的補助金。立案後來自中國政府的捐款顯著增加。於1936年至1942年間，協大的主要收入仍然依靠託事部的撥款，約為總收入的56%至87%。然而，中國政府的資助雖從沒有取替海外的辦學資金，但已成為該校戰時教育經費的保障。[53]

## 五　結語

一九一九年，第一次世界大戰結束，因中國在巴黎和會上遭遇外交失敗，中國知識分子、文化界及教育界面對民族憂患，受到強烈刺激，反帝國意識和民族主義高漲，其後以土耳其民族獨立運動的成功為例，反對西方強權進一步的侵略，爭取完整的國家主權。五四新文化運動時期提倡科學民主，對以基督教為主的西方宗教進行批判。二十年代初，國內反教情緒高漲，非基督教運動及收回教育權運動的爆發，直接影響中國基督教教育的發展。教育為國家的主權，收回教育權運動反映了國家、教育、宗教三者之間密切聯繫，發展到一九二四年成為轉捩點，在奉天、廣州兩省爆發反對日本殖民教育和反對教會操控中國教育。全國性的教育團體、學會組織、非基督教團體、文化界和教育界紛紛組織起來，引起輿論關注，積極推動通過收回教育權

53 Field Treasurer's Annual Reports, Fukien Christian University, 1916-1942, Box 120, Folder 2549-2552, UBCHEA Series IV.

的決議，促成北洋政府於一九二五年頒布政令控制外人在中國所開辦的學校，其後南京國民政府於一九二七年再透過註冊立案對教會學校進行更嚴謹的監督和管理，體現中國完整的教育主權。

福建協和大學成立於一九一六年，時值第一次世界大戰爆發期間。一九三一年是協大發展的關鍵時刻，成功向國民政府教育部註冊立案，轉為私立福建協和學院，正式納入中國私立教育體系之內，推動行政與學術的本土化發展。註冊立案的首要條件就是收回教會大學的管理權，董事會主席、校長等要職改由中國人擔任。林景潤遂於一九二七年出任首任華人校長，在華人掌握管理大權後，中國教師比例同時漸漸佔優，透過協大的中外師資之人力結構及其變化，藉此說明收回教育權後，教會大學從傳教士轉移至華人主政的本土化歷程。在收回教育權運動政策的影響下，協大在完成立案後進行世俗化的轉型，教會大學取消宗教課程後，傳教士遂以哲學和音樂課程來宣揚基督教信仰。協大學術也出現本土化的發展，其中成立福建文化研究會和出版《福建文化》，使福建研究成為學者關注的課題。值得留意的是，協大自三十年代開始，同時獲得中外撥款，使該校進展為中美共同發展的高等教育事業，協大獲中國政府撥發專款發展實用學科，也反映中國政府對教會大學的監管與認可，獲得承認在中國合法辦學。

# 第四編

# 一戰與孫中山及其三民主義

# 第十二章
# 一戰前後孫中山對《三民主義》的補充解說
## ——兼論「新三民主義」

張偉保
澳門大學教育學院副教授

## 一

孫中山先生的經濟理論，是以民生主義為基礎。它是孫氏根據中國歷代的民本思想和歐美工業革命後的經濟發展趨勢而創立的一種學說。然而，由於孫氏忙於政事，他始終未能將其民生主義的內容清楚地記錄下來，只在很多次的公開演說中，斷斷續續地將民生主義介紹給他的聽眾。因此，孫中山先生的民生主義，曾引起一些革命黨員的懷疑，也不獲得他們實心實意的支持，而只把它作為孫中山先生的一個經濟概念、一個單純的理想，並沒有實現的途徑。孫中山先生本人大概也曾經察覺這種情況。為此，孫氏曾多次向其黨員詳細剖析民生主義與民族、民權兩大主義是互相緊扣、互相補充的，他們不能只講後兩者，而對民生主義不置可否，毫不積極的執行以令其實現。實際上，孫氏認為三民主義是一個有機的組合。其中，民生主義不但是實現民族、民權兩主義的最終目的，也是達致此二者的重要內容，本文以民族主義、民權主義、民生主義的互動關係為中心，以探索孫氏三民主義互相緊扣、互相補足的特殊結構，並指出「新三民主義」實在是子虛烏有的偽命題。

## 二

孫中山先生五十歲以後，特別是護法中斷返回上海居住後，曾積極著述，重要著作包括《孫文學說（卷一行易知難）》、《民權初步》（原名《會議通則》）、《實業計劃》（英文稿，原名*International Development of China--a Project to Assist the Readjustment of Post-bellum Industries*，後由朱執信、廖仲愷、林雲陔及馬君武等譯成中文，在胡漢民等主辦的《建設》雜誌〔創刊於1919年8月〕連載。）以上三書在一九二二年合編成《建國方略》。孫中山先生原先設想的《建國方略》也本包括第四部分：《國家建設》、包括《民族主義》、《民權主義》、《民生主義》、《五權憲法》、《地方政府》、《中央政府》、《外交政策》、《國防計劃》八大冊，後因陳炯明叛變，完成部分的手稿在廣州觀音山總統府中焚毀，此後，孫先生忙於政務，沒有時間把他的偉大計劃全部完成，只能於一九二四年一月二十七日起，在廣州國立高等師範學校演講他認為最重要的《三民主義》和《五權憲法》。同年八月二十四日，孫氏因忙於對付廣州商團叛亂及準備北伐而中輟。其中，《民生主義》只完成四講，並未講完。[1]由此而言，孫中山的學說並未全部完成，這不但是國父個人的不幸，更重要的，是他精心研究的學說，不能讓

---

1 廣東省社會科學院歷史研究室等編：《孫中山全集》（北京：中華書局，1981-1986年），卷6，頁57、247-249；卷9，頁93；陳錫祺主編：《孫中山年譜長編》（北京：中華書局，1991年），下冊，頁1192-1193。孫先生分別完成了《民族主義》、《民權主義》各講，《民生主義》只完成四講，關於住、行兩部分仍未開講，而《五權憲法》則完全未及演講。

世人看個明白，增加我們認識三民主義的困難。中山先生的學說，包括政治、經濟、外交等方面，涉及的範圍非常廣泛，其中，最為人熟識的是民族主義、民權主義，而於先生的民生主義，如平均地權、節制資本，尤以關於《實業計劃》，世人往往以「理想」二字概括之，並不認同其現實意義。這種誤會或不理解，不單在國人心中產生不良的印象，即令許多老同志也不能十分理解。

## 三

民生主義是三民主義的基礎。中山先生抱著「民胞物與」的偉大精神，獻身革命，其出發點只有一個：「拯斯民於水火」。他放棄行醫的工作，從事革命，抱著「己立立人、己達達人」的宗旨，百折不撓，卒能「有志竟成」，帶領同志推翻滿清，建立民國。胡漢民曾回憶初次與先生見面的情況，可反映當時留日知識分子對民生主義的看法。他說：

> 一九〇五年，余以暑假與廖仲愷同行返粵，……途次聞孫先生已至日本，組織革命黨，余與仲愷乃急返東京，至則中國同盟會已成立。入會者……必使書誓約，其詞曰：「當天發誓，同心協力，驅除韃虜，恢復中華，創立民國，平均地權，矢信矢忠，有始有卒，如或渝此，任眾處罰！」余既略聞其情，時方與仲愷夫婦同居，乃夜延先生至寓。……先生為余等言中國革命之必要，與三民主義之大略，余等皆俯首稱善。先生曰：「皆已決心無疑義耶？」余與仲愷同詞對曰：「革命本素志，民族主義、民權主義俱絲毫無疑矣；惟平均地權、民生主義，猶有未達之點。」蓋是時法政學校所講授之經濟學，實為資本

> 主義學說，即所得參考書，亦不過至社會改良而止，因舉所疑為問。先生乃更詳析，辨正余等之見解，且言：「中國此時似尚未發生問題，而將來乃為必至之趨向。吾輩為人民之痛苦，而有革命，設革命成功，而猶襲歐美日本之故轍，最大多數人仍受痛苦，非吾人革命之目的也。」余曰：「言至也，則無復疑問矣。」……皆受盟。

胡漢民參加同盟會及「真正認識革命之意義，實由先生之指導。」[1]他的自傳成於一九一二年，距一九〇五年只有七年，而且，他與中山先生的一夕談話，對其日後事業影響極深，其記憶亦大致可信。其中，他特別提及由於學習和見聞的局限，對三民主義、平均地權曾產生懷疑，需要先生進一步解釋，足見孫先生這個學說，不易為一般知識分子所理解。

原來，孫中山先生也曾追述其加入民生主義一項的革命目標的構想。他在〈自傳〉中說：

> 倫敦脫險（1896年10月23日）後，則暫留歐洲，以實行考察其政治風俗，並結交其朝野賢豪，兩年之中所見所聞，殊多心得，始知徒致國家富強、民權發達如歐洲列強者，猶未能登斯民於極樂之鄉也，是以歐洲志士，猶有社會革命之運動也。予欲為一勞永逸之計，乃採民生主義，以與民族民權問題，同時解決，此三民主義之主張所由完成也。[2]

2 孫中山：〈自傳〉，《三民主義》（臺北：黎明文化事業公司，1977年），頁5。按此書除《三民主義》外，也收錄國父手書〈國民政府建國大綱〉（以下簡稱〈建國綱〉）、〈《民族主義》單行本國父自序〉、〈自傳〉、蔣中正〈民生主義育樂兩篇補述〉、〈三民主義之體系及其實行程序〉、〈國父思想研究表解〉。

關於孫先生在倫敦居留期間的事蹟，其師康德黎有以下的記錄：

> 和我們（康氏夫婦）一起住在倫敦的時候，孫逸仙從不在玩上浪費時間，他總是不停地工作，閱讀關於政治、外交、法律、陸海軍方面的書籍，礦山（及）開採、農業、畜牧、工程、政治經濟學也為他所注意。他堅持不懈地仔細加以研究。他所涉獵的知識領域很少有人達到。[3]

黃宇和先生根據英國警方的秘密檔案，亦指出孫中山先生長期在大英博物館廣泛閱讀書籍。萊恩.夏曼則指出他研讀了馬克思《資本論》和亨利．喬治的著作，特別是一八九七年亨利．喬治在紐約市再次競選市長時逝世，引起世界對他的理論重新加以注意，這個理論（引者按：指單一土地稅）給孫先生永難磨滅的印象。[4]因此，孫先生民生主義提出的時間，當在一八九六至一八九七年間。另有一項資料，可以作為旁證。一八九七年十一月，孫中山先曾與宮崎滔天談及革命思想形成問題，其中，宮崎曾問：「先生土地平均之說得自何處？」[5]由此可見，孫先生的平均地權觀念，在一八九七年已經初步成立。如果加上在興中會誓詞中，已有民族、民權的內容，足證一八九七年孫中山的三民主義已準備就緒，並見於《民報》周年紀念上。至於三者的相互關係，仍須進一步探討。

---

3　陳錫祺主編：《孫中山年譜長編》，頁136-137。

4　陳錫祺主編：《孫中山年譜長編》，頁137。

5　陳錫祺主編：《孫中山年譜長編》，頁152-153。

# 四

首先，我們必須了解孫中山先生終生所倡導的革命活動，是以中國社會特殊環境為其對象，目的是為了避免中國被帝國主義列強所瓜分，並實現中華民族的偉大復興。羅時實教授曾經指出：

> 中國在那時是處於次殖民地的地位，中國革命第一號敵人是列強帝國主義，在這一敵人面前，必須全民一致去共同抵抗，這是民族主義的革命。其次，中國社會是一種軍閥割據，法律失去效力的混亂狀態，從前受滿清的愚昧統治，其後又受軍閥官僚土豪劣紳之聯合蹂躪，從這一方面看，中國的革命應為一種反對特權階級的平民革命，亦即民權主義的革命。第三才是預防地主及買辦脫胎而來的資產階級獨佔社會資本，妨礙國民生計的民生主義的革命。因為中國革命的性質是三種革命同時進行，而國內的資本主義方在萌芽階段，所以國父認為中國一向進行的，應當稱為國民革命，不是單純的階級鬥爭。[6]

所謂「三種革命同時進行」，是指三民主義需要同時實施，因為孫中山認為民族主義可以喚醒國人，為維護過去的光榮而奮發自強；民權主義可以使人民知道自身是國家的主體，以增強國民的團結；民生主義則要解決人民的貧困，在人民的生活水準提高之後，有了豐衣足食，為民族生存所必須的現代化才容易見效。[7]三者互相補充，同時完成，才能令中國民族永久獨立的生存、日臻富強，也是孫中山「致力國民革命凡四十年」的最終目標。

---

6 羅時實：《從經濟學看國父思想》（臺北：正中書局，1965年），頁192。

7 羅時實：《從經濟學看國父思想》，頁12。

依照孫中山先生的解釋，三民主義是指「國家是人民所共有，政治是人民所共管，利益是人民所共享。」[8]三者的關係非常密切，互相牽連。民族主義的重點是國家的獨立自主、生存發展，因此，在面對國內、外的各種壓迫而產生的民族危機，孫中山曾以推翻滿清、打倒軍閥、廢除不平等條約為初步目標。孫中山先生認為如果中國要成為獨立的國家，一方面必須將列強在中國的特權如協定關稅、租界、海關管理權等等政治、經濟的壓力徹底消除，以保障國家的自由。[9]另一方面，則需尋求國家的統一。例如，孫中山先生強烈反對民初曾流行一時的聯省自治運動，認為「中國原來既是統一的，便不應該把各省再來分開。中國眼前一時不能統一，是暫時的亂象，是由於武人的割據」，必須加以剷除。[10]

## 五

對於消除列強在華的各種壓迫，孫先生十分強調經濟的自由發展，指出中國的民族工業因欠缺關稅保護而日趨衰落，引致大量失業勞工，造成嚴重的社會問題。他指出：「因為中國的海關，被各國拿去了，……弄到現在，全國海關都在外人的手內。……海關稅則，都是由外國所定，中國不能自由更改。」[11]其實，「各國平時對外國經濟力的侵入，都是用海關作武器，來保護本國經濟的發展。……用關稅去抵制外貨，本國的工業才可以發達。」[12]例如，美國很早便創出保護

8　孫中山：《三民主義》，頁226。
9　孫中山：《三民主義》，頁21-27、61、107。
10　孫中山：《三民主義》，頁129。
11　孫中山：《三民主義》，頁20-21。
12　孫中山：《三民主義》，頁21。

稅法，來保護本國的工商業。[13]處於初階段的中國民族工業，就是因為欠缺這種保護，沒法在競爭激烈的經濟領域內得以建全發展。以傳統的土布業為例，「中國沒有和外國通商以前，人民所用的貨物，都是自己用手工製造。……後來外國貨物進口，因為海關稅輕，所以外來的洋布價賤，本地的土布價貴，……因之土布工業就被洋布消滅了。本國的手工業便從此失敗，人民無職業，便變成了許多游民，這就是外國經濟力壓迫的情形。」[14]根本的原因，是前清與外國所簽訂的不平等條約，令中國備受壓迫，喪失極大利權。為了挽回這些權益，免去大量的漏卮，孫中山強調必須「擴充我們的實業，多運土貨到外國去賣，賺外國人的錢，就要應用民族主義。大家同心協力，提倡土貨抵制洋貨，這是關於民族主義的事實。」[15]而民族主義在推翻滿清政府後的主題是爭取中國的獨立自主，也就是要廢除不平等條約。這「好比是要收回賣身契一樣，是要中國同外國成一個平等的地位，如果那些條約不廢去，中外便不平等，我們無論有甚麼話都不能講。」[16]

民族主義除了在經濟上解除列強種種壓迫之外，也包括民族同化、即漢、滿、蒙、回、藏五族共和。孫先生主張「順應歷史趨勢，用人為的力量加速各民族血統上、文化上之同化，以形成一中華民族。」[17]而實現的方法，則是「開發邊疆資源與交通、統一語言、鼓勵通婚、移民。」關於開發邊疆資源、交通、移民三者，與民生主義的關係最為直接，孫先生並將其構思寫於《實業計劃》中。在該書的〈第一計劃〉中，孫中山曾擬定「建鐵路系統，起北方大港，迄中國

13 孫中山：《三民主義》，頁21。

14 孫中山：《三民主義》，頁21；相若的言論又見於廣東省社會科學院歷史研究室等編：《孫中山全集》，卷9，頁571。

15 廣東省社會科學院歷史研究室等編：《孫中山全集》，卷9，頁570-571。

16 廣東省社會科學院歷史研究室等編：《孫中山全集》，卷9，頁569。

17 孫中山：〈國父思想研究表解〉，《三民主義》，頁378。

西北極端及殖民蒙古、新疆。」[18]此外，在〈緒論〉中，孫先生特別希望能夠利用第一次世界大戰中各國的「戰爭機器，一一變為和平器具，以開發中國潛在地中之富。」其與邊疆有關者，除上述外，還包括蒙古、新疆的灌溉，及移民於東三省、青海、西藏等。[19]若再加上邊疆人民主要從事農牧工作，則此《實業計劃》中與之相關項目也隨之而增加。由此可見，孫中山先生的民族主義亦是扣緊民生問題。

## 六

至於民權主義與民生主義的關係，更為直接。我們知道孫中山先生曾為民權下一個簡單的比喻，他說：

> 中國幾千年以來，總是一個專制國家，只有皇帝一個人是主人，人民都是奴隸，人民是皇帝一個人的私產。……（現在）國家是人人有份的，好像一個大公司，人民便是股東。中華民國是四萬萬人的大公司，大家都是股東，……專制帝國，是東家生意；共和民國，是公司生意。從前的專制，在辛亥年已經推倒了。從那時候以後，人人都是股東。國家有了利益，大家可以共享。[20]

人民既是股東，為了行使股東權利，便需要直接參與基層政府的工作，在孫中山的計劃中，人民應以縣為單位，實行地方自治，直接

18 孫中山：《實業計劃（中英文對照本）》（臺北：中央文物供應社，1953年），頁13。按此書原是孫中山先生的英文稿，引文悉參照英文原稿，中英文如有差異，均以英文稿為準，並注文中加以說明。

19 孫中山：《實業計劃》，頁4、7。

20 廣東省社會科學院歷史研究室等編：《孫中山全集》，卷9，頁569-570。

行使選舉、罷免、創制和複決四種權力。由於孫中山先生在〈建國大綱〉中規定國家的「建設的程序分為三期：一曰軍政時期；二曰訓政時期；三曰憲政時期」，因此，在經歷軍政時期後，便是訓政時期。此時，政府會派遣「曾經訓練、考試合格之員到各縣協助人民籌備自治。」如要由該縣人民選舉縣官的，則要完成以下各項工作為條件：（1）全縣人口調查；（2）全縣土地測量；（3）全縣警衛辦理妥善；（4）縣境以內道路之修築；（5）訓練人民使用四權；（6）誓行革命之主義。[21]其實，早在一八九七年，孫中山先生曾對宮崎滔天宣稱：「我認為人民自治是政治的極則。」[22]他也曾談及年青時回鄉嘗辦自治鄉政的事情，如「道路修改，入夜街道燃燈及為防禦盜賊設壯丁夜警團，順次更代，此等壯丁均須持槍等事。」[23]可見地方自治觀念在孫中山先生心中已有很悠久的歷史。〈建國大綱〉第十條是關於在縣的單位內實行平均地權，漲價歸公的具體措施。它說：

> 每縣開創自治之時，必須規定全縣私有土地之價，其法由地主自報之，地方政府則照價徵稅，並可隨時照價收買。自此次報價之後，若土地因政治之改良、社會之進步而增價者，則其利益當為全縣人民所共享，而原主不得私之。

由此可見，民權主義以地方自治為基礎。人民在行使四權時，亦同時改良縣政、選舉縣官、選舉議員、健全法律，並利用土地稅收、漲價歸公等財政措施來增加收入，以承擔社會福利事業如「育幼、養老、

---

21 孫中山：〈國民政府建國大綱〉第五、八條，《三民主義》。
22 陳錫祺主編：《孫中山年譜長編》頁147。
23 陳錫祺主編：《孫中山年譜長編》頁153。

濟貧、救災、醫病與夫種種公共之需。」[24]民族主義、民權主義與民生主義的關係實在非常緊密。所以，孫中山先生說：「這三民主義，都是一貫的」[25]，而「建設之首要在民生」[26]一句，亦將三者緊扣起來，成為國民革命的最終目標。

## 七

一九二四年一月，孫中山為了增強革命力量，採取了聯俄容共的政策，實行全面改組國民黨。他檢討了民國元年（1912）以來還沒有能夠實行三民主義的原因有兩個，第一是國民黨採用的「辦法不完全」，其次是「由於各位同志不能同心協力，一致行動。」所以，在這次改組中，孫中山認為以往國民黨內缺乏「一個完全辦法，劃一同志的步驟」，更由於黨員的紀律的廢弛，往往把已經決定的事情，並不嚴格執行。[27]為了把上述問題徹底改善，孫中山強調這次會議是在三民主義的原則下，按照「中國的現狀，依人民的要求，來規定這個政綱。」[28]由於此政綱是「依人民的要求來規定的，人民今年有甚麼要求，我們便要規定一種甚麼政綱；如果人民明年有別種要求，我們的政綱便要依他們的新要求重新去規定。」[29]為了改變以往黨員不遵守黨的政策和政綱的毛病，孫中山非常重視黨員的紀律性和服從性。他說：

---

24 孫中山：〈國民政府建國大綱〉第九、十一條，《三民主義》。

25 廣東省社會科學院歷史研究室等編：《孫中山全集》，卷9，頁572。

26 孫中山：〈國民政府建國大綱〉第二條，《三民主義》。

27 參看中國國民黨第一次全國代表大會〈閉會詞〉，收於榮孟源編：《中國國民黨歷次代表大會及中央全會資料》（北京：光明日報出版社，1985年），上冊，頁7。

28 按：這是指〈第一次全國代表大會宣言〉第三部份。

29 榮孟源編：《中國國民黨歷次代表大會及中央全會資料》，上冊，頁7。

> 黨員的奮鬥是和軍隊的奮鬥一樣。軍隊在奮鬥的時候，如果司令的命令一時不對，當兵士的都要服從，照原命令去共同前進。若是都能前進，或者將錯就錯，也能打勝仗。如果一部的軍隊看出了命令不對，便單獨行動，以致牽動全軍不能一致前進，弄到結果，不是首尾不能相顧，自亂陣線，便要被敵人各個擊破，全軍就要覆沒了。[30]

有了一致的行動，則從前黨員那種「獨斷獨行」的行為，便可避免了。所以，孫中山認為改善了這兩個問題，「便可一往直前，有勝無敗，天天成功，把三民主義、五權憲法宣布到全國的民眾。」[31]雖然依據日後的情況看，這種樂觀的發展是沒有很快地實現。但是，我們絕對不能低估它當時鼓動人心，令國民振奮的重大力量。

## 八

值得特別注意的，是這次全國黨代表大會，目的是「重新來研究國家的現狀，重新解釋三民主義」。特別是後者，曾引起很大的爭議。爭議的主題是部分學者揚言孫中山晚年曾提出謂「新三民主義」，以別於舊的「三民主義」。由於這點關涉國民黨的根本政策，故需要加以討論。事實上，孫中山先生秉持三民主義已逾三十載，根據他本人的自述說：

> 倫敦脫險後，則暫留歐洲，以實行考察其政治風俗，並結交其朝野賢豪。兩年之中，所見所聞，殊多心得，始知徒致國家富

30 榮孟源編：《中國國民黨歷次代表大會及中央全會資料》，上冊，頁8-9。

31 榮孟源編：《中國國民黨歷次代表大會及中央全會資料》，上冊，頁11。

> 強，民權發達，如歐洲列強者，猶未登斯民於極樂之鄉也。是以歐洲志士猶有社會革命之運動也。予欲為一勞永逸之計，乃採民生主義，以與民族民權問題，同時解決。此三民主義之主張所由完成也。[32]

這次全國黨代表大會，為何以提出「重新解釋三民主義」這個口號？許師慎曾引用孫中山〈三民主義為造成新世界之工具〉一文對此加以解說。引文說：

> 為甚麼本大總統（引者案：指孫中山）在三十年前研究建設新中國的道理，一定要在民族民權兩個主義之外，並主張民生主義呢。因為這民生主義是建設二十世紀以後新國家的完全方法。……因為要把中國製成一個新局面，非用新組織不可，要用新組織，非實行極完全的三民主義不成功。[33]

換言之，民生主義的採用是為適應建設二十世紀新國家、新組織的重要元素。這種新國家、新組織必須切合現代社會的客觀需要。據孫氏解釋，要建立新中國，三民主義是她的基礎。孫先生亦多次在一戰後撮述三者之特質與相互關係，其中最重要的是在民國十二年（1923）所著〈中國之革命〉一文。孫氏說：

> 余之謀中國革命，其所持主義，有因襲吾國固有之思想，有規撫歐洲之學說事蹟者，有吾所獨見而創獲者，分述於左：

---

32 許師慎編：《國父革命緣起詳注》（臺北：正中書局，1965年），頁37-38。

33 許師慎編：《國父革命緣起詳注》，頁37-38。

（一）民族主義……余之民族主義，特就先民所遺留者，發揮而光大之，且改良其缺點。對於滿洲，不以復仇為事，而務與之平等共處於中國之內。……對於世界諸民族，務保持吾民族之獨立地位，發揚吾固有之文化，且吸世界之文化而光大之，以期與諸民族並驅於世界，以馴致於大同。

（二）民權主義……余之從事革命，以中國非（實行）民主不可。其理有三：既知民為邦本，一國之內，人人平等，君主何復有存在之餘地；……滿洲之入據中國，使中國民族處於被征服之地位，國民之痛，二百六十餘年如一日，故君主立憲在他國君民無甚深之惡感者，猶或可暫安於一時，在中國則必不能行也；……中國歷史上之革命，其混亂時間所以延長者，皆由人各欲帝制自為，遂相爭奪而不已，行民主之制，則爭自絕。……有此三者，故余之民權主義，……必立憲而後可以圖治。……然余游歐美，深究其政治法律之得失，如選舉之弊，決不可無以救之，而中國相傳之考試之制、糾察之制，實有其精義，足以濟歐美政治法律之窮，……合為五權憲法。更採民權之制，以現主權在民之實。

（三）民生主義：歐美自機器發明，而貧富不均之現象隨之呈露，橫流所激，經濟革命（引者案：即社會革命）之燄，乃較政治革命為尤烈，此在吾國三十年前國人鮮一顧及者。余遊歐美，見其經濟岌岌危殆之狀，彼都人士方焦頭爛額而莫知所救。因念吾國經濟組織，持之歐美，雖貧富不均之現象無是劇烈，然特分量之差，初非性質之殊也。且他日歐美經濟之影響及於我國，則此種

> 現象必日與日俱增，故不可不為綢繆未雨之計。由是參綜社會諸家學說，比較其得失，覺國家產業主義，尤深穩而可行。……故決定以民生主義與民族主義、民權主義同時並行，將一舉而成政治之功，兼以塞經濟革命之源也。[34]

## 九

若再把孫中山由一九二四年一月二十七日起在廣東系統地講述三民主義的講稿中，把〈三民主義〉四講的內容與上述二段引文加以比較，可以肯定他的學說內容重點和精神均沒有實質的改轉。他仍然強調「從機器發明之後，便有許多人一時失業，沒有工做，沒有飯吃。……工人便受很大的痛苦。」[35]他又說：「近世的生產……都是用工人和機器，由資本家與機器合作，再利用工人，才得近世的大生產。至於這種大生產所得的利益，資本家獨得大分。」[36]同時，據其觀察，「歐美近年來之經濟進化可以分作四種：第一是社會與工業之改良；第二是運輸與交通事業收歸公有；第三是直接徵稅；第四是分配之社會化。這四種社會經濟事業，都是用改良的方法進化出來的。」[37]他認為這種變化並不如馬克思所說的，都是由階級戰爭引起的。相反地，「照歐美近幾十年，社會上進化的事實看，最好的是分配社會化，消滅商人的壟斷，多徵資本家的所得稅和遺產稅，增加國家的財富，更用這種財富，來把運輸和交通收歸公有，以及改良工人

34 轉引自許師慎編：《國父革命緣起詳注》，頁39-40。
35 孫中山：《三民主義》，頁303。
36 孫中山：《三民主義》，頁317。
37 孫中山：《三民主義》，頁318。

的教育、衛生和工廠的設備，來增加社會上的生產力。」當然，這種情況，並不是自然而然的，而是要靠政府的力量，促進分配的社會化，才能使「社會上大多數的利益相調和」。[38]此外，孫氏也否定了馬克思的剩餘價值理論，指出「把一切生產的功勞，完全歸之於工人的勞動」[39]是不正確的。而「馬克思認定階級戰爭才是社會進化的原因」更是「顛倒因果。」[40]

由此可知，認為孫氏晚年有所謂「新三民主義」，並沒有根據的。相反地，孫中山在同一次演講中，清楚表示：

> 民生主義的辦法，國民黨在黨綱裏頭，老早是確定了。國民黨於民生主義，定了兩個辦法：第一個是平均地權，第二個是節制資本。只要照這兩個辦法，便可以解決中國的民生問題。[41]

既然是「老早」確定了，那裏有所謂的「新」三民主義呢！

38 孫中山：《三民主義》，頁322-323。
39 孫中山：《三民主義》，頁323。
40 孫中山：《三民主義》，頁326。
41 孫中山：《三民主義》，頁338。

# 第十三章
# 民國初年孫中山對西方列強的態度探析

張曉輝

廣州暨南大學歷史學系教授

面對民初極其複雜的國際局勢，孫中山謹慎對待，力求對「友邦」一律親善，開創一個好的國際局面。他渴望民國得到西方列強的承認及援助，成為國際大家庭中平等的一員，然而在實踐中非如所願。孫中山堅持國家和民族利益，譴責「白禍」（西方列強的殖民主義），反對帝國主義「戰禍」（第一次世界大戰）。普世的價值觀念，國際「公理」，海內外友人的熱忱相助與真誠告誡，是影響孫中山對西方列強態度的要素。孫中山對西方列強持實用主義態度，最終陷於矛盾狀態，既懷有警惕，又抱有期望和幻想。孫中山所受到的外交際遇，直接關係其後對於西方社會的認知走向。

學界對於孫中山與近代列強關係的研究很多，從具體國別來講，較集中於孫中山與日本、蘇俄；從時段上來講，較集中於孫中山晚年（尤以其聯俄方面突出）。[1]而民國初年局勢雲譎波詭，從總體來講，

---

1 學界已發表不少孫中山與西方列強及西人關係的論文，如陳三井的〈孫中山與近代法國〉（《近代史研究》1997年第2期）、〈論孫中山晚年與美國關係〉（《廣東社會科學》2005年第3期）；張忠正的〈孫中山與美國人合作的中國革命計劃（1908-1911）〉（《紀念孫中山誕辰140週年國際學術研討會論文集》，2006年）；李吉奎的〈孫中山

孫中山如何處理紛繁複雜的對外關係？他所受到的外交際遇，與其後對於西方社會的認知走向有何關聯？本文試圖在已有研究的基礎上，從綜合的角度，進行深入再探討。

民國初年，面臨極為複雜的國際局勢，孫中山謹慎對待，力求對「友邦」一律親善，開創一個好的國際局面。他希望民國得到西方列強的承認及援助，成為國際大家庭中平等的一員，在臨時大總統誓詞中表示，「至專制政府既倒，國內無變亂，民國卓立於世界，為列邦公認，斯時文當解臨時大總統之職。」[2]並宣稱：「臨時政府成立以後，當盡文明國應盡之義務，以期享文明國應享之權利。滿清時代辱國之舉措與排外之心理，務一洗而去之；與我友邦益增睦誼，持和平主義，將使中國見重於國際社會，且將使世界趨於大同。」[3]然而，在實踐非如所願。

## 一　孫中山對西方列強態度的路徑

辛亥革命爆發後，孫中山對列強的看法是，「要而言之，列強之與中國最有關係者有六焉：美、法二國，則當表同情革命者也；德、

聯德外交始末〉（《中山大學學報（社會科學版）》2011年第1期）；邵雍的〈辛亥革命時期孫中山與英國及英國人之關係初探〉（林家有主編：《孫中山研究》〔廣州：廣東人民出版社，2012年〕，第4輯）、中村哲夫的〈孫中山與美國文明共存的志向〉（林家有主編：《孫中山研究》〔廣州：廣東人民出版社，2016年〕，第5輯）等。此外，臺灣曾出版過一系列有關專著，如陳三井的《中山先生與美國》（臺北：臺灣學生書局，2005年）、《中山先生與法國》（臺北：臺灣學生書局，2002年）；李國祈的《中山先生與德國》（臺北：臺灣書店，2003年）；黃宇和的《中山先生與英國》（臺北：臺灣學生書局，2005年）等。

2　〈臨時大總統誓詞〉，中國社會科學院近代史研究所中華民國史研究室等合編：《孫中山全集》（北京：中華書局，1982年），第2卷，頁1。

3　〈臨時大總統宣言書〉，《孫中山全集》，第2卷，頁2。

俄二國，則當反對革命者也；日本則民間表同情，而其政府反對者也；英國則民間同情，而其政府未定者也。」[4]他把列強尤其是其中一兩個重要大國的承認和援助視為鬥爭成敗的關鍵，將革命成功的希望寄託於此。

孫中山對西方列強態度的路徑是：較為親近和信任美國，較接近法國，較疏離英國，抵制俄國和德國；譴責「白禍」(西方列強的殖民主義)，甚至倡議中日相互提攜，共同保障東亞之利益；反對帝國主義「戰禍」(第一次世界大戰)。

## (一)較為親近和信任美國，較為接近法國

美國的文化和精神文明對孫中山產生過重要影響，在美的經歷使其瞭解一個真實的美國，他敬佩美國人民爭取自由獨立的精神，殷切期望得到物質上的援助和精神上的支持，故特別注重與美國朝野各種政治勢力建立和保持形式多樣的廣泛聯繫。

一九一二年初，孫中山與美國記者在民國臨時政府總統官邸交談時說，「世人都很友善——歐洲人都夠朋友——我們到處都有朋友。但我們需要的是承認，你們應該承認我們。」南京臨時政府外交總長王寵惠也與美國特使討論承認民國和中國的國際地位問題。[5]

在列強各國中，美國是較早致以善意的。一月，美國駐廣州總領事面告粵外交官員，謂美國南支那艦隊曾受政府命令，倘遇中華民國軍艦下駛施禮時，應一體回禮。請約定時間，以一軍艦對美艦施禮，俾得回禮，作為承認民國之先聲。廣東副都督陳炯明認為，「據美領意，美海軍認吾國旗後，法、德、日、葡等國辦隨之。此事關係甚

---

4 〈建國方略〉，中山大學歷史系孫中山研究室等合編：《孫中山全集》，第6卷(北京：中華書局，1985年)，頁245。

5 〈接見麥考密克時的談話〉，《孫中山全集》，第2卷，頁140。

大」，故致電孫中山及臨時政府外交總長，請示對策。[6]

三月七日，臨時政府財政部呈稱：「各國財政，皆有預算，以謀收支之適合。其預算案之編制，英由財部，美由議院。今我政尚共和，宜採美制。」孫中山採納了這一意見，令印鑄局查照辦理。[7]

由於臨時政府存在時間過短，孫中山爭取各國承認的努力未取得多大進展，只有美國參議院於三月十六日通過了一項議案，稱「中國宣佈共和，為世界上極大之事。吾人深知中國人有自治之資格，此案之通過，深望不日且正式承認中華民國。」[8]

一九一三年一月四日，中美國民同盟會在北京成立，孫中山和羅斯福被舉為名譽會長。與會者兩百人，其中有參議會議員五十餘人，美國人及女界約四十人。同月二十六日，孫中山認可了中英美睦誼會名譽會員之推舉。[9]

孫中山曾於一九一二年十一月十六日致電威爾遜，由於威爾遜當選美國總統後事務繁雜，故遲至翌年年初才復函，稱贊「中國年來所建事業，凡百舉動無不極表同意，中國民志向慕自由，一旦達完全之共和、償國民之素願，實莫大之幸福，不朽之盛事也。」[10]

四月，孫中山復時任民國大總統袁世凱電，謂「美國對我，情同手足，投資一法，未始非救吾國雅意」。[11]

孫中山與美商戴德律（曾任歐美金融發展公司總裁、美國大西

---

6 〈陳炯明致孫中山等電〉，桑兵主編：《各方致孫中山函電匯編》（北京：社會科學文獻出版社，2012年），第1卷，頁306。

7 〈令印鑄局長黃復生編具概算書文〉，《孫中山全集》，第2卷，頁192。

8 程道德等編：《中華民國外交史資料選編（1911-1919）》（北京：北京大學出版社，1988年），頁15。

9 陳錫祺主編：《孫中山年譜長編》，上冊，頁761。

10 〈威爾遜致孫中山書〉，桑兵主編：《各方致孫中山函電匯編》，第2卷，頁387。

11 〈復袁世凱電〉，《孫中山全集》，第3卷（北京：中華書局，1984年），頁57。

洋——太平洋鐵路公司副總經理）信函往還，聯繫密切。在反對袁世凱專制獨裁的鬥爭中，一九一四年八月十四日，孫中山致函雲，「你此刻身在美國，能給我以重大幫助。」「首先，請作出最大努力，阻止袁世凱獲得他可能在美國籌借的任何貸款。」「其次，我要請你代我物色一批誠實而且願意幫助我在戰爭結束之後，也就是在革命進一步繼續之時，從事建設工作的人才。」同時，孫中山還致函美國總統威爾遜，「謹請求您為了人道，阻止摩爾根公司為袁世凱籌辦貸款。」「切望美國嚴守中立」。[12]

一九一四年底，孫中山請戴德律從速籌款（此前已多次提出要求），並謂如近兩三個月內無法辦到，他「也許會到美國去」。[13]

孫中山於一九一六年初致函咸馬里夫人，謂「我國將興辦和開發礦產事業，並將鼓勵人民效法，故具有此類才能之人員實為急需，請代為留意羅致。」[14]

這年五月，孫中山寫信給戴德律，指出「中國現正處於極端危險之關頭，而我則急於要使中國擺脫混亂以再造和平與秩序。」他說「如今時機已到，竟因經費缺乏而難以控制局勢」，故急需金元五百萬，希望「竭盡全力幫助我獲得這筆款項，否則，一切都會落空。」[15]

護國運動結束後，孫中山將注意力再度轉向建設事業，他準備為此赴美一行。七月五日，孫中山致函戴德律，評論時局，說「袁世凱死後，局勢已完全改觀」，建議取消此前洽談的一切政治借款，「如果諸事順遂，情況好轉，我將再度從事實業方面的工作。屆時，請先生代為能幫助我國發展實業之類的人士。在此情況下，我亦將盡速再來

12 陳錫祺主編：《孫中山年譜長編》，上冊，頁899。

13 〈致戴德律函〉，《孫中山全集》，第3卷，頁143。

14 〈致咸馬里夫人函〉，《孫中山全集》，第3卷，頁231。

15 〈致戴德律函〉，《孫中山全集》，第3卷，頁299-300。

美國，會見各方面資本家，延聘有用人才。」[16]

孫中山於一九一六年秋致函咸馬里夫人，稱「目前事務繁雜，須加料理，一旦得空，將赴美洲一行。」[17]

由於孫中山一再表示要「專致力於建設事業」，[18]這就決定了之後一段時間仍須寄託希望於美國當局及友人的支持和幫助。

孫中山認為在列強中，美國是比較主持公道的國家，他贊揚美國國務卿海約翰提出的「門戶開放政策」，認為這打消了列強企圖瓜分中國的問題。[19]

孫中山和法國政界的關係起始於一九〇〇年，最密切的時期直至中華民國成立。[20]他對法國的言論雖然不多，但與其重要原則相契合。一九一二年初，孫中山致電法國政府，告知其任命中華民國臨時政府駐法國全權代表，「為的是使兩個姊妹共和國能建立友好關係，便能為推進文明及發展工商業而共同努力。」[21]為解決民國政府財政困難的燃眉之急，孫中山極力主張創辦中西合股銀行，一九一三年初得到法國政府允許，將來還可在巴黎市面發行各種債票。[22]儘管此事後來未成，還是反映了孫中山對法國的期望和友好態度。

### （二）較疏離英國，抵制俄國和德國

孫中山對英國長期以暴政壓迫東亞民族「痛恨長嘆」，將之視為

16 〈致戴德律函〉，《孫中山全集》，第3卷，頁316。

17 〈致咸馬里夫人函〉，《孫中山全集》，第3卷，頁380。

18 〈批舊同志組織大政黨事函〉，《孫中山全集》，第3卷，頁415。

19 〈在上海歡迎美國議員團時的演說〉，廣東省社會科學院歷史研究所等合編：《孫中山全集》（北京：中華書局，1985年），第5卷，頁296。

20 巴斯蒂：〈論孫中山與法國政界的關係〉，林家有、李明主編：《孫中山與世界》（長春：吉林人民出版社，2004年），頁331。

21 〈致法國政府電〉，《孫中山全集》，第2卷，頁17。

22 〈致袁世凱電〉，《孫中山全集》，第3卷，頁10。

亞洲民族解放的障礙。[23]他擔任臨時大總統後，力圖推行一系列重要的社會改革，但遇到列強的阻力。如禁止鴉片，「須俟得某國（按，指英國）承認後，始能協商。」[24]直到一九一二年三月二日，孫中山才發佈了《嚴禁鴉片通令》。

辛亥之際，蒙古、西藏在英國、俄國的策動下，先後發生獨立運動，引發了中國的邊疆危機。一九一二年九月，孫中山在山西軍界歡迎會的演說中，揭露了沙俄和日本，說「外國之大勢，英、德、法、美雖強，勢力尚未能完全及於東方，其與我國國境毗連者厥惟日、俄。……近者兩國連絡，對於蒙、滿頗具野心，已視為其國之範圍地，甚為可慮。」[25]

十一月三日，俄國密使在庫倫與哲布尊丹巴等擅訂《俄蒙協約》，北京政府外交部提出抗議，聲明不承認俄國與外蒙所訂之任何條約。孫中山致電袁世凱，說「俄蒙之約萬不可承認，當出以最強硬之抗議」。[26]他還通電全國，謂「我國人皆知蒙亡國亡，與其不抗俄屈辱而亡，孰若抗俄而為壯烈之亡，故舉國一致，矢死非他也。」孫中山提出「對非常之變，當出非常之方以應之」，即倡議錢幣革命以對抗沙俄侵略。[27]

一九一三年五月，孫中山致函日本政界元老井上馨，揭露袁世凱之詭謀，並謂傳聞其「與俄人隱相結納，尤將為東方之不利。」[28]

英國的對華政策比較複雜，反袁「二次革命」後，孫中山認為英

23 段雲章編著：《孫文與日本史實編年》（廣州：廣東人民出版社，1996年），頁580。

24 〈復黎元洪電二件〉，《孫中山全集》，第2卷，頁73。黎元洪當時為臨時政府副總統。

25 〈在山西軍界歡迎會的演說〉，《孫中山全集》，第2卷，頁475。

26 〈致袁世凱電〉，《孫中山全集》，第2卷，頁542。

27 〈倡議錢幣革命對抗沙俄通電〉，《孫中山全集》，第2卷，頁544。

28 〈致井上馨函〉，《孫中山全集》，第3卷，頁61。

國政府本信北洋當局，但「近則英國輿論已變，《泰晤士報》已評袁世凱無定亂興治之力矣。英與佛（按，即法國）邦交最善，而近日佛政府與國民皆已不信袁氏，故取消佛支（按，支即支那，舊指中國）銀行借款之保證。夫英於支那，以求真正之治安為目的，前誤信袁氏有保持支那之能力，今既知其不然，將與佛國漸同為趨向。」[29]

在反對袁世凱的鬥爭中，孫中山指責了英日聯盟，謂「日本政府的態度則因為有英日聯盟的關係對我們並不友善。」[30]他還說，「由於英國政府的干預及其保守影響，日本政府未敢給我們以友好支持。我們正不靠外援，獨立工作，深信必能成功。」他還將袁世凱與德皇歸為同類，痛斥其「作風之暴戾，對權力之貪婪，其本性之自私，與德皇毫無二致。袁世凱乃一徹頭徹尾親德人物，德國若在此次戰爭（按，指第一次世界大戰）中獲勝，中國必將淪為德國之附庸。英國若支持袁世凱，非但會一無所獲，而且會喪失在中國既有之地位」。[31]

護國運動時，孫中山於一九一六年初致函康德黎夫人，說「袁世凱欺騙了不少外國使節，但無法蒙蔽本國人民」。「英國竟無視袁世凱昭然若揭之親德傾向而甘受愚弄，實令人詫異。香港、上海及新加坡等地之英國官員，居然與袁世凱合作而熱衷於迫害我愛國同胞」「此種行徑必貽英國政府以不良之後果。……我國人民素以友邦視英國……英國官員若不改弦更張，……則中國人民亦將不得已而改變態度。」孫中山責備英國政府「不該鼠目寸光，而當高瞻遠矚。」[32]

29 〈致大隈重信函〉，《孫中山全集》，第3卷，頁86。

30 〈致戴德律函〉，《孫中山全集》，第3卷，頁136。

31 〈致康德黎夫人函〉，《孫中山全集》，第3卷，頁163-164。

32 〈致康德黎夫人函〉，《孫中山全集》，第3卷，頁235-236。

### (三) 明確反對西方列強的侵略廝殺

為了抵御西方殖民主義的擴張，孫中山贊同大亞洲主義。第一次世界大戰前夕，他曾鼓吹中日親善、聯合，共抗白種人的殖民侵略，維護東亞和平。謂「現今亞洲大勢，澳非兩洲，均受白人之箝制。」亞洲人民「一部分屈伏於歐人勢力範圍之下。假使中日兩國協力進行，則勢力膨脹，不難造成一大亞洲，恢復以前光榮這歷史。」[33]

孫中山強烈反對西方列強發動的侵略戰爭，他對第一次世界大戰有預感，在一九一四年六月為《戰學入門》一書作序中指出：「近百年來，白種之物質進化，實超前古，而其心性進化尚未離乎野蠻，故戰爭之禍於今尤烈。」我中華古國，「忽逢此白禍滔天之會，有亡國滅種之虞，此志士仁人欲為人道作乾城，無進化除障礙，有不得不以戰止戰者也。」[34]

同年七月二十八日，第一次世界大戰爆發。孫中山一方面擔憂，「歐洲戰禍，延及東亞，均勢局破，國亡無日；外交稍失其宜，瓜分即有所藉口」。[35]另一方面又認為，「現在全歐戰雲密布，各國自顧不暇，無力及我。」此乃中國革命黨舉兵起事之良機，即「正吾黨努力建功之時。凡我同志務望擔負責任，切實進行，黃龍痛飲，為日有期。」[36]

## 二　孫中山對西方列強態度的原則

孫中山對西方列強所取態度的原則是：堅持國家和民族利益，警

33 〈在東京中國留學生歡迎會的演說〉，《孫中山全集》，第3卷，頁26-27。

34 〈戰學入門〉，《孫中山全集》，第3卷，頁95。

35 〈約束黨員通告〉，《孫中山全集》，第3卷，頁111。

36 〈中華革命黨成立通告〉，《孫中山全集》，第3卷，頁113。

惕列強聯合對中國領土的瓜分政策和對中國主權的侵蝕；符合國內政治鬥爭的需要和革命黨的利益；盡可能有利於國家的建設事業（實業救國）。

## （一）以承認民國新政府為前提

對此孫中山始終殫思極慮。一九一二年一月五日，孫中山發表對外宣言，承認辛亥革命以前清政府與各國所締結之條約有效，至條約期滿為止；負責償還革命以前清政府所借之外債及所承認之賠款，不變更其條件；尊重革命以前清政府所讓與各國或各國個人之種種權利。但凡在革命軍興以後所成立者，則予以否認。他還保證在共和政府法權所及之範圍內，尊重和保護各國人民之生命財產。孫中山說：「吾中華民國全體，今布此和平善意之宣言書於世界，更深望吾國得列入公法所認國家團體內，不徒享有種種之利益與特權，亦且與各國交相提攜，勉進世界文明於無窮。蓋當世界最高最大之任務，實無過於此也。」[37]

孫中山認為「聯絡外交一項，最要之問題，即系承認民國。」他希望美、法兩國能率先承認中國新生的共和政權，打破外交僵局。一九一二年八月下旬，北京政府國務總理陸徵祥請孫中山親往日、美活動，因「俟經日、美承認，各國不待要求，自可一律辦理。」孫中山「慨然允諾」。[38]

列強各國遲遲不肯承認孫中山及其領導的革命黨和新政權，孫中山對此耿耿於懷。

37 〈對外宣言書〉，《孫中山全集》，第2卷，頁10-11。

38 〈在北京與陸徵祥的談話〉，《孫中山全集》，第2卷，頁411-412。

## (二) 維護國家主權，防止列強聯合瓜分

近代中國被列強環伺，危機重重。一九一二年年底，孫中山通電全國，稱「今日民國成立已一年，而列國互相阻難，無一國肯首先正式承認。而蒙古一域之獨立，俄乃首先承認之，各國不以為難。此非故為瓜分之餘地乎？與其俯首而聽人之瓜分，何如發奮一戰以勝強俄，而固我國基於萬代之為愈也。」[39]

孫中山有強烈的憂患意識。在一九一二年九月的多次演說中，他都批判了列強對中國的侵略行為，揭露道：「當此國勢頻危，日人駐兵於南滿，俄人駐兵於蒙古，英人駐兵於西藏，法人駐兵於滇、黔，思為瓜分」。[40]

一九一三年二月，孫中山在日本東京實業家的聯合歡迎會上演說道：「中國向來所受之政治障害有二：其一為國內的，其二為國際的。」「至於國際的政治障害，為中國向來與外人所訂條約不良，喪失主權。」[41]

## (三) 不能以借款而干預民國財政

孫中山對外持開放主義，贊同借外債搞建設，但在主權上絕不含糊。他對列強銀行團要求監督借款用途，表示極端反對，說「中華民國成立伊始，固不得不借外債，惟各國資本家不應要求監督財政權。」[42]孫中山認為鐵路借款，「須向歐美大銀行直接議借，不必由在京銀行團經手。」[43]因為「由政府向外國銀行團借，即成為國際交

---

39 〈倡議錢幣革命對抗沙俄通電〉,《孫中山全集》，第2卷，頁549。

40 〈在北京軍警界歡迎會的演說〉,《孫中山全集》，第2卷，頁428。

41 〈在東京實業家聯合歡迎會的演說〉,《孫中山全集》，第3卷，頁95。

42 〈在上海與〈大陸報〉記者的談話〉,《孫中山全集》，第2卷，頁385。

43 〈與湯漪的談話〉,《孫中山全集》，第2卷，頁411。

涉，銀行團勢必質問本國政府，彼國政府勢必多方要挾」，故孫中山主張「直由本國國民名義與外國資本家交涉，不須政府擔保，不須抵押。」[44]

一九一二年年底，中國政府與列強銀行團磋商借款，受到種種挾制，並要求過分之權利，孫中山認為其原因亦在於國內無大銀行有借款之能力。他調查銀行團中，以法國出資最巨，於是擬聯合多數銀行，與法國資本家合資創辦一極大銀行。「倘合中外為一家，將國中數十銀行聯合而成一巨大之銀行，發行債票，仍外資之輸入，則全國金融樞紐之操之於己，即政府借款亦可擔任，不致受非法之要挾，而利益亦不致入外人之手。」[45]

孫中山極贊成中西合辦銀行，一九一三年初，在上海與法國巴黎聯合銀行的代表磋商條件。但他與對方所議者，同當時北京政府財政部長周學熙與法國人所議的中法銀行章程，「權利得失，相差甚遠。」孫中山致電袁世凱和周學熙，謂巴黎聯合銀行是世界上極大銀行之一，故與其合作，必須堅持主權，「事關國體利權，不得不質直言之，幸為亮察。」他與法國方面所議內容主要為：「一、銀行在中國註冊，悉遵中國法律。二、董事局全為華人，西人居顧問局。三、總辦十年內用西人，十年後可用華人。四、督理各舉二人，總辦執行，悉惟督理之命是聽。」[46]

孫中山表述得很清楚，「與西人合股立一銀行，專以輸入外資為目的，直接則振興中國實業，間接則抵制四國（銀行）團。」[47]

---

44 〈在北京報界歡迎會的演說〉，《孫中山全集》，第2卷，頁434-435。

45 〈在實業銀行信成銀行歡迎南洋華僑會上的演說〉，《孫中山全集》，第2卷，頁550。

46 〈致袁世凱周學熙電〉，《孫中山全集》，第3卷，頁9。

47 〈致日本某君函〉，《孫中山全集》，第3卷，頁78。當時向中國政府正式借款的是四國銀行團，一次大戰期間，英、法、俄無力兼顧中國，實際上中國借款由日本所壟斷。

### （四）不能為北洋軍閥政府提供援助

民初政局風雨變幻，孫中山警惕列強援助軍閥政府，破壞他領導的革命事業。

宋教仁被刺案發生後，孫中山致電各國政府和人民，揭露北洋軍閥政府的卑劣行徑引起了全國公憤，並與英、法、德、日、俄五國銀行團締結兩千五百萬英鎊大借款，以破壞中華民國臨時約法。他「奉懇各國政府人民設法禁阻銀行團，俾不得以巨款供給北京政府。」[48]

一九一三年五月初，孫中山致電康德黎，請代表孫將其《致各國政府和人民書》提交英國政府、議會以及歐洲各國政府，並廣泛發表於一切報刊，籲請施加影響，「以阻止銀行家們（按，指外國銀行團）供應北京政府以在目前情勢下肯定會被用作戰爭經費的金錢」。[49]

## 三　影響孫中山對西方列強態度的要素

影響孫中山對西方列強態度的要素是：普世的價值觀念，國際「公理」，對歐美文明的好感和認可（包括美國、法國民主共和模式，人類自由平等與和平正義）；海內外友人的熱忱相助與真誠告誡。

### （一）以歐美的先進制度為楷模

孫中山承諾要把民國建成「現代文明國家」，在民主、共和、自由、平等、博愛等普世價值觀念方面，他無疑贊賞歐美文明。他認定「共和政體在地球上，要算第一最好政體」。[50]「世界最完全政黨之

48 〈致各國政府和人民電〉，《孫中山全集》，第3卷，頁56。

49 〈致康德黎電〉，《孫中山全集》，第3卷，頁57-58。

50 〈在安徽都督府歡迎會的演說〉，《孫中山全集》，第2卷，頁533。

國，一為英國，一為美國。……民國初成，吾願兩黨諸君，以英、美先進國為模範。」[51]

孫中山在一九一二年的一次演說中談及中國革命之遠因，稱「皆由有外國之觀感，漸染歐美文明，輸入世界新理，以至風氣日開，民智日辟，遂以推倒惡劣異族之政府，蓋無不由此觀感而來。」[52]他批判中國自「暴秦以後，其君主專制日益誇張，政體日形腐敗，國事日蹙，勢將滅亡，人民不堪忍受，至清朝愈盛。至到今日，始成共和，採美利堅、法蘭西之美政，以定政治之方針。」[53]

辛亥前後，孫中山常將美、法兩個共和國並提，表明在其心目中這是同種類型的先進國家。他深刻認同美國第十六屆總統林肯「民有、民治、民享」的理念，其政治訴求，從興中會誓詞、宣誓方式到政府執政名號，都採納了美國方式，所謂「步泰西之法」，即是步美利堅合眾國之法。一九一一年十二月二十六日，在同盟會最高幹部會議上，討論總統制或內閣制與總統人選問題，孫中山主張總統制。在當日接受法國記者採訪時，說「我個人贊同汲取美利堅合眾國和法蘭西共和國的各自長處，選擇一種間於二者的共和體制。我們很想借鑒其他民族的經驗。」[54]中華民國臨時政府成立後，美國友人致函「希望這一政府原則永不改變」，並謂「共和制在美國獲得了成功，……如果像美國那樣遵循穩定繁榮的共和政策，中國就會取得卓越成效。」[55]一九一二年三月，孫中山告訴康德黎夫人，「我們正在謀求在中國實行宗教自由，而在此新制度下基督教必將昌隆繁盛」。[56]九月，

---

51 〈在北京共和黨本部歡迎會的演說〉，《孫中山全集》，第2卷，頁441。

52 〈在法教堂歡迎會的演說〉，《孫中山全集》，第2卷，頁568。

53 〈在神戶國民黨交通部歡迎會的演說〉，《孫中山全集》，第3卷，頁43。

54 陳錫祺主編：《孫中山年譜長編》上冊，頁599。

55 〈查爾斯·里曼致孫中山函〉，桑兵主編：《各方致孫中山函電匯編》，第1卷，頁151。

56 〈致康德黎夫人函〉，《孫中山全集》，第2卷，頁231。

孫中山在北京演說時強調道：「我國民以自由、平等、博愛三主義造成共和國家」，他要求國民「首即當知共和國家異於專制國家之要點」。[57]

一九一三年初，孫中山在上海演說道：「蓋破壞乃暫時的作用，建設乃永久的事業。例如法、美革命而後，共和告成，日謀建設，未敢曰盡臻完善。」[58]他認為，「至於政府之組織，有總統制度，有內閣制度之分。法國則內閣制度，美國則總統制度。……現就中國情形論之，以內閣制度為佳。」[59]

孫中山很重視地方自治在現代國家治理中的作用。一九一六年七月中旬，他在上海演說道：「地方自治者，國之礎石也。礎不堅，則國不固。」「今後當注全力於地方自治」，他贊賞美國始行於一九一三年的地方自治機構「今已成效大著」，並將這一最新之地方自治機構介紹給國人。[60]

同年八月，孫中山在浙江演說時指出：「法、美兩國能日臻強盛，要以注意地方自治為根本。」[61]

## （二）海內外友人的支持和影響

在西方列強中，孫中山最為接近美國，除了的政治理念方面的認同外，還因得到來自美國人士的支持和同情最多。筆者查閱了桑兵主編《各方致孫中山函電匯編》收錄的一九一二年至一九一六年間西人致孫氏五十七封函電，得知其中至少有二十二人是美籍人士。

57 〈在北京蒙藏統一政治改良會歡迎會的演說〉，《孫中山全集》，第2卷，頁429。

58 〈在上海國民黨懇親會的演說〉，《孫中山全集》，第3卷，頁2。

59 〈在神戶國民黨交通部歡迎會的演說〉，《孫中山全集》，第3卷，頁44。

60 〈在滬舉辦茶話會上的演說〉，《孫中山全集》，第3卷，頁327。

61 〈在浙江省議會的演說〉，《孫中山全集》，第3卷，頁345。

孫中山甫任新成立的中華民國臨時大總統，容閎即致函，告誡「你面臨之關鍵是：一支共和國軍隊的問題。首則英吉利，次則日、俄、法、德，此類除美國之外的掠奪性國家，皆若兀鷹眈眈相視，預備破壞共和。」關於共和國軍隊應具之規模、軍事開支應有之金額，荷馬．里「無疑是最佳建議者」。容閎還建議孫中山挑選有經驗的能幹的美國人以純咨詢之資格擔任內閣成員及部門首腦的助手或顧問。至於資金，「美國是最宜尋求外國貸款之地」。[62]

謝纘泰也致函孫中山，鄭重建議其設法爭取到美國民主黨領袖的幫助。[63]

新成立的民國政府迫切需要得到國際社會尤其是西方大國的承認，伍廷芳致函孫中山，告之他在美國的一些朋友一直在盡力說服其政府承認中華民國，包括國會議員和大報業主等，也引人注目地參與了這個運動。[64]

孫中山擔任臨時大總統期間，給他函電的外國人主要來自歐美（其中以美國人士居多），以各種方式表示對孫中山及其事業的支持和同情。他們贊頌中國革命推翻清王朝，熱烈祝賀孫氏成功入主南京。如康德黎向孫中山表示祝賀，並告訴他「這邊常有人來希望我們介紹他們，以引起您的注意。」[65]戴德律在信函里附寄一本《華盛頓國會的行動》，以表達美國對中國人民所努力取得的成就的祝賀，「且盡可能早地承認中華民國作為國際大家庭的一員。」[66]史密斯對孫中山成為中國第一位總統，「成為中國的喬治．華盛頓」表示最衷心的

62 〈容閎致孫中山函〉，桑兵主編：《各方致孫中山函電匯編》，第1卷，頁99。

63 〈謝纘泰致孫中山函〉，桑兵主編：《各方致孫中山函電匯編》，第1卷，頁88。

64 〈伍廷芳致孫中山函〉，桑兵主編：《各方致孫中山函電匯編》，第1卷，頁398。

65 〈康德黎致孫中山函〉，桑兵主編：《各方致孫中山函電匯編》，第1卷，頁112。

66 〈詹姆斯．戴德律致孫中山函〉，桑兵主編：《各方致孫中山函電匯編》，第1卷，頁119。

祝賀，並稱「我確信，我的祝賀道出了大多數美國人的心聲。」[67]坎斯在信中說，「英國人人都為你們取得的進步感到高興」，「英國人人都支持你」，並稱收到很多申請信，希望提供幫助和服務。[68]

在這些函電中，除了道義上的支持外，不少人還毛遂自薦，願為孫中山效力，以自身的專長到民國新政權任職和服務。他們積極出主意，提出了許多建設性意見，內容包括組建及訓練民國軍隊、採用美國民兵制；協助起草和制訂民國憲法草案、民國國旗及盾形紋章設計圖案；推薦採用美國或法國的政府組織；建議量衡系統採用世界通行的美元、美分貨幣體系；建議在各省發行債券以籌巨款；中外投資合作搞建設；協助開展禁煙（鴉片）工作；以及幫助宣傳、辟清海外對孫中山的謠言和誹謗，等等。[69]此外，亦有忠告，如大衛・弗里曼致函孫中山，請其注意借鑒西方國家的教訓，謂「你的英籍顧問中有很多人地擔心新政權在改革激情的衝擊下，會重復西方國家所犯的錯誤。如果吸取西方的長處，即物質文明，並把它與貴國古老獨特的文明相結合，改革就能取得成功。」[70]美國傳教士、北京萬國改良會會長丁義華以朋友之誼忠告孫中山，「破壞既已告終，建設引非易易」，面臨內憂外患，望「攘臂急起，力輓狂瀾，總以國家民生為前提。」[71]

儘管孫中山辭去臨時大總統職後，上述函電驟減，但西方友人的關注與支持仍未中斷。如孫中山辭去臨時大總統職後，專心致志於建設事業尤其是鐵路計劃，認定這事「實為目前唯一之急務，民國之生

67 〈Y・H・史密斯致孫中山函〉，桑兵主編：《各方致孫中山函電匯編》，第1卷，頁293。

68 〈詹姆斯・坎斯致孫中山函〉，桑兵主編：《各方致孫中山函電匯編》，第1卷，頁305。

69 參閱桑兵主編：《各方致孫中山函電匯編》，第1-2卷。

70 〈大衛・弗里曼致孫中山函〉，桑兵主編：《各方致孫中山函電匯編》，第1卷，頁353。

71 〈丁義華致孫中山、黃興電函〉，桑兵主編：《各方致孫中山函電匯編》，第2卷，頁395。

死存亡，繫於此舉。」[72]《遠東評論》是公認的有關中國和遠東鐵路問題的權威雜誌，該刊的主辦者美國人李亞多次致函孫中山，並寄送刊物。一九一二年九月，李亞告訴孫中山，現「能更多地幫助您的鐵路計劃，恰當地將其介紹給世界銀行家們」，這樣「成功的機會會增加」。他希望能加入發展中國未來的鐵路事業，正在發行《遠東評論》的鐵路問題專號，並收集資料準備明年初發行中國鐵路的專號，他還建議孫中山把《遠東評論》作為其在鐵路計劃方面的正式機構。[73]

## 四　孫中山對西方列強態度的策略

孫中山對西方列強各國政府、朝野各派以及民眾有著明確的區分，認識到他們之間態度的差異甚至對立。因此，對其廣為結交、呼籲，爭取得到支持和聲援，並影響國際輿論的動向。孫中山對西方列強持實用主義態度，採取靈活的策略，其態度並非一成不變，既將各國予以區分，也不刻意針對具體某國；對西方資本主義先進文明與帝國主義、殖民主義予以區分；對各國政府與具體人士予以區分。

### （一）籌借外債以打破財政僵局

辛亥革命後，民國新政府面臨困難重重的內外債務壓力，這也是孫中山擔任臨時大總統期間以及此後繼續從事革命與建設過程中燃眉之急的問題。

民國成立伊始，孫中山熱衷於建設事業，一九一二年至一九一三年集中發表了很多關於民生主義和社會主義的談話、演說。為解決財政之困難，他提議創辦一家中西合資銀行，聯合歐美最有力之銀行，

72 〈在北京報界歡迎會的演說〉，《孫中山全集》，第2卷，頁433。

73 〈李亞致孫中山函〉，桑兵主編：《各方致孫中山函電匯編》，第2卷，頁369。

以抵制列強的銀行團。起初由於法國政府不大贊成，巴黎的大銀行家不敢發起。孫中山盡力疏通法國當局，得到允許，法國銀行家曾於一九一二年底代表到上海商訂章程。孫中山稱其「所議辦之中西銀行，乃聯合世界上之大資本家而成者也，將來實能為中國銀行之母，其勢力可通貫全球，此銀行一成，必能免六國之掣我肘及救中國之窮也。」[74]一九一三年初，他致電袁世凱，告之「現接倫敦來電，有大勢力銀行家願借款。」[75]

一九一二年九月，孫中山的鐵路計劃已有端倪，遂致電汪精衛，「乘此時機，祈先與法國資本家商議借款，如有頭緒，再往紐約、舊金山等處與美國資本家籌議辦法。」[76]

孫中山雖曾堅決抵制外國銀行團通過借款以干預中國主權，但仍深望中國政府速與銀行團「重開借款談判，並雙方互為讓步」。[77]

## （二）將西方文明與列強各國加以區分

孫中山眼光深遠，雖然認同西方資本主義先進文明，但明確將之與列強的帝國主義、殖民主義侵略及其戰爭政策相區分，如稱第一次世界大戰為「歐洲戰禍」，後來也明確地表示堅決反對中國參戰，他主張中國應守嚴正的中立，因為沒有宣戰的實力，加入戰團，不過欲博取歐美各國之同情，得到一個戰後講和的席位，殊不知戰勝國分配利益，乃是以實力為標準的。故中國真正的利益在於「門戶開放」，不袒護任何一國，「任之各國自由競爭，各國皆有享其利益之機會，而不必致力於佔有」。門戶開放而領土得以保全，「此即中國向來所以

74 〈致鄧澤如電〉，《孫中山全集》，第3卷，頁6-7。
75 〈致袁世凱電〉，《孫中山全集》，第3卷，頁8。
76 〈復汪精衛電〉，《孫中山全集》，第2卷，頁478。
77 〈對大陸報記者的談話〉，《孫中山全集》，第2卷，頁483。

幸得自存者也」。[78]

此外，儘管孫中山認定歐戰是「白禍」，堅決反對中國參戰，其實對搏殺的兩大陣營持有基本立場，但仍表示「在此次戰爭中，我對英國同情最深。」[79]

## （三）主張中日相互提攜以制衡西方列強

孫中山倡導的東亞主義以中日提攜為核心，作為一位政治家，其對外政策因時勢利害而變化，並不遵循一定之規。一九一三年二三月間，孫中山出訪日本，多次發表演講。謂：「中國日本兩國有數千年親密關係，種族、文字相同。兩國之外交，不宜依隨世界列強之共同行動，當恢復古來親密之關係。中日兩國宜取一致行動，以保障東亞之利益。」[80]「惟冀自今而後，益提攜共同防禦歐西列強之侵略，令我東洋為東洋人之東洋，則豈不愉快哉！」[81]並稱日本與中國「有唇齒相依之利害關係，若中華滅亡，日本亦終不適於生存。」[82]他從日本回國後，為策動「二次革命」，與日本方面頻繁接觸，希望得到經濟和軍事援助。孫中山籌組中華革命黨時，正值第一次世界大戰在歐洲爆發，他仍有「聯日」以「倒袁」的思想，但同時也清楚認識到日本對華政策的橫暴與愚昧。[83]「二十一條風潮」之後，孫中山曾考慮解散中華革命黨總部，離開日本赴美。一九一五年四月七日，他接受

---

78 孫中山：〈中國存亡問題〉，轉引自李志毓：〈汪精衛視野中的國民黨——汪精衛「自傳」草稿解讀〉，《史林》2017年第6期。

79 〈致康德黎夫人函〉，《孫中山全集》，第3卷，頁164。

80 〈在日本大岡育造之主持的宴會上的演說〉，《孫中山全集》，第3卷，頁17。大岡育造之當時是日本眾議院議長。

81 〈在大阪歡迎會的演說〉，《孫中山全集》，第3卷，頁42。

82 〈在上海國民黨交通部宴會的演說〉，《孫中山全集》，第3卷，頁51。

83 黃彥編注：孫中山著作叢書《建國方略》（廣州：廣東人民出版社，2007年），頁73。

日本太陽通訊社社長採訪時表示：「目下正通過某日本人（姓名密而不宣）謀求日本政府之援助，正在活動中。倘若日本政府不應允予之要求，予當赴美求援，那時將用一年余時間在美國各地遊說。」孫中山這種高調表示，其實是借此向日方施壓，他仍殘存著期望。[84]

## （四）將各國政府和具體人士加以區分

儘管孫中山對英國政府較為疏離，但對英國人民表示友好之意。清末民初深受鴉片之害，但中國歷屆政府從未正式要求擺脫鴉片禍害，丁義華懇請孫中山以民國首任總統身份向英國發出正義的呼籲，認為「這必將引起世界矚目，並促成中國和英國人民在這場變革中攜手合作。」[85]孫中山積極回應，謂：「鴉片之於中國，乃數十年來一大害也。其流毒之禍，視諸兵戰、瘟疫、飢荒，有過之無不及者。」他解任臨時大總統後，仍時常耿耿於禁煙問題，一方面感謝英國仁人志士協助本國禁煙，另一方面懇求英國人士「於我國更新之始，還我自由禁煙之主權」。[86]

孫中山以客觀的立場，尊重曾有益於中國革命的外國人士。他認為辛亥革命「民軍起義達到完全目的，列強從未干預，實駐北京英使朱爾典調停之力」，故於一九一二年十月致電袁世凱，請給勳章酬勞。[87]一九一六年夏，孫中山致函時任總統黎元洪，謂當辛亥之秋起義後，外國領事團開會，本欲干涉革命軍。千鈞一髮之際，法國領事羅氏（系孫中山多年故交，對新派的情況有所研究）「以是深明革命黨之宗旨，極為同情，當會議時，主持公道，……力言干涉之非」，

84 王剛、趙正超：〈孫中山與「中日盟約」問題新證〉，《史林》2018年第1期。

85 〈丁義華致孫中山函〉，桑兵主編：《各方致孫中山函電匯編》，第2卷，頁165。

86 〈致英國國民書〉，《孫中山全集》，第2卷，頁568-569。

87 〈袁世凱電〉，《孫中山全集》，第2卷，頁529。

各國領事「遂得開悟，而干涉開炮之議以消」，終頒中立之布告。孫中山請黎元洪鑒核，對羅氏「從優給予法定給外國人最高勳章，以彰殊勛，必能激勸流俗，俾益邦交。」[88]

## 五　結語

民國初年，孫中山對列強各國的態度並非一成不變，雖有實用主義性，但其底線未破。他尊重各國在華的正當利益，認為只要「內治」有力，即有「底氣」，故不畏外國侵略壓迫。一九一三年三月二十七日，孫中山在上海演說道：「今後我政府人民，對於日本及友邦在民國之正當利益，均不必限制太過，以傷感情。蓋吾國民革命之決心，與成功之迅速，已為外人所敬重。只要內治完善，共和告成，外人對於民國亦決不敢存侵略野心，以擾亂東方之和平。」

然而，孫中山對西方列強的態度陷於矛盾狀態，既懷有警惕，又抱有期望和幻想，持門戶開放立場，以爭取各國對其事業的道義支持和資本援助。孫中山所受到的外交際遇，直接關係其後對於西方社會的認知走向。

88 〈致函黎元洪函〉，《孫中山全集》，第3卷，頁335。

# 第十四章
# 一戰爆發與孫中山革命的構想

趙雨樂

日本京都大學文學博士，曾任香港都會大學人文社會科學院教授，
現任三聯文化基金董事

## 一　前言

辛亥革命成功推翻滿清，沒有為孫中山帶來預期的民國果效，袁世凱的專權，對議會民主的踐踏，對國民黨人的防制，激起了革命者的怒吼，速成「二次革命」的反袁洪流。惟此種以中國內政為主導的革命行動，已無法達至國人對今後中國政治前途的共識，每偏向多頭而無序的地方反抗。歐洲一次世界大戰爆發，正好為孫中山辛命燃點了新希望，他看到英、法、德、俄等國互相牽制下，在中國的列強利益也必面臨巨變，因而在日本積極組成「中華革命黨」，以犬養毅、頭山滿、宮崎寅藏等友人嘗試聯絡日本軍政界，於海外籌募革命經費，並以陳其美主導上海的指揮總部。鑒於資金有限，此「第三次革命」有著重點的部署，它以日德糾結的「山東問題」為輿論，藉此號召北方和南方反袁的軍事勢力。而且，先集中於長江下游，冀擴散於湖北、湖南、廣東、江西等地，從而牽動他省陸續加入。歐戰引發了中國人在國際大局下圖強思變，也是孫中山在革命試驗場上一次較全盤的籌策，值得學界重新審視孫氏革命思想於後期的發展。

## 二　孫中山早期的革命方略

時人評論孫氏革命，認為行動往往因時制宜，局限於一省一地，欠缺具體戰略構思，自從一八九五一八九五年廣州乙未起義開始，中經惠州起義，至後期偏處廣西諸起義，均未竟全功。孫中山草擬《實業計畫》到《建國方略》，也要到一九二〇年代前後始逐步成型，而且仍是停留在假想階段。此類觀察，容易忽略了孫中山在辛亥革命後的政治努力，特別是革命黨人與袁世凱政權周旋下，各種動員再革命的試圖。事實上，在欠缺物質支援下進行全國性的革命談何容易，相較袁氏的北洋政權，以及其民國新政府的公認地位，可謂相形見絀。孫氏深知欲要再革命，必須將中國革命提到國際政局的互動層次，對內採取聯合進擊，對外則改變列強對中國政策，重新審視革命的形勢。要達至箇中效果，便不能單從中國內政出發。第一次世界大戰所以重要，是孫氏求得歐洲列強的關係巨變，繼而思考中國前途的重塑。早在一九一三年孫中山的鐵路經驗，無疑為地緣戰略提供了一個開端，總結了他頭二十年的心得，不妨在這裏首先尋索一些淵源。

一八九四年六月，孫中山《上李鴻章書》，他把上述的的觀點加以擴充，強調人盡其才、地盡其利、物盡其用、貨暢其流，當中無不說明社會資源、基礎建設和物流管理配搭至關重要，莫不繼承前人的改革思路。其謂：「數百年前，美洲之地，猶今之地，何以今富而昔貧？是貴有商焉為之經營，為之轉運也。」他所指的轉運，就是輪船、鐵路的運載和配達效能，力言四通八達的交通網絡，是工商樞紐可以發達的大前提，內中即謂：

> 夫商務之能興，又全恃舟車之利便，故西人於水，則輪船無所不通；五洋四海，恍若戶庭；萬國九洲，儼同闤闠。闢窮荒之

> 絕島，以利商廛；求上國之名都，以為租界，集殊方之貨寶，聚列國之商氓。此通商之埠所以貿易繁興，財貨山積者，有輪船為之運載也。於陸，則鐵道縱橫，四通八達；凡輪船所不至，有輪車以濟之，其利較輪船為尤溥，以無波濤之險，無礁石之虞。數十年來，泰西各國，雖山僻之區，亦行鐵軌；故其貨物能轉輸利便，運接靈速。遇一方睏乏，四境濟之；雖有荒旱之災，而無饑饉之患。故凡有鐵路之邦，則全國四通八達，流行無滯；無鐵路之國，動輒掣肘，比之癱瘓不仁。地球各邦，今已視鐵路為命脈矣，豈特便商賈之載運而已哉？我國家亦恍然於輪船鐵路之益矣；故沿海則設招商之輪船，於陸則興官商之鐵路。但輪船祇行於沿海大江，雖足與西人頡頏而收我利權，然不多設於支河內港，亦不能暢我貨流，便我商運也。鐵路先通於關外，而不急於繁富之區，則無以收一時之利，而為後日推廣之圖。必也設於繁富之區，如粵、港、蘇、滬、津、通等處；路一成而效立見，可以利轉運，可以勵富戶。[1]

以此觀之，孫中山全國建設的提出，乃經過相當時期的探索，始形成自身的理論體系。十九世紀中葉以來，列強覬覦中國，晚清官員紛紛投入改革的氛圍，提供了試驗與討論的場景。孫中山前期投身於革命起義活動，及至辛亥革命成功以後，將臨時大總統之位讓予袁世凱，主觀上認為中國今後當走向非暴力抗爭的民主憲政時代。基於國家統一的發展態勢，當務之急宜著眼於恢復國內社會經濟的元氣。孫中山的鐵路計劃，大抵成型於此轉折時刻，當中包含連串的實踐意圖，以強化晚清以來的鐵路網絡。在他而言，此一戰略緩急，尤較與袁氏周

1　孫中山：《孫中山全集》（北京：中華書局，1981年），第1卷，頁8。

旋於政治更為重要。在北京舉行的國民黨成立大會上，他堅決委任宋教仁為代理理事長，自云今後欲專注於鐵路事業。一九一二年7月，他與黃興出席上海「中華民國鐵道協會」舉辦的歡迎會，在成立大會上分別就任中華民國鐵道協會正副會長職務，由孫中山演講築路與借債問題。[2]他強調「今日之世界，非鐵道無以立國」，[3]堅定表達「現擬專辦鐵路事業，欲以十年期其大成」的宏願。[4]此後，他受民國政府委託，出任中國鐵路總公司總理，希望透過引入外資，盡快完成中國鐵路的基本敷設。一九一二年九月六日，孫中山從北京乘坐火車來到張家口考察。在視察張家口火車站時發表演說，褒揚了詹天佑設計的京張鐵路。同年十月，他委派王寵惠與英商簽定廣州至重慶及蘭州的鐵路線，惜為袁世凱阻撓而未成其事。孫、袁合作關係，由政治而經濟建設，袁世凱起於新軍將領，熟知關內關外情況，對於北方鐵路發展參與尤多，是繼李鴻章之後北洋政府的發言者。袁所控制的軍閥勢力，即跨涉了各主要行省的鐵路控制權。一九〇二年初，袁世凱即曾任督辦關內外鐵路事宜大臣，積極從向外舉債或自建方式大力修建鐵路，如盧漢鐵路、新易鐵路、廣九鐵路、京張鐵路等，均見其主催的影跡，為中國早期的鐵路發展作出適時的貢獻。[5]因此，孫氏深明由

2 參閱毛注青編著：《黃興年譜長編》（北京：中華書局，2014年），「一九一二年（民國元年壬子）三十八歲」，頁321；同見上海《民立報》1912年7月22日。

3 參閱《孫中山先生赴本會歡迎會之演說詞》，《鐵道》（又名《鐵道雜誌》）第1卷第1號，1912年10月10日出版，收於黃彥編：《孫文選集》（廣州：廣東人民出版社，2006年），中冊。

4 《孫中山先生一席話》，《民立報》，1912年6月23日。

5 儘管袁世凱具個人政治盤算，惟與孫、黃會面及討論內容觀之，彼此仍表現對未來鐵路建設的關注，尤其對庫倫獨立後的外蒙形勢及征蒙問題，討論甚多。1912年9月18日，在北京西北協進會歡迎會上，黃興亦發表演說，宣傳鐵道政策。演說中稱：「鐵路為交通利器，蒙藏以道路不通，致滋疑惑。例如成都至拉薩旅行，至半年之久，並非七、八、九三個月不能通行。西北進行之障礙，交通上實一大原因。

京城至關內的交通，均在北洋政府的強力控制下，革命的變數只能冀望東三省的人事異動，以牽動北京的防衛。

一九一二年二月，袁世凱就任臨時大總統，是年四月一日孫中山行辭任禮。孫氏離寧赴滬，開始了對中國較南面的考察，先後至上海、武漢、安慶、福州、廣州等地，所到之處強調民生主義，特別留意鐵路事業。八月，孫氏應袁邀請，自滬至京，據天津市檔案館編《北洋軍閥天津檔案史料選編》，在此北上期間，他在一九一二年九月二十四至二十五日第二次來唐山，考察範圍是唐山市區（包含開平、灤州），參觀了鐵路工廠（唐山機車車輛廠前身）、開灤礦務局、啟新洋灰公司和唐山鐵路學校，遊歷過山海關。《河北地方誌》二〇〇三年第一期同樣記載，孫氏九月二十四日八時三十分，坐火車前往唐山、開平、灤州、榆關等處視察各礦，在黃興、宋教仁、胡漢民、黃崇會等陪同下，乘坐火車再次到唐山，考察諸路、礦、啟新洋灰公司後，又到唐山路礦學堂。他向該學堂的師生演說道：「國民革命需要兩路大軍，一路進行武裝鬥爭，建立平等自由的中國；一路學習世界科學技術，改變祖國貧困落後的面貌。在座諸君不必都投身於鋒鏑之間，學習採礦、築路、建橋，也是為了革命。」又謂：「要中國富強起來，就需要修鐵路十萬英里，公路一百萬英里。希望大家努力向學，承擔其歷史重任。」二十五日下午二時，孫中山始返回天津。這種與革命同寅相約遊歷考察的經驗，是孫中山政治活動中不可或缺的精神維繫，從中清楚顯示，孫氏已放眼於將來南北的戰略建設。

在北京期間，孫中山與袁世凱會晤達十三次，經常自午至夜，每次梁士詒均有參加。孫氏請袁練兵一百萬，自己則修鐵路二十萬公

故鐵道政策實為今日必要之圖也。」參閱前揭《黃興年譜長編》，頁325；同見上海《民立報》，1912年9月26日。

里，可見富國與強兵是孫氏民國成立的當下願望。孫氏對國家開拓財源的觸覺，蓋始於南方籌建臨時政府之初，其時孫氏政權未得列強及外國銀行認同，國用匱乏，議會缺薪，曾因急欲籌措五百萬款項而困惑無助。故此，鐵路的籌辦，無疑可誘導內外商業資本的參與，提供龐大而穩定的收益。是年九月九日，袁世凱任命孫中山為全國鐵路督辦，授以「籌畫全國鐵路全權」，每月薪金三萬元，並派梁士詒多次前往行館，幫助孫中山擬定建築鐵路的規劃。梁又召開全國鐵路協會會議，交通總長朱啟鈐出席會議，即選舉孫中山為全國鐵路協會名譽會長。十七日，孫中山離北京前往太原，梁士詒派副會長葉恭綽沿途照料。孫對葉極為讚賞，盛稱北行之中，喜得此位同志贊畫全國鐵路事宜。[6]論者大多認為，袁刻意讓孫氏謀劃鐵路事業，意欲架空其政治權力而已，惟從人物交往的角度觀之，孫氏自此與北洋交通系諸君過從漸多，與梁、葉諸人初交惺惺相惜，可視為助其策劃鐵路的專業指導。以後，孫中山頗得力於交通系官僚，例如與葉公綽在日本相知十多年的中國鐵路專家魏武英，[7]也於一九一三年任職孫氏的秘書，初步制訂《中國鐵道建設十萬里計劃書》。如此類推，認同孫氏鐵路建設觀念，繼而結成志同道合之輩，願意投身於鐵路協會者當不在少數，提供了研究孫氏後期活動的一個亮點。

---

6 參閱賈熟村：〈孫中山集團與交通系的恩怨〉，《雲夢學刊》第31卷第1期，2010年1月，頁51-52。

7 魏武英（1882-1956），字仲衡，建始人，自幼聰明好學,被家鄉在京官員王曉宋選送到北京的湖北會館讀書。光緒二十六年（1900），魏被官費派往日本鐵道專科學校留學，留學期間，結識了孫中山並加入同盟會。孫中山成立臨時政府後，葉出任交通部部長，對魏一生影響頗大，也順理成章為孫氏策劃鐵路方案。南北議和後，魏在交通部任職，參與創辦《鐵道時報》，並兼北平鐵路管理學校（即今北方交通大學前身）教習。魏對山西省煤炭運輸亦有所研究，在任教期間，撰寫了《山西路段計劃書》，因此為葉恭綽所賞識，後被調任吉長鐵路局局長及吉敦鐵路工程局局長，負責修建吉長線、吉敦線兩條鐵路。

為考察日本的鐵路技術，籌集築路資金，孫中山於一九一三年二月以籌畫全國鐵路全權名義，乘「山城丸」自上海赴日本考察。此次日本之行，歷時四十二日，孫氏一行人等先後赴長崎、門司、下關、神戶、東京、橫濱、箱根、名古屋、京都、大阪、福岡、熊本等地考察，受當地民間、官方各界和歐美各國人士歡迎。孫中山在東京先後拜訪軍政要人，出席前首相大隈重信、桂太郎的宴會，與桂太郎先後進行兩次長時間的重要談話。期間，孫中山又設宴招待曾援助中國革命的日本志士及舊友二百餘人，且就中日合辦企業問題，與日本三井公司董事長、日本第一銀行總裁澀澤榮一進行多次商談。他細緻檢討《中日興業公司計畫概要》的條文，為維護國家利益據理力爭，最後共同發表了《中國興業公司發起書》，是孫中山此次訪日的實業成績。日本的殖產興業，素為革命者孫中山所信服，在孫氏的產業振興方案裏，每強調在不損國家主權原則下，吸引外國資本投資中國的重要性。袁氏雖未予孫政治上的實權，惟亦擔心日本民間商界傾向支持孫氏的可能。

一九一三年三月宋教仁遇弒，四月袁世凱北洋政府未經國會批准下向英、法、德、日、俄五國銀行團簽訂借款合約，以圖擴張北洋軍隊，引起國民黨員江西都督李烈鈞、廣東都督胡漢民、安徽都督柏文蔚通電反對。袁氏把三人免職，南方各地均響應孫中山再革命的號召，於是李烈鈞在江西，陳其美在上海，黃興在江蘇，柏文蔚在安徽，譚延闓在湖南，陳炯明在廣東，許崇智在福建，熊克武在四川紛紛宣佈獨立，惜兵力不足以抵抗北洋軍隊，獨立陸續取消，孫中山、黃興、陳其美等被通輯，相繼逃亡日本。袁於七月二十三日正式撤銷孫中山的籌備全國鐵路全權。八月，孫中山離開上海，經福州、基隆到達日本，重組黨員實力，於一九一四年七月八日中華革命黨成立大會上，公布《中華革命黨總章》，規定「以實行民權、民生兩主義為宗旨，以掃除專制政治，建設完全民國為目的」，總章更規定「凡進黨者，必須以犧牲一己之生命、自由、權力、而圖革命之成功的條件」。此外，又提出四項嚴格的規定：「一、不得以個人自由（妄）思行動，加入他之團體或集團；二、不得受外界之搖動，有違背本實之行為；三、不得以個人名義發表違反黨義之言論；四、不得以違反黨之言論行動，煽惑本黨同志。」[8]

## 三　世界第一次大戰與孫中山的再革命

鐵路方略有益於革命事業的營運，惟孫氏徹底與袁氏缺裂，意味今後不能循官方經濟層面擴大個人的影響力。孫氏日後，每喜歡張開地圖指劃方略，皆與前期從鐵道建設中獲得的戰略意識有關。如何有效發揮地域統合，南北聯絡，毗鄰互通，建構更全面的大戰略，實為孫氏二次革命後，痛定思痛的問題。正當他苦於籌措與袁周旋，一個突如其來的驚人消息，觸動了這位革命者的神經，隱隱然看到第三次革命的出路。一九一四年六月二十八日，在塞爾維亞的國慶日，奧匈帝國皇太子弗朗茨・斐迪南大公（Archduke Franz Ferdinand of Austria）夫婦在薩拉熱窩視察時，被塞爾維亞青年槍殺的消息，奧匈帝國對塞爾維亞發出最後通牒，並於一九一四年七月二十八日出兵塞爾維亞，拉開第一次世界大戰的序幕。七月三十一日德國首先向出兵援助塞爾維亞的俄國發出最後通牒，結果演成對俄宣戰，又要求法國

---

8　《孫中山全集》，第3卷，頁97-98，從中可見「中華革命黨」收緊入黨者的忠誠尺度。一九一三年底，逃亡日本的國民黨員約千餘人，大部分黨員精神沮喪，意志蕭然，孫氏繼開辦「浩然軍事學社」，又成立政治學校，目的正是培訓青年黨員，準備隨時動員，一新民國以來革命中人的思想分歧，「中華革命黨」乃集大成的秘密組織。參閱王業興：《孫中山與中國近代化研究》（北京：人民出版社，2005年），第六章：孫中山的政黨思想，頁122-124。

在德俄發生戰爭時保持中立，引致八月三日德國也向法國宣戰。八月四日，英國考慮到比利時對自己國土安全的重要，於是向德國宣戰。隨著八月六日奧匈帝國向俄國宣戰，英國遂於八月十二日向奧匈帝國宣戰，令整國歐洲大陸陷於戰爭局面。日本認為此乃大政新時代的天佑良機，八月八日，元老井上馨，便對總理大臣大隈重信和元老山縣有朋提出，須與英法俄三國一致團結，對德宣戰，以確立日本對東洋的利權。政府更認為不能把戰局限於英國所提議的搜索和擊毀德國戰艦，而是徹底肅清德國在青島勢力的全面作戰方略，乘時對華提出「二十一條」。[9]

身處日本的孫中山，意識到歐洲戰事將深遠影響著列強今後在亞洲的格局，尤其中國尚是處於動盪，列強在華利益的重整，必將為革命者帶來機遇。在一戰爆發中，日本完全安然站於局外，孫中山對當局抱有強烈的期望，一方面是基於從宮崎滔天、山田良政、犬養毅、頭山滿等日本革命友人中得到長期的照顧支持，另一方面，也認為日本政府始終不甘列強在亞洲的擴張，勢與中國尋求新的政治格局。現存日本外務省外交史料館中，便收藏了共三萬多頁的外務省檔案《各國內政關係雜纂・支那部・革命黨關係》（亡命者を含む），以及日本外務省所編《日本外交文書》（大正二年至五年）。我們通過這些「秘檔」，可以鳥瞰在日革命黨人的意識與行動，補充了孫氏後期革命的解說。[10]其中記在一九一四年八月二十七日的「乙秘第1651號」，題為「犬養毅與孫文會見之事」，顯示彼此視歐戰為中國革命的契機：

---

9　參閱米慶餘主編：《日本百年外交論》（北京：中國社會科學出版社，1998年），「戰前篇：一戰時期日本對華作交」，頁74-90。

10　此檔案名稱，可譯為《有關各國內政之雜纂（中國部）——包括流亡者在內的中國革命黨問題》，以下簡單註為《中國革命黨問題》。參閱俞辛焞、王振鎖編譯：《孫中山在日活動密錄（1913.8-1916.4）——日本外務省檔案》（天津：南開大學出版社，1990年），「編譯說明」，頁1-3。

> 孫文首先向犬養談起世界大勢，兼及東亞問題，作結論道：東亞問題之解決，歸根結蒂在於人種問題，故黃種人應團結對抗白種人云云。並稱，刻下歐洲戰亂確為中國革命之空前絕後之良機。據最近對中國內地以至南洋及美國等地之形勢調查，革命聲勢愈加高漲。相信此時乃舉旗之大好時機，遂決定起兵舉事，目前正在準備之中。至於歐戰形勢，英法兩國終非德國敵手，唯有俄國堪稱德國強敵，歐洲戰局勝利終歸德國。戰爭平息，日德兩國恢復和平之時，日本將在對德對華外交上面臨複雜情況。此時若在中國內地發生動亂，必給日本外交帶來極大好處，為此日本政府務必支援中國革命。[11]

歐戰結果何去何從，本來就是一種國際政局的蠡測，重點在於它為革命者提供無限的想像空間，試圖藉此打破現存革命的困局。此外，一九一四年九月九日的「乙秘第1802號」，也記載了「頭山滿的談話」，同樣對中國藉歐戰亂局進行第三次革命予以高度評價。其謂：

> 在目前時局下，舉起中國第三次革命之旗，似乎早已成為不可改變之事實。彼等革命黨人之活動頗為出色，刻下其第一步準備工作業已完成，第二步即實行日期尚不得而知。以我所見，目前在中國大地上出現革命之曙光，其時機定在不遠之將來，此點已無疑問……目前雖稱日英同盟或日英親善，亦不知將來如何變化。或許相反遺留後患於我東洋。如徒受英國政府之干涉，採取姑息政策，則傷害革命黨之感情，實非良策……袁政府已發出有關親日之訓令，即便如是，此乃袁等慣用伎倆。一

11 《中國革命黨問題》，第13卷，收於《孫中山在日活動密錄（1913.8-1916.4）——日本外務省檔案》（以下簡稱《孫中山在日活動密錄》），頁688-689。

旦歐戰平息，袁必轉而依附德、美兩國，顯然採取一如既往政策。希望我政府為國家著想，此番應傾注部分力量於南方云云。[12]

微妙的世界格局變化，重燃了孫中山再次革命的希望，在一九一四年初至一九一五年的整年裏，孫氏為「中華革命黨」的成立做了大量部署，均為了建立反袁的具體力量，歐洲一戰爆發馬上援為孫氏革命的藥引。觀其連串動作，與過往革命起義方式不同，趨於較大範圍的地域協作，從而自北至南，從東面富庶的地域披及於內陸地區，以圖造成全國性的軍政牽動。步驟之首，是建立上海的策動基地，通過東京–上海的最高革命指導和委任，動員中華革命黨人建立國內的重點分支，隨時聽候孫氏命令。被任命的支部長一般都要過過委任，多由中華革命黨的核心成員如上海指揮總部的陳其美、黨軍事部的正副部長許崇智、周應時或重要軍區司令長官的呈請，然後與孫氏會面確認。孫氏特別命金佐治在神田區小川町一號永昌堂印舖，用永昌自然石刻了一長一寸八分，寬七寸的「革命黨本部合符之印」，作用就是方便授予正式的委任公文。[13]從秘檔的人物活動所見，此等往來影跡十分頻繁，例如徐蘇中被委任為中華革命黨江西支部長；哈在田為徐州革命軍司令官、臧在新為淮上革命軍司令官、丁明清為海州革命軍司令官、程壯為通州革命軍司令官、詹炳炎為揚州革命軍司令官；鄭炳恒為浙江革命軍第一旅長、蔣介石為浙江革命軍寧波司令官、邵元冲為浙江革命軍紹興司令官、金維繫為浙江革命軍嚴州司令官；吳醒漢為湖北革命軍司令長官部參謀長，江炳靈為副官長；林德軒為湖南革命軍司令；周知禮為雲南省支部長等等。從上述的委任地方來看，

---

12 《中國革命黨問題》，第13卷，見《孫中山在日活動密錄》，頁689-690。

13 1915年2月19日，「乙秘第332號」，《孫中山在日活動密錄》，頁335。

華北、華中與上海已接通相當關係，並且由吳仲常草擬的江南軍事人員委任名單，也進入孫氏的確認程序，可見革命的前期工作在積極布局之中。[14]

按孫氏的革命構思，華北和華南存在著很多不穩定的地方因素，一戰爆發雖在歐洲，但德國在山東的利益構成各國的關注。在國內民族主義情緒高漲下，軍界中對袁世凱政府處事的被動頗有微言，東北重要的軍閥張作霖在關內外的背向，便存在舉足輕重的作用。擁護孫氏和陳其美的部分黨人認為，在東北策動起義，容易引起國際注目，故希望從上海方面提供實質的支援。孫中山認同以滬地作舉事的支點，以挑動南北地域板塊的互動，上海不但是長江下游的出口，更可以在起義中首先佔據安徽、浙江、湖北、湖南等幅地，從而擴充至東南西三面擴充至江西、兩廣和雲南，形成南方的有力陣營。故此，在先南後北，還是南北分頭策動之間，仍與其他黨派存在一定分歧。而且，在南方統籌的工作上，黃興原是孫氏委以重任的最佳人算，惟因組黨的理念不同，遲遲未有加入中華革命黨行列，加上軍資籌集遇到困難，大大削弱南北同時動員的能力。這從革命黨人王統的談話中已見端倪，其謂：

> 關於第三次革命，我們同志一直臥薪嘗膽，焦慮萬分。最近時機漸漸成熟，與袁總統管轄下的湖北、湖南、廣東、江西等省軍隊已聯絡好。這些軍隊正在整裝待發，孫一派一聲令下，即可隨時起事。只因軍資尚未湊齊，正在隱忍以待。最初的計劃，是全國同時舉起革命大旗，但因軍資籌集不如意，故先有南方舉事，然後向全國發展。軍資比原來預計額要大大減少，

14 1915年1月28日（頁321）、2月4日（頁324）、2月5日（頁325）、2月11日（頁329）、2月14日（頁332）、2月26日（頁333）等日本外務省檔案。

目前給各省軍隊預計支付一萬元左右，云云。[15]

在革命操作中，孫氏重南輕北，乃鑒於其黨勢力未足以在東三省建立統一戰線。除奉天第二十七師師長張作霖態度不明外，在大連三派的革命黨人中，代表陳其美的寧夢岩派，必須爭取劉藝舟派、邱丕振派，以及與黃興相善的日本派別支持，才有起義的曙光。故此，聯絡工序相當複雜，劉藝舟、寧夢岩二派「加緊策劃在東三省範圍內起事，不斷派人來這裏勸誘實力人物，尤其以張作霖部下的內應作為重點」。有同志照應的地方仍分散於「復州、蓋平、營口、海城、莊河、大孤山、岫巖、奉天、鐵嶺、公主嶺、奉化縣、海龍城、廣寧、兆南、通化、輯安及龍岩浦等地」。[16]至於長崎縣的金子克己、戴天仇、山田純三郎一幫人，只在孤獨對應，妄圖以兩、三個師可以在滿州發動朝鮮獨立。在孫氏看來，這些東北勢力的整合，還未臻革命所需的堅穩程度。故大連革命黨黨員，再三給孫氏發信和電報，說革命已準備就諸，強烈要求盡快舉事，孫氏還是認為不足置信。[17]孫中山的方針是，只要南方還沒有準備好，就不會在北方舉事。類此的信息，早在陳其美訪大連民政署長時已經清楚表達，其謂：

我們同志原本並非憎恨袁，而是愛國家，才不得不發動革命戰爭。如今我們想發動第三次革命並非不可能，但從國家百年安泰計，如上所述，首先要養息民力。而且在第二次革命戰爭創

15 《中國革命黨問題》，第13卷，《孫中山在日活動密錄》，頁680。

16 「乙秘第289號」1914年2月3日「大連革命黨員及宗社黨員等之動靜」，《中國革命黨問題》，第10卷，《孫中山在日活動密錄》，頁668。

17 「乙秘第289號」1914年2月3日「大連革命黨員及宗社黨員等之動靜」，《中國革命黨問題》，第10卷，《孫中山在日活動密錄，》頁669。

> 傷未愈之際，如若舉事，只會徒然使民力枯楬，乃國家之不為，我同志決不做此輕舉妄動。特別是，在我們同志中，南方人多於北方人，若在北方即東三省方面舉事，不如在南方舉事更容易，南方曾在我同志指揮之下，約有兵員五至十萬人，只是現在的指揮者不是我同志。[18]

陳其美此番見解，僅在一戰爆發前半年說的，它反映了南北反袁勢力，在第二次革命以來一直發酵，只是沒有找到更好的觸發點，把革命的情懷抒發。孫中山及其革命友人視此為黃金機遇，即假設了戰事為日本政府找到介入的藉口，可以徹底改變對袁和對革命黨人的既定立場。惟孫氏革命，於日本政府而言已然蓋棺定論，視為微不足道的勢力，並精準盤算了該國日後的在華利益，立於只贏不輸的地步。

## 四　日本政府對「第三次革命」的評價

孫氏多番提出歐戰時局有利中國革命，日方應正確審度時勢，提防新局面下袁政府與西方的靠攏。惟日本政府對此番建議無動於衷，親政府士人普遍認為押注於袁政權始為上算，既不得失於列強對華關係，又對中國展現雪中送炭的外交，從中獲取更多條約的好處。[19]在

18 「民高警秘收第752號」1914年2月4日「關於陳其美一行之言行」，《中國革命黨問題》，第10卷，《孫中山在日活動密錄》，頁665。

19 此觀點在「乙秘第1432號」1914年8月4日「池亨吉之談話」中展露。其對友人談當時形勢謂：「關於此次歐洲問題，我國地理位置最好，又和本次事件毫無關係，沒有捲入戰爭旋渦之虞，在歐洲各國看來，猶如放出去的風箏。過去，中國之所以輕視我國，是因為有德、意為其撐腰。如今德、意陷入困境，不能向東洋伸手，因此袁政府驚慌失措。我國此時此刻應利用日英同盟、日俄協定等關係，趁機收回在中國的利權。我當局將採取何種態度，是有識者都在關注的問題。」，《中國革命黨問題》，第10卷，《孫中山在日活動密錄》頁680-681。

與中國官員曹汝霖談話中，日方便明確表示：「帝國政府一向對流亡者採取最嚴密監視措施，片刻未敢鬆解，故絕對無法以日本為策源地進行籌劃。此點，請信賴日本政府不必疑慮。」[20]日後，此中日官方互信的模式，在袁世凱至段祺瑞政府過渡中成效顯著，山東權益在《二十一條款》簽訂下，成為日本的囊中物。日本政府屢為革命人士游說，始終不為所動，增添了孫氏革命的難度。撇除官方既定的對外方針外，其現實的考慮原因何在呢？凡此，不得不從各方革命形勢分析，得出客觀的結論。其時，孫氏在日組織的「中華革命黨」，以至與國內人士接觸的詳情，皆受當局嚴格監控，我們從這些往來機密，可看到日本政府對孫中山第三次革命計劃的整體評價，揭示了籌措革命的根本局限。

日本的情報工作細密，舉凡與革命黨在日的一切活動，均予以偵察匯報。透過生活上多方渠道，或直接與革命黨人公務接觸，或間接與黨人私人攀談，均以活動日程的方式臚列，記錄了革命會議所涉內容，以及時、地、人物的細節。某些即將在中國籌策的重大情節，日本政府會與當地駐日的機構互相查究，從現地知道革命成熟的程度。故此，日本政府對孫氏革命行動瞭如指掌，而孫氏在日對當局態度卻如墮五里霧中，往往主觀地以為革命形勢可以改變政要的態度。孫氏革命構想重中之重處，是以上海為資金基地，同時支持東北和南方兩地起義，此思路在人脈關係上已面對先天的困難。「乙秘第289號」一九一四年二月三日，「大連革命黨員及宗社黨員等之動靜」，早看到第二次革命不可能成功延續至第三次革命的端倪。在「革命黨既往行動」中，當局記謂：

20 《中國革命黨問題》，第13卷，1914年8月9日「關於流亡者之事」，《孫中山在日活動密錄》，頁681-682。

> 去年正值中國革命騷亂之時，正在上海的南方軍總司令陳其美，因為有在東三省方面舉事相呼應以抵抗北方軍的計劃，遂派心腹部下周況去大連。周到大連後，以陳其美名義游說各地同志及實力者。尤以奉天為中心，打入中國軍隊內部活動。對旗幟不夠鮮明、不被世人注意的第二十七師師長張作霖，用種種手段加以誘說。但張看出當時戰況，南方軍形勢不振，未肯輕易起事。不久，陳其美流亡日本，其他將士也相繼四散，其中一部分逃來大連。這樣，周況一派在此地很快變成優勢，與各方面的聯繫及其他準備已大體就緒，但因為沒有至關重要的軍用資金，故周將後事托付給寧夢岩，自己回上海籌措軍費，一直未回大連。[21]

此一來龍去脈弄清楚以後，日本政府最關注的，就是上海革命基地的財源問題，理解到資金緊絀的出資者，根本無法在奉天建立堅實的起義據點。上記的文件續謂：

> 第一次革命時曾一度在上海出任財政總長，其後又在上海任中華實業銀行總經理的沈漫（縵）雲（據說第二次革命戰爭時，曾拿出軍用資金五十萬元），由於以前的關係，不堪北方軍的壓迫，來大連避難。寧夢岩等人勸其量力拿出一定資金。以寧夢岩、孫佐之、劉大同三人為首的六十餘名同志，在市內山縣街設一「平民社」組織，計劃秘密舉事。然而當時南方軍已在各處戰敗，重要人物都流亡日本或其他地方。所以平民社一派與外界完全斷絕關係，陷於孤立狀態。而且，奉天軍隊的警戒

21 《中國革命黨問題》，第12卷，《孫中山在日活動密錄》，頁667。

> 更加嚴密，終於無計可施。最後，也以掠奪為目的，擾亂我租借地及鐵路附屬地的治安。因此，於一九一三年八月十六日，平民社被命令解散……故此，流亡該地的黨員，目前仍相信良機即將到來，徒然幻想等待時機之降臨，而終於見到袁政府的建立，碌碌無為至今。[22]

基於東北有限的人脈和數額，日本政府斷定所謂「第三次革命」不過是虛張聲勢，為軟弱無力的黨羽提供苟合的機會而已。新近的形勢發展，可能就是「大連革命黨員中有三派，即劉藝舟派（首領何海鳴）、寧夢岩派（首領陳其美）和邱丕振派（山東派），而且各派一向缺乏思想溝通，以相互排擠為事。至去年十二月，得知在東京各位首領擬定了第三次革命的計劃，最近要舉事的消息，才意識到相互反目不利，不期而漸漸呈現三派聯合的姿態。」問題在於，「革命黨三派都窮於衣食，處於依靠同志相助才勉強度日的狀況。上月中旬，剛得到從東京送來的二千元錢，但這只能解燃眉之急，旬日間即用盡。」因此，日方推知「如果第三次革命搞不起來，只要在東京的首領不設法解決他們的生活問題，那麼，最終將會變為土匪。」[23]從各種情報所得，部分革命資金欲於美國及南洋送至上海總基地，「乙秘第2104號」，一九一四年十月十九日，「關於中國革命黨之軍用資金」，日本當局已做了初步的估算：

> 孫文一派雖幾次從美國方面收到二、三萬元的資金，但如此少量的金元，似乎完全用於黨員旅費和其他費用方面。彼等籌集

22 《中國革命黨問題》，第12卷，《孫中山在日活動密錄》，頁666-667。

23 《中國革命黨問題》，第12卷，《孫中山在日活動密錄》，頁667-668。

> 資金最有希望的地方，在於南洋及美國方面。目前，黃興正在美國苦心奔走，但情況難料。因此，唯有繫於有一縷之望的南洋方面。最近在馬尼拉、菲律賓籌集了二十餘萬元。其中五萬元，已從馬尼拉送至香港。其餘的十五萬元，是送至東京還是送至上海，在京的革命黨領袖目前正與上海及南洋的同志交涉。山田純三郎將銜孫文及陳（其美）等人之命，就上述轉送資金及其他事務問題前往上海，與上海的革命黨員商洽。[24]

九日之後，在「乙秘第2158號」的「關於中國革命」，又謂革命黨「在南洋已籌集了大約五十萬元，於菲律賓匯總之後已送至上海。第三次革命所需之軍用資金，有如先前所報，最初計劃籌集一千萬元，後來因為不順利，而改為最小限度的一百萬元。據稱近來南洋及美國方面的形勢樂觀，所以，目前計劃籌集五百萬元。」[25]在革命黨人柏文蔚、譚人鳳一次與日本產業株式會社經理辻嘉六的私謁中，便披露了希望日本政府援助的貸給清單，當中假設在揚子江下游，即安慶至上海一段起事，所需「海軍之運動費約十五萬元；敵軍之運動費約二十五萬元；退伍將士之運動費約五萬元；南軍之聯絡費約五萬元」，合共五十萬日元。而且須另外提供軍械，例如「步槍五千枝三十年式；機關槍五十台；山炮野（炮）各十八台；重炮兩台；手槍五百枝逐槍子彈各兩百粒；槍彈八百萬粒；炮彈一萬粒」。若將長江下游第一段佔領，必須增加三個師團，並須為攻取南京、安慶作好三個師團的器械準備。[26]觀微知著，只長江一地便需五十萬日元並各式軍械，

24 《中國革命黨問題》，第14卷，《孫中山在日活動密錄》，頁693-694。

25 《中國革命黨問題》，第14卷，《孫中山在日活動密錄》，頁695-696。

26 「乙秘第1909號」，1914年9月24日，「有關中國革命之事」，《中國革命黨問題》，第14卷，《孫中山在日活動密錄》，頁702-703。

要南北板塊結連起義，從而慫動全國加入，動員成本決不是孫氏革命黨人所說的千萬之數了，可見從南洋籌得之數亦為杯水車薪。縱然革命人士積極游說，又開列各種合作條款，經日本政府內部認真審議之後，大隈重信最終意決不支援革命黨。一份名為「高秘特收第2787號」，記於一九一四年十月十三日的檔案，詳列了革命黨人白文蔚的說話：

> 在東京的兩個月，曾想利用日德開戰之機來實現我們革命黨的宿願，並通過關係密切的日本人斡旋，與參謀本部及日本政府的外交要人進行交涉，以期獲得相當之援助，參謀本部雖有充分聲援之意，但大隈伯爵和加藤男爵全然反對，以致不能得到日本政府的贊同。日本元老山縣（有朋）、寺內（正毅）伯爵希望由民間黨派援助，但大隈伯爵不改變他的主張，因此民間黨派也只能採取等待極好時機來臨的態度。現下的財經狀況，甚麼事情也做不了，只好絕望而歸。日本政府若是同意革命，那麼從民間黨派借款一事便可立即著手進行。若以安徽、江蘇、山東方面的鐵路礦山作抵押，將很容易得到三百萬元左右的借款，軍用資金的供應並無困難。[27]

顯然，大隈重信政府內部，曾對孫氏革命草案作過一番剖析，首相本人與參謀本部、民間黨派之間，彼此持相違的意見，惟共通之處皆似乎判定革命的時機尚未成熟，勉強在中國各省綴集資金起義，無助革命的成功實現。孫中山深諳最大阻力源於大隈首相，希望只能落到政

27 「高秘特收第2787號」，1914年10月13日，「中國流亡者返回長崎之事－中國流亡者柏文蔚、白逾桓」，《中國革命黨問題》，第14卷，《孫中山在日活動密錄》，頁705-706。

府換屆的事情上，故轉而關心寺內新內閣的組成和外交路線，[28]反映了寄人籬下而鬱鬱不能舒展的無奈感。革命黨一直以為膠州灣的陷落，是黨人事業締造的契機，德國在華的原來利益將挑起國際一番爭議。他們又假設日本若接管山東，列強如美國必定插手，到時日本只有選擇撤軍，在其地地方找尋駐兵的借口，不得不提出利用革命黨的策略。但是，誰也沒有想到北洋政府和日本當局已然建立了更堅實的條款利益，亦未料列強於亞洲政策上對日本長期容忍，默默為後者侵吞中國的軍國主義開通了道路。

## 五　結論

孫中山的革命，不只為推翻帝政，共和議會的民主開創局面，中華民族於世界的生存空間，在在衡量革命是否達至真正成功。惟袁世凱的政權下事與願違，孫氏不得不苦思兩次革命的失敗，積極籌組中華革命黨，以策動第三次革命。第一次世界大戰爆發，燃點了孫氏的新希望，他看到國內革命的情緒升溫，深信若以長江下游的上海為基地，動員東三省及南方的軍事將領，必能造成牽動內陸的效果，把燎原之火席捲全國。此種地緣的配合構想，確實比以前發動於一地的起義更為心思細密，從秘檔所見孫氏革命黨人在日接觸過的政要、志士

28 「乙秘第2759號」，1914年12月30日記載：「孫偕來訪的陳其美、戴天仇乘車至麴町區趣町八丁目十九號，訪秋山定輔。在其二樓和他議事。」。而據《乙秘第二號．（1915年）1月1日》記載，孫氏此次訪秋山定輔是要了解日本政局。此時日本政局動盪。日本眾議院於十二月七日開幕，否決了選舉法修改草案和增設兩個陸軍師的兩個提案。因此，大隈內閣於二十五日解散議會，並決定一九一五年三月二十五日舉行眾議院選舉。當時大隈內閣積極推行以二十一條為中心的侵華政策。據此情況，孫問秋山選舉結果如內閣更迭，是否由寺內正毅任首相？如寺內任首相，其對華政策如何？秋山回答道：無可奉告。參閱《孫中山在日活動密錄》，頁303。

與海外僑領，皆反映其新一波革命行動的誠意，大有山雨欲來之勢。決定孫氏的革命能否遂行，實取決於資金籌集和列強支持的程度，偏偏日本與列強均現實地傾向袁世凱政府一邊，形成孫氏革命孤掌難鳴，既令籌款局限於少數，亦產生不到「山東問題」下互相覬覦，以至從紛爭中認同革命的效果。一戰由爆發到結束，雖把中國問題進一步帶到國際的視野，但只是列強之間的權益轉移，日本已無視孫氏革命成功與否，率先開始侵吞中國的步伐。

# 第五編

# 一戰與中國外交史研究

# 第十五章
# 中國參加「一戰」問題之探究

楊雨青

中國人民大學歷史系教授

適逢第一次世界大戰過後一百年，世界局勢正在發生翻天覆地的變化，中國與世界的關係也早已與百年前不同，中國的國際地位更是不可同日而語。中國如何認識及處理與外部世界的關係，又是如何努力加入國際社會並一步步取得今天的國際地位，百年的歷史過程充滿了艱辛與對抗。今天，在一戰百週年紀念之際，回顧中國抓住歷史機遇力爭邁入國際社會的起步之旅，分析其中的經驗教訓，對於當下的中國外交，仍不無歷史借鑒之意義。

## 一　研究綜述[1]

二十世紀九〇年代以前，國內學術界關於中國參加第一次世界大戰問題的研究，成果散見於相關的通論性著作中，如丁名楠等著的《帝國主義侵華史》第二卷[2]，李新、李宗一主編的《中華民國史》第二編篇二卷[3]。這些著作都認為第一次世界大戰是一場帝國主義之

1　參閱侯中軍：〈1949年以來的中國與一戰外交研究〉，《蘭州學刊》2015年第6期。
2　丁名楠等：《帝國主義侵華史》（北京：人民出版社，1986年），第2卷。
3　李新、李宗一主編：《中華民國史》（北京：中華書局1987年），第2編第2卷。

間的分贓戰爭，中國飽受帝國主義侵略和掠奪之苦，沒有必要參加這場骯髒的戰爭。至於中國參戰與否的爭論，其實質則是北洋軍閥內部的爭鬥，也是帝國主義扶植代理人在中國的利益爭奪。[4]

隨著研究的深入，這種觀點逐步得到改變，開始出現肯定中國參戰的文章。許多學者都認為參戰給中國帶來好處和意義深遠的影響，如：廢除了德奧兩國在華不平等條約和特權，緩解了北京政府的財政困難，擺脫了日本在戰時取得的獨霸中國的束縛。參加巴黎和會在一定程度上提高了中國的國際地位，中國新一代職業外交官逐步成熟，標誌著中國政府主動參與國際事務、爭取民族認同和加入國際體系的開始。[5]

九○年代後，學者們也開始從一些人物與中國參加一戰的關係上著眼進行具體研究。楊德才不同意把中國參戰說成是段祺瑞為了消滅異己、發展自己勢力而秉承日本旨意所作的賣國勾當。[6]陳劍敏認為段祺瑞力主中國參戰首先是基於他自己對國內外形勢的認識，其次是想通過參戰達到緩付庚款、提高關稅、舉借外債等目的，而非受日本影響。[7]劉振嵐認為，梁啟超為了國家民族的利益，力排眾議，積極主張中國加入協約國，對德國宣戰，終致將參戰案付諸實施。[8]陳劍敏認為

4 吳瑞：〈第一次世界大戰期間的中國「參戰之爭」〉，《蘇州大學學報》1990年第2期。

5 袁繼成、王海林：〈中國參加第一次世界大戰和巴黎和會問題〉，《近代史研究》1990年第6期；呂茂兵：〈中國對德奧宣戰歷史意義新探〉，《安徽史學》1995年第4期；陳劍敏：〈論中國參加第一次世界大戰之得失〉，《河北北方學院學報》2005年第1期；劉利振：〈國際化語境下的北洋外交——以中國參加「一戰」及其影響為例〉，《中國地名》2006年第7期；肖建東：〈「一戰」時期中國對德宣戰的歷史真相〉，《武漢理工大學學報》（社會科學版）2008年第1期；李志學：〈「一戰」對德外交與中國加入國際體系〉，《學習與探索》2013年第8期。

6 楊德才：〈段祺瑞與中國參戰新探〉，《學術月刊》1993年第4期。

7 陳劍敏：〈段祺瑞力主中國參加一戰緣由新探〉，《安徽史學》2001年第4期。

8 劉振嵐：〈梁啟超與第一次世界大戰期間的參戰問題〉，《首都師範大學學報》1999年第6期。

梁士詒推動中國參戰顯示了其獨到的見識，符合國家的長遠利益。[9]

以上研究多從中國內部情況即中國內政層面著手，集中於府院之爭、派系之爭、南北之爭等。二〇〇〇年前後，研究者逐漸擴展到外交史的研究視角，因此，近十多年來，中國參加一戰問題的研究重點逐漸從內政層面轉向了外交層面。除了從宏觀方面分析外交對中國參戰的影響外，[10]學者們也分別探討了美、日、英等國與中國參加一戰的關係，[11]以及在華外國人對中國參戰的推動等。[12]

近年來，出現了將內政與外交並列討論且對二者的相互影響進行分析的專著。鄧野首先從國家政治的視角，研究了五四前後北京政府的考慮、主張與措施，幾個主要政派之間的利益關係，以及他們在時政問題上的對立與爭執。其次從國家外交的視角，研究中國參加巴黎和會的全過程，尤其是在對德和約簽字與否這個核心問題上，北京政府的前後考慮，以及中國代表團的具體交涉。[13]

在國際史研究興起後，有學者開始採用國際史的視角來研究中國與第一次世界大戰的關係問題。徐國琦講述了北京政府如何應對複雜的國際環境，整合國內各種政治力量積極參戰及戰後追求國際化的努力。[14]創新之處在於超越傳統外交史只強調政府之間談判的限制，把

9 陳劍敏：〈梁士詒策劃中國參加第一次世界大戰始末〉，《河北學刊》2002年第11期。

10 董繼民、董俊霞：〈論一戰外交與中國〉，《山東師範大學學報》2000年第1期；王建朗：〈北京政府參戰問題再考察〉，《近代史研究》2005年第4期。

11 張小路：〈中國參戰與美國——第一次世界大戰時期的中美關係〉，《民國檔案》1994年第2期；吳彤：〈中國參加一戰與日本的關係〉，《西南大學學報》2008年第5期；王雁：〈從中國參加第一次世界大戰看日美在中國的爭奪〉，《東嶽論從》2010年7月。

12 蔡雙全：〈論莫理循在推動中國參加第一次世界大戰中的作用〉，《民國檔案》2009年第2期；郭寧：〈中國參加一戰的美國因素——以駐華公使芮恩施為中心的考察〉，《民國檔案》2014年第1期。

13 鄧野：《巴黎和會與北京政府的內外博弈》（北京：社會科學文獻出版社，2014年）。

14 Xu Guoqi, *China and the Great War: China's Pursuit of a New National Identity and*

文化社會思潮變遷、個人情感等因素引入考察之列，同時也超越國界，以整個國際體系為參照系，強調國家間的政治、文化等交流、對話和互動。[15]

最新出版的侯中軍的專著，整體考察了中國的一戰外交，並且對一些前人論述較少的重要問題進行了深入研究，包括一戰爆發後中國的中立、防日，中日「二十一條」交涉與一戰的關係，中國派遣華工出國、以工代兵政策的實施，中國出兵西伯利亞的主動行為，國民外交運動對中國一戰外交的影響等。[16]

在前人的研究基礎上，本文對於中國參加一戰問題的討論綜合考慮了內政與外交兩大層面。第一部分主要側重於國內各派勢力在中國參戰問題上的論爭與博弈，屬內政層面；第二部分和第三部分，主要分析美、日與中國參戰的關係，以及中國參戰的影響和意義，均屬外交層面之探討。

## 二　中國參戰的進程

一九一四年，歐戰爆發之時，中國不想捲入，袁世凱在八月六日宣佈中立。[17]此時，已有先見之士看出這並不意味著遠離紛爭。原國務院秘書長張國淦曾向陸軍總長段祺瑞指出，日本若借助英日同盟來奪取德國在中國青島的利益，中國將會相當被動，因此應迫使德國歸

*Internationalization* (Cambridge: Cambridge University Press, 2005). 中文版：徐國琦：《中國與大戰：尋求新的民族認同與國際化》（上海：生活·讀書·新知三聯書店，2008年）。

15 馬建標：〈徐國琦著：〈中國與一戰：尋求新的民族認同與國際化〉〉，《歷史研究》2006年第4期。

16 侯中軍：《中國外交與第一次世界大戰》（北京：社會科學文獻出版社，2017年）。

17 〈大總統令〉1914年8月6日，《東方雜誌》，第十一卷，第三號：《政府公報·命令》。

還青島，如不成，則宣戰。[18]曾任袁世凱總統府秘書長多年、時任稅務督辦的梁士詒看法相同，他向袁建議，在日本尚未出兵青島之時，一面就青島問題與英國取得諒解，一面對德國採取剛柔並施的兩手，與德使磋商的同時派兵包圍青島，逼迫德國交還，「迅雷不及掩耳，使日本無所措手。青島若下，日本又以何說進兵！此不特防日本之侵略，且以杜將來之後患」。[19]遺憾的是此時北京政府一心只想避戰，對這種主動外交措施不予採納。

隨著戰爭進行，協約國和同盟國之間進入膠著狀態，協約國認為中國充足的人力資源與糧食儲備能夠為自己提供後勤方面的支持，因此開始出現拉中國參戰的想法。一九一五年十一月七日，英國公使朱爾典與俄國公使庫朋斯齊一同拜訪梁士詒，提出願意貸款給中國，幫助中國擴充兵工廠，而以中國向其提供軍械出口為條件。俄使並表示：「如因中立生外交問題，英俄均可擔任。」此一提議立即引起日本政府的激烈反應，在日方的質問之下，北京政府和英、俄都不敢承認有背離日方、雙方單獨協商行動之舉。[20]

一九一七年一月三十一日，德國宣佈恢復對協約國的無限制潛艇戰。二月三日，美國宣佈對德絕交，並希望其他中立國採取共同行動。美國駐華公使芮恩施接到國務院電令後，當天便拜訪黎元洪總統和段祺瑞總理，請中國跟隨美國，並在美國護衛下借機發展成一種積極政策。[21]英國外交大臣貝爾福也對中國駐英公使施肇基表示，他個

18 許田（即張國淦）：〈對德奧宣戰〉，中國科學院歷史研究所第三所編：《近代史資料》總2號（北京：科學出版社，1954年），頁51。

19 鳳岡及門弟子編：《三水梁燕孫先生年譜》（1946年印行），上冊，頁195-196。

20 參閱王建朗：〈北京政府參戰問題再考察〉，《近代史研究》2005年第4期。

21 芮恩施著，李抱宏、盛震溯譯：《一個美國外交官使華記》，（北京：商務印書館，1982年），頁110-111，頁186。

人完全贊同中國與德國斷交。[22]

二月九日，北京政府對德國的無限制潛艇作戰提出抗議。[23]此後，英法兩國積極遊說中國對德絕交。日本也一改過去的反對態度，催促中國對德斷交。而德國則千方百計勸說中國不要採取行動。[24]

是繼續在一戰中保持中立，還是加入協約國一方，至此已成為中國必須面對的問題。政府內外和社會各界出現了一場大爭論，贊否雙方主要在以下四方面存在分歧：誰能贏得戰爭？出席和會對中國是否有益？擔憂強鄰日本意欲何為？參戰對中國的影響如何？[25]

總體而言，主張對德絕交的意見超過了主張中立的。段祺瑞在召集了閣員、外交官和駐外使節連日商議後，決心對德絕交。黎元洪其實也不反對，只是擔心段借此加強權力，故不積極。一九一七年三月四日，段祺瑞偕同閣員到總統府，請黎在對德絕交案的咨文上蓋印，黎拖延不辦，段憤而提出辭職，離京赴津。[26]後在馮國璋調解下，段祺瑞於三月六日回到北京，對德絕交一事很快付諸實施。三月十四日，北京政府以大總統布告宣佈與德國斷交。

絕交之後，是否進一步對德宣戰，仍有許多爭議。

北京政府中，總統黎元洪反對絕交參戰，但並非因為對德外交本身，而是因為與段祺瑞政見不合，二人要爭奪實權。內閣成員里，外

22 Great Britain Foreign Office, British Documents on Foreign Affairs: Reports and Papers form the Foreign Office Confidential Print, Part II, Series E(Bethesda: University Publications of America, 1994), Vol.22, p.233.

23 〈外交總長致駐京德國公使照會〉，1917年2月9日，北京政府外交部編：《外交文牘．宣戰案》(1921年印行)，頁3。

24 平佚：〈對德絕交之經過（節錄）〉，章伯鋒、孫彩霞編：《北洋軍閥》第3卷《皖系軍閥與日本》(武漢：武漢出版社，1990年)，頁68。

25 參閱王建朗：〈北京政府參戰問題再考察〉，《近代史研究》2005年第4期。

26 佚名：〈中德絕交始末及其利害〉，1917年3月18日，章伯鋒、孫彩霞編：《皖系軍閥與日本》，頁60。

交總長伍廷芳傾向於對德宣戰，他認為「細察全球大局，就外交現勢而論，若國內不致亂生，則加入亦未嘗不是」。[27]顧維鈞分析了加入協約國的四不利和隨美參戰的四利，認為「我國不與德戰則已，戰必以助美為宜」。[28]海軍總長程璧光則從軍事角度提出宣戰後海軍將面臨的四大困難，不主張空言宣戰。[29]

可見，內閣的意見並不一致，那麼，執掌實權的總理段祺瑞的主張就相當關鍵了，而段是力主參戰的，甚至不惜逼迫國會和總統通過參戰案。即使德國表示將給段巨額金錢，都被他拒絕了。[30]這就使人不禁要問，段祺瑞到底為何非要中國參戰，也難免令人懷疑其動機不是為了私利就是受日本鼓動。[31]

首先，段祺瑞主張參戰是出於對國內外形勢的認識。段祺瑞早就關注歐戰，他認為「歐戰倘持久，美國終將加入」，故「中國當先有準備」，並約集相關外交人員共同研究歐戰問題。[32]他看到「德國雖強，寡不敵眾，料其必敗；且日本既已加入，我若不參加，日本對於青島勢必染指掠奪」。[33]

---

27 〈伍廷芳報告中國對德宣戰利弊函〉，1917年4月，王建朗主編：《中華民國時期外交文獻匯編（1911-1949）》（北京：中華書局，2015年），第1卷（下），頁1304-1305。

28 〈美國對中國參戰的態度〉，1917年4月12日，中國社會科學院近代史研究所編：《近代史資料》總38號，頁184-186。

29 〈程璧光報告中國對德宣戰意見呈〉，1917年4月，王建朗主編：《中華民國時期外交文獻匯編（1911-1949）》，頁1313-1315。

30 1917年3月，德國駐華公使辛慈向段祺瑞表示，如中國延緩斷交，德國願意出一千萬美金，被段笑言相拒。參閱田島雄信著，葛爽譯：〈孫中山與德國——兼論「中德蘇聯盟」的構想〉，《南京大學學報》（哲學人文社科版）2009年第3期。

31 以前的研究認為，段祺瑞是得到了日本的支持，要借「參戰」之名，獲得日本貸款，增強政治資本，達到其「武力統一」中國的目的。

32 章伯鋒、孫彩霞編：《皖系軍閥與日本》，頁73-75。

33 杜春和等編：《北洋軍閥史料選輯》（北京：中國社會科學出版社，1981年），上冊，頁264。

此外，協約國促使中國參戰使段祺瑞獲得支持。一九一七年二月，美國駐華公使芮恩施勸說中國與美國一道抗議德國並對德絕交，這樣中國就可在戰後議和的桌上取得獨立的地位。他發現，段祺瑞似乎已開始考慮「中國採取與一個大國斷交這種前所未有的步驟的可能性了。」[34]由於擔心中國追隨美國，從而讓美國佔去先機，日本轉為贊成中國參戰。段祺瑞親自致電中國駐日公使章宗祥，詢問中國如果對德絕交，日本將持何種態度，[35]日本給以肯定答復。英國與日本保持一致，其駐華代理公使曾訪晤日本駐華公使，駐日大使也曾向日本遞交緊急照會，「如果協約國對段總理立即予以肯定的支持，該總理便能戰勝反對派的阻撓」。[36]日本駐華公使林權助建議日本政府「與其他協約國一致就中國政府協商其希望條件」，因為這「無疑將成為促進參戰案的一個巨大推動力」。[37]

不可否認，段祺瑞贊成中國參戰是和不少人一樣，希望獲得協約國的財政援助，延遲償付庚款，提高關稅增加政府收入。但是，當他陷入府院之爭而出現地位危機時，他向協約國提出中國參戰就帶有爭取政治支持的個人動機了。段祺瑞被黎元洪免職後，不止向一國表明將於恢復職位後對德宣戰，否則中國將保持中立甚至中德復交。[38]雖然日本在中國政局不明朗的情況下採取觀望態度，暫緩支持中國參戰，但在美國駐華公使芮恩施看來，「段祺瑞將軍是在日本的財政援

34 芮恩施：《一個美國外交官使華記》，頁186-188。

35 王芸生：《六十年來中國與日本》（北京：生活．讀書．新知三聯書店，1981年），第7卷，頁81。

36 〈英國駐日大使面交的照會譯文〉，1917年5月13日，章伯鋒、孫彩霞編：《皖系軍閥與日本》，頁143-144。

37 〈林公使致本野外務大臣電〉，1917年5月9日，章伯鋒、孫彩霞編：《皖系軍閥與日本》，頁142。

38 〈林公使致本野外務大臣電〉，1917年7月7日，章伯鋒、孫彩霞編：《皖系軍閥與日本》，頁150。

助下才於一九一七年完成推翻張勳復辟行動的」，因此也使中國政府內的親日勢力抬頭，因為段瞭解到這樣一種事實，即「自己或中國政府能否推出一項政府計劃，取決於日本政府的物資援助」。[39]在段祺瑞復職後，日本認為協約國向中國提供援助的時機已到，同意英國的意見，答應中國提高關稅及緩付庚款。[40]

段祺瑞重新執政後，卻又面臨南北分裂的政局。孫中山等在南方建立革命政府，段祺瑞欲以武力消滅之。為了實現武力統一中國的計劃，段祺瑞主持下的北京政府與日本簽訂了為數眾多的借款合同，並簽訂了中日《共同防敵換文》。可見，日段開始密切合作是在南北對立局面出現之後，這也使段祺瑞最終走向「親日」的道路。[41]這也說明，段祺瑞開始考慮對德絕交和宣戰時，可能是想依靠美國的力量。但是，後來美方在中國參戰問題上轉為消極，對中國援助不力，段才轉向日本。段祺瑞曾對章宗祥說，如果「僅賴美國牽制，然美亦不出全力，甚難得其實惠。至其他各國，惟坐視而已」。[42]

在中國參戰問題上對段祺瑞影響最大的主要是進步黨人，尤其是梁啟超。在國會內，以湯化龍為首的進步黨積極贊成參戰；在國會外，進步黨積極支持參戰的是梁啟超。

進步黨人認為參戰對中國十分有利，是中國躋身國際社會、提高國際地位的一個大好機會。他們認為，大戰結束後，世界各國將來的命運，在很大程度上取決於戰後的和平會議，而中國只有參戰，才能

39 "The Minister in China (Reinsch) to the Secretary of State", Apr. 30, 1918,U. S. Department of State: *Foreign Relations of United States, 1918, China* (Washington: United States Government Printing Office, 1930), P. 92.

40 〈照會〉，1917年7月27日，章伯鋒、孫彩霞編：《皖系軍閥與日本》，頁150-151。

41 鄭雲波：〈第一次世界大戰期間梁啟超的對日外交思想〉，《史學集刊》2005年第4期。

42 章宗祥：〈東京三年〉，中國社會科學院近代史研究所編：《近代史資料》1979年第1期。

有資格列席和平會議。雖然由於中國國力衰弱，在和平會議上可能沒有多大發言權，能在多大程度保護本國的利益尚難預料，但如果不參戰，戰後必然會被排除於和平會議之外，完全由列強任意處置，其後果會更嚴重，喪失權益會更多。他們認為，「從積極進取方面言之，非乘此時有所自表現，不足奮進，以求廁身於國際團體之林」；「從消極維持現狀言之，非與周遭關係密切之國同其利害，不復能蒙均勢之庇」。因此，只有參戰，才能「應世界大勢而為我國熟籌將來」。[43]

此外，進步黨人支持參戰可與段祺瑞政府的政策步調一致，加強他們與段政府及北洋系的合作，密切彼此的關係，在政治上得到北洋系的支持。張國淦當時即指出，因參戰問題，段祺瑞與進步黨互相提摯。[44]這將有利於增強進步黨集團的勢力，鞏固它在國內政壇中的地位。

進步黨人的首領梁啟超是主張參戰最堅決的人物。他拜謁段祺瑞和黎元洪、其他政府要人、政團首領、社會名流，陳述自己的主張；在《申報》上發表談話，發起成立國民外交後援會，列席政府部門召開的研究對德外交的各種會議，反復陳說對德絕交、宣戰的必要性。梁啟超多次寫信給段祺瑞，為他推行參戰獻計獻策。[45]對梁啟超的建議，段祺瑞頗為倚重，「每事必咨之」，[46]在對德絕交問題上更是「百般倚重，言聽計從」，[47]以致「其意見遂隱為閣議方針之標準」。[48]

---

43 梁啟超：〈外交方針質言〉，《飲冰室合集》（北京：中華書局，1989年），第4冊，文集三十五。

44 張國淦：〈對德奧參戰（節錄）〉，章伯鋒、孫彩霞編：《皖系軍閥與日本》，頁81。

45 參閱劉振嵐：〈梁啟超與第一次世界大戰期間的參戰問題〉，《首都師範大學學報》1999年第6期。

46 董四禮：《梁啟超》（哈爾濱：哈爾濱出版社，1996年），頁380。

47 張朋園：《梁啟超與民國政治》（長春：吉林出版集團有限責任公司，2007年），頁78。

48 佚名：〈中德絕交始末及其利害〉，章伯鋒、孫彩霞編：《皖系軍閥與日本》，頁59。

國民黨人中，孫中山堅決反對中國參戰。一九一七年三月八日，他在給英國首相勞合・喬治的信中，闡釋了兩點原因：一、協約國邀請中國參戰，已經引起中國政治家之間的激烈爭執，恐致引起大亂；二、參戰會鼓動起中國人的仇外精神，使義和團的悲劇重演。[49]他在三月和五月兩次寫信給北京的國會議員，鼓動他們否決參戰案，言稱：「亡國之險，既在目前，否決即救亡之道」；「宣戰之結果，必以中國為犧牲，維持中立，可免危險」。[50]他還授意朱執信執筆撰寫《中國存亡之問題》，批駁段祺瑞有關中國參戰「非以謀利，但求免害」的言論，從國家與戰爭的關係、戰爭的性質、參戰的利害、中國自身的地位和實力、外交得失和帝國主義對華政策諸方面，論述中國絕不能參戰，而應維持嚴正之中立。[51]

孫中山之所以反戰，他本人的解釋是因為歐戰不過是一場爭奪商場和殖民地的戰爭，列強的目的皆在於「乘茲戰爭各博鉅利」，中國民眾不應只記得德國侵佔膠州灣而忘記英、俄、日等也侵佔中國土地和權利，因此中國不應參加這樣的戰爭。[52]但在時人看來，孫顯然「是擔心參戰會使北方有藉口，來取得美國，甚至整個協約國集團的各種類型的援助，以增強其武裝力量，用以進攻和征服南方反對勢力」。[53]近些年的研究則披露，在瞭解到孫中山的反戰立場後，德國人出了兩百萬元資助孫中山倒段及極力反對參戰。[54]

---

49 中國社會科學院近代史研究所中華民國史研究室等合編：《孫中山全集》（北京：中華書局，1985年），第4卷，頁20。

50 《孫中山全集》，第4卷，頁18。

51 《孫中山全集》，第4卷，頁99。

52 郝盛潮主編，王耿雄等編：《孫中山集外集補編》（上海：上海人民出版社，1994年），頁201。

53 顧維鈞：《顧維鈞回憶錄》（北京：中華書局，1983年），第1分冊，頁153。

54 參閱李國祁：〈德國檔案中有關中國參加第一次世界大戰的幾項記載〉，《民國史論集》（臺北：南天書局，1980年）；〈美國國家檔案局所藏駐外領館呈國務院之報告〉

國民黨人汪精衛則支持參戰，他曾在一九一七年三月十二日表示，「始終贊成抗德或至絕交」。[55]張繼和王正廷也不反對宣戰。共產黨人李大釗、陳獨秀等人也撰文力主參戰，[56]上海更有一千七百七十一人聯名通電請從速對德宣戰。[57]

此時，國內政爭逐漸凌駕於各黨派的爭論之上。為了實行對德宣戰，段祺瑞召開「督軍團」會議對國會施加壓力，又組織公民團在國會示威，導致外交總長等四位閣員憤而辭職。五月二十一日，黎元洪下令撤銷段祺瑞的總理職務，段再次離京去津，之後策動安徽、奉天等八省宣佈「獨立」。黎元洪請督軍團團長張勳入京調解，張勳卻擁戴溥儀復辟。七月十二日，復辟為段祺瑞所鎮壓，黎元洪辭去總統職，改由馮國璋擔任總統，總理仍由段祺瑞擔任。府院之爭告一段落。

當段祺瑞以再造共和者的身份回到權力中心的舞台時，他已不再受牽制，於是全力推動對德宣戰。八月十四日，北京政府發佈大總統布告，外交部照會各國駐華公使，宣佈從即日起與德奧兩國處於戰爭狀態。[58]

捋清中國參戰的過程之後，我們可以看到，國內各派別的態度在很大程度上左右了中國參戰與否的決策。這其中，固然有國人對參戰將有利於中國的認識，但各派對本派系或集團利益的考量仍是重要因

USDS893.00／2707號，韋慕庭著，楊慎之譯：《孫中山：壯志未酬的愛國者》（廣州：中山大學出版社，1986年）。

55 萬仁元、方慶秋：《中華民國史史料長編》（南京：南京大學出版社，1993年），第6冊。

56 參閱邵允振、傅義強：〈第一次世界大戰期間中國先進知識分子的參戰思想〉，《蘭州學刊》2005年第6期。

57 中華民國史檔案資料叢刊：《五四愛國運動檔案資料》（北京：中國社會科學出版社，1980年），頁120-121。

58 中國第二歷史檔案館編：《中華民國史檔案資料匯編》（南京：江蘇古籍出版社，1991年），第3編（外交），頁393。

素。無論是黎元洪還是段祺瑞，梁啟超還是孫中山，進步黨還是國民黨，都是因為參戰對己方有利才支持，不利則反對。內閣中的意見分歧，也與黨派勢力的消長有關。國人對參戰的認識確實說明當時國人對世界大勢、中國加入國際社會等的意識已有很大進步，但不排除其立論是為了增強說服力而達到推動中國參戰的目的，其背後仍是為了服務於派系利益。張國淦即認為，雖然國會中不乏熟悉國際法的人士，但他們並非從參戰案對中國的利害方面加以探討，而是各有盤算。[59]段祺瑞力主參戰，也是因為其看法「與整個國家利益有某些一致性」。[60]中國最終能通過參戰案，是國內政爭恰巧符合了對外政策的客觀結果，是國家利益正好與黨派利益一致且吻合的結果。黨派利益優先，國家利益與之相符，而不是相反，儘管在客觀上中國對德絕交宣戰的確有利於戰後中國的外交。

## 三　美國、日本與中國參戰

除了中國國內政爭影響中國參戰與否的決策外，美國和日本的態度也在很大程度上影響了中國參加一戰的進程，而美、日的政策處於不斷變化之中，加劇了中國的猶豫和反復。

一九一四年第一次世界大戰爆發後，日本迅速對德宣戰並出兵佔領中國山東青島、濟南以及膠濟鐵路全線，奪取德國膠州灣租借地的權益。此時日本當然是不希望中國參戰的。中國如果參戰，戰後就可以參加和平會議，有可能奪回德國在山東的租界和權益，將不利於日本。

59 張國淦：〈對德奧參戰（節錄）〉，章伯鋒、孫彩霞編：《皖系軍閥與日本》，頁82。
60 陳劍敏：〈段祺瑞力主中國參加一戰緣由新探〉，《安徽史學》2001年第4期。

一九一五年十一月，英、法、俄三國駐日使節拜訪日本外相石井，想讓日本一起邀請中國對德作戰，石井表示拒絕。[61]日本還聲明，日本在中國處於特殊地位，關於中國問題，西方三國必須取得日本的同意。在日本的反對下，各協約國沒有再提中國參戰的計劃。[62]

一九一七年二月四日，美國駐華公使芮恩施遊說中國政府對德斷交，稱必將改善中國在國際上的地位，會從國際外交中得到很多好處。中國若能與美國取同一之態度，美國必與以實力的援助。[63]中國政府並不相信這些空言，黎元洪擔心萬一導致戰爭將可能加強軍方的勢力，各部總長們則關心美國是否給予經濟援助，能否作出防止把中國的資源、軍隊、兵工廠或軍艦置於外國控制之下的保證。[64]

美國政府並不積極。國務卿藍辛在給芮恩施的電文中指出：國務院並未特別勸說任何中立國採取類似美國的行動。具體到中國，美國無意也無力滿足中國的要求，對日本的態度深有顧忌，因此勸中國應當避免採取孤立的行動。[65]

然而，美國沒有想到此時日本已改變態度，轉而支持中國對德斷交、參戰。

一九一七年二月初，日本駐華公使林權助對中方表示，「頗希望中國與聯合國一致」[66]。二月七日，中國駐日公使章宗祥詢問日本對美國建議的意見時，日方稱「照現在情形，美既勸告，自以與美取同一態

61 陳春華編譯：〈沙俄等列強與中國參戰（一）——俄國外交文書選譯〉，《民國檔案》2005年第1期。

62 陳春華編譯：〈沙俄等列強與中國參戰（二）——俄國外交文書選譯〉，《民國檔案》2005年第2期。

63 芮恩施：《一個美國外交官使華記》，頁110-111，頁186。

64 芮恩施：《一個美國外交官使華記》，頁191-192。

65 閻廣耀、方生選譯：《美國對華政策文件選編：從鴉片戰爭到第一次世界大戰》（北京：人民出版社，1990年），頁516、518。

66 王芸生：《六十年來中國與日本》，第7卷，頁78。

度為宜」。[67]當北京政府提出希望能增加關稅和延緩支付庚子賠款時，日本立即表示同意。[68]二月到五月間，日本外相本野一郎也在各種場合多次聲稱，日本真誠希望中國與德國絕交並早日進一步參戰。[69]

不僅如此，日本還邀請其他協約國共同積極動員中國對德絕交和參戰。寺內首相派遣親信西原龜三親自前往中國動員，[70]本野外相則對英國駐日大使格林表示希望中國與德國絕交，並提出請擔任總統府政治顧問的英國人莫理循動員中國。本野還向英、法、俄駐日大使建議，為促使中國參戰，應對中國政府施加一些壓力，同時承諾援助中國，並同意中國增加關稅和緩付庚子賠款。[71]

日本的態度發生根本性變化，看似令人不解，實則不難分析出原因。

首先，這時日本已經不再擔心中國參戰會妨礙其奪取膠州灣和膠濟鐵路。日本已於一九一七年二、三月間同英、法、俄、意達成密約，戰後可獨享原德國在中國山東的利益。[72]

其二，美國動員中國參戰，將使美國在華影響和權益大大增強，不如由日本來主導中國參戰，以抵制美國的影響，維護日本的在華勢力。西原龜三就明確說過，若坐視中國「被美國拉進協約國方面來，也會使好容易打下的一點點日中親善的基礎發生裂痕。」[73]

其三，日本支持段祺瑞參戰主張後，北京政府會與日本保持密切關係，接受日本的援助，聽從日本的意見。由此日本可加強對中國的

---

67 王芸生：《六十年來中國與日本》，第7卷，頁78。

68 王芸生：《六十年來中國與日本》，第7卷，頁85-92。

69 王芸生：《六十年來中國與日本》，第7卷，頁79-97。

70 西原龜三：〈西原借款回憶〉，《近代史資料》總38號。

71 參閱吳彤：〈中國參加一戰與日本的關係〉，《西南大學學報》2008年第5期。

72 王芸生：《六十年來中國與日本》，第7卷，頁71-75。

73 西原龜三：〈西原借款回憶〉，《近代史資料》總38號。

影響，擴大在華利益。[74]

其四，一九一六年十月上台的寺內正毅內閣，調整了日本對華政策，將以前赤裸裸的政治掠奪變為以經濟滲透為主的較為隱蔽的方式。通過支持中國參戰並在經濟上援助中國，可以緩解「二十一條」以來中國對日本的惡感。[75]

在日本力圖取得在中國領先地位的形勢下，美國政府感到了一種威脅，轉而不支持中國對德宣戰。國務院於二月十日將這一意見發給了芮恩施。[76]哪知芮恩施在接到指示前，已經對中國做出了承諾：美國將設法援助中國，擔負起中德斷交後的責任，並保證中國獨立，中國對軍隊控制和行政管理不受損害。[77]

在獲得芮恩施的承諾後，北京政府權衡利弊，向德國公使提出嚴正抗議，從而開始改變中立立場。而芮恩施在接到美國國務院指示後，也沒有任何改變原有對華政策的考慮，反而要求國務院根據中國對美信任和追隨，重新考慮對華援助。美國政府對芮恩施的行為非常不滿，認為他做得太過分了，告誡駐華公使館謹慎行事，不得給予中國任何承諾或保證。[78]

由此看來，中國從二月九日對德抗議至三月十四日對德斷交，在外交方面主要是受美國駐華公使芮恩施的影響，但芮恩施的態度並不代表美國政府的態度。美國政府明顯表現出對日本的忌憚，不願明確

---

74 參閱吳彤：〈中國參加一戰與日本的關係〉，《西南大學學報》2008年第5期。

75 張國淦：〈對德奧參戰（節錄）〉，章伯鋒、孫彩霞編：《皖系軍閥與日本》，頁74。

76 王芸生：《六十年來中國與日本》，第7卷，頁97。

77 芮恩施：《一個美國外交官使華記》，頁192-193。

78 芮恩施：《一個美國外交官使華記》，頁190；U. S. Department of State, *Papers Relating to the Foreign Relations of the United States, 1917, Supplement, I* (Washington: Government Printing Office, 1926), p.408.

支持中國參戰，更不願給中國任何保證。[79]

一九一七年五月，段祺瑞內閣陷入危機，能否繼續控制北京政府尚不確定，日本對中國參戰隨即表現出消極觀望的態度。如果中國在親日派不掌權的情況下參戰，恐將對日本不利。寺內首相表示：「大局全賴段總理主持，參戰後一切事業，必總理地位鞏固，始克進行」。[80]

七月，段祺瑞重新擔任總理並掌握大權後，日本才再次恢復積極支持中國參戰的態度。七月二十日，日本政府正式決定「對段內閣給予相當友好的援助」。[81]七月二十七日，日本政府同意將中國的關稅提高百分之四十或百分之五十，並同意庚子賠款無利息延長五年。[82]八月十四日，北京政府正式對德宣戰。

在中國參戰既成事實後，美國政府也只好表示滿意並支持這一行動。[83]不過，美國對段祺瑞政府與日本之間的親近懷有戒心，害怕中國的軍事力量將受到日本的控制，[84]在九月二十八日與中國互換照會時，要求北京政府作出保證：「中國之一切軍備、軍需，將完全由中國政府支配管理，任何對於此次戰爭之軍事措置，將由中國政府自行處理」。[85]芮恩施還建議美國政府用「足夠的貸款」來爭取段祺瑞，「幫助中國遠離日本在財政方面的引誘」，但美國政府考慮到戰爭開

79 閻廣耀、方生選譯：《美國對華政策文件選編：從鴉片戰爭到第一次世界大戰》，頁516-518。

80 王芸生：《六十年來中國與日本》，第7卷，頁97。

81 林明德：《近代中日關係史》（臺北：三民書局，1984年），頁143-144。

82 日本外務省：《日本外交文書》（東京，1968年），大正6年第3冊，頁523-524。

83 王善中譯：〈1917年美國對華關係資料選譯〉，中國社會科學院近代史研究所編：《近代史資料》總第62號，頁171。

84 U. S. Department of State,*Papers Relating to the Foreign Relations of the United States, 1917, Supplement, I*, pp. 410-411.

85 張忠紱編著:《中華民國外交史》（臺北：正中書局，1945年），(一)，頁228。

銷太大，不想用財政投資的手段與日本競爭。[86]

美國和日本對中國參戰的態度及其變化，其根本原因皆在於一戰國際形勢和中國政治形勢的不斷變化，以及美、日兩國在中國的競爭和各自的利益。

日本為了奪取中國山東，先是阻撓中國參戰，後又為了控制中國政府並擴大在華勢力而動員中國參戰。當中國參戰有可能在戰後以戰勝國身份參加和平會議，有資格與日本爭奪膠州灣和膠濟鐵路時，日本就堅決反對。此外，當時北京政府以袁世凱為首，對外政策親英美而遠日本，如果此時中國參戰，北京政府多半不會謀求日本的援助，在與參戰有關的事務上也不會聽從日本的意見。這樣日本就無法借機加強對華影響和擴大在華利益，反而會有利於英美。而當英、法等協約國迫切需要日本的軍事援助以對付德國，承諾在戰後支持日本佔有膠州灣和膠濟鐵路後，也恰逢段祺瑞掌握北京政府大權，日本即轉而支持中國參戰，以達到控制北京政府、擴大在華權益並抵制英美對華影響的目的。

美國對中國參戰問題實際上一直採取比較消極的態度，主要原因在於二十世紀初頭二十年裡美國的戰略重點不在亞洲而在歐洲，在遠東其力量不足以與日本抗衡，在美日競爭中一直處於下風；參加第一次世界大戰後更是無暇他顧，在遠東只能取守勢。美國不願意因為中國問題而與日本針鋒相對甚至得罪日本，因此對中國參戰表現得並不熱心，中國宣戰後也並未借款給中國及提供其他支援。美國在一戰開始後一個相當長的時期里並未打算擴張它的在華利益，或者更準確地說，美國統治集團內心雖有這種願望，但迫於日本的阻撓和自身目標的限制，並未形成為一種政策。實際上，與英、法、俄等國承認了日

86 芮恩施：《一個美國外交官使華記》，頁233、228。

本在中國的領先地位一樣，美國也迫不得已地默認了日本在東方的影響。[87]

一戰期間，與美國對華政策採取消極的守勢立場相反，日本積極在華侵略擴張。日本大量借款給中國，其中西原借款即達一億四千五百萬億日元，借此控制了北京政府，並獲得在中國的大量權益。對此，芮恩施深感痛心和憤懣，他在一九一九年六月提出辭呈，指責美國對華政策的失誤，「我們對中國沒有支援，就驅使段祺瑞及其追隨者投入日本的懷抱」。[88]

通過分析中國參戰過程可見，美、日兩國對中國參加一戰，在不同階段產生了不同影響。一九一七年二月之前，日本的反對是中國未能參戰最主要的外來阻礙，甚至可以說是決定性因素，而美國此時尚無直接影響。一九一七年二月以後，日本對中國參戰的積極支持和大力動員促進了中國參戰的實現。美國則只是芮恩施的個人作用，美國政府並不積極，後來還變為阻止，美國當時並未過多與日本爭奪對華外交的主導權。儘管美國駐華公使芮恩施和總統威爾遜都認識到，由於歐戰期間日本主導中國政治，美國的利益和條約權利將直接遭受不利影響，[89]但美國此時尚無力也無意在遠東與日本爭奪中國，反而向日本妥協。這也說明，在一戰期間，無論是美、日在東亞的競爭還是其在華影響力，都是日本佔據上風。

---

87 C. Seymour, *The Intimate Papers of Colonel House*(Houghton: Mifflin, New York, 1926), p.25.

88 芮恩施：《一個美國外交官使華記》，頁280。

89 U. S. Department of State, *Papers Relating to the Foreign Relations of the United States, The Lansjing Papers, 1914-1920* (Washington D. C.: Government Printing Office), Vol. II, p.430.

## 四　中國參戰的實際意義

中國參戰決定的做出摻雜了中國國內政治紛爭以及美、日等國的競爭，但也是認識到參戰將有利於中國爭取權益和加入國際社會的結果。早在一九一五年十一月，俄國駐華公使庫朋斯齊就分析過中國加入協約國對德宣戰的動機：一是想加入和會，增加解決青島問題的機會；二是希望加入協約國以避免日本之陰謀，確保自身安全；三是希望能停付庚子賠款中德國的份額，並通過取消德國和奧地利的在華領事裁判權，進而在停止外人在華治外法權方面打開一個缺口。[90]庫朋斯齊對中國參戰動機的分析相當準確，對中國參戰的後果也預言得相當準確，參戰的確在客觀上給中國帶來了中外主事者想到或沒有想到的結果。

首先，從對德奧關係來看。

一九一七年三月十四日，中國政府宣告對德絕交，隨即取消了德國根據不平等條約所獲取的部分特權。

取消德國在華駐兵權：將所有德國在華駐軍一律解除武裝，接管其在華兵營，所有可作軍事用途的德國公私產業，一律查封，或予充公。

收回德奧在華租界：令地方政府派員進入天津和漢口的德租界，對德宣戰後又將這兩地租界和天津奧租界收回，改設特別區。

撤銷德奧在華領事裁判權：規定除德奧兩國人民與其他外國人之間的訴訟歸其他國領事審理外，其餘一切案件由中國法庭審理。

停付對德賠款與欠款：停付庚子賠款德國部分，及其他對德借款

90 陳春華編譯：〈沙俄等列強與中國參戰（一）——俄國外交文書選譯〉，《民國檔案》2005年第1期。

息金。[91]

一九一七年八月十四日，北京政府對德奧宣戰。宣戰布告稱，所有以前中國與德、奧兩國所訂條約以及與中德、中奧有關的其他國際條款、協議，依據國際公法及慣例，一律廢止。包括一八六一年《中德通商條約》、一八八〇年《中德善後章程》、一八九八年《中德膠澳租界條約》，一八六九年《中奧條約》，以及一九〇一年《辛丑條約》涉及德奧的部分等。[92]

從客觀上講，中國對德絕交和宣戰，是有理有利的，是出於國家利益的必要選擇。這是中國外交的進步，中國已懂得依據國際慣例，在戰爭狀態下採取非常措施，並預期在戰後予以確認。

在一九一九年的戰後和平會議上，中國代表團雖然拒簽對德和約，但繼續參加和會。九月十日簽訂對奧和約，規定從一九一七年八月十四日起中國停止付給奧地利庚子賠款，其租借地歸還中國，中國成為國聯正式成員。以後中國又先後簽署了《對匈和約》和《對土和約》。次年中國首任駐國聯代表顧維鈞當選為國聯理事會非常任理事，一九二一年八月又當選為國聯理事會主席，中國在國際社會上的地位有所提高。[93]

一九一九年九月十五日，中國政府宣佈終止對德戰爭狀態，一九二一年五月二十日與德國新籤條約，德國放棄一八九八年條約規定的一切權利，取消在華領事裁判權、協定關稅權以及在北京使館區享有的特權，停付庚子賠款，天津、漢口等租界歸還中國，兩國互享國際

---

91 〈外交部為對德絕交處理有關事務之答復〉，1917年3月15日，張黎輝等編：《天津市歷史博物館館藏北洋軍閥史料．黎元洪卷》（天津：天津古籍出版社，1996年），第8冊，頁242-244。

92 參閱石源華：〈論第一次世界大戰期間北京政府的對德宣戰〉，《軍事歷史研究》1994年第6期；石源華：《中華民國外交史》（上海：上海人民出版社，1994年）。

93 顧維鈞：《顧維鈞回憶錄》，第1分冊，頁214。

法所承認的一切權利。[94]《中德協約》取消了德國在華享有的特權，在平等基礎上實現了兩國關係的正常化，是現代中國與西方大國簽署的第一個平等條約。戰後，中國與奧地利也訂立了《中奧通商條約》，從雙邊法上確認了中國在戰時的舉措。

中國抓住了第一次世界大戰提供的有利契機，廢除了與德奧簽訂的不平等條約，從而在不平等條約體系的鏈條上打開了一個缺口，邁出了難能可貴的第一步，鼓舞了中國今後向其他國家提出修改不平等條約的勇氣和信心。

第二，從對日關係來看。

中國參戰對日本在華權益擴張造成了兩方面影響。一方面，為日本提供了進一步對華擴張勢力的機會。另一方面，也破壞了日本繼承德國在中國山東權益的計劃。

日本以幫助中國對德作戰為藉口，於一九一八年五月與段祺瑞政府簽訂中日共同防敵軍事協定，[95]為日本增強對中國軍隊的控制，以及在中國境內更多地方駐紮軍隊提供了法律根據。八月，日本軍隊進入滿洲里，並強迫中國軍隊撤出。日軍還先後佔領了哈爾濱、齊齊哈爾等地，並強行接管了長春至哈爾濱之間的中東鐵路。[96]日本還借款給段政府三億日元，要求中國以長春、吉會鐵路、滿蒙五鐵路、吉黑兩省森林金礦及交通銀行、電訊事業作抵押。[97]

日本在一戰期間佔據了膠州灣和膠濟鐵路，並想在戰後順理成章地繼承德國在山東的權益。但由於中國參戰並成為戰勝國，就有資格出席戰後和平會議，有權利要求直接從德國手中收回膠州灣和膠濟鐵

94 王鐵崖：《中外舊約章匯編》（北京：生活·讀書·新知三聯書店，1962年），第3冊，頁167-169。

95 王鐵崖：《中外舊約章匯編》，第2冊，頁1365-1367。

96 參閱吳彤：〈中國參加一戰與日本的關係〉，《西南大學學報》2008年第5期。

97 參閱呂茂兵：〈中國對德奧宣戰歷史意義新探〉，《安徽史學》1995年第4期。

路。又由於中國最後拒簽和約，從而使日本在對德和約中獲享的權利不能合法繼承，使山東問題成為留待重新解決的懸案，為一九二一年華盛頓九國會議重議此問題、中國收回山東權益贏得了機會。這恐怕是日本在慫恿中國參戰時沒有想到的結果，可謂搬起石頭砸了自己的腳。中國已不再是一戰前那個對世界大勢和國際法懵懂無知的國家了，隨著社會各界有識之士的湧現和新一代職業外交官群體的出現，中國已懂得用國際法和外交手段爭取和捍衛本國權益了。這也許是一戰帶給中國的一大收穫。

第三，從中國外交來看。

由於中國參戰，中國在戰後有資格以戰勝國身份參加巴黎和會，使參會各國看到了中國外交的變化，中國的外交官也在國際舞台上作了一個出色的亮相。中國簽署了對奧地利、匈牙利和保加利亞的和約，得以加入國際聯盟，從此加入國際社會，開始改變近代以來一直被排斥在國際社會之外、中國國際地位越來越低、越來越被邊緣化的局面。

拒簽對德和約，在近現代中國外交史上是一個空前事件，它不僅打擊了日本帝國主義企圖獨佔中國的狂妄野心，而且開闢了中國衝破帝國主義列強控制、在國際事務中獨立決定自己命運的先例，這對於以後的中國外交產生了明顯的積極影響。拒簽和約衝破了中國外交始爭終讓的慣例，樹立了一個據理力爭、敢於抗爭的先例。

一九一七年，中國抓住了參加第一次世界大戰的機會，改變了以往在國際紛爭中消極避世的中立政策，開始參加世界政治活動，轉趨積極參與國際事務，參加一戰標誌著中國外交政策從消極到積極的一個重大轉變。

綜上所述，中國參加一戰問題較為複雜，絕不可從單一的維度予以理解與闡釋，而至少應從三個層面來考察。一、中國國內政局一定程度上左右了各派政治勢力對於參戰問題的看法與選擇，而類似「府院之爭」的矛盾則直接與參戰問題糾葛在一起。二、跳出中國政局，以中國對外關係的角度看問題，則可發現，中國參加一戰實乃積極外交之發端。三、以國際體系視野觀之，則中國在很大程度上是日本和美國兩大列強爭鬥的場域，日美雙方在中國參戰問題上始終矛盾尖銳，只不過此時美國的戰略重心並不在中國乃至東亞地區，因此面對日本的挑戰才會步步妥協，以致使日本在中國事務中處於主導地位。

近代中國的外交可謂崛起於第一次世界大戰的結束。參加歐戰，為中國外交一大轉機，其深遠影響是使中國開始逐漸融入國際社會，也使中國外交近代化由此起步。就國際關係而言，列強之間的競爭和矛盾，為一些殖民地半殖民地國家運用國際法和國際條約開展外交提供了外部條件。就中國國內而言，一是民國建立後，政治多元化，言路大開，各種政治力量都能向社會充分展現自己的主張，普通民眾和社會團體也能參與外交事務的討論，形成能對決策施加影響的「社會輿論」和「國民外交」，成為政府外交的推動和後盾。二是一批接受過西方教育的新式職業外交官開始嶄露頭角，他們具有豐富的國際政治和外交知識，具有比較強烈民族和民主意識，勇於並善於與西方列強打交道。[98]他們崛起於巴黎和會和華盛頓會議，並在以後的民國外交活動中多有表現，不僅為國家收回若干利權，也促成了中國外交的進步。

以今天的觀點來看，如何能在紛繁複雜的國際形勢中正確判斷大勢，如何能抓住歷史和世界的機遇，做出保護和爭取中國國家權益、提高中國國際地位的正確選擇，無論是一百年前還是現在，都應該是中國的政治家、外交家以及智庫們認真思考並明智抉擇的問題。

---

98 參閱王建朗：《中國廢除不平等條約的歷程》（南昌：江西人民出版社，2000年），頁42-43。

# 第十六章
# 民國北京政府時期職業外交官的現代外交思想與實踐

申曉雲

南京大學歷史學院榮退教授

民國北京政府時期，隨著外交職能部門近代化程度的提高、專業化程度的增強，以及外交用人制度的改進，一個以外交為職志的專業外交家群體逐步形成，這個群體中的相當一部分人在西方接受過專門的外交教育，不僅精通近代外交知識，諳習近代國際政治中的「遊戲」規則，且具有強烈的民族意識，成為中國近代民族主義理念和使命的直接承載者和踐行人，進而演成中國政府在巴黎和會上首次明確而公開地提出廢除列強在華諸種特權之要求，並以此為契機，著手於收復主權和修改不平等條約的準備工作，又通過「修約外交」的貫徹，為其後我國逐步收回滿清時期所喪失的國權作了鋪墊。而通過這些外交實踐，這些職業外交官所秉持的現代外交理念也得到了充分的彰顯。本文即從論述和分析這些職業外交官的現代外交思想入手，結合其外交踐行，一方面對這些職業外交官所秉持理念之現代性特徵作出梳理和評析，另一方面也通過梳理和評析，對這一時期主要由這些職業外交官所提出的外交主張、奉行的外交策略，以及為收回國權所作努力以客觀審視和評價，期給當下中國外交如何更好地與國際接軌以有益的啟示和借鑒。

第一次世界大戰後，歐美一些國家實力受到削弱，原在華勢力根基發生動搖，新的利益分配格局產生。以巴黎和會為契機，在威爾遜「十四點原則」與列寧民族解放和自決原則的鼓舞下，中國國民中的民族主義情緒日趨強烈，爭取中國國際地位平等，收回多年喪失的國土與利權的呼聲也日形高漲。而自民國成立後，中國政府的外交系統也在近代化方面得到長足發展，並造就了一個職業化的外交群體，這個群體中的相當一部分人都曾在海外接受過專門化的外交職業教育，諳習近代國際政治中的「遊戲」法則，精通近代外交知識，且具有強烈的民族意識，成為中國民族主義使命的直接承載者。[1]他們不僅在巴黎和會上為捍衛國家主權據理力爭，還在會後積極著手於收復主權和修改不平等條約的各項準備。他們的努力不僅贏得了國際外交界的尊重，在國內政界、輿論界，乃至普通民眾中也都享有良好聲譽與口碑，不過，由於民國前期中國的國際地位並未得到大的改變，加上國內政局持續動蕩，這些職業外交官們所作的外交努力，並沒有取得多少令人矚目的成果，這些外交官所秉持的理念也因此未曾得到後人足夠重視和積極評價。有鑒於此，本文將從考察和分析這一時期的這批職業外交家所秉持理念的現代特徵入手，結合其外交實踐，一方面給這一時期代表中國政府活躍在國際舞台上的職業外交幹才為中國國際地位提升所作的努力以客觀評價，也冀從他們所秉持的現代理念中汲取積極的營養，以給當下中國外交如何更好地與國際接軌以有益的啟示。

1 這支職業外交官隊伍由新老兩部分人組成，除由晚清延續來之部分老資格的職業外交官施肇基、顏惠慶等人外，更有鋒芒畢露、才華橫溢的新一代外交俊彥，他們中多數人不僅基本都有海外留學經歷，有的還具有博士頭銜，或具備某一方面的淵博知識和造詣，因而具有學者兼外交家的雙重身份，如，王寵惠為美國耶魯大學法學博士，著有《憲法平議》、《憲法範言》、《比較憲法》等著作，為我國近代法學的主要奠基人之一。顧維鈞為美國哥倫比亞大學法學和外交學博士，著有《外國對中國政府的權利要求》等著作。

## 一　視「民族利益」和捍衛「國家主權」為外交至上原則和首要目標

主權是國傢具有獨立自主地處理自己對內對外事務的最高權力，意指對內是最高的、對外是獨立的，且兩者關聯而不可分；如果對外不獨立，國家必然服從於外來干涉而喪失獨立處理對內對外事務的自由，因而，主權是國家存在的要件之一，是國家作為國際法主體固有的不可或缺的屬性。根據國際法原則，國家主權應得到尊重，同時也負有尊重他國主權的義務。堅持國家主權則是維護國際法律秩序最根本的條件。近代中國，由於列強的入侵，中國國家主權的完整性和獨立性遭到嚴重破壞，以致反抗侵略與壓迫，爭取中華民族解放與獨立，建立一個主權的統一的現代民族國家成為時代的母題和人們奮鬥的首要目標。從這個意義講，國家主權與民族獨立不可分，如果國家主權得到尊重，民族獨立就能獲得保障；反之，如果民族是獨立的，國家主權自應當受到尊重。近代中國所爭取的既有國家主權，又有民族獨立的權利，而國家主權意識則是民族解放和獨立運動的內化物。巴黎和會與華盛頓會議期間，以職業外交家為主體的中國代表團出於民族意識和愛國情感的內在驅動，儘管是首次組團出席如此重要的國際會議，但並不怯場，如年輕的外交家顧維鈞，在民族意識和愛國情感的驅動下，早在會前，就以他為首成立了專門的小組，為參會和在會上爭回山東主權開始蒐集資料，為參加和會作了充分的準備。在會上代表中國代表團發言，更是熟練運用國際法條款慷慨陳辭，力駁日本的無理要求，對以山東問題為重點的中國立場作了有力申訴，其大快人心的論辯令在場所有的人無不震撼，儘管中國代表團成員之外交努力在是會上未能獲得理想成果，但代表團成員在會議能熟練運用國際法力爭國家主權，以及最後拒簽和約的抗議之舉，也向世界表明中華民族將不再忍受他國凌辱，從而翻開了中國外交史上新的一頁。

一九二一年十一月二十五日，華盛頓會議召開期間，中國代表團全權代表王寵惠在華盛頓會議上進一步提出治外法權的存廢問題。自從一九五八年中美條約確立治外法權後，形成通例。王寵惠在發言中強調治外法權對中國主權，特別是司法權的損害。他指出中國允許外人有領事裁判權，妨害中國主權，擾亂地方行政，而適用法律彼此參差，蒐集證據，十分困難。考慮到這一歷史遺留問題的複雜性，王寵惠希望各國「共助中國著手改良現行辦法，以冀此制度之撤廢」。但美國國務卿休斯卻表示：「此問題之解決不在原則，而在事實」，「須先調查，方可決定」是否放棄治外法權。最後，十二月十日全體大會通過了美國提出的設立委員會考察並報告中國領事裁判權和司法制度的決議案，議案確立了美國提出的以中國司法制度是否達到西方國家水平為撤廢領事裁判權的「先決條件」。實際上否決了中國的正當要求。儘管如此，在十一月二十五日的全體會議上，施肇基又提出撤廢客郵制度。當時在中國境內共有十二處英國郵局，十三處法國郵局，一百二十四處日本郵局，美國有一處。外國郵局在中國的存在，雖然沒有條約規定，但它有損中國主權，其偷稅漏稅，私運違禁品。在討論中，美國因利害關係微小，支持中國的要求，儘管有日本的阻撓，但此案仍在一九二二年二月十一日全體大會上得到通過。這是中國在華盛頓會議上取得成果的一項議決案，雖然依然存在明顯弊端，但畢竟在逐步收回國權上進了可貴的一小步。

## 二　運用「民氣」為外交助力但對其有效性持保留態度

國民參與外交是民初外交實踐過程中的一大奇觀。何謂「國民外交」？「國民外交」顧名思義乃國民對國家外交行為的參與。[2]其具體表現通常為國民以議定的組織形式，通過輿論、運動等壓力手段，來表現自己的意志和實力，從而影響政府的外交政策。這一現象的最早出現是在二十世紀初，乃中國近代民族主義思潮勃興的表現，民國後在新文化運動中得到導揚，五四愛國運動中蔚為聲勢。也正因為「國民外交」在民眾中的巨大影響力，民國政壇上的各種勢力，不論在朝在野，也都開始利用「國民外交」這一群眾運動資源，作為贏取民心的工具。其有效性，實際已為其時的政府及外交官在某種程度上接受，如：巴黎和會時，中國代表團提出要求將所有膠州及膠濟鐵路，以及一切附屬權利，歸中國政府自行管理，主張「由政府將此合同（膠濟鐵路等之議）提交議會，與議員接洽，令勿通過，以民意為政府後盾，將來爭辯時或易於措詞，即某國幫忙，亦較易為力。」這說明，國民外交不再僅僅是政府外交的「後援」，已成為外交活動的一種必要助力。一九一九年五月十三日，國務院電述巴黎和會交涉情況也談到：「近日外交艱棘，因之風潮震蕩，群情龐雜，政府採納民意，堅持拒絕，固以表示態度對我國人。」不過，國民外交雖然參加者眾，但大規模民眾介入運動畢竟容易出現情緒化、非理性的傾向，尤其在轉型期的社會，各種矛盾不斷湧現，更容易加劇運動的非理性色彩。一場運動參加者的成份越複雜，運動就越容易發生過火行為，所以，國民外交雖然能起到激昂民氣的作用，也確實不失為民眾參與外

2　什麼叫「國民外交」？梁啟超語：「現在世界之新潮流，曰國民外交。所謂國民外交者，費多數國民自辦外交之謂也，乃一國外交方針，必以國民利害為前提也。昔日政府外交時代，外交方針之立，大抵出於三五人之密謀定計，故往往有窮兵黷武之舉。今則不可妄侵害他人利益，同時也不可忘一國本身之利益……當此國民外交時代，凡事之行，固在政府，而所以督促政府者，則在國民審察內外形勢，造成健全之輿論，以為政府後盾」。見《梁任公在國際稅法平等會之演說辭》，載《東方雜誌》第16卷第2號，1919年2月15日。

交的一種有效形式，但一般來說，作為職業外交家，對國民外交的有效性是有所保留的。如顧維鈞就認為：「在人民外交當中，由於離不開公眾輿論和大眾的支持，一個人很容易做一些討好公眾的事，而不總是考慮民眾利益。如果是民族利益，那就是永恆的，不因時間、輿論、黨派而改變……在中國，自五四運動以來，'人民外交'的口號已成為非常時髦的口號，群眾組織起來大遊行或組成代表團對中國的代表們施加壓力，常常造成災難性的後果。」所以他認為來自社會輿論的監督固然重要，也會產生相當影響，但同樣「會干擾外交機制的正常運作，因為民眾往往為一時的情緒支配而忽視外交操作的綜合因素，甚至會與民族利益發生抵觸，在民國政治鬥爭及其複雜的情況下，這種可能性益加明顯」。[3]

## 三　奉行「超然主義」追求外交活動的相對獨立性

所謂「外交相對獨立」指的是外交應該擺脫國內政黨政治和派別鬥爭的影響，在民族利益或「國民利益」的名義下，制訂和執行共同的外交政策。這是職業外交官「超黨派外交」的體現，也是所謂「外交相對獨立」的本質。外交的目的是實現國家的目的，職業外交家靠他們的專業和訓練，以追求國家和民族的永恆利益為職志，故應該是國家觀念很強的人。然而，民國北京政府時期由於國內政爭激烈，派別紛呈，在這樣的特定政治環境下，代表一國之根本利益的外交，如何克服「個人的主導性」，排除國內政爭干擾和黨派私見，避免外交事務為一黨一派一系，甚至一人所利用，不僅對職業外交家的職業操守是個很大考驗，也直接關乎於國家民族的利益，影響到中國的國際

3　顧維鈞著，中國社科院近史所譯：《顧維鈞回憶錄》，第1分冊，頁396-399。

形象。因此，首任外交總長陸徵祥就時常以「超然主義」告誡外交從業者，要他們盡量不捲入國內政治的漩渦，陸並稱此乃「職業外交家」的秘訣。陸徵祥的這一「秘訣」也為北京政府這一時期的一些職業外交家所認同。顧維鈞就認為：「當辦理重要交涉時，惟一影響你考慮的應當是民族利益，而不是黨派和政治利益，更不能考慮個人政治上的得失，因為如果有了這種考慮，你的外交從民族利益的觀點來看就不會成功。……如果一個外交家有了政治考量，那他的外交就很危險了。」[4]所以，他在處理外交事務時，總是告誡自己，盡量摒棄內政上的歧見，他自述道：「我自從擔任公職以來的一貫方針是在接受任何指示或建議採取這種或那種步驟時，先問問自己，這樣做是否在為中國服務並對國家有好處。同時我一向對黨派政治不大感興趣，而是從中國政府的立場來考慮問題。……簡言之，我是不參與政治的，並努力置身於政治和權力鬥爭之外，我把中國看作是一個整體，我認為這才是唯一的善為中國服務之道。」

不過，外交職業從根本上來說也是一個政治職業，外交官說到底也是政治中人，要外交官在處理外交事務中完全排除國內政爭黨派的影響，事實上是極難做到的。以出席巴黎和會的中國代表團組團為例，當時國內南北對峙嚴重，儘管和談也在「開議」，但雙方各持己見，很難達成一致。由於巴黎和會即將召開，中國也將以戰勝國代表的身份參加大會，為抓住有利時機，為國家民族爭回權益，顧維鈞就多次從華盛頓駐所致電北京政府，建議將南北政治之爭限制在國內，出席和會的中國代表團應包容孫中山南方軍政府的代表，以示「全國統一對外」。此議當時為南、北雙方政要所認同，最後，出席巴黎和會的代表團成員包括了南北雙方的代表。南方軍政府不僅派出了外交

4　顧維鈞著，中國社科院近史所譯：《顧維鈞回憶錄》，第1分冊，頁397。

次長王正廷充任中國代表團的五位全權代表之一，其他要人如汪精衛、張靜江、李石曾、伍朝樞、陳友仁、郭泰祺等人也紛紛前往巴黎，觀察和會，並向代表團獻策獻計。然而，赴巴黎參加和會的中國代表團內部，卻因南北代表意見分歧，生出不少矛盾，代表團幾近解體。這是一個因南北對峙而造成對外交涉時行動難以協調的事例。此外，由於北京政府政壇上「閣潮」不斷，一些以職業外交官自詡的人也身不由已地捲入其間，同樣也影響到一致對外，如出席華會時的「倒梁（士詒）」事件等，這樣的事例也實在不少。由此也可看出，保持相對獨立立場，超脫於黨派之上，對外交從業人員具有何等的重要性。不過，總體來看，北京政府時期的職業外交官大多都非黨派中人，故在重要國際事務中也基本能秉承「以國家民族利益為重」的理念。民國北京政府時期，由於軍閥政客忙於爭權奪利，加上本身文化水平不高，眼界也有限，一般並不不直接干涉外交事務，外交機構也因此而具有了較多的獨立空間性。這一情景，正如外交史家張忠紱所說的：「彼時似乎很少軍人與巧宦願意出任外交官，同時他們尚有自知之明，對於外交界也另眼相看，認為那是對外交涉，有關國體，而且在私人方面也無權利可爭。直至北洋政權沒落，整個外交界尚能保持其傳統作用，故北京外交界的水準反較一九二七年後為優」。[5]

## 四　主張依據國際法法律逐步廢約和有序廢約

中俄談判、中比條約和中西條約的廢除活動，集中體現了職業外交官法律廢約的思想，即主張依據國際法准則，採取和平的或漸進的外交手段達到廢約的最終目的，這在巴黎和會上得到了很好的印證。

---

5　張忠紱：《讀姚譯顏惠慶英文自傳感言》，見《傳記文學》（臺灣），第22卷，第4期。

巴黎和會上，中國曾提交和會三個重要說帖，即《山東問題之說帖》、《廢除二十一條之說帖》、《中國希望條件之說帖》。這幾個說帖，起草者為顧維鈞。顧為準備說帖，抄閱積累了大量資料，參閱、援引國際法律，陳述主次分明，有理有節，《廢除二十一條之說帖》鄭重提出了廢除二十一條的強烈要求；《中國希望條件之說帖》是針對近代以來西方列強附加給中國的不平等條約所提，內容包括廢棄各國在華勢力範圍、撤退外國軍隊和巡警、撤除外國郵局及有線無線電機關、撤銷領事裁判權、歸還租借地、歸還租借、關稅自主。這兩項說帖將顧維鈞所擬七大問題全部包括在內，前者針對五國密約，依據國際法理之「情勢變遷」（Rebus Sic Stantibus）原則，強調指出其發生於中國宣戰之前，中國宣戰之後情勢發生了變化，「英、法、意三國更無所用其聯合贊許日本關於中國事務之要求，而其種種諾言，自當視為破毀也」。也就是說，英日等國密約應隨中國對德宣戰而作廢，英、法、意不應再受其與日本所簽密約之限制。國際法學界儘管對於「情勢不變」原則解說不一，但有一個為多數國際法學家所認同的簡單說法，一切條約或至少多數條約都附有一項默示的條款，即條約效力之繼續，以締約時的特殊情勢或事狀繼續存在為條件，一旦情勢根本變遷（Vital, essential or fundamental change of circumstances）則產生廢約的權利。在國際實踐中也有許多先例可循。後者是中國政府首次在全球性國際會議上公開要求廢除不平等條約，希望改變近代以來所處的國際地位。所以，顧義正詞嚴地指出：無論從國際法看，還是從公理去論「山東是我國的領土，德國是我們的敵國。敵國即敗，應把從前在我領土內強奪去的權益歸還我國，是名正言順之事」。顧維鈞在和會上的出色陳述，使出席和會的很多人為之折服，從而為中國在巴黎和會的交涉贏得了世界輿論的同情和支持。

## 五 「漸進修約」是民國北京政府職業外交官秉持理念的踐行

廢除列強強加給中國的不平等條約，不僅是民眾的呼聲，也是北京政府職業外交官孜孜以求的目標，但如何去實現這一目標，北京政府時期的職業外交官們與當時社會上越來越高漲的激進廢約主張顯然大異其趣。作為職業外交者，他們把外交交涉視為一種外交謀略的實施和運用。他們認為：外交史談判的藝術，而談判的藝術則在於雙方的妥協，不可能期望百分百的成功，外交家「可能做到的只能是求取百分之六十到百分之七十的成功，能夠做到這點，對你來說即是大勝。」所以他們一般都不贊同在外交交涉中採取激烈態度或手段，也不贊同要求「百分之百成功」的口號，顧維鈞就說過：「總是以百分之百為口號，是永遠成功不了的，那樣只能把談判搞糟。」所以他說：「中國政府對於不平等條約並不想採取單方面行動的政策。中國政府擬通過正常途徑進行談判。以期有關各國樂於同中國合作，實現中國所欲達到廢除不平等條約的目的。」正因為此，北京政府在與外強進行條約交涉時，他們的口號不是「徹底廢約」，而是「漸進修約」，推進中採取了原則性與靈活性相結合的辦法，具體步驟和做法，可從以下三種情境中得到體現：

首先，處理戰敗國問題，如德、奧，繼承一九一七年絕交宣戰以來之方針，中國代表團於巴黎和會提出「對德奧條件說帖」，說帖強調：「中國政府之意願，大要在使從前用威嚇手段或用實在武力，而向中國獲得之領土與權利產業，仍歸還中國，並除去其政治、經濟、自由發展之各種限制。」具體條件分為九款，其中，除山東問題外，多數為大會接受，要求重訂平等條約，得到允准，並於一九二一年五月二十日在北京簽訂《中德協約》，這是一個完全平等互惠之通好條約。中國代表團所提對奧條件，除無第八款外，與對德條件完全相同。當和會討論對奧和約時，奧國提出對案，遭中國代表嚴詞駁斥，最後仍維持和會原提草案。一九一九年九月十日對奧聖日爾曼和約簽字，中奧遂成為平等的無約國狀態，中國也因簽署此約，成為國際聯盟創始會員國，以主權國家平等地加入國際家庭。中奧又於一九二五年十月十九日，在維也納簽訂《中奧通商條約》。期間，中德與中奧關係的妥善處理，是中國真正意義上憑藉外交途徑廢除不平等條約，依據平等互惠原則，通過談判締結新條約的開始。

其次，中國要求與協約國修改不平等條約，對協約國中的強國與弱國，在策略上有明顯的區別。北京政府外交部對巴黎和會有極高的期望，「原欲乘機解決我國際地位上一切根本問題」。北京政府擬定的和會提案，包括破除勢力範圍，若干年內撤廢領事裁判權，關稅自由，撤退外國軍隊，停付庚子賠款等綱目，並以《中國代表提出希望條件說帖》之名提交大會，但以強國為首的協約國無視中國的合理要求，於一九一九年五月六日在會議上正式通知中國代表：《希望條件說帖》與《要求廢除中日民四條約》兩說帖，「聯盟共事領袖各國最高會議充量承認此項問題之重要，但不能認為在和平會議權限以內，擬請俟萬國聯合會行政部能行使職權時，請其注意」，協約國就這樣和婉地拒絕了中國代表的請求，而中國最為關心的山東問題也一直被拖延到華盛頓會議才有所進展。面對英、法、日等強國的無理阻撓，中國代表只能依據國際法則，採取和緩漸進的策略，與各國逐一協商解決。但面對相對弱小的比利時、西班牙等國，中國則採取強硬態度，堅決單方廢約。

中比條約於一八六五年十一月二日在北京簽署，一八六六年十月二十七日由兩國政府批准生效，到一九二六年十月二十六日屆臨六十年期滿。依據該約第四十六條規定，從互換批准書之日起，每十年可進行修改。一九二六年四月十六日，北京政府外交總長胡惟德利用此點，援引「情勢變遷」的國際法原則，照會比利時駐華公使華洛思，通知比利時政府，中國政府決定終止舊條約並願舉行談判，以便在平等互惠的基礎上締結新條約，建議用六個月的時間談判和締結新約。比利時政府也適時地作了答復，表示同意談判修約，但堅持要求中國政府保證在新條約談判期，舊條約繼續發生效力。雙方立場難以調和，遂成僵局。十月五日，顧維鈞出任代理國務總理兼署外交總長，繼續著手處理中比條約問題。為打破僵持，他提議在十月二十七日後，即條約六十年期滿後，先訂立一個為期六個月的臨時協定，屆時如新條約仍未制訂出來，臨時協定即告失效，中國政府將依據國際法准則對待比利時在華僑民與處理同比利時的整個關係。十月二十三日，比利時政府以備忘錄形式向中國政府聲明，舊條約可以廢止，臨時辦法可以互予最惠國待遇，但其有效期必須至新條約實現之日為止，如遇不測，比利時政府將以《辛醜條約》和《九國公約》簽字國的資格，恢復舊條約效力。二十八日，北京政府外交部再次提出新建議，即六個月內如新約尚未完成，經雙方同意，臨時辦法可以延長，但經任何一方在三個月內預先通知，可以廢止。比國非但不接受中國建議，還向海牙國際法庭提出訴訟，進行威脅，並分別照會英、美等國，以《九國公約》為依據，要求各國對中國施加壓力。十一月四日，北京政府外交部再次照會比國駐華公使，敦促比國盡速解決締結新約問題。次日，比國駐華公使以「俾比國在華事業與他國事業，比較不致驟處於不平等地位」為由，正式拒絕了中方建議，並表示美、英、法、日「上列各國中之任何一國，日後與中國規定何種辦法，比國亦承認同樣辦法。」這表明比利時要與各大國同進退，繼續在華行使治外法權等特權，根本沒有談判新約的誠意。顧維鈞在中比條約談判經過半年多時間而無法取得任何進展的情況下，毅然提議北京政府下令終止中比條約。十一月六日，北京政府頒布了由顧維鈞起草的廢約令。此舉是中國政府第一次在面對另一締約國公開反對的情況下，單方面宣佈廢除不平等條約，在中國外交史上是一個里程碑。中國外交部在當時的歷史條件下單方面宣佈廢除中比條約是一次頗具挑戰性的果敢行動，是中國爭取外交自主、徑行取消不平等條約的傑出表演。

修約外交另一個重要的新方向，即對無約國及戰後新成立諸國，堅持平等訂約，不再給予領事裁判權及最惠國待遇。一戰之後，北京政府先明確區分「有約國」與「無約國」；對無約國及新成立諸國以大總統明令：不再給與領事裁判權等權利。將許多在華外國人納入中國法權管轄範圍之內，在與捷克談判訂約時，中國堅持「彼此兩國僑民，……之生命財產，均在本地法庭管轄之下，應各遵守居留地之法律。」及「彼此承認關稅事項，當由國內法律完全規定」，捷克則以協約國一份子自居，要求在華享有與其他國家同等之領事裁判權、協定關稅、最惠國待遇等，平等競爭中國市場，但北京政府視其為新成立國，堅持新訂約必須平等互惠。因雙方認知有差距，談判最終未能成功。北京政府依據新訂約方針，與原無約國談成的第一個平等條約即《中華玻利維亞通好條約》，中玻正式接觸始於一九一九年四月，由駐日公使章宗祥牽線，雙方以中瑞通好條約為根據，除去附件，擬定草稿，與玻使晤談兩次，雙方審查皆無異議，只將英文易為西班牙文。一九一九年十二月三日，雙方在東京中國使館簽訂完全平等互惠的通好條約，並互換照會二件，此約成功創造了一平等互惠條約之先例。

從上述幾例中，我們即可得知，民國北京政府時期由職業外交官主持推進的「修約外交」儘管由於種種主客觀的原因，所取得的具體顯見成果並不多，但卻是一步一個腳印，堅實而清晰，職業外交官們為收回國權付出的大量努力，雖因政局變動而未及收穫，但由他們所一步步推進的「修約外交」，持續地對列強在華不平等條約體系形成了衝擊，在中國廢除不平等條約的歷程上，起了良好的開端作用。

# 第十七章
# 東亞殖民地經驗的考察與轉化：盧作孚對一戰後中國時局的觀察

劉得佑

國立臺灣大學歷史系博士候選人、中央研究院近代史研究所博士培育人員

## 一　前言

辛亥革命以降，四川因地理位置上的邊陲性，向來為中央政治權力鞭長莫及之處。此一情況除導致四川長期處於半獨立狀態外，一九一六年「防區制」的推行，更使得省內大小軍人為爭奪地盤而相互攻伐，進而演變為長期內戰之局面。[1]此種混亂且封閉的政治局勢，致使四川省相較於沿海地區，在現代化的道路上顯得十分緩慢。[2]然而在此種狀態下，仍然有人不懈地追尋著一條「救川救國」之道，此人即為四川著名的實業家——盧作孚。為強化自身的智識，並探索現代化的道路，盧作孚常會赴省外旅行以尋求答案，如其於一九一四年便曾單獨赴上海圖書館、商務印書館學習、考察，並結交許多重要友人，如時任江蘇省教育司司長的黃炎培，即是盧作孚早年「教育救國」道路的啟蒙者。

1　楊維真：〈1938年四川省政府改組風潮始末〉，《國史館學術集刊》第4期（2004年9月），頁103-104。

2　張瑾：〈發現生活——二十世紀二三十年代重慶城市社會變遷〉，收於李孝悌編《中國的城市生活》（臺北：聯經出版公司，2005年），頁353。

一九三〇年，盧作孚所經營的民生實業公司與鄉村建設事業正處於穩定發展的階段，為進一步探索日後公司的經營方針與鄉村建設的方向，盧作孚選擇於該年春天率領由民生實業公司、北碚峽防局、北川鐵路公司職員一行共七人所組成的考察團赴省外考察。此次考察之旅共歷經五個月時間，一行人赴上海、江浙、東北、華北等地遊歷，考察團所到之處可謂當時中國最現代化的地區與城市。沿海省份在工業、科學與學術方面的進展；德國在青島的經營；日本與俄羅斯在東北的發展，皆帶給盧作孚不少的啟發。盧作孚從此次旅行中所獲得的經驗，以及此一經驗對其日後企業經營與鄉村建設運動所產生的影響，皆值得吾人深入探究。

現今學界關於盧作孚東北行的研究成果主要可以分為幾類，一類為介紹性質的文章，內容大多取材於盧作孚的《東北遊記》與盧國紀為其父親所撰寫的回憶錄性質的書籍《我的父親盧作孚》一書，在內文方面多缺乏註解與分析；第二類則為傳記與年譜，其問題同第一類文章，內容與觀點多奠基於盧國紀一書，唯張守廣的《盧作孚年譜》有收錄盧作孚於《新世界》、《嘉陵江日報》等報刊上發表的文章，可作為本文討論盧作孚救國理念、旅行活動、思想發展等議題時的重要參考。

最後一類研究成果則對盧作孚的東北行及其影響有略作討論，如張瑾在〈發現生活——二十世紀二三十年代重慶城市社會變遷〉一文中有討論到一九三〇年盧作孚赴省外考察，但文章中未對其所見所聞進行細緻地分析，僅將盧作孚自省外考察歸來後對北碚的鄉村建設方針稱之為「北碚模式」，並認為是揉合上海的現代工業技術、德國建設青島城市的經驗、日本建設大連的經驗。[3]然而，上述此種說法實

3 張瑾：〈發現生活——二十世紀二三十年代重慶城市社會變遷〉，頁355。

缺乏進一步的討論，因就《東北遊記》的紀錄，盧作孚自上海、江浙、青島、東北等地所得到的經驗實為不同面向，有科學建設、經濟、經營思想等多重內涵，不僅僅是鄉村建設，以「北碚模式」一詞一概而論似有問題。

除張瑾外，潘洵〈中國西部科學院創建的緣起與經過〉一文亦曾提及東北行與中國西部科學院創立之間的關係，但篇幅並不多，且在論證方面多引用《嘉陵江日報》上所刊載的文章。[4]對於滿鐵出版的相關資料、中國西部科學院檔案資料的運用較為缺乏。除此之外，該文對於盧作孚的旅行經驗如何具體影響到中國西部科學院研究活動的規劃亦缺少討論，本文期望能稍加填補此一空白。

在上述研究成果的基礎之上，本文擬以《東北遊記》、《盧作孚文集》，以及盧作孚於《嘉陵江日報》、《新世界》等報刊發表的文章為核心材料，同時參酌日本國會圖書館所典藏關於滿蒙資源館、大連中央試驗所的刊物；國史館典藏之中國西部科學院的檔案資料、出版品，嘗試對一九三〇年盧作孚省外考察之旅的背景、旅行活動、旅行書寫，及其在考察過程中所獲得的經驗等諸議題作一探討，並試圖釐清此次省外考察與經驗交流對於日後盧作孚的公司經營與鄉村建設思想所產生之影響。

## 二　遠行的背景：為實踐救國之道

盧作孚，一八九三年出生於四川合川，一九〇七年自瑞山書院畢業後即赴省會成都進修。在成都的幾年間，盧作孚除學習數學外，亦

---

4　潘洵：〈中國西部科學院創建的緣起與經過〉，《中國科技史雜誌》第26卷第1期（2005年），頁19-26。

開始接觸到一些西方的政治學名著如盧梭的《民約論》、赫胥黎的《天演論》等，[5]經典的研讀使盧作孚對於國家與民族問題有深入思考，亦使其展開對「救國之道」的探索。一九一四年，盧作孚首次離開四川，前往上海商務印書館與上海圖書館學習。在此一過程中，盧作孚結識一位影響其至深的友人，即時任江蘇省教育會職員的黃炎培。黃炎培所提倡的實用主義教育理念，[6]以及當時參觀上海學校與教育機構的經驗，皆使盧作孚深刻體認到教育的重要性，即若要拯救落後窮苦的中國，就必須使廣大民眾覺醒，廣開教育以啟迪民智。[7]

為實踐上述理念，此時的盧作孚除擔任教職外，亦開始涉足政治，希冀透過政策的制定實踐其教育理想，如一九二一年年初，盧作孚即應四川軍閥楊森的邀請，至四川瀘州擔任永寧道尹公署的教育科長，此為盧作孚實踐其教育理想的重要開端。此時盧氏除從事教育改革外，[8]亦提倡教育議題的研究，其創辦《教育月刊》，主張「積極經營四川，所需於吾人之力正多，而教育尤其根本。國中萬事，希望若絕，尋求希望，必於教育事業」[9]雖然其教育改革為川南地區帶來新

5 張守廣：《盧作孚年譜》（南京：江蘇古籍出版社，2002年），頁6。

6 黃炎培：《八十年來》（北京：文史資料出版社，1982年），頁67；張守廣：《盧作孚年譜》，頁9-10。黃炎培，江蘇人，曾參加中國同盟會，並出任中國同盟會上海分會會長。民國初年，任江蘇省教育司司長，籌辦東南、暨南、同濟等大學。1913年，黃炎培發表〈學校採實用主義之商榷〉一文，文中的主要觀點認為教育和生活脫節，學生在學校所學到有關道德身體技能及知識等，無法在家庭及學校應用，而且受教愈久，學非所用的情形愈嚴重。此種不切實用的弊病，當以實用主義矯正。

7 盧國紀：《我的父親盧作孚》，頁25-26。

8 盧作孚此時的教育改革，其學校教育以川南師範學校為改革的起點，提倡不以教科書與教材為中心的教育方式，主張學生應多與自然環境、社會的接觸，此點頗符合前述黃炎培的教育理念，即學校教育應與生活結合，一種實用主義教育的觀點；社會教育方面則創辦通俗教育會，組織各種文化、衛生、體育活動以啟迪民智，盧作孚：〈如何徹底改革教育〉，《嘉陵江日報》，第3版，1948年2月22日。

9 盧思：〈《教育月刊》發刊詞〉，《教育月刊》第1卷第1期（四川，1922年2月），頁1。

氣象，但上述的教育實驗很快便隨著一九二二年楊森的戰敗而化為泡影。一九二四年，楊森東山再起，其再次邀請盧作孚至成都擔任通俗教育館館長，但不到一年時間楊森再度戰敗，通俗教育館無法維持。

接連的失敗使盧作孚意識到「教育救國」的道路難以實踐，應重新選擇較為穩固的事業，據其弟盧爾勤的回憶，盧作孚曾對他說：「在紛亂的政治局面下，依靠軍人辦文化教育事業易發生動搖，建立不起穩固的基礎，每是隨軍事成敗而與人與事皆共沉浮，這是一個教訓。今後應走什麼道路值得研究」[10]返回合川的盧作孚在幾經思考過後，最終選擇以「實業經營」作為其新的救國之道。

一九二五年十月十一日，盧作孚於故鄉合川邀集志同道合的同鄉，集資籌備成立民生實業公司。此時民生實業公司的業務除有航運經營外，亦成立電燈部、碾米部、自來水部。[11]從航運部以外的業務規劃，實可以看出盧作孚此時的國理想除實業經營外，亦重視故鄉的發展與鄉村建設，電燈部與自來水部的設立使合川成為四川第一個使用電燈與自來水的小鎮。[12]一九二六年七月，盧作孚自上海訂購的「民生輪」於「合川－重慶」之間正式開航，此為其航運事業的起點。[13]

上述此種經營模式與業務規劃，即如同其兒子盧國紀所言，此時盧作孚所想的，係希望以民生公司為中心，建立包括航運、工礦企業和科學、文教事業在內的一系列現代事業；用事業的成功去影響社會，達到改變國家落後面貌，實現國富民強的目的。[14]懷抱著此一理想，致使盧作孚在經營民生實業公司的同時，亦展開另一項重要實

---

10 盧爾勤、盧子英：〈回憶盧作孚片段〉，收於《重慶文史資料》第10輯（重慶：西南師大出版社，1981年），頁150。

11 〈民生公司在長江〉，《新世界》第11期（重慶，1945年），頁7。

12 盧國紀：《我的父親盧作孚》，頁89-90。

13 〈民生實業公司大事記〉，《新世界》第65期（重慶，1935年），頁89。

14 盧國紀：《我的父親盧作孚》，頁64。

驗，即四川嘉陵江三峽的鄉村建設運動。「嘉陵江三峽」係指嘉陵江所流經的，「重慶至合川」間的三個峽谷——牛鼻峽、溫塘峽、觀音峽周圍一代地區的總稱。此地區橫跨江北、巴縣、璧山、合川四縣，由於峽區內山巒連綿不斷、形勢險要、交通困難，向來為匪徒、亂兵聚集之地。[15]

為何此種「惡地」會成為盧作孚推動鄉村建設的起點？其原因可能有幾：其一，此一地區為其所經營的「合川－重慶」航線的必經之地，穩定的環境對於航運經營而言實屬必要。此一流域在整頓之前，係常有盜匪聚眾沿江搶劫、甚至立關抽稅，不法活動猖獗；[16]其二則為政治因素。一九二六年，劉湘驅逐原駐守於重慶的黔軍將領袁祖銘，正式駐節重慶。由於重慶為長江上游航運的咽喉，對於劉湘而言，航運的暢通與否至關重要。[17]加上一九二六年劉湘便曾請盧作孚擔任其「軍事政治研究所」的教官，對於盧作孚有一定了解。[18]因此，一九二七年劉湘再度邀請盧作孚擔任嘉陵江三峽地區峽防團務局局長，希冀對此地區有所整頓。對於盧作孚來說，雖然其並不希望事業與軍閥共浮沉，但在一九二〇～一九三〇年代的四川，軍閥內戰嚴重，經營實業，尤其是與區域高度相關的川江航運業，實難避免與軍閥之間的互動。最終，盧作孚接受劉湘的任命，而日後劉湘的崛起及其政治、軍事力量的奧援亦成為其經營川江航運業的重要後盾。

15 嘉陵江三峽鄉村建設實驗區北碚月刊社編：《嘉陵江三峽鄉村建設實驗區概況》（北碚：北碚月刊社，1938年），頁1。

16 嘉陵江三峽鄉村建設實驗區北碚月刊社編：《嘉陵江三峽鄉村建設實驗區概況》，頁2。

17 久保亨：《戰間期中國の綿業と企業經營》（東京：汲古書院，2005年），頁155-156、161。

18 沈雲龍、張朋園、劉鳳翰訪問，劉鳳翰記錄：《劉航琛訪問紀錄》（臺北：中央研究院近代史研究所，1990年），頁19-20。

從前文的梳理中可見，盧作孚的救國思想實歷經一個明顯的轉變，其從原本的革命路線到對革命黨人的失望，[19]從而轉向教育救國的道路。爾後再因接連失敗的教育實驗而逐步轉化為「以實業經營與鄉村建設為核心事業」的救國之道。盧作孚為實踐其救國之道，並探索公司未來的經營方針與鄉村建設的藍圖，其最終選擇於一九三〇年的春天再度踏上省外考察的道路。而此次省外考察所獲得的經驗，亦使日後民生實業公司的經營模式與三峽實驗區的建設產生巨大轉變，即如同曾為三峽少年義勇隊成員的高孟先對於此次省外考察的評價，其認為這是一趟「帶著問題出去，求得辦法回來」的旅程。[20]

## 三　踏上旅途：盧作孚的省外考察

雖然盧作孚抱持著上述理想，希望透過實業經營與鄉村建設以改變中國的命運，但初次經營實業的他，實碰到許多困難，僅就其所選定的經營項目言之，經營航運最大的前提即需要有輪船。據盧作孚回憶，其赴上海訂製輪船時，就曾面臨資金短缺的問題，最後此一問題係在股東之一的陳伯遵的擔保下，透過借貸方式解決。[21]在歷經初期的經營困難後，民生實業公司的發展日漸步上軌道，除購置新輪船外，亦增開「重慶－涪陵」航線。

19 張守廣：《盧作孚年譜》（南京：江蘇古籍出版社，2002年），頁9。

20 高孟先：〈考察團報告〉，《嘉陵江日報》，1930年7月8日。

21 其如此寫道：「當時一部分股東聽著過去若干輪船的失敗，很懷疑新造的輪船的成功，儘管約定了投資，卻想看看輪船或竟看看航行再來繳款。上海方面，輪船造成了，卻須先匯款去，乃能接收過來。這個困難，很費躊躇。」盧作孚：〈一樁慘淡經營的事業──民生實業公司〉，收逾凌耀倫等編：《盧作孚文集》（北京：北京大學出版社，1999年），頁556-557；盧國紀：《我的父親盧作孚》，頁63；盧作孚：〈本公司是怎樣籌備起來的〉，《新世界》第56期（重慶，1934年），頁1-2。

然而，在公司穩定發展的同時，盧作孚亦面臨人生的重要抉擇。一九二九年秋天，劉湘於重慶成立川江航運管理處，並邀請盧作孚擔任處長。為何劉湘會選擇在此時成立該機構，係有其政治與經濟上的考量：其一，劉湘於一九二八年的下川東之戰擊敗楊森後奪得萬縣一帶地盤，渝、萬等川東精華地帶可謂落入其手中，為進一步強化防區實力，自有戮力經營之必要；其二，四川的貿易、稅源與重慶的城市經濟基本上奠基於川江航運，航運可謂重慶此一城市發展的重要命脈。加以四川軍閥常藉外籍輪船走私軍火、鴉片，外船壟斷長江內河航運的情況，皆使劉湘認為應予以整頓。[22]

當劉湘與其幕僚劉航琛在思索如何解決川江航運問題時，兩人提出的辦法係希望航業界能夠成立一個聯合的組織，設一個管理處來管理大家的船，用以對抗外國輪船公司，[23]此即「川江航運管理處」構想的雛形。至於管理處處長的人選，兩人不約而同地想到經營民生實業公司的盧作孚。對於懷抱實業救國理想的盧作孚而言，此實為施展抱負的機會，因此其允諾將「盡力而為之」。[24]自此，盧作孚經營航業的目的實產生轉變，其由原本的實業救國，進一步增添與外國輪船公司競爭、統一川江航運的責任。基於此一重要責任，赴省外考察、精進更顯必要，此或許為盧作孚選擇踏上旅途的近因。

一九三〇年春天，在擔任川江航運管理處處長半年以後，盧作孚向劉湘請假以赴省外考察。在三月六號舉行歡送會後，[25]八號盧作孚攜民生實業公司、北碚峽防局、北川鐵路公司職員李佐臣、唐瑞五、

22 蕭明禮：《「海運興國」與「航運救國」：日本對華之航運競爭（1914-1945）》（臺北：臺灣大學出版中心，2017年），頁153；凌耀倫編：《民生公司史》（北京：人民交通出版社，1990年），頁28-31。

23 劉航琛口述：《戎幕半生》（臺北：文海出版社，1978年），頁175。

24 劉航琛口述：《戎幕半生》，頁173-174；凌耀倫編：《民生公司史》，頁28。

25 〈盧作孚離渝出川〉，《嘉陵江日報》，1930年3月9日。

王鰲溪、李公輔、胡綬若、袁伯堅等一行共七人出川考察。[26]考察團出發後，先於上海、江蘇、浙江一帶的工廠、學術機構參觀，並於上海購置峽區所需機器。[27]結束華東地區行程後，六月二十一日，考察團自上海楊樹浦碼頭搭乘日商經營之「大連丸」轉赴青島、大連。於大連停留數日後，乘坐滿鐵經營之南滿鐵路前往瀋陽、長春。爾後又於長春轉搭蘇聯經營之中東鐵路前往哈爾濱，後又轉回長春前往吉林、敦化。最終再由敦化出發至瀋陽轉乘京奉鐵路前往山海關、唐山、北平、天津等地參訪。七月二十五日，考察團自天津搭乘「順天輪」返回上海。八月二十五日，盧作孚自上海返回重慶，結束這趟為期五個月的考察之旅。考察團所行經的地點大抵如下圖所示：

在這趟旅途中，盧作孚曾記錄旅行的所見所聞，並分兩次寄回峽防局，其本意原是希望三峽中的青年能因此而更加努力。[28]但自一九三一年九一八事變爆發後，時局有所轉變，國家與社會實掀起一股研究「東北問題」的熱潮，據盧作孚所述：「日軍佔領東北之消息傳來，人皆欲知東北情形，從遊記中抑或可偶得其一二；人皆欲奮起而有所作為，從遊記中抑或可偶將辦法之所宜擇取」[29]面對此一情況，盧作孚在與摯友何北衡討論之後，決定將文稿交成都書局付印，最終於一九三一年十月出版，此即為後來所見的《東北遊記》。除此之外，從《東北遊記》的附錄中亦可看出盧作孚與考察團成員的出版此書的重要目的。此書的附錄名為〈介紹一些有關東北問題的書籍〉，文章開頭即寫道這篇短文的目的是希望對於東北問題的研究有所幫助，文中羅列各種與東北、滿蒙問題、日本歷史、俄羅斯歷史、帝國

26 〈自序〉，收於盧作孚：《東北遊記》（成都：成都書局，1931年年），頁1。

27 張守廣：《盧作孚年譜》，頁62-63；盧作孚：《東北遊記》，頁1-2。

28 〈自序〉，收於盧作孚：《東北遊記》，頁2。

29 〈自序〉，收於盧作孚：《東北遊記》，頁1。

主義相關的研究書籍。[30]盧作孚與考察團成員的憂國之心不言可喻。

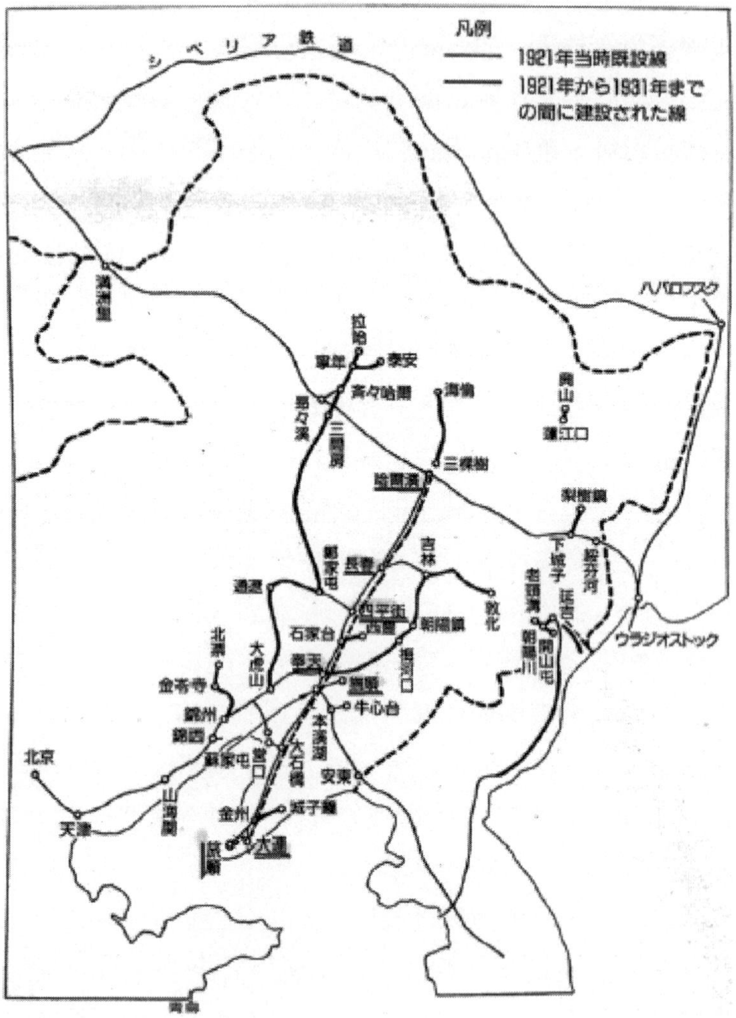


資料來源：高成鳳：《植民地鉄道と民眾生活：朝鮮・台湾・中国東北》（東京：法政大學出版局），頁93。

30 〈介紹一些有關東北問題的書籍〉，收於盧作孚：《東北遊記》，頁133-149。

至於《東北遊記》的內容，主要是一九三〇年六月二十一日至七月二十五日間，盧作孚在青島、東北、華北三個地區遊歷的內容，下文將以《東北遊記》為核心材料，結合《嘉陵江日報》、《盧作孚年譜》的相關紀錄，梳理盧作孚此趟考察之旅的活動情況及其特色。

首先，盧作孚的考察之旅，主要可以分為四個區域：華東（上海、江蘇、浙江）、青島、東北與華北，而考察的機構類型則大致可分為經濟與產業類、歷史文化類、政治機構、教育與學術機構類，茲整理如下表：

| 地區 | 經濟與產業 | 教育與學術機構 | 政治機構 | 歷史文化類 |
|---|---|---|---|---|
| 華東（上海、江蘇、浙江）1930年3月5日～6月20日 | 1. 上海近郊的川沙農村、三友實業社川沙工廠<br>2. 上海商品陳列館<br>3. 上海附近五十餘家工廠<br>4. 上海大中華造船廠、三友實業社、陳嘉庚公司等著名企業<br>5. 南通大生紗廠<br>6. 於南京參觀榨油、染織、造鐵、造絲、造紙廠 | 1. 中華職業學校<br>2. 中國科學社、中央研究院自然陳列所<br>3. 金陵大學<br>4. 曉莊師範、小學、幼稚園<br>5. 工業傳習所<br>6. 蘇州中學、 | 無 | 1. 杭州聖音寺文瀾閣（第一部四庫全書）<br>2. 鎮江金山寺<br>3. 玄武湖、明孝陵、建築中的中山陵<br>4. 獅子林、虎丘、滄浪亭 |
| 青島 6月22日～6月25日 | 1.農林事務所<br>2.洋灰廠（水泥廠）、窯業工廠、紗廠 | 無 | 1. 青島市政府、社會局（詢問德國、日本治理情況與移民問題） | 1. 德國人所留砲台遺跡<br>2. 第一公園、嶗山 |
| 大連、旅順 6月26日～6月28日 | 1. 埠頭事務所<br>2. 大連中央試驗所 | 1.滿蒙資源館<br>2.工業博物館 | 1. 關東軍司令部<br>2. 關東州民政署 | 無 |

| 地區 | 經濟與產業 | 教育與學術機構 | 政治機構 | 歷史文化類 |
|---|---|---|---|---|
| 瀋陽、撫順、本溪湖<br>6月29日～7月2日 | 1. 撫順煤礦事務所、製油工廠、採煤炭坑、發電所<br>2. 本溪湖煤鐵廠、熔鐵廠、煉焦廠、發動廠、修理廠 | 無 | 1. 東北交通委員會（詢問東北鐵道建築情況）<br>2. 教育廳、建設廳、滿鐵公所（要求前往撫順與本溪湖煤礦廠的推薦信） | 1. 清皇宮（今東北故宮）<br>2. 文溯閣（第二部四庫全書） |
| 哈爾濱<br>7月4日～7月6日 | 1. 裕慶德毛織廠<br>2. 大樂興商店<br>3. 商品陳列館<br>4. 屠宰場<br>5. 阜和廠商場 | 1. 博物館 | 1. 哈爾濱市政籌備處（詢問東三省移民與俄國治理問題） | 無 |
| 長春、吉林、敦化<br>7月7日～7月9日 | 1. 林業工廠 | 1. 農事試驗場 | 無 | 無 |
| 華北（山海關、唐山、北平、天津）<br>7月10日～7月25日 | 1. 於唐山林西參觀洗煤機、發電廠<br>2. 參觀開灤煤礦場煤窯<br>3. 磚瓦廠<br>4. 唐山啟新洋灰廠、瓷廠 | 1. 燕京大學<br>2. 香山慈幼院<br>3. 地質調查所<br>4. 文化基金董事會<br>5. 協和大學與協和醫院<br>6. 靜生生物研究所<br>7. 南開中學、女中 | 無 | 1. 長城<br>2. 北平中央公園<br>3. 頤和園<br>4. 萬牲園<br>5. 香山碧雲寺<br>6. 天壇、皇極殿、圜丘、先農壇<br>7. 古物陳列所、文華殿、故宮博物院（第三部四庫全書）、東安市場 |

| 地區 | 經濟與產業 | 教育與學術機構 | 政治機構 | 歷史文化類 |
|---|---|---|---|---|
| | | | | 8.南海瀛台、中海居仁堂（第四部四庫全書）、懷仁堂、北海五龍堂 |

資料來源：《東北遊記》、《盧作孚年譜》、高孟先，〈考察團報告〉，《嘉陵江日報》，1930年7月8日；〈合組考察團又有日報〉，《嘉陵江日報》，1930年6月14日。

從上表的整理中可以發現，考察團的活動有幾項明確的特色：其一，雖然此時盧作孚所經營的實業僅有民生實業公司與北川鐵路公司，但其所參觀、考察的對象十分地多元化，從輕工業、日常工業的繅絲、紡織、製油、屠宰工廠，到重工業的採礦、採煤、發電、水泥廠皆有，且數量十分龐大，並不侷限於與航運相關的產業，由此可見其對實業經營之重視。其中，盧作孚在南通參觀由張謇所創辦的公共事業與紗廠時，曾有如此感嘆：「羨慕張先生的精神，羨慕他創造實業的精神，尤其羨慕他在無形中創造出偉大事業的精神」[31]。張謇一般被視為近代實業救國的代表人物，盧作孚對張謇的欽羨，似乎也是一種對自我的期許，即透過各種實業的考察，強化自身的智識與能力。

其二，展現其對「平民教育」與「鄉村建設」的重視。誠如文章第二節所言，盧作孚的救國之道係有一個由「教育救國」轉向以「實業經營與鄉村建設」為核心的過程，但其鄉村建設的內涵除經濟建設之外，亦重視平民與大眾的教育活動。因此，這次的省外考察，盧作孚除參觀各級與各種形式的教育機構外，亦著重參觀幾個重要的、致力於推動鄉村教育、平民教育的組織，如陶行知的曉莊學校與北京熊

31 張守廣：《盧作孚年譜》，頁60。

希齡的香山慈幼院。而陶行知與熊希齡二人皆為一九二〇～一九三〇年代著名的鄉村建設運動推動者與平民教育家，兩人創辦學校與推廣鄉村建設運動的經驗，對於盧作孚的北碚鄉村建設而言實具有一定的參照作用。

其三是重視科學與研究機構的參訪，並結交相關的學友。此點實與盧作孚離開四川之前在北碚欲推行的建設有關。據一九三〇年初盧作孚所寫的〈中國西部科學院之緣起經過及未來的計畫〉一文顯示，其在北碚推動鄉村建設時，一直有興辦科學教育之構想，文中如此寫道：

> 民國十六年以後，嘉陵江渝合間之三峽，因有溫泉公園、北碚市場、大利蜂廠、宏濟冰廠、北川鐵路公司等事業之經營，附近各縣學校、春秋旅行、整隊學生由三峽者，絡繹道上。然不過遊歷旬日，匆匆來去，尚少意義。於此美的自然及新的事業之環境中，如更創造一研究科學之環境，生物的職之標本，理化實驗之儀器藥品，社會調查之統計，蒐集羅列，期在各校學生，到此從容留住半月、匝月，在教學校為充實的科學環境中，做科學之研究，於各學校為助必多。[32]

基於推動科學教育的理想，致使盧作孚在此次旅程中亦專注於學術機構的參訪，如中央研究院、靜生生物研究所、地質調查所、中國科學社等，且在這些機構中其認識許多未來支持與協助其成立中國西部科學院的好友，如丁文江、翁文灝、蔡元培、秉志、任鴻雋等人。[33]因

32 潘洵：〈中國西部科學院創建的緣起與經過〉，頁20。

33 張守廣：《盧作孚年譜》，頁57、60；盧作孚：《東北遊記》，頁107、108、112、114-115、117。

此，此次的省外考察可謂其人際網絡擴大的過程，日後中國科學社亦首次赴四川舉行年會，可見盧作孚與上述等人的深厚交情。[34]

## 四　返回重慶：經驗的轉化與實踐

在分析完盧作孚的旅遊活動後，下文將進一步討論其在華東、青島、東北、華北等地所獲得的經驗係如何影響到其日後對於企業經營與鄉村建設的構想。在《東北遊記》中，盧作孚有分別撰寫其在各個區域考察後所獲得的經驗，以及其希望能進一步推展者，茲分門別類整理如下，首先為華東地區：

| 盧作孚的考察心得——華東地區 | |
|---|---|
| | 盧作孚的觀察 |
| 華東地區<br>（上海、江蘇、浙江） | 一般情況<br>1. 交通與都市建設並無太大改變<br>2. 教育改進事業未能延續，呈現消沉狀態。<br>3. 匪患變多<br>4. 人與錢都向上海集中，上海地價與房租因此越提越高<br><br>江浙地區的幾樁新事業<br>除昆蟲害<br>製秋蠶種<br>農田灌溉機<br>改良棉種<br>提挈生產事業的銀行 |

資料來源：據盧作孚《東北遊記》、張守廣《盧作孚年譜》進行整理。

34 盧作孚：〈中國科學社來四川開年會以後〉，《嘉陵江日報》，1933年10月10-16日。

從以上的紀錄中可以看出，盧作孚認為這幾年來，除上海的都市化程度、地價提高以外，江蘇、浙江兩縣在縣政的治理上並無明顯進步，甚至呈現退步的情況。但在農業科學的發展與現代化方面，盧作孚實給予高度評價，如其列出的除昆蟲害、製秋蠶種、農田灌溉機、改良棉種等農業改良項目，其認為係這幾年江浙地區的農業發展有長足進步的重要原因。此一改變使盧作孚體認到學術與科學發展的重要性，以及學術與社會之間的關係，其如此寫道：

> 我們覺得上面五粧事業之前四粧，是由學術的研究而及於社會的影響，是中華民國中間一點最有希望的新變化；一切事業，都由學術的研究出發，一切學術都應著眼或歸宿於社會的用途之上，在今天的中國尤感著急切的需要。[35]

從上述文字可以看到，盧作孚認為事業的發展乃需要奠基在科學與學術的基礎之上，而科學亦應與社會的需求有關，並以「應用科學」的發展為最優先。此點收穫，實影響到日後中國西部科學院的創建與研究活動的規劃，後文會進一步分析其影響。

至於提挈生產力的銀行，盧作孚此處所指的是其參觀南通時的心得。其前往南通時，曾與南通上海銀行的經理李申甫君談話，得知上海銀行在南通有協助經營困難的油廠、紗廠之情況。或許是因為民生實業公司經營初期也曾經碰到資金短缺的困境，所以盧作孚認為若要提倡生產事業，銀行的角色至關重要，莫讓新經營的生產事業資本未能充裕，其最後還特別強調：「四川幾個銀行家的眼光，亦應看到這裡才好。」[36]為何盧作孚此時會特地提及四川銀行家的角色，除其為

35 盧作孚：《東北遊記》，頁123。
36 盧作孚：《東北遊記》，頁124。

川籍人士之外，在一九二〇年代，四川的內戰嚴重，重慶的新式銀行業並不發達，此時成立的銀行亦多扮演軍閥的財庫角色，[37]對於生產事業的推動並無幫助。此實可視為盧作孚的一種呼籲。

其次，為德國在青島的經營與戰後德國在華的發展情況：

| 盧作孚的考察心得——德國 | |
|---|---|
| | 盧作孚的觀察 |
| 德國<br>（青島、上海） | 一、青島經營<br>1. 以膠濟鐵路為中心，重視全局<br>2. 將青島當作海軍根據地，所以築有堡壘保護此一港灣<br>3. 重視青島的城市與鄉村建設，環境優美<br><br>二、戰後德國在華貿易的復興（上海的經營）<br>1. 中國市場的恢復<br>2. 經濟事業之聯合<br>3. 機器進步之迅速 |

資料來源：據盧作孚《東北遊記》內容進行整理。

相較於德國在青島的經營，顯然德國在戰後對華貿易的復興更引起盧作孚的注意，其在遊記中實花不小篇幅進行書寫與分析。首先為中國市場之恢復，一九一八年，第一次世界大戰結束，德國戰敗，其在華原有之市場皆被英、美、日等國所佔。但盧作孚此次抵上海後發現，德國的顏料、機器、電料工業又幾乎取而代之，重回霸主地位，甚至美國在華的洋行如慎昌洋行亦開始經理德國貨品。

接著，盧作孚進一步分析德國市場恢復如此快速的原因，其認為重點即在於「經濟事業的聯合」，其如此寫道：

37 林幸司：〈日中戰爭與重慶銀行業〉，《抗日戰爭研究》第4期（2013年），頁105。

> 德國經濟事業，逐漸趨向於全國的聯合，而今顏料廠統一了，化學藥品廠統一了，鋼鐵廠統一了，乃至於燈泡子廠亦統一了，所以他們對外貿易的力量越加偉大。中國人則方趨向於分化，最低限度的政治問題，亦還無統一的辦法。大家無公共的企圖，只知道相互的爭奪。所以厲害是永遠衝突的。[38]

從其論述可以看見，其認為中國與德國經濟發展的差異即在於德國趨向聯合，而中國趨向分化，加以中國在政治上亦無法統一、人民缺乏為公共事業努力之精神，在私利為主的情況下，係永遠處於競爭狀態。

除了「經濟事業的聯合」，盧作孚認為德國在華貿易迅速復甦的另一原因為「機器進步之迅速」，其以自身經驗舉例，其說三年前曾向本馳廠（按：賓士）訂購兩部新出的引擎，而同一機型的引擎今年到上海時發現竟已改版三次。但回顧中國仿造的柴油引擎，「最初一部是什麼樣子，最後一部仍是什麼樣子」。[39]兩者的差距頗為明顯。

綜合上述分析，應不難發現此次考察之旅中，德國「經濟事業聯合」的經營模式所產生的效果，實帶給盧作孚不小的衝擊與啟示。

再次，為對俄國經營模式的考察心得：

| **盧作孚的考察心得──俄國** | |
|---|---|
| | 盧作孚的觀察 |
| 俄國<br>（哈爾濱） | 俄國人對於滿蒙的經營，是以中東鐵路為中心，透過鐵路攫取沿路的森林礦產。<br>哈爾濱係在俄國人建築鐵路之後經營起來的<br>俄國在光緒二十二年取得中東鐵路建築權；二十六年便建築完成。路長有一千多英哩，中間經過大興安嶺，鐵 |

38 盧作孚：《東北遊記》，頁131。

39 盧作孚：《東北遊記》，頁131-132。

| | |
|---|---|
| | 路在嶺上盤了一週，並穿兩英里的長的洞子，可見其用力雄偉。 |

資料來源：據盧作孚《東北遊記》內容進行整理。

盧作孚對俄國在哈爾濱經營的觀察，其主要著眼點在於經營方式與建築效率，如其強調俄國乃是倚靠中東鐵路以獲取鐵路附近的地利，並以鐵路為中心逐漸發展出工商業的市場，哈爾濱即是一顯例。除此之外，其亦對中東鐵路興築時間之短、規模之大感到印象深刻。

最後，則為盧作孚最為注意的，日本在東三省的經營情況：

| **盧作孚的考察心得——日本** | |
|---|---|
| | 盧作孚的觀察 |
| 日本<br>（旅順、大連） | 經營方式：以南滿鐵道為中心，背後有滿鐵會社支持。<br>如何侵略中國：<br>1. 滿蒙資源館　2. 中央試驗所<br>民族精神：<br>1. 重視秩序　2. 指引與介紹的方法，極其明瞭 |

資料來源：據盧作孚《東北遊記》內容進行整理。

對於日本如何經營南滿鐵路與旅順、大連兩個租借地，盧作孚可謂有深入的觀察，其除了注意到日本同俄羅斯、德國一樣，利用鐵路作為侵略的武器外，其亦在扼要的文字中點出滿鐵會社的重要性，其如此描述日本滿鐵的特色：

> 以經營南滿鐵路的滿鐵會社，經營礦業行業碼頭旅社，乃至於學校醫院，及其他一切公共事業，差不多權力之大，等於一個政府了。其鐵路所到的地方，即其國家軍警所到的地方，即其工廠商場所到的地方，即其金票銀行所到的地方。[40]

40 盧作孚：《東北遊記》，頁125。

以近代日本的對外擴張言之，滿鐵可謂其大陸政策前鋒，滿鐵之於滿洲，猶如英國東印度公司之於印度，不僅有龐大的資金與關係企業，而且在日本的滿州政策上亦始終居於領導地位。因此，滿鐵之性質實與一般商業性公司不同，乃是具有國家機能的「國策公司」，同時亦是展現日本殖民統治策略的重要機構。[41]所以盧作孚對滿鐵性質的理解可謂正確。

至於日本侵略東北的兩個重要的武器，一為「滿蒙資源館」、一為「中央試驗所」。為何此二機構會如此引起盧作孚的注意，據一九三〇年所編纂的《滿蒙資源館要覽》一書的介紹，滿蒙資源館中所陳列的，皆為與滿洲資源、產業有關的標本，展覽內容主要分為三類：基礎資源如礦產、農產、林產、水產、畜產；利用滿洲資源所做的產品；中央試驗所的研究品。其目的是當作滿鐵營業的參考，以及向民眾推廣科學教育。[42]而滿蒙資源館在滿洲國成立以後，得以進一步蒐集北滿與熱河地區的標本，因此其規模有所擴大。[43]

中央試驗所則設於大連伏見台，於明治四十一年七月由關東都督府創立，至明治四十三年五月移歸南滿洲鐵道株式會社管理。中央試驗所在成立後遂不斷擴充組織，到一九三〇年時，底下已有八課，分別為庶務課、分析課、應用化學課、製絲課、窯業課、釀造課、電氣化學課。各課除庶務課外，均由專門技術家組成，其研究目的以應用滿洲一帶所出物產，改良工業兼代替普通商民鑑定分析及試驗商品，而關於公眾衛生上之試驗，亦兼營之。除此之外，各課之研究不僅在

41 陳豐祥：〈滿鐵經濟調查會之成立及其影響〉，《臺灣師範大學歷史學報》第12期（1984年6月），頁225。

42 立川增吉編：《滿蒙資源館要覽》（大連：南滿洲鐵道株式會社滿蒙資源館，1930年），頁1-5；松岡洋右：《満鉄を語る》（東京：第一出版社，1937年），頁193-195。

43 松岡洋右：《満鉄を語る》，頁195。

實驗室進行，遇研究成績有可能成為一種工業者，亦會特設試辦工廠，以從事生產方面的實驗。[44]

從這兩個機構的業務性質來看，實可謂相輔相成，即地質調查所與滿蒙資源館從事殖民地調查工作，掌握殖民地的相關資源與展示；中央試驗所則依殖民地資源從事農業、工業等各種改良工作。此種做法可謂日本人統治殖民地的共通手段，尤其滿洲與臺灣具有明顯的共通性，此可能是因為滿鐵首任總裁為後藤新平的緣故。據現今研究指出，滿洲之所以設立調查部、地質調查部與中央試驗所，係受到後藤新平「臺灣經驗」之影響。[45]且亦有史料紀錄後藤新平在一九〇五年夏天尚未就任滿鐵總裁之前，就已經藉著向位在東北的兒玉源太郎報告政情的機會順便考察東北，並提出許多以鐵路經營滿洲的建議，其便稱「有必要設立像臺灣那樣的大調查機關和中央試驗所」。[46]

因此，對於盧作孚而言，滿蒙資源館與中央試驗所的確是日本透過調查、經濟與科學手段掠奪東北資源的一種方式，這亦讓他體會到調查工作與科學的重要性，尤其是應用科學的層面。

綜合上述的分析與討論，實可以發現，盧作孚此次考察之旅所獲得的重要經驗主要有二：其一，從上海與日本的經驗中，盧作孚重新認識到學術與科學對於社會發展的重要性，其認為學術與應用科學的發展可以帶來社會與經濟發展的進步；其二，其透過戰後德國在華貿易的經驗，體會到「經濟事業聯合」的重要性。帶著這兩個重要經驗，盧作孚返回重慶後，隨即展開新的活動：在北碚創立中國西部科

---

44 松岡洋右：《滿鉄を語る》，頁185-186；南滿洲鐵道中央試驗所：《中央試驗所業務提要》，（大連：南滿洲鐵道株式會社滿蒙資源館，1926年），頁1。

45 鄭政誠：〈日治時期臺灣舊慣調查對滿洲舊慣調查的輸出——以調查模式與人員的移植為中心〉，《法制史研究》第13期（2008年6月），頁209-210。

46 陳鼎尹：《從王道樂土到中國研究的資料庫——超越帝國主義的滿鐵》（臺北：國立臺灣大學政治學系中國大陸暨兩岸關係教學與研究中心，2014年），頁33-34。

學院；以及推動川江航業的統一。下文將分而述之。

在「中國西部科學院的創立」方面，前文有提及，盧作孚在赴省外考察之前就曾經有興辦一科學教育機構的構想。一九二八年十一月，《嘉陵江日報》上曾刊載一篇〈嘉陵江上科學館〉的報導，文章內提及：

> 三峽區域以內，自峽防局經營溫泉公園以來，很受各地方人士讚許，軍商各界絡繹捐款。往來遊覽者，亦逐日增多，重慶合川各地學校旅行該處，多為短時的遊賞乃去。最近，峽局盧局長更你在溫泉公園內添設嘉陵江科學館一所，內分物理實驗室、化學實驗室、生物研究室、地質研究室、衛生陳列室。[47]

而在赴省外參訪前，盧作孚就曾著手規劃科學院的組織結構與研究單位。從一九三〇年四月二日盧作孚刊登於《嘉陵江日報》上的〈科學院計畫大綱〉可以看出，此時盧作孚所規劃的研究單位，不單有自然方面（植物、動物、地質、理化）；亦有社會方面（衣食住與用具、政治與戰爭、教育與宗教、風俗習慣與人口統計等）。[48]此一配置實呈現當時盧作孚所構想的，應是包含自然科學與社會科學的綜合性科學院。[49]抱持著設立科學教育機構的宏願，盧作孚在考察的過程中除前往經濟與產業機構外，亦重視科學、學術機構的參訪，如中央大學農學院、中華科學社、北京地質調查研究所、靜生生物研究所，並結交一群學友如蔡元培、翁文灝、丁文江、任鴻雋等人。

然而，從一九三三年出版之《中國西部科學院概況》中可以看

47 〈嘉陵江上科學館〉，《嘉陵江日報》，1928年11月11日。

48 〈科學院計畫大綱〉，《嘉陵江日報》，1930年4月2日。

49 潘洵：〈中國西部科學院創建的緣起與經過〉，頁21-23。

到，中國西部科學院的宗旨與研究單位的配置，與盧作孚在《嘉陵江日報》上所發表的構想相比之下，實有明顯的變化。如前文所述，盧作孚原初的規劃是一科學教育機構，可以供學生來訪，學習科學，但從〈中國西部科學院組織大綱〉中，可以明顯看出中國西部科學院的定位係以「研究實用科學，促進生產文化事業為宗旨」，而底下的研究單位亦從原本的綜合性科學研究院，轉變為以自然科學為主的研究院，下設理化、生物、農林、地質四研究所。[50]而各研究所的工作內容，理化研究所在應用科學方法，研究中國西部各省土產物料之性質，並採求其用途，以做開發資源之實際參考；地質研究所則注重礦產之調查，以求對地下資源有確切之估計；農林研究所的主要目標則在墾荒地、培育森林，並收求優良稻、麥、蔬菜、果樹及牲畜，作改良之研究；生物研究所則在採集全川、西南各省所有動植物標本，以供農業之改進、學術之研究。[51]

如同前文所分析，在考察心得中，江浙地區所推動的除昆蟲害、製秋蠶種、造農田灌溉機、棉種改良等農林改良事業被盧作孚視為中華民國中間一點最有希望的新進化，亦是學術研究及於社會之影響，農林研究所、生物研究所的工作內容與目標即是繼承於此一精神；至於理化研究所、地質調查所的資源調查、分析與試驗工作，則與滿鐵的地質調查所與中央試驗所的殖民策略類似，皆以資源調查與試驗為目標。

因此，從中國西部科學院的創立宗旨與組織結構的變化，以及四個研究所的設立、工作內容與目標、日後出版的研究報告中[52]，皆可

50 〈中國西部科學院概況〉，《教育部》，國史館藏，數位典藏號：019-030509-0073。

51 〈中國西部科學院概況〉，《教育部》，國史館藏，數位典藏號：019-030509-0073。

52 如中國西部科學院地質所出版的《重慶南川間地質誌》、《雷馬峨屏調查記》、《綦江鐵礦誌》等書皆是以四川省的資源調查為主，可見中國西部科學院對資源調查之重視。

看出此次於華東、東北地區的考察經驗讓盧作孚開始嘗試去思考如何透過「學術與科學」，以及「資源調查與試驗」的手段以改變社會，乃至於整個國家。

至於「川江航運的統一」方面，在盧作孚出川考察之前，即接受劉湘的任命，擔任川江航運管理處處長。但在擔任處長之前，盧作孚曾對劉湘與劉航琛提出其心中所想的，統一川江航運之辦法，據劉航琛回憶，此一辦法共分為三項：

> 1. 合作：請民生輪船公司以外的航業機構，把他們的輪船，交給民生公司經營，而折價換取民生公司的股票。
> 2. 購買：由民生公司收買其他航業機構的輪船，所需款項由督辦財政處墊付，再由民生公司以出售股票或貸款的方式，設法歸墊。
> 3. 代理：即其他航業機構尚未決定將輪船折價投資，或售與民生實業公司之前，可以先將輪船交由民生公司代理業務。[53]

從盧作孚所提的三點辦法中可以看出，盧作孚在出川考察之前，即有以「航業聯合經營」的方式對抗長江上的外商輪船公司（如日清公司、太古公司、怡和公司）的想法。為何盧作孚會產生此種想法，係與當時川江航業的情況有關。川江航運的發展始於一八九八年重慶開埠之後，一九〇八年官商合辦的川江航輪有限公司正式成立，行駛於宜昌－重慶之間，由於「貨物滿載、乘客擁擠」，遂吸引中外各公司相率競航，投入川江航運業的經營。[54]

---

53 劉航琛：《戎幕半生》，頁178。

54 張瑾：〈試論民生公司在川江航運中外商業競爭中的資源優勢〉，《社會科學研究》1999年第4期，頁115-116。

一開始華商輪船尚能與外國輪船競爭，但隨著一九二〇年英商隆茂洋行建造的隆茂號行駛於渝宜航線後，由於隆茂號的吃水淺、性能優越，其餘外商輪船公司紛紛仿效，建造適於川江航行的吃水淺的船隻。一九二五年，外輪增至二十七艘，川江遂皆為外商汽船之活動區域，華商無法與外人競爭。[55]盧作孚提出此三辦法的背景即為上述情況，但其在赴省外考察之前，都尚未推動川江航運的整併。

但盧作孚自上海返回重慶以後，遂開始積極展開統一華商輪船公司的工作，一九三〇年十月，福川公司首先贊成合力經營，並將其所擁有的輪船「福全輪」併入民生公司，更名「民福輪」；一九三一年一月，民生公司合併九江公司，併入其九江、合江兩輪及鐵屯船一隻，更名為民治輪、民安輪。透過輪船公司的整併，民生公司的航線範圍開始突破原有的內陸分支航線，開始涉及重慶下游航運。[56]而民生實業公司的整併工作在一九三一～一九三五年間達到高峰，到一九三五年時，民生公司已擁有大小船隻四十餘隻，總噸數一萬五千五百餘噸，航線更拓展到長江中下游。[57]漸能與外商輪船公司分庭抗禮。

然而，民生公司過快的擴張速度，實引起外界許多批評，一九三三年盧作孚在《新世界》上發表〈航運為什麼要聯成整個的？〉一文，文章開頭盧作孚即提及社會各界對民生公司的批評，即認為「民生公司抱持的是帝國主義，壓迫弱小公司，要操縱航業，要壟斷獨佔，乃至於對民生公司切齒痛恨。」對於外界的質疑，盧作孚認為輪

---

55 張瑾：〈試論民生公司在川江航運中外商業競爭中的資源優勢〉，《社會科學研究》，頁115-116。

56 鄭壁成：〈本公司之航業〉，《民生實業公司十一周年紀念刊》（重慶，1937年），頁85-86。

57 鄭壁成：〈本公司之航業〉，頁87-88；盧作孚：〈本公司歷年營業進展概述〉，《新世界》第20期（重慶，1933年），頁46-48；〈民生實業公司大事記〉，《新世界》第65期（重慶，1935年），頁90-105。

船公司的統一在開支與輪船調度上可以較為靈活，且在公司經營上也較為安全，其希冀產生誤解的人能夠理解。[58]從盧作孚自省外考察歸來後的經營方針與發表的相關言論，皆能看出其堅持「企業聯合經營」的道路，此一精神實與其從省外考察所獲得的經驗相符應。

綜上所述，不論是中國西部科學院的創辦、業務規劃、工作內容，亦或是民生公司在一九三〇年起所推動的「化整為零、統一川江」的運動，皆能看出此次省外考察經驗對盧作孚所帶來的深遠影響。

## 五　結論

本文試圖透過對一九三〇年盧作孚省外考察之旅的背景、旅行活動特色與旅行經驗等諸議題的分析，釐清此次省外考察之旅對盧作孚公司經營方針與鄉村建設構想產生之影響。

出生於四川合川的盧作孚，早年曾赴上海圖書館與商務印書館學習，在黃炎培實用主義教育理念的薰陶下，漸形成教育救國之理想。然而，在混亂的政治局勢中，其教育實驗接連地受挫，此一困境遂使盧作孚的思想開始產生變化，轉而形成一種以「實業經營與鄉村建設」為核心的救國之道。懷抱著此一理想，盧作孚開始致力於民生實業公司的經營與北碚的鄉村建設。而在一九三〇年，兩項事業皆步上軌道時，為進一步探索日後的道路，並精進其能力，盧作孚選擇於該年春天踏上省外考察之旅。

這趟為期半年的考察活動主要展現三個重要特色：其一，雖然盧作孚以航運經營為主，但其考察、參觀的產業與工廠十分多元化，並不侷限於航運業，展現其對實業經營的高度興趣；其二，盧作孚曾重

58 〈航運為什麼要聯成整個的？〉，《新世界》第13期（重慶，1933年），頁213-215。

點參觀幾個與平民教育、鄉村建設有關的機構、學校，如中華職業教育社的新村、陶行知的曉莊學校、熊希齡的香山慈幼院；其三，由於盧作孚赴省外考察前，即有在北碚推動科學教育的構想，所以其在旅程中著重於相關科研機構的考察、學友的認識，甚至促成中華科學社於一九三三年赴四川舉辦年會，其用心可見一斑。

而從各地的考察中，盧作孚實得到兩點深刻體悟：其一，在江浙地區的遊歷使其對於學術與科學有新的認識，體認到學術與社會進步之間的關聯性。而在大連的滿蒙資源館與中央試驗所則使其理解到科學研究與資源調查的重要性。兩者經驗的綜合，實影響日後中國西部科學院的創立宗旨與研究取向，亦反應出盧作孚開始思考如何藉由「學術與應用科學」，以及「資源調查與試驗」的手段以改變社會，乃至於整個國家；其二，從戰後德國在華貿易的經驗中，盧作孚觀察到「經濟事業聯合」的重要性，以致於盧作孚返回四川後，便開始著手推動川江航運的統一與輪船公司的整併，至一九三五年時，民生實業公司已發展成為擁有四十艘輪船，航線橫跨長江中下游的華商輪船公司，可以與外商一較高下。

綜合上述諸議題的分析，本文認為一九三〇年盧作孚的省外考察之旅確實對其日後公司的經營模式與鄉村建設方向產生深切影響，為其救國思想形成過程中重要之外部經驗。除此之外，亦可視為一種一九三〇年代東亞地區「帝國與殖民地經驗」的流轉，帝國主義國家對於殖民地的治理技巧與經驗，以及在華的企業經營模式，透過盧作孚這位重要的中介者，開始對「四川」——此一中國內陸城市的企業經營、鄉村建設與科學事業的發展產生深遠影響。

# 第六編
# 一戰中的圖像史與觀念史

# 第十八章
# 歐戰、學風與學術制度的建立：「保守」知識份子在南高國文史地部的發展

區志堅

香港樹仁大學歷史學系副教授，香港樹仁大學田家炳孝道文化教研中心主任

## 一　前言

二十世紀初在歐洲爆發的第一次世界大戰，由巴爾幹半島的地域衝突，發展成為任面的歐陸戰爭，更由歐陸戰爭演變成為世界性戰爭，這場戰爭，在歐陸稱為「大戰爭」（The Great War），在中國知識份子稱為「歐戰」，[1]本文主要指出「歐戰」對中國思潮潮流的影響，特別是一群任教南京知識份子的影響，「歐戰」與在南京一地形塑「保守」學風的關係。

1　陳蕖：〈歐洲戰時之經濟及財政〉，《東方雜誌》第12卷第6號（1915年），頁28；參丘為君：《啟蒙、理性與現代性：近代中國啟蒙運動，1895-1925》（臺北：臺灣大學出版社中心，2018年），頁191-250；汪暉：《文化與政治的變奏：一戰和中國的「思想戰」》（上海：上海人民出版社，2014年），頁29-38；又有關歐戰的戰況及對中國的影響，見徐國琦著，馬建標譯：《中國與大戰：尋求新的國家認同與國際化》（北京：生活．讀書．新知三聯書店，2008年）；埃雷斯．馬內拉著，吳潤璿譯：《1919：中國、印度、埃及、韓國，威爾遜主義及民族自決的起點》（新北市：遠足文化公司，2018年），頁165-192。

「歐戰」之後，因為中國代表出席巴黎和會，要求收回山東行益等問題因列強偏幫日本，促成爆發五四愛國運動，由愛國運動推動學術界出現一批以北大學者為首的激烈反傳統思想，相應地也出現一些反對以北大學者倡議反傳統言論，更有些學者提倡東西文化的調和論；然而，五四運動發展之初，主張文化調和論者，只為三數位，尚未提出一套較有系統的理論及指導研究方向，至一九二一年成立的「學衡社」及以南京高等師範學校（以下簡稱：南高）文史地部及外文部教員合作編刊《學衡》雜誌，補足了前期主張東西文化調和論的不足之處。負責主編《學衡》的學衡社以「昌明國粹，融化新知」為宗旨。這群自一九二一至一九二四年（吳宓於一九二四年離開南高）在南高任教及就讀的師生，既以「昌明國粹，融化新知」為治學的宗旨，也以刊物為反對以北大學者為首的激烈批判傳統文化的言論，不能否認，南高學風自是上承中國傳統重視道德文化及晚清江浙考據學者治學，及藉學術研究以建立道德風尚，希望以中國傳統文化建立社會秩序，如南高史學開山祖的柳詒徵，就是這方面的代表人物；[2]更重要的是，南高第二代學者，也是他們任教南高時的第一代畢業生張其昀、鄭鶴聲、陳訓慈、向達、繆鳳林，有治目錄學的，有治史地學及中外交通史的，也有是研究禮學史及地方史的學者，他們介紹西方的文史學界的消息，及利用其時西方漢學界的研究方法，進行探討，他們更多以道德史學，藉史學研究以建立社會道德，這種研究方向雖與他們師事柳詒徵等鑽研傳統之學者，甚有淵源；但不可忽視，這群自一九一九年後入讀南高的學生，與其任教南高的留美學人思想，與隨留美學人傳入南高的西方人文精神甚有關係；此外，南高史學群體

2 有關南高師生傳承中國傳統史學的情況，見拙：〈科學史學與道德史學的論爭：以傅斯年與南高學者柳詒徵的討論為例〉，山東聊城大學歷史系主編：《紀念傅斯年思想國際學術研討會論文集》（山東：山東聊城大學出版社，2006年），頁45-63。

成員得以學習西方的史學及地理學知識，也與這群於一九一九年後執教南高的留美學人，甚有淵源，正如學生張其昀所言，南高最欣喜的地方，是「留學生與國學大師的合作」，[3]形成南高學者調和東西文化的治學思想。近人多研究留美學人輸入西方「新」文化、「新」科技的知識，如科學、民主自由及實用主義等思想，並多注意這些「新」思潮「更新」、「打破」國人已有的中國傳統知識，又多認為只有藉留美學生輸入的「新」知識，才可以為中國尋找「現代之路」（Seeking Modernity）；[4]然而，卻未多注意部份美國學生，輸入的「新」思想及文化，是可以鞏固學人保護及發揚中國傳統文化的思想，而南高留美學人，如劉伯明、吳宓及竺可楨等，更明顯的是，他們輸入的西方文化思潮，以支持他們保護及宏揚中國傳統文化的信念。筆者曾就留美學人竺可楨與南高史地理知識流播的課題，發表專題論文，[5]但尚未討論西方人文精神在南高流播的情形；同時，原於一九一九至一九二四年，畢業於美國，而任教南高，又傳播西方人文精神的學者有：劉伯明、吳宓、梅光迪，但梅氏已於一九二三年離開南高，而劉、吳二氏對南高多作籌劃；另外，也不可忽視留美學人胡先驌在《學衡》上，

3 張其昀：〈「南高」之精神〉，《國風》第7卷第2期（1935年），頁20。

4 有關研究留美學者藉傳入西方的「新」思潮及「新」文化，以「更新」、「打破」國人已有的中國傳統文化，見Jerome Chen, *China and the West: Society and Culture, 1815-1957* (Bloomington: Indiana University, 1979), pp.34-65; Y.C. Wang, *Chinese Intellectuals and the West, 1872-1949* (Chapel Hill: University of North Carolina Press, 1966)一書；參李春雷：《傳承與更新：留美生與民國時期的史學》（北京：中國社會科學出版社，2007年），頁72-134。

5 有關研究竺可楨對南高史地學風流佈的情況，見拙：〈五四時期的張其昀：一個人文地理教育學者的形成及其觀點〉，香港教育學院編：《中國的自由教育》（香港：朗文出版社，2001年），頁199-223；〈竺可楨與氣象學及地理學的發展〉，李又寧主編：《華族留美史：160年的學習與成就研究論文集》（紐約：美國紐約市皇后區聖若望大學出版社，2011年），第1集，頁365-400。

發表有關西方人文精神代表人物的白壁德思想之譯文及專題論文，但胡氏曾於一九二三年與吳宓發生摩擦，導致學衡社出現「內部分裂」，吳氏也於日後批評胡氏，胡氏甚至於一九二七年提出「停辦」《學衡》的主張，胡氏雖為《學衡》發表第一篇介紹白氏思想的文章，而胡氏卻未任教南高，而本文探討的對像是執教南高的留美學者，暫不研究胡氏對南高的影響。[6]總之，本文探討自一九一九年至一九二四年間，執教南高文史地部教員的留學美國教員劉伯明、吳宓的思想，研究學界談及的「白壁德在中國」(Irving Babbit in China)，[7]西方人文精神在南高流傳播情形，更可知留美學人成為南高師生「融化新知」中「新知」部份的知識資源，又因為南高為民初主張中西文化調和，與北大反傳統學風相接衡的壁壘，故本研究希望可見留美學人扮演了五四運動之後，國內主張中西調和論中「西學」的知識資源之一。[8]本文也要指出所謂「保守」學者除了因為五四激烈反傳統文化的言論，而高舉中外文化調和外，更是在一九一九年五四事件前，這些學界已有中外文化調和論，同時，這種中外文化調和論也有賴學術制度的發展，本文所指稱制度，就是民初高等院校的制度，高等院校也成為聚集學人的地方。

6 有關胡先驌與吳宓交往的情況，及胡氏翻譯白壁德文章的內容，見張源：《從「人文主義」到「保守主義」——《學衡》中白壁德》(北京：生活·讀書·新知三聯書店，2009年)，頁144-162。

7 見Hou Chien (侯健),“ *Irving Babbit in China.* ”( New York: State University of New York, PhD. Dissertation, 1980 Unpublished.), pp.8-15；又有關學衡派的發展，見沈衛威：《回眸「學衡派」》(北京：人民文學出版社，1999年) 一書。

8 有關知識資源的討論，見潘光哲：〈追索晚清閱讀史的一些想法——「知識倉庫」、「思想資源」與「概念變遷」〉，《新史學》第16卷第3期 (2005年)，頁137-161。

## 二　西方人文精神與南高學風之形成

五四運動時期的文史學界，已有南北對峙之勢，[9]北京大學是北方的大本營，而南方（主要是江浙一帶的東南方）的代表則為南高的教員和學生，[10]而南高師生在一九一五至一九二三年間創辦《學衡》、《史地學報》，其後又有《史學雜誌》等刊物，以言論、著作與北大學者正面的抗衡，學界因而流傳「北有北大，南有南高」之說，南高師生曾反對胡適（1891-1962）的白話文運動及顧頡剛的疑古運動，但奉胡適等批判中國傳統文化的言論為「新文化」的代表下，忽略了南高學者的地位。曾參與古史辨論戰的楊寬說：「古史辨論戰實為北京派和南高派的一場論爭」，[11]所謂「南高派」是指稱執教於南高史地部的教員柳詒徵（1880-1956），和他的學生繆鳳林（1898-1959）、張其昀（1901-1985）等人，他們反對顧頡剛為首的疑古史言論。曾為東大學生的顧翊群，回憶在母校生活時也說：

> 民國四年（1915）南高成立，所聘請知名教師中，人文學者如劉伯明（1887-1923）、吳宓（1894-1978）、柳詒徵諸先生，為當代泰斗，努力啟迪生徒，而隱然與資深望重之北京大學分庭抗禮焉。……北大除舊揚新，而南高則對新舊學術兼收並重，耑觀其（南京高等師範教育）有無價值以為評斷，其（南京高

9　梁敬錞：〈記北大〉，《然疑錄》（臺北：中外雜誌出版社，1975年），頁43。

10　有關南高的影響情況，見桑兵：〈近代中國學術的地緣與流派〉，《歷史研究》第3期（1999年），頁38；參許小青：〈張其昀與南高學派〉，《近代史學刊》第7輯（2010年），頁151-166。

11　楊寬：《歷史潮流中的動盪和曲折——楊寬自傳》（臺北：時報文化出版公司，1993年），頁71。

等師範教育）態度較北大更為開放。[12]

南高學人不如北大學者般強調反傳統文化的思想，部份留學美國的教員如吳宓、劉伯明等，均與接受傳統學術訓練的史學系教員柳詒徵，相為結交，一起教導學生中外文史哲知識，對中外文化採取融通的態度，形成南高一種有別於北大的治學風尚。東大畢業生王煥鑣在回憶東大的發展時，也認為南高學風盛極一時。他說：

> 民國八、九年（1919-1920），朝野時彥，拾近世西洋論文論政，偏曲之見，暴蔑孔孟以來諸儒闡明講說之理，謂不足存；……當是時，南雍諸先生深謂嘆息，以為此非孔孟之厄，實中國文化之厄，創辦《學衡》雜誌，柳（詒徵）師尤反對顧頡剛疑古之論，昌言觝排，為一時之風。[13]

「南雍諸先生」就是指柳、劉及吳等三位學人，他們深嘆北大批判傳統文化的論點，創辦《學衡》雜誌，標舉「昌明國粹，融化新知」的

12 顧翊群：〈敬悼郭秉文先生〉，《中外雜誌》第6卷第4期（1954年），頁28；臺灣中央研究院近代史研究所首任所長郭廷以也認為北大與南高學風甚有不同，見張朋園、陳三井、陳存恭、林泉訪問，陳三井、陳存恭記錄：《郭廷以先生訪問錄》（臺北：中央研究院近代史研究所，1987年），頁95；參陳儀深訪問：〈王聿均先生訪問紀錄〉；潘光哲訪問：〈王爾敏先生訪問紀錄〉，陳儀深等訪問：《郭廷以先生門生故舊憶往錄》（臺北：中央研究院立近代史研究所，2004年），頁3-30；頁205。有關南高與東南大學學人史學傳承的關係，見陳寶雲：《學術與國家：《史地學報》及其學人群研究》（安徽：安徽教育出版社，2010年），頁17-29。又有關五四時，激烈批判中國傳統文化的言論及行動，見Chow, Tse-tsung. (周策縱) *The May Fourth Movement*（Cambridge: Harvard University Press, 1960）一書。

13 王煥鑣：〈梅光迪先生文錄序〉，《梅光迪文錄》（臺北：中國文化大學出版社，1968年），頁30。

口號，與北大學者只知輸入西方文化及激烈批判傳統文化的觀點相抗。曾入讀南高的近代史學者郭廷以（1904-1975），憶述他初到南京，其友樂煥文介紹南高學風時，說：「南高名氣不大，但在國內，北方是北大，南方是南高，算是最有名的學府了」。[14]

但這群留美學人與南高吸收西學知識的關係是怎樣？[15]其一，留美教員與南高辦學宗旨相結合。執教南高西洋文學系的吳宓（1894-1978）留美期間，受到早已任教南高的梅光迪（1890-1945）的邀請，並談及南高副校長劉伯明為「賢明溫雅，志同道合」，又認為南高學風已漸漸凝結，故吳氏也以南高為「決以此校為聚集同志知友，發展理想之地。茲聘宓為南京高師、東南大學英語兼英國文學教授」，而拒受北京高等師範學校以較高薪金的招聘。[16]留美學人執教南高的先後次序為：先是劉伯明於一九一九年任南高國文史地部主任；其後於一九二〇年初，為「伯明（劉伯明）招來」的梅光迪；[17]後為梅氏引介，使吳宓執教南高；[18]再因吳宓的引介，使留美的湯用彤

14 原文未見，轉引自《郭廷以先生訪問錄》，頁95；參王汎森：〈民國的新史學及其批評者〉，羅志田主編：《20世紀的中國學術與社會》（山東：山東人民出版社，2001年），頁112-113。

15 筆者不是否定中國傳統文化對劉伯明、吳宓思想的影響，但不可忽視西方人文精神加速或刺激他們已有的中國傳統思維因素，故本文也多注意西方思想因素在劉、吳二氏扮演的角色，有關中國傳統文化思想與形成吳宓思想的關係，見拙：〈吳宓的留美生活：留學生活強化近代中國保守主義思想〉，香港歷史博物館主編：《近代中國留學生國際學術研討會論文集》（香港：香港歷史博物館，2006年），頁256-263。

16 吳宓：《吳宓自編年譜》，頁214。

17 有關劉伯明引介梅光迪，執教南高一事，詳見梅光迪：〈九年後之回憶〉，《國風》第9期（1932年），頁24。

18 有關梅光迪引介吳宓在南高執教的故事，詳見郭斌龢：〈梅光迪先生傳略〉，《思想與時代》（臺北：華岡出版有限公司，1978年〔據自1941年至1947年版影印〕）第64期（1947年），頁9-10；有關梅光迪與吳宓的交往，詳見吳宓：《吳宓日記》，II，〔1921年8月5日〕條，頁226-227。又吳宓早已不滿北大校風，與梅氏交談後，更促成吳氏執教南高的決定，見《吳宓日記》，頁161。

（1893-1964）也執教南高哲學系；尤要注意者吳、湯二人本為同學，與陳寅恪，被學者譽為「哈佛三傑」，吳、湯二人更師事其時在美國提倡新人文精神的白璧德，梅氏早在留美時已與胡適展開論戰，多嚮往西方人文精神，由是他們以「同志」相示。吳、湯、梅三人回國後，與劉伯明創辦學衡社，並出版《學衡》，積極提倡以西方人文精神結合中國傳統學術，達到「中庸」的學風，這又與副校長劉伯明提出以「誠」辦學的精神相契合。

其二，南高開辦的課程，既使學生吸收傳統治學的方法，又可學習西方人文精神的知識。一九二一年，南高實行選課學分制，學生可以按興趣選修科目，這群留美學者，開辦的課程，均是南高史學群體成員的必修科目。在〈南京師範學校文史地部簡章〉中規定，修讀史地部課程的學生，除了必修柳詒徵開辦「中國文化史」、「中國通史」；竺可楨任教「人文地理學」及「地理通論」外；也要修讀劉伯明開辦的「西洋上古哲學史」、「近代哲學史」及「倫理學」；梅光迪任教的「西洋文學概論」；吳宓任教的「西洋文學介紹」，而劉伯明講授的「中古哲學史」及「近代西洋哲學史」的講義，均是日後修讀哲學科課程的「指定參考書」。[19]修讀以上科目的學生，如張其昀、陳訓慈、繆鳳林及日後的鄭鶴聲，均是被譽為「南京高師多年培植，為最優秀之一班」之南高學生，而張、陳、繆及鄭氏，成為組成南高史學群體重要成員，所以這些留美，學習西方人文精神的學者，既藉開辦課程，把西方的人文精神傳給學生，又把西方人文精神傳給南高史學群體。

其三，南高史地部學生甚推崇這群留美學人，可見他們在南高史學群體成員中，扮演了傳播西方學術思想的要角。南高學生撰寫回憶

---

19 郭秉文：〈南京師範學校文史地部簡章〉〔中央大學檔案編號：648123216J3092〕，缺頁數。

母校的文章，尤稱揚劉、吳二人，認為他們教學，使學生「努力認識西方文化，就其所得，發表文章，糾正時人對於西方文化膚淺偏頗之見」，[20]啟導了南高史學群體成員認識西方文化的一面，劉氏被學生認為「高標碩望，領袖群倫的人物」，[21]「南高諸教授以劉伯明為重心所在」，「余（胡煥庸）則專習史地，故課業學問余所受於劉師者甚少，然其（劉伯明）思想言論行為道德，余受其感化者至深且鉅」；[22]日後入讀東南大學史學部的郭廷以、羅時實也認為任教南高西洋文學系、哲學系的教授，是「構成東南大學的重要資產」，[23]「融匯古今，溝通

20 郭斌龢：〈南京高等師範學校二十周年紀念之意義〉，頁3。

21 這是南高學生的見解，轉引自張其昀：〈「南高」之精神〉，頁15。一九四九年後張其昀也認為劉伯明及其時主編《學衡》的南高教授，如吳宓等，對南高治學風尚均有「最大的貢獻」，見氏：〈自序〉，頁2。曾有學者韓光輝認為執教南高哲學系及西洋文學系的教授傳揚中西文化，對日後東南大學及中央大學學人的治風尚甚有影響，詳見氏：〈張其昀的志事與平生〉，《中外雜誌》第62卷第6期（1997年），頁13。周邦道也認為這四位傳播西洋哲學的教授，對南高治史學風，甚有影響，見氏：〈南雍感舊〉，《文藝復興專集》（臺北：中國文化大學出版社，1980年），頁34；參見國立東南大學畢業生盧月化：〈郭秉文與中大〉，《中外雜誌》第35卷第3期（1984年），頁72。

22 胡煥庸：〈憶劉師伯明〉，《國風》第8期（1932年），頁27。於1932年11月，《國風》第8期，特別為劉伯明出版紀念專號，其紀念文章除了胡、梅二文外，也有：劉芬資：〈悼先夫伯明先生〉、劉經邦：〈悼先兄伯明先生〉、胡先驌：〈今日救亡所需之新文化運動〉、劉國鈞：〈學風〉、湯用彤：〈四十二章經跋〉、繆鳳林：〈劉先生論西洋文化〉、張其昀：〈教育家之精神修養〉、〈劉伯明逝世紀念日〉及〈劉伯明先生事略〉，可見南高師生十分敬重劉氏學術思想及其對南高辦學的貢獻。

23 《郭廷以訪問紀錄》，頁118-119。一九四九年後，《東南學校史》的編者，也認為於一九二一年至一九二五年間執教南高的文科的教授是「多有較深國學根底，復經出國深造，……以科學態度，探討中西文史哲理，反對全盤西化，反對全盤否定中國文化，主張弘揚民族精神，貫通中西，自立風格，自樹一幟」，見《東南學校史》，第1卷，頁140。《南京大學校史》的編者，也認為吳宓創辦《學衡》更使「東大又重視發揚民族文化，又重視溝通中西文化」，見《南京大學校史》，頁54。在臺灣國立中央大學編寫的中央大學校史中，也稱這群南高教員：「不少理論反而顯得篤實公正，實有必要重新為其定位」，見吳思瑩：〈東南大學與「學衡派」〉，中大八十年

中外思想」的「一流人物」，[24]可見這群留學美國，執教南高的傳播西方人文精神之學者，對校風及治學風尚的營造甚有關係。

其四，南高國文史地部學生，因與教員合辦《學衡》，又曾在《學衡》刊登文章，自受《學衡》提出的言論所啟迪。今以南高史學群體成員與學衡社主要成員的關係作進一步引述：(1）自吳宓於1924年離開南高北上任教清華大學以後，在南方的事務也多由南高的學生，如繆鳳林、鄭鶴聲等人處理。(2）在《學衡》刊登希臘聖哲著述的文章，也多由南高學生翻譯刊行，如其時學生景昌極把柏拉圖（Plato）《語錄》譯成中文，及研究蘇格拉底的〈自辨文〉，學生陳訓慈更與其師吳宓合譯葛蘭堅〈葛蘭堅論新文化〉，[25]學生向達、夏崇璞先後譯亞倫士多德（Aristotle）〈倫理學〉(*The Ethics*)，學生徐震堮譯聖伯甫（Sainte Beuve）〈釋正宗〉("Qu'est -ce qu'un classique?"）及〈評盧梭懺悔錄〉("Les Confessions de Jean-Jacques Rousseau")；其他南高學生也發表有關研究中西洋哲學的文章，如學生繆鳳林撰〈四書所啟示之人生觀〉、〈文德篇〉、〈希臘之精神〉、〈中國人的佛教耶教觀〉，學生張其昀在《史地學報》發表的〈柏拉圖的人生哲學〉；陳訓慈把但丁《神曲》，及霍爽（N.Hawthorine）的〈記痕〉("Birth Mark"）譯成中文，發表在《文哲學報》，以上諸位學生就讀南高之前，尚未接觸西方哲學，故他們選譯這些文章或進行研究對象，與任教南高西洋文學系，或哲學系教授所喜愛的希臘聖哲的思想，實有關係，甚至可以說是傳承其師說，故隨劉伯明、吳宓等執教南高，使南高成為東南方傳

校慶特刊編輯委員會編：《中大八十年：校慶特刊》(桃園：中央大學出版社，1995年)，頁91。

24 羅時實：〈東南大學雜憶〉，《中外雜誌》第2卷第2期（1962年)，頁6。

25 如陳訓慈因師從劉伯明等人習希臘哲學，啟導其撰成〈希臘四大史學家小傳〉，《史學與地學》第1期（1926年)，〔總〕頁217-234。

達美國人文精神的重要地方。[26]

先看學衡社成員在南高聚集的過程。但要注意的是，這群學人聚集在南高，與第一次歐戰後中國學術界發展，也甚有關係。

第一次歐戰之後，中國被迫參戰，中國知識份子如陳獨秀，一方面倡以更激烈的方法，批判東方文明，以為中國文明出現危機，高倡「今日之中國，外迫於強敵，內迫於獨夫」，只有以「全盤性反傳統」（totalistic iconoclasm）的途徑，引進西方文明以全面改革中國傳統；也有如杜亞泉目西方輸入科學思想，往往「眩其利而忘其害，齊其末而捨其本，受物質上之刺戟，欲日盛而望日奢」，反省只有傳入西方式的科技文明及進化論，是否恰當，也肯定中國固有文化的價值，「我國之有國是，乃經無數先民經營締造而成，此實先民精神上之產物，為吾國文化之結晶體」，擔心西學輸入後引起的「精神破產」，勉救國民精神的危機在於「統整吾國固有之文明，其本有系統者則明瞭之，其間有錯出者則修整之。一方面盡力輸入西洋學說，使其融合於吾國固有文明之中。西洋之斷片文明，如遍地散錢，以吾國有文明為繩索，一以貫之」，可惜全盤西化及新文化派的學者只是破壞中國固有文化，多輸入西洋文明，而不加選擇，終導致國人「精神破產」；此外，提倡中西文化調和的觀點，其中尤以梁漱溟更言應尊重東西文化的特色，並希望以東方精神文明，力矯只有西方物質及重利輕義的觀點；而劉伯明及吳宓就是處在歐戰後國人倡全盤西化和重視物質進化的言論，及國人倡中西文化調和的觀點下，便強調信仰、道德、意志等人文精神的重要，力倡東西方經典精神文明的價值，反對科學對人生的控制，以宗教及東西方傳統「真」的精神文明，以輸入美國白

26 有關美國人文精神在東南方的傳播，見張秀麗：《反科學主義思潮下中國現代史學的人文指向——以「東南學派」為中心》（北京：光明日報出版社，2009年），頁66-78，但作者指稱東南學派的範圍太廣泛，未專就南高學者群的思想作引伸。

璧德的人文主義，主張以東西傳統文化以「信條」(doctrine)、「規訓」(discipline)，調式理性、情緒及欲望，以求建立個人修養及精神文明。[27]

在學衡社員中，首先執教南高者為劉伯明，劉氏在一九二〇後更任南高校長郭秉文的秘書，而劉氏與梅光迪為同學，梅氏也引劉伯明為「知友」，[28]劉氏更為光迪推介南高的辦學風尚，梅氏也因此「應劉伯明先生之招講學金陵」執教南高。[29]同時，光迪在一九一五年就讀芝加哥大學（University of Chicago）受柯倫教授推薦，開始閱讀白璧德（Irving Babbit）著作，更於一九一五年秋往哈佛大學研究院，修讀白氏任教科目。因梅氏嚮往白氏思想，並積極引介，由是稱為「華之白璧德」。[30]至於吳宓與光迪相交，早見在一九一八年，吳宓又因光迪的建議，轉入哈佛大學，先修讀白氏「比較文學」(Compare Literature)，受白氏的影響，吳宓以闡明白氏的思想為終身職志。[31]加之，吳宓留美時與梅氏相交，二人又奉為「同道」、「同志」，這個「同道」、「同

---

27 見杜亞泉：〈戰後東西文明之調和〉(原刊《東方雜誌》第14卷第4號〔1917年4月〕)載許紀霖、田建業編：《杜亞泉文存》(上海：上海教育出版社，2003年)，頁347-348；陳獨秀：〈東西民族根本思想之差異〉，(原刊《青年雜誌》第1卷第4號〔1915年12月15日〕)，載《獨秀文存》(安徽：人民出版社，1987年)，頁27-31；詳見Lin Yu-sheng(林毓生), *The Crisis of Chinese Consciousness: Radical Antitradtionalism in the May Fourth Era* (Madison: University of Wisconsin Press, 1979) 一書；參丘為君：〈「歐戰」與中國的現代性〉，《思與言》第46卷第1期（2008年），頁75-124；黃金麟：〈歷史的儀式戲劇——「歐戰」在中國〉，《新史學》第7卷第3期（1996年），頁91-129；張灝（林志宏校訂）：〈五四與中共革命：中國現代思想史上的激化〉，《近代史研究所集刊》第77期（2012年），頁1-16。

28 有關劉伯明與梅光迪的交往，見〈九年後之回憶〉，頁22-23。有關梅光迪生平，見周邦道：〈梅光迪、段錫朋、熊育錫〉，《中外雜誌》第19卷第7期（1979年），頁63-65。

29 梅光迪執教南高的經過，見〈九年後之回憶〉，頁23-24。

30 張其昀：〈白璧德——當代一人師〉，《思想與時代》第46期（1947年），頁24。

31 吳宓：《吳宓日記》〔1918年9月24日條〕，頁14。

志」，就是二人同嚮往白氏思想的心志。湯用彤已在吳氏未留學前，均為同學，吳、梅、湯三人相交；三人留學後，均奉近代美國新人文精神（Humanism）的代表者白璧德為師，志願以傳承白氏提倡新人文精神（New Humanism）；[32]伯明也認同上古希臘的思想為西方的「經典思想」(Classics)，也是西方的「真文化」，這點與吳、梅、湯三人信奉的思想不謀而合，這四位信奉希臘文化為宗的學人，也曾執教南高，期間執教的時間雖短，但對就讀南高學生的研究方向及方法，影響甚大；及後他們離開南高，但他們對文史地系學生的扶掖，未嘗中斷，藉學衡社舉辦的活動及辦《學衡》雜誌，學生仍保持與吳宓的聯繫，也有學生因教員對西方人文精神的引介，而注意白璧德的人文主義思想；[33]故了解南高學生吸收西方文化思想的觀點，及他們對西方文化的了解，有必要明白劉、吳、梅等學衡社成員傳播新人文精神的內涵，劉、吳、梅三人雖甚嚮往白璧德的思想，並致力引介白氏思想，但光迪卻被吳氏認為是「獨來獨往，莫能羈絆」、「自第二年初之第十三期起，梅君則不再投登一字之稿，反而對人漫說：『《學衡》內容愈來愈壞。我與此雜志早無關係』」，[34]梅氏自言與學衡社員

32 如梅光迪、吳宓因傾慕白氏思想，才就學白氏任教的哈佛大學文學研究院，見郭斌龢：〈梅迪生傳略〉，《思想與時代》第46期（1947年），頁9。

33 張其昀：〈白璧德——當代一人師〉，頁24-27；又有關白璧德與南高學衡社員的關係，見Hou Chien, *Irving Babbit in China*, pp.119-180. 但此文只說白氏思想與學衡派成員吸收西學的互動關係，未詳及學衡派成員怎樣利用新人文精神與中國學者的治史方法及史學思想相結合；參王晴佳：〈白璧德與「學衡派」——一個學術文化史的比較研究〉，《中央研究院近代史研究所集刊》第37期（2002年），頁41-90；參Tze-Ki Hon, "From Harvard to Dongnan: Wu Mi's Interpretation of New Humanism," (Unpublished, paper) present in "China In the World in Twenty- First Century," Hong Kong Baptist University, Hong Kong, May 22-25, 2002.

34 吳宓著，吳學昭整理：《吳宓自編年譜》（北京：生活・讀書・新知三聯書店，1995年），〔1922年條〕，頁235。

不合，而在一九二四年前的學衡社大本營在南高，梅氏對學衡社的投入感尚未及劉、吳二人；加之，學生多稱美劉、吳二氏，故本文先介紹白氏的思想，及後才介紹劉、吳二人在執教南高時，發表的言論，以見南高學生吸收西方人文精神的情況。

美國學界多奉白璧德為十九世紀初，致力探討人文精神與二十世紀初西方學術思想界的代表人物。[35]白氏早於一八九七年發表 "The Rational Study of The Chinese "一文，宣揚人文精神；又與友穆爾（Paul Elmer More）等在美國一起推動人文主義運動，白氏學說遠追希臘亞里士多德，又以繼承近代文藝復興的英國安諾德（M.Arnold）的人文精神為要，白璧德提出「新人文主義」(New Humanism)，主要針對自培根以來的自然主義和自盧騷以來的浪漫主義之弊點，試圖在中西印三大文明的古典源頭吸取立身行己的方法，建立與崇尚功利的近代精神相對抗，救弊時尚，超越時空，具有普偏的人文價值體系，這種文化理想包括：向傳統求索、對世界文化的整體觀、追求人類普遍的原則，而「新人文精神」不同文藝復興時主張的人文精神，就是後者以為人性是無選擇的同情、泛愛的人道主義，前者則是認為只有紀律和從傳統中建立的規範，才是人文主義的真義，人道主義者只是過度相信人類的理性，鼓勵廣泛知識及同情，而新人文主義要求人類以人性中較高的自我道德情操控制自然的本性，強制和自律自己，使人為善、為真。

白氏把人生的境界分為三等：神性、人性、獸性。神性為宗教，不可企及，只有聖人如巴斯噶（Pascal）可達此境地，獸性以物為本，

---

35 有關美國學界奉白璧德為十九世紀初，研究及推動人文精神的代表，見Russell Kirk," Introduction Babbit and the Ethical Purpose of Literary Studies," Irving Babbbit, *Literature and the American College* (Washington: National Humanities Institute, 1986), pp.1-9.

雖人也具此物欲，但不應太陷溺，只有人性才是合於中道，不偏不倚，只有人性才為人們應守的格律。[36]他以人性及獸性之別為立論基礎，認為二十世紀初社會的弊病主要是自然主義，抹殺了人性，強把人類歸為自然法則中，故白氏極力批判自然主義思想，認為自然主義使思想解放，追求人類知識與控制自然能力，以謀求增進生活為本，終為傳統道德下墜，其發展流為一是以培根為首的科學主義，終使視人為物，泯去人性，無限發展物性，以利為師，急於求利，成為功利主義的根本，終成為杜威的實驗主義，以知變而不知人性的常道，以一己利益為本，人類道德缺乏。另一方面，又流為以盧騷為代表的傷感主義（sentimentalism），全以自然為依歸，放棄知識，求個人伸展情感，揚棄傳統道德與規範，終成為放縱的浪漫主義。白氏認為近代西方文明的弊點，就是自然主義的弊點，這些弊點均源自盧騷崇尚自然的觀點。同時，這種西方文明的弊點，形成西方人只求個人的物質和情感，故只追求科學和技術，只求物質的進步，不求內心道德的修養，致出現第一次世界大戰，「真正」的文化進步，應求建立人性的法則，以良知判斷為本，不在物質，只有在精神上求進步，社會才獲真正的文明。

雖以修養人性為本，但白璧德以為人性有善惡兩種自我的爭鬥。自我得以壓制欲念，免受人類陷入獸性，但人性中尚有一種「較高的自我」（high self），以節制本能，這種節制本能的力量成為人性「內在克制」（inner check）的特色，就也就是「為善」的意志，故「在人文主義者眼中，一個人所以重要，並不在其於現世中行動之力量，而在其自制的力量」。但這「自制的力量」也是因人類按一些永恒的標準，人類行為不違背其標準，這是白氏哲學中「一」與「多」的構思。

---

36 有關白璧德的思想，詳見梁實秋：〈關於白璧德先生及其思想〉，《文學因緣》（臺北：文星書店，1965年），頁61-62；吳宓譯：〈白璧德之人文主義〉，《學衡》第19期（1923年），〔總〕頁2494-2531。

白氏從柏拉圖一與多的說法引伸，以為現象世界雖是不斷在變化之中，但有一個不變的常道，故人們行事應在一與多中求平衡「求中庸」，但這個永恒不變的規則，要從「世上曾經想過、說過的最好的話」中求一客觀標準；換言之，這個標準是歷史上曾實行的，證明是可以成效的，這個標準只可從傳統的文化中找出來；求立身行事的規範，也在「一切時代共通的知慧對抗當代的智慧」，傳統的價值觀經時代的考驗，具有永恒的價值，「後古來偉大之舊說，非也，蓋千百年實在經驗之總匯也」。[37]白氏又主張人性應具自我判斷及具傳統文化判斷的工夫，這樣在浪漫主義與極端主義之間求中庸之道，不偏不倚，達到白氏心中理想聖哲，如亞里士多德、耶穌、孔子、佛陀所代表的人文精神，聖哲守中庸之道，終成「孔子所謂之君子，與亞里士多德所謂沈毅之人」。

白氏在文學造藝上，也提出文學要求美學與道德結合的特質。他認為理想的文學是美學與倫理合一，以教化人生為主要作用，「美者與道德分離，則無價值可言」，反對只求浪漫主義的文學崇尚感情，成就個人情感，揚棄格律的文學觀點，「美好的文學」就是取法西方文化傳統的希臘、羅馬古典文學，真正的創造，真是模倣過去已證驗的文學作品，吸收傳統文學的精粹，以求在傳統及創造間求平衡，由是富于新人文精神主義者必須集一切時代、一切民族之智慧，不偏守一地的文化傳統，從各自的傳統中求規範，最後建立一套具有超越時空的普遍特色，及列國共同可依的規範。

進一步可見白氏雖不諳中文，但甚嚮往中國文化。他認為孔子的思想與亞里士多德以還的西方人文主義精神相合，朱熹的地位相等於中世紀的聖阿奎那（St. Aquinas），孔子的儒道思想更是優於西方的人

37 胡先驌：〈白壁德中西人文教育談〉，《學衡》第2期（1922年），〔總〕頁325-336。

文精神，「若欲窺見歷世積儲之智慧，擷取普遍人類經驗之精華，則當求之於我佛與耶穌之宗教教理，及孔子與亞里士多德之人文學說，捨是無由得也」。[38]因白氏思想與中國儒家要求建立個人德性的思想有相通之處，而吳宓求學於白氏，自然也受白氏的言論所影響，白氏以為儒家的人文傳統是中國文化的精要所在，只有儒家思想才能成為東西文化融合及成為世界新文化的基礎。一九二一年九月在波斯頓留美學生會中，白氏自述宏願是：「尤期東西相同之人文派信徒，起而結合，以躋世界於大同」，使儒家文化、希臘哲學、西方宗教及印度佛學思想，相為融合，成為一種新的大同救世思想。[39]

白氏反對中國倡新文化運動者發表過激批判傳統文化的言論。一九二〇年九月白璧德在〈中西人文教育談〉一文中認為：「中國必須有組織、有能力，中國必須具歐西之機械，庶免為日本與列強所侵略」，但「中國亦須脫去昔日盲從之故俗，及偽古學派形式主義之牽鎖。然須知中國在力求進步時，萬不宜效歐西將盆中小兒隨俗而傾棄之。簡言之，雖可力攻形式主義之非，同時必須審慎，保存其偉大之舊文明之精魂」，[40]批判近代只重視物質文明，忽視精神文明的弊點，也認為中國人必須深入研究中西文化，並取其中的精華，不蹈西方全盤改革的覆轍，並為解決全球人類文明作出貢獻。

38 吳宓譯：〈白壁德論歐亞兩洲文化〉，《學衡》第38期（1925年），〔總〕頁5148-5164。

39 未見原文，只好轉引自侯健：〈梅光迪與儒家思想〉，載傅樂詩等著：《保守主義》（臺北：時報文化出版公司，1981年），頁272。此書本為 Furth Charlotte (ed.), *The Limitis of Change: Essays on Conservative Alternative in Republican China* (Cambridge Mass. : Harvard University Press, 1976). 後為臺灣學者周陽山、楊肅默把收入此書的論文譯成中文，並附上另外一些中文論文，而侯氏一文尚未收入傅樂詩編的英文論文集中。

40 胡先驌譯：〈白璧德中西人文教育談〉，頁326；參Mei K.T., (梅光迪) "Article in Irving Babbit: Man and Teacher ," 梅李今美編：《梅光迪文錄》，頁26。

在白氏教導下，中國留學生也對中國文化有了新的看法，一方面加強了吳氏等人對傳承中國傳統文化的信念，並從批判角度及世界文化的整體上，以見中國文化的優點及其在世界文明上扮演的角色，[41]進而重新肯定儒家傳統文化的不變及永恒的價值。此外，也加強了他們批判五四激烈反傳統文化的信念。白璧德使這群留學生，得以了解西方經典文化的發展及源頭，強化他們尊重各國傳統文化的信念，光迪因白氏的啟導，發出感謝之語：「對我來說是一個嶄新的世界，更是一個被賦予新意義的舊世界」。[42]

首先引介自一九二〇年執教南高的劉伯明（1887-1923）主張中外文化調和的觀點。[43]劉氏在美國西北大學就讀哲學及教育學，一九一三年完成碩士論文〈華人心性論〉，又在一九一五年，時二十九歲完成博士論文〈老子哲學研究〉，他喜研究希伯來、希臘哲學，認為此兩大文化體系為西方文化的本源及「宗教與道德」兼備的特色；劉氏在一九一六年回國，任匯文書院（日後金陵大學）國文部主任，至一九一九年因南高校長江謙之邀，任訓育主任及文史地部主任；一九二〇年南高改名為東南大學，劉氏任副校長、文理科主任、哲學系系主任；因他任教南高，並在任校長秘書時，更招聘了留美的「同志」執教其中，漸漸形成南高尚調和中外文化之風。

他開辦「近代西洋哲學史」、「西洋上古哲學史」及「倫理學」科目，這些科目均是南高學生的必修科，他的辦學方針，是重視人格培養，每於新年元旦及學校慶典，多言學風及學生道德培養的問題；可惜他勤於校務，積勞成疾，死於一九二三年，但他對揭櫫人文精神，

41 張其昀：〈白璧德——當代一人師〉，《思想與時代》，頁25；參Mei K.T., “Humanism and Modern China,” 《梅光迪文錄》，頁15.

42 Mei K.t., “Article in Irving Babbit: Man and Teacher,” 頁26.

43 有關劉伯明的生平，見郭秉文：〈劉伯明事略〉，《國風》第9期（1932年），頁73-76。

確立南高學人的治學精神，甚有貢獻，更被南高畢業生奉為「精神領袖」、「高標碩望、領袖群倫」、[44]「劉先生為全校重心所寄，……四方學子，聞風來集，皆信服劉先生之精神」；[45]被校長郭秉文奉為「東南大學奉為魁宿」；[46]而其他共事的教員，也奉劉氏為「擷中西禮教學術之菁華，以立氓蚩蚩成德之基」、[47]「學風之良，為全國第一，故伯明之在校也」。[48]劉氏執掌東大為整個南高文化教育事業的「黃金時代」，劉氏死後九年，柳詒徵及南高師生為紀念伯明對南高教育事業的貢獻，在《國風》中闢「紀念專號」，力頌劉伯明的身體力行、樹立節操。劉氏任教期間尤反對只言西化，全面批判中國文化的言論，他認為中西文化應調和，以為救中國必需要輸入西化，但非毀滅中國固有的美德，輸入西化，就是輸入西方的「希臘學者窮理致知不計功利之科學精神」、「基督教之仁博之愛」，與中國文化的「人道人倫之精髓其於自然力求融和」。[49]

劉氏任教南高期間，撰成文章及書籍計有：〈學者之精神〉、〈再論學者為精神〉、〈杜威論中國思想〉、〈非宗教運動平議〉、〈共和國民之精神〉、〈論學風〉及由學生繆鳳林整理，劉氏課堂主講和校正的《西洋古代中世哲學史大綱》、《近代西洋哲學史大綱》，劉伯明認為：「數年以來，國人怵於外患之頻仍，及內政之腐敗，一方激於世界之民治新潮，精神為之舒展，……自是以還，新潮漫溢，解放自由

44 張其昀：〈「南高」精神〉，頁14。

45 張其昀：〈劉伯明先生逝世紀念日〉，頁67。

46 郭秉文：〈劉伯明先生事略〉，頁73。

47 吳宓：〈輓劉伯明先生聯〉，《國風》第9期（1932年），頁6。一九四九年後，編《東南大學校史》的編者，也認為劉伯明執教南高，使「學生受此種正氣之感染，莫不自重自信，立大志」對南高及東大校風締造影響甚大；詳見《東南大學校史》，頁71-72。參羅時實：〈南雍懷舊錄〉，《中外雜誌》第2卷第5期（1964年），頁5-6。

48 梅光迪：〈九年後之回憶〉，頁25。

49 繆鳳林：〈劉先生論西方文化〉，頁58。

之聲，日益喧聒。此項運動，無論其缺點如何，其在歷史上必為可紀念之事，則可斷言。蓋積習過深之古國，必經激烈之振蕩，而後始能煥然一新。此為必經之階段，而不可超越者也」，[50]新文化運動就如法國的啟蒙運動，「確有不可磨滅的價值」，然而在中國的新文化運動中，卻演變成為激烈批判傳統文化，主張新文化運動者，只是「惑於皮相，囿於成見，遂不克究其真精神耳」，[51]只求「渴慕新知」，趨新奇，不加選擇，全部採用，實不明白「我國非無不朽之文化」。

伯明心中理想「學者」的形象是具有自信心，更具「自得」的人格，不可急迫，注意「潛修自韜晦」，求真理，實行研究。另外，他認為基督教以言行為中心，有其「不朽之價值」。因為耶穌尚人為慈祥溫和，寬大有容，犧牲礫於十字架，代人而死，「其悲壯之愛人最深」，「與墨子孔孟宋明諸儒論愛論仁之旨相同」，而宗教的原意也是「以優美中和之意」，以想像與情操相結合，宗教以提升人們的情感，「思所以超脫之，苟其所搆造，引人昇入高潔之境界，絕非理性所能橫加干涉」，這種和諧的人格，絕非科學發展所能營造的；他心中理想的國民，就是有「主觀之道德緣之以起曰：正心誠意」，也在「正心誠意之事，誠吾國人生哲學之特色」。這種道德精神就是「近今思想之彌補」，中國之弊在於五四運動後，國民高言自由，社會添亂，只有「自由必與負責任合而後有真正之民治」，其中以公元前的雅典市民才是「真正的公民」，雅典市民尤得力於希臘道德教育。

進而劉氏認為教育的目的，不獨是傳授科學知識，卻要探求「精神心理方面」，古來大學教育不是傳授知識，更要「重節操，大師宿儒，其立身行己，靡不措於斯」，以學術為培養人格；然而今天教育

50 劉伯明：〈共和國民之精神〉，《學衡》第10期（1922年），〔總〕頁1271-1273。

51 劉伯明：〈杜威論中國思想〉，《學衡》第5期（1922年），〔總〕頁609-614；參見氏：〈學者之精神〉，《學衡》第1期（1922年），〔總〕頁13-16。

只為「好高騖遠，尊重名流」，現今學生只以自由為尚，致使失卻訓練的根本，「偏重自由，其害或較偏重訓練為深且巨，以其人任性而行，漫無規則，而真正受教育者，即其心之曾經訓練也」，老師也應以「隨時加以指導，於以改造其思想而陶冶其品性，不僅以授與知能為盡教者之職責」，更強調藉辦學以培養師生的德行。

伯明上課講授有關西洋思想史的科目，講授的內容乃是直接影響南高史學門學生所思所想。其學生繆鳳林把劉伯明在「西洋古代中世哲學史」及「近代西洋哲學」課程授課講義，撰成《西洋古代中世哲學史大綱》及《近代西洋哲學大綱》。此二書雖為繆氏整理，但其成書前經劉氏校閱，故二書可見劉氏的授課內容及其思想。繆氏為南高國文史地部第一屆學生，而依學規所見，劉氏開辦此兩科課程，均是史地部學員的必修科目，學員從劉氏教授的內容，自然影響其所思所想，他的學生，更奉劉氏為「南高的精神領袖」，他的授講內容也影響其時尚未接觸西方哲學思想的學生；所以，尋找南高學生的西學知識資源，有必要探討此二書的內容，及劉氏提出的治哲學史的方法，以見日後南高學生治史方法及觀點，與劉氏甚有相承之處。

從兩本講義所見，劉氏認為只有古代希臘哲學才是人倫道德哲學的理想。劉氏心中理想的哲學是道德哲學。他以為哲學不是尚玄虛，空談的，而是應如中國道學，是一種重實踐德性的學問，「哲學一名，翻自英文斐羅瑣斐（Philosophy），此本名道學，九流言道，要在躬行實踐」，西方也指稱「斐羅瑣斐（Philosophy）」為「智慧」；只有希臘蘇格拉底（Socrates, 470-399B.C.）所言的「愛知」（Love of wisdom）為「西土哲學之本意也」，既然西洋哲學是源自希臘民族，希臘人生活最重者，為「中節」（劉伯明按：Moderation, mean, middle and temperance），「中節」的內涵就是「以救世立德為懷」，「無太過」（劉伯明按：nothing too much, nothing in excess），凡事守中，則為最善，不流於縱情，不求利誘，蘇格拉底、柏拉圖更演釋為「分道德為四，節制即為其一」，「無論快樂，資財等等，皆須由理性執其兩端而用其中」，這個「執中」的標準，是存於人們心中「內靈之美」，內心純潔為判斷一切事物的標準；以其善良之心，達到「諧合」，使人與自然，善惡相合、「身心諧合」、「美術與道德結合」；最美的藝術，不獨為形色的美，而是「即其能訴諸德性」，「學人評論美術之優劣，亦即視其倫理之屬性而定」，[52]美術純化心靈，人們歸向至善，「倫理的標準即是美術之標準」，也只有古代希臘人最足以代表這種思想；換言之，劉氏心中的美術不獨為觀賞，也有教化倫理的目的，美術的好壞全以其合於道德標準為依歸，只有柏拉圖最足以代表具有這種思想的人物。

此外，劉氏所言只有蘇格拉底及柏拉圖（Plato, 427-347A.D.）才具理想人格。他們均是道德情操高尚的哲人，最重要的是他們提出一套越國界，越種族，人們共守的「公共之標準」。劉氏在講授「西洋哲學史」一科時，特立專章介紹蘇格拉底的思想，講義中敘述蘇格拉底對人類的貢獻是：「教人最要之目的，即在改良人之品性」，教導學生以踐德性，不求物質，超脫經濟；又因蘇氏個人修善德，故受雅典民眾歡迎，「其和悅可親，藹然仁者」，蘇氏所言的知乃是「真知灼鑒，（劉氏自注：“insight”）與書本之智識異趣」，心中已充滿道德判斷的「知」，這個「知」自然深明擇善固執，為善去惡，判斷是非，知識不獨是科學的知識，而是道德的知識，「知識即德行（劉氏自注：“knowledge is virtue”）」，人們擁有此「善之本」的「知」，即行即知，為善最樂，真知愈多，善亦多，樂亦多。反之，一般的「知」，只是沒有是非善惡判斷的標準，沒有各人准守的標準，終致道德事業不能發展，社會流為動亂，這充滿道德之「善知」，不獨是

52 劉伯明：《西洋古代中世哲學史大綱》（缺出版地點：中華書局，1932年），頁12-14。

個人的追求，乃是萬事萬物、世界人類普遍永久的「公共之標準」，因此稱蘇格拉底所倡的「真知」，就是「公共之標準」，而「真知」也就是世人共守的標準，蘇氏即為「西洋之人道師，其貢獻於人類正不唯其學說，而以其人格為大也」。[53]

劉氏講義中也介紹柏拉圖的思想，主要指出柏氏具有一個觀念世界（劉氏自按：World of Ideas），這個觀念是永遠存在，有絕對的「真理」，也就是有絕對的「真知」，此「真知」也是至善為主的高潔人生的境界；人們為「惡」，就是缺乏這「真知」，人們只追求聲色圖畫，不求道德之美，所以人們應返回這「真知」，柏氏對人類的貢獻就是使「這理想觀念之世界，為改造現實社會之標準，孳孳懇懇，謀理想之實踐」，雅典人能按柏氏學說，以「和諧調劑，相互為用，各守範圍，不相踰越，終成最高之道德」，社會各人能各守其界限。所以，劉伯明認為柏氏的學說是「西洋哲學史上無上之妙品」。[54]劉氏歸結希臘文化破壞的原因，是希臘人失卻了前期學者「為學問而研究學問毫無利益觀念之精神」及「形上討論愛智之學」，希臘人只求物質的豐裕，情欲紛亂，忽視為培育精神及道德。[55]最後，劉氏歸納自亞里斯多德死後至斯多噶派的西方思想界的發展，得出結論是哲學的真義，為：「求心靈之完整，築內心之駮臺，以禦濁世之紊擾，亦皆恃自力，發於中而非憑諸外」，上古哲學既為西洋哲學思想的本源，西洋哲學的特色就是強調建立個人道德，精神上的提煉，由個人修善的道德，推為建立世界社會的「公共的標準」，世界社會的標準，也就是道德上善德的表現。

劉氏在講義中，強調人們應以建立精神文明為本，哲學的真義就

53 劉伯明：《西洋古代中世哲學史大綱》，頁70。

54 劉伯明：《西洋古代中世哲學史大綱》，頁87；頁81-82。

55 劉伯明：《西洋古代中世哲學史大綱》，頁103-104。

是追求修養道德。所以，他從道德的立場，引伸基督教的教義。他認為基督教雖有種種神秘精神，然而他最欣賞的是耶穌基督「慷慨捐軀，曾無絲毫顧慮，此種熱烈情緒，大足興感他人」，教徒們不怕苦楚，堅持傳教，百折不回，「其熱烈之情感，濃厚之愛情，亦幾與其主如出一轍」，教義主張平等博愛竭誠盡己，均足以教人，使人清除舊惡，悔過自新，「使靈魂復其至善，其價值無限」，此為基督教的「真精神」，耶穌對世人的貢獻，是創造一個「正義之王國」，道德窮行實踐的社會；日後教士仍多身體力行，以修善德為本，可惜「上述基督教之色彩，乃大部消失，今日者，求能行此種精神，已千不得一矣」。[56]基督教的精神以尚愛為「真正精神」，耶穌基督認為「使盲者能視，跛者能行」，均是上帝愛人，這愛為溫良厚德的表現，「吾人之愛即為上帝而愛，為愛而愛，利害固非所計」，這種純美的「愛」沒有物質利益存於期間，最高尚的「愛」是精神上的「愛」。[57]今世人類文明的惡果，只是泯去精神的愛，這樣使世人忽視了身心力行，道德宗教信仰也「失卻統一」。他以道德的觀念，來品評近世哲學家，如批評斯比洛薩（Spinoza, 1632-1677）的哲學思想，不獨欣賞其三角幾何哲學，最重要者，是肯定斯氏道德情操「任天安命，聽本體之自然，絕不參加主觀之私意，而人之至樂－最高之幸福－亦即憑直覺以識上帝之真象」，藉個人的道德修行，力求精神上的鍛練，不求物質的豐盛，「安心立命，毫不怨天尤人，……此其人格之高西洋哲學家中，為柏拉圖後之第一人」。[58]康德（Kant, 1724-1804）的哲學對近世思想的影響，在「曠然高超，遠脫官骸，求精神之上達，充理性之極則」，主張人類除現實世界之外，應求理想世界，專注精神上的解

56 劉伯明：《西洋古代中世哲學史大綱》，頁185。

57 劉伯明：《西洋古代中世哲學史大綱》，頁220。

58 劉伯明：《西洋古代中世哲學史大綱》，頁72。

救，求倫理道德上的實踐。[59]也因劉氏認為一種學說的優劣，就是以其能否提煉人們的精神、修養善德，而他心中的杜威學說，只是重實踐，不求精神上、道德上，提供人們修養的方法，故斥杜威思想為「以人事為本位，形上玄想，皆非所問。所謂人生以外無哲學者，固彼所身創而躬行也」，杜威的學說只重人生的實行，求驗證，對於人生中不能驗證的善德、善行，均排斥在杜威學說之外。[60]

另一方面，伯明不滿近代學界只重視實用的哲學，他認為近代重實用的哲學思想，認為此是導致歐戰的主因。從劉氏這種去取的標準，可見劉氏欣賞者為西方的上古哲學，這與南高學生，尚道德文化的思想甚有關係，「融化新知」在劉氏身上呈現的，就是輸入西方經典的道德哲學及精神文化。他認為歐戰的原因：一，為英國近世哲學重實用的思想，在他心中培根（Bacon F., 1561-1626）為近代實用思想的創始者，故指斥培根為政治學者，「道德無足取」，因培根主張世界為動，為進化，沿此學者，以為用科學方法可以改變世界，終出現「科學萬能論」，重物質的進步，輕視人們道德倫理，致人們精神修養失落，培根的思想只是：「自然科學，固宜儘量發達，要必有倫理等精神科學，與之同時開展，庶幾有所規範，而此世可日進無疆，否則機器的發明，適為戕賊人民之工具」，[61]「培根以來，以戡（按：戡亂的意思）天為是，實即後世侵略主義之源泉，比其極也演成此次歐戰」，[62]

59 劉伯明：《西洋古代中世哲學史大綱》，頁94-95。

60 同上劉伯明：《西洋古代中世哲學史大綱》，頁126。劉伯明非完全排斥杜威的學說，只是指斥杜威因重視實證，忽視人性及精神上的鍛練，另一方面他從教育學的角度，甚為欣賞杜威的思維方法，故把杜威 *How We Think* 一書譯成中文，引介給學生，見杜威著，劉伯明譯：《思維術》〔How We Think〕（臺北：華岡出版社，1977年〔據1925版〕）。

61 見劉伯明：《近代西洋哲學史大綱》（缺出版地點：中華書局，1932年），頁40。

62 劉伯明：《近代西洋哲學史大綱》，頁74。

科技的發明，然視了人性的培養，社會進步，物欲豐盛，對外抗張，人性缺乏德性的培養，只求進步，重利輕義，社會終為滅亡。二，為引入進化論，因為達爾文（Darwin）主張物種相滋生，相互爭存，爭存的結果是凡生物適應環境，則可生存；否則滅滅，此謂「天擇」，終致主張優勝劣敗，人們競爭，甚至認為一切慈讓、博愛、道德只為弱者而設，道德禮法只為阻礙進化的工具，適應社會必破壞道德禮法，以武力為尚，戰爭是淘汰劣等民族的方法，終成如劉氏所言：「此種以人自相食為正當，戰爭攘奪為公義，流毒至於無窮，亦皆達氏之惡果」，這就是進化論導致歐戰的原因。[63]

尤要注意，劉氏以歷史結合地理學的研究方法，分析各地哲學興起的原因，推動了學術思想與史地學相結合的研究方法。劉氏認為思想的出現，決非憑空出現，思想變遷興廢，均有沿革，又與時代歷史發展有密切關係，所以要「求因」、「明變」。[64]他研究希臘哲學的出現，除了注意思想承傳外，更要從希臘民族特性的角度作分析。他認為希臘民族的來源有二：一為阿屋寧族（Ionians）以雅典人為代表，一為鐸利安族（Dorians）以斯巴達人為代表，他從「人心之勢力」，及「地理之勢力」解析這些民族的發展，斯巴達人處山中，四周仇殺，耕於生活，未及學藝的思巧；反之，雅典人生活在低地平原，「生活優游自得，宛如游戲場中之赤子，心身不受絲毫之約束」，又地處通商要地，「海闊天空，胸懷開拓，而經濟富裕，無有物質之憂慮，因得專心致志」，雅典一地更是風光絹美，氣候溫和，生活在雅典的人，自然「精神純為入世，貫注於外界事物而不知其他」。因雅典人的心志發展遇有阻力，不能向外，便「始返求諸心」，所以希臘

63 劉伯明：《近代西洋哲學史大綱》，頁113。

64 劉伯明：《近代西洋哲學史大綱》，頁4-5。

哲學既多求個人修養，一方面求結合自然環境，一方面因自然環境對於人生活動是「客觀而非主觀」，出現蘇格拉底以客觀概念，為知識根本的哲學思想。劉氏在論及希臘人思想的出現時，歸因為「其在島國，則因地勢之斬截，人民之腦海，常靈敏而明晰，希人（按：希臘人）為島民，此種特質，更為敻絕，科學，哲學，美術各方面，無一不啟示此種精神，而尤以美術為最」，希臘人處交通要地，希臘又為一個優美的環境，其人民思想開闊，重玄思；希臘哲學的興起就是「外緣之足以喚起人類之反應或能影響其動作也」，[65]這就是地理環境使然結合個人心靈的結果。總之，劉伯明敘述中世紀哲學興起的原因，不獨從哲學概念的發展進行探討，更從歷史發展、時代戰亂、地理環境作分析，其後學生張其昀及陳訓慈修讀其中，既可了解西方哲學思想的內容，又能結合地理、歷史及哲學三者的研究方法。[66]

另一位傳播西方人文思想於南高的學者為吳宓。吳宓，字雨僧，[67]一九一七年赴美留學，初入維基尼亞大學習新聞，後轉哈佛大學專研究西洋文學，與梅光迪結交；[68]一九二一年得碩士學位，因梅邀請，遂往南高任教。吳氏任教東南大學（前身為南高）的時間不長，只是自一九二一至一九二四年，執教南高，但他開辦的「西洋文學介紹」一科，又為南高學生的必修科。他更為《學衡》，這份以南高學人為

---

65 劉伯明：《近代西洋哲學史大綱》，頁13-14。

66 陳訓慈也認為希臘文化的興起，與雅典處愛琴海及城國制度的建立，甚有關係，這論點同於劉伯明認為西洋哲學興起，與地理及人文的互動關係的論點，又陳氏從人文地理學的觀點研究歷史，詳見氏：《西洋通史》（缺出版地點：缺出版社，〔據南京大學國學圖書館藏本〕），頁24。

67 有關吳宓的生平，詳見沈衛威：《吳宓傳》（北京：東方出版社，2000年）一書，而有關研究吳宓的思想，見蔣書麗：《堅守與開拓》（北京：社會科學文獻出版社，2000年），頁66-106。

68 吳宓因清華同學的引介，萌「極道向慕，遂轉學哈佛」，見《吳宓日記》（1919年9月18日），頁73。

中心的刊物，確立了編刊宗旨，藉辦刊物及成立學衡社，為南高學生提供更多與西方人文精神，西洋古典精神及儒家文化接觸的機會，因為確立了「昌明國粹，融化新知」為《學衡》的宗旨，[69]而此宗旨也成為南高學員從事研究的指導思想；又因為吳氏等人把西方古典思想與傳統中國儒家思想相結合，此對形成南高學人重視傳統、重視傳統中西文化，對於南高學人融和中西學說、重視道德文化的特色，甚有影響。及後他雖往清華（1925）執教，然而南高師生，教授者如柳詒徵、胡先驌，南高學生，後執教南高者如繆鳳林、郭斌龢、景昌極、向達等多在此刊物上刊載學術文章，使中西人文精神進一步落實在研究的方向上，這就如南高畢業生所言，吳宓及學衡社對南高文化教育事業的貢獻是：「發揚固有道德建立本位文化，排斥浪漫思想，所謂南高學人篤實而有光輝之一表現也」，[70]也是呈現「留學生與國學大師的合作」的理想。[71]

吳宓在南高執教期間（1921-1924），所撰述的文章，對形成南高學人的治學風尚，也甚有關係，吳氏先後在《學衡》上發表，有關介紹白璧德倡導人文主義的文章，如下：

| 譯者／譯文 | 《學衡》期數 | 英文原文 |
|---|---|---|
| 吳宓：〈白璧德之人文主義〉 | 1923年7月第19期 | “Humanistic Education in China and West” |
| 吳宓：〈白璧德論民治與領袖〉 | 1924年8月第32期 | “Introduction of Democracy and Leadership” |

69 羅時實：〈柳翼謀先生及其學衡諸友〉，《中外雜誌》第7卷第6期（1970年），頁17。於一九三三年，吳宓因內部糾紛，辭編輯職務，《學衡》因而中斷出版，可見吳宓在《學衡》的重要地位。

70 郭斌龢：〈南京高等師範學校二十周年紀念之意義〉，頁3。

71 張其昀：〈「南高」之精神〉，頁20。

| 譯者／譯文 | 《學衡》期數 | 英文原文 |
|---|---|---|
| 吳宓：〈白璧德論歐亞兩洲文化〉 | 1925年2月第38期 | "Europe and Asia", Chapter 5 of Democracy and Leadership |
| 吳宓：〈白璧德論今後詩之趨勢〉 | 1929年11月第72期 | "Milton or Wordsworth? — Review of the Cycle of Modern Poetry" |

吳宓在任教南高期間，也先後發表〈文學研究法〉、〈論新文化運動〉、〈西洋文學精要書目〉、〈詩學總論〉、〈英詩淺解凡例（一）牛津又尖塔 The Spires of Oxford〉、〈英詩淺解凡例（二）古意 Robert Herrick "Counsel to Girls"〉、〈希臘文學史第一章荷馬之史詩〉、〈英詩淺解凡例（三）安諾德挽歌〉、〈論今日文學創造之正法〉、〈我之人生觀〉、譯法國星期雜誌馬西爾原作〈白璧德之人文主義〉、譯〈希臘之留傳第一篇有臘對於世界將來之價值（The Legacy of Greece）〉、譯〈世界文學史 Richardson and Owen "Literature of the World"〉、譯〈白璧德論民治與領袖〉，又與學生陳訓慈合譯美國葛蘭堅〈葛蘭堅論新舊文化〉，主要引介西方古典文學及批評新文化運動。[72]

其實，吳宓回國前，早以繼承及發揚中國傳統文化為已任。他在留美之初，與其師白璧德會面，白氏與他交談，指出中國聖賢哲理、文學藝術應是中國人自己研究，如今卻被西方學者闡明其義。促使吳宓深為感動，並以闡發中國文化為已任。同時，白氏認為五四新文化運動，只是使中國國粹日益淪亡，中國人應乘時發大願力，專研究中國學術，從事譯述，把中國文化傳往西方及後世，吳宓因此自言以承擔「無論處何境界，必以一定之時，研究國學，以成斯志」，可見吳

72 以下主要引介吳宓執教南高時，也就是在一九二一年至一九二四年間，在《學衡》上發表的文章，至於一九二四年後，因吳氏已離開南高，日後更執教清華大學，故其於一九二四年在《學衡》上發表的文章內容，暫未作引述。

氏以研究中國學術為己任，藉求西學為闡明中國傳統學問的工具。[73]自此他先後修讀白氏在哈佛大學開辦的「教育精義」、「比較文學：十九世紀浪漫主義運動」、「法國文學概述」；除了白氏以外，他又修習帕瑞（Pro.Bliss Perry）教授的「比教文學：十八、十九世紀小說類型」、「抒情詩」，羅斯（Pro. Lowes J.L.）教授的「法國散文與詩歌」，霍華德主講「德國文學史大綱」，這些科目教授的內容是古典文學，十八、十九世紀的文學，而不是二十世紀初的文學，吳氏時教導時，又多批判十九、二十世妃浪漫主義運動及自然文學，在吳宓心中認為這些執教者是與白氏的思想是同調，他們均尚傳統文化及古典文學。[74]

另外，吳宓在一九一四年，未留美之前，已與湯用彤「聯絡同志諸人，開一學社，造成一種學說」，以求在中華文明古國未衰亡之前，以文章傳道義，成立為世人效法的道德模範，使「知躬行道德未盡無用」，「發揮國有文明，溝通東西事理，以熔鑄風俗、改造道德、引導社會」，以學問救世俗，但這種救世俗的方法，不是打破傳統文化，而是轉向以重建中國傳統道德文化，這個宏願就是促成返國後成立學衡社及出版《學衡》的主因。一九一五年吳宓更感於晚近學者，只以「新舊對峙」，認為今日學說應求「唯一兩全調和之法，即于舊學說另下新理解」，故以調和中西文化為己任。[75]他指出在一九一五年間，中國國內出現的批判中國文化的言論，實是持論太激，今後應是「行事必折衷于中庸之是」，以修練「精神之愛，高尚清潔」為本。他是在一九一七年才留學美國，所以他在未留學之前，也持儒家的「中庸」、孔孟及朱子提倡以學輔仁的言論為修身參考。而他心中「真」的「自由」，是「不以威力服人，仁之至也」，真正的「平等」就是「恕之道，

73 見《吳宓日記》，I，〔1920年11月30日〕，頁196。

74 《吳宓日記》，I，〔1919年9月22日〕，頁75。

75 《吳宓日記》，I，〔1915年2月16日〕，頁404。

義之至也」，西方耶教言博愛、印度佛教言入地獄均是「仁」的表現，中國聖哲言仁義與西方聖人言平等、自由，均是「人生一日不可缺之粻（按：糧）」，在待人處世上，他要求修養「純正通達為的，不可以一時意氣，褊狹急激」，平淡不激為修養為根本。[76]由是可知，在五四運動時，他不滿陳獨秀、胡適激烈批判傳統文化言論的原因，也因他對中國傳統及道德文化的嚮往，故他極欣賞白氏提倡的中西文化調和論，及以中庸態度處理中西文化融通的主張。[77]

他更認為五四時期提倡的西學，是「以自由解放」相號召，實不明白快樂的真義，追求物質的進步，只是以「快樂」為號召，不明實事實功；加上，吳氏在美國留學期間看見美國經濟富裕，生活華靡，「豐衣腆食、揮金似土」、「奢侈之風，日盛一日，荒淫沉湎，人欲橫流·妄費物力，奇異怪僻之事日多」；又吳宓在美國閱報時，得知西美男女只是惟財是圖，女子嫁丈夫只求利益，男子求寡婦，也為坐享厚利，由是發出「嗚呼！人道苦矣」、「人欲日盛，貨利是趨，又肆意放縱，一無拘束，於是家庭之制壞」。[78]美國人只重視物質進化，不求思想上、行為上提練及修養，終致精神生活衰亡，如今中國人效法美國人重物進化，輕精神提煉的行徑，終會導致國內民風敗壞，不獨國力敗亡，乃至中國文化蕩然無存：「誠然，美國誠富，若中國方處存亡絕續之時，乃奢侈淫靡之習日熾，妄學美國，嗚呼，可堪痛哭也哉！」[79]正值國內出現反傳統文化的五四運動，吳氏不欲國人步美國道德敗亡的命運，遂發出「人心之團結，社會之安寧，禮教之綱維，

76 《吳宓日記》，I，〔1915年10月7日〕，頁506。

77 有關吳氏在留美前，及留美期間學習生活、所見所聞，與他提倡中外文化調和思想的關係，見〈吳宓的留美生活：留學生活強化近代中國保守主義思想〉。

78 《吳宓日記》，I，〔1919年9月7日〕，頁65。

79 《吳宓日記》，I，〔1920年5月5日〕，頁163-164。

富強之企致，國粹之發揚，愈益無望」的感嘆。

一九二一年返國後，目新文化運動的發展甚盛，更促使早已不滿五四運動激烈的反傳統言論的吳宓，發出「今日中國，甫脫舊日禮教導道德之束縛，而不經宗教改革之一階段，逕直進于十九世紀之西方之個人縱恣，宜乎社會紛亂，至于如此」行為沒有經宗教改革，才致紛亂；[80]他直斥提倡新文學的胡適、陳獨秀，為「滄海橫流，豺狼當道。胡適、陳獨秀之倫，盤踞京都，勢焰熏天。專以推鋤異己為事」，提倡「新文學」的學者，就是「有眼無珠，不能確察時勢，乃取西洋之瘡痂狗糞，以進於中國之人」，而新文學運動只是破壞傳統文化，打破規律，新文學就是「亂國之文學也」，故吳宓自負要「斬此妖魔，以撥雲霧而天日」，[81]以輸入西方人文精神，為「救國，並以救世」的工具。

他從道德立場，來品評西方學者的地位。他認為「欲效法 Matthew Arnoldh 等之正大光明，平和剛健，為世人之導師，因勢利導，順水行舟」，[82]進一步以為西學的精華，全在希臘聖哲，其中以蘇格拉底、拍拉圖、亞里士多德的思想，是「皆天人一貫」，故研究西學不讀以上三位聖哲的著述，「猶之宗儒學而不讀四書五經」，根本是「迷離彷徨，未入門徑」，白璧德教導古典哲學的內容，是教導此三聖哲的學說及以此三聖哲的學說與孔孟之道相融合，這樣白氏的教導就是「持此所得之區區以歸，故更能了解中國文化之優點與孔子之崇高中正」。

吳宓甚不滿其時在美國流行的文化，故提倡恢復中國禮制。他說：「凡禮教法制，皆含至理，積千百年經驗，以為人群之便利幸福計耳。若妄行破壞，實可謂自討苦吃，況真正之學術，無一不與禮教

80 《吳宓日記》，I，〔1927年10月17日〕，頁432。
81 《吳宓日記》，I，〔1920年4月18日〕，頁150。
82 《吳宓日記》，I，頁252。

法制，互相發明。乃今之毒害人群者，動假託西學之名以自重，實屬欺人之尤者矣」。[83]美國風俗日壞，男女尚利，在公眾地方裸體不以為恥，「歐美風俗之惡，以法意等國為最甚，美國較歐洲已覺差強人意」，故感歎不到歐美，無以見中國人的好處，只好興中國禮教重義務，因為受到白璧德的影響，故以西方聖哲的言論與中國先秦學者主張以禮節制情欲的觀點，相比附，由是提倡應當研究中外聖賢文化的精義。吳宓留學期間，也曾與陳寅恪言禮制問題，吳氏一再肯定周公制禮是「中國上古文明之精華」，先秦儒家實即西國的希臘，中國的佛教即西方耶教；中國的程、朱即西方歷來耶教的正宗，「主以理制欲，主克己修省，與人為善」，今天西方承此說而發揚光大的，只有 St.Paul、St.Augustine、Pascal、白璧德及 More Paul E.，而後兩位學者的重要性，就是「教人磨勵修勤，而裨益久遠」，使道德教化成為西方學說的宗旨，白氏更使東西哲學共同建基在「求內心之安樂，是謂精神上自救之術」，「中西古今，皆可一貫。天理人情，中外聖哲更無異樣也」的融通道路。[84]從吳氏肯定禮制的觀點，可見：一，吳氏認為中國文化最重要者是道德教化；二，吳氏運用中西哲學的比較方法，求中國哲學與西方哲學的共通點，並藉求中外哲學的融通，以得治世的方法。

他為南高學生提供的〈西洋文學書目〉一文中，認為「此類為研究文學所必備者」，其所舉的西洋文學書籍共九本，其中多為十八世紀及十九世紀西方學者研究古典文學的書籍，如 Whibley L. 撰 *A Companion to Greek Studies* (Cambridge University Press, 1906)，Sandys J.E. 撰 *A Companion to Lantin Studies*, Coleridge E.P. 撰 *Res Romanae 及*

83 《吳宓日記》，I，頁139。

84 《吳宓日記》，I，〔1919年12月14日〕，頁102。

*Res Graecae* 二書，Smith William 撰 *A Smaller Dictionary of the Bible* 的作品。此外，他列舉「歐洲文學史」、「哲學美術宗教等略史」、「希臘史」、「希臘文學」、「亞歷山大時代之文學」、「亞歷山大時代以後之文學」、「柏拉圖」、「亞里士多德」等在課堂上要教授的類目，主要是向學生介紹西洋經典（Classics）文學及哲學為主的課題，也可見吳氏在教課時，以為西洋文學應是教授西方經典文學及哲學的作品，而非教導近世實驗主義、浪漫文學的文學作品，自可見吳宓對古典文學的喜愛。[85]

吳宓引介的西洋學術，主要乃以西方人文精神主義者的學說為本。他認為西方的真文化，就是傳入白璧德所代表的「新人文精神」。吳宓以為新文化運動者，只是唯新是尚，不知西方文化的根本，而西方文化源遠流長，其中以人文精神就是西方文化發展的主脈，只有希臘、羅馬的古典文化與基督教思想，才是西洋文化的兩大源流，故研究西方文化，先研究西方文化的起源：「古希臘哲理文章藝術等，為西洋文化之中堅，源流所溯，菁華所在，而為吾國人研究西洋文化所首應注意者」，二十世紀以後的「物質功利，決非彼土文明之真諦。西洋文明之精華，惟在希臘之文章哲理藝術，此為中國學生所首應殫力研究者」，羅馬文化的真義就是：「羅馬人輕天道，重人事，絕玄想，計實功，凡百以應用為歸，適合為尚，不取空談，不崇虛理，又貞固樸誠，其於人生以道德為本，才智為末」，西洋文化以成就道德修養為本，故他翻譯的西方哲學作品，主要乃盛稱他們的道德教化，如在翻譯〈白璧德人文精神〉一文的〈敘〉中，言真正西洋文化是於「吾以窮則獨善其身，達則兼善天下，求之於泰西，得柏拉圖。柏拉圖之時

85 詳見吳宓：〈西洋文學精要書目〉第6期（1922年），〔總〕頁819-916；〈西洋文學精要書目（續）〉，第7期（1922），〔總〕頁917-929。

勢與懷抱，與孔孟最相近似」，可見學習希臘羅馬古文化，全在於其「契合中國固有傳統」、「超越東西界限，而含有普遍永久之性質」，「東西有聖人，此心此理同，皆精於人之正道」，就是從儒家傳統文化的本位下，來吸收西方文化，藉西洋文化以見「西洋真正之文化與吾國之國粹，實多互相發明、互相裨益之處，可以兼蓄并收，相得益彰」；[86]又如譯安諾德（Arnold Mathew）作品的要義在於：「兼取古學浪漫二派之長，而以奇美真摯之感情思想，納于完整精練之格律，多怡悅自得之意，無激切悲傷之音」，以為安諾德的文詞不激動，合乎「中庸」之義，[87]闡揚「西洋真正文化」的要義，就是「今日救世之正道，莫如堅持道德，昌明人本主義。則既可維持教化，又可獎勵學術，新舊咸宜」，中國文化以孔教為中樞，佛教為輔翼，西洋文化以希臘羅馬文章哲理與耶教融合，「今欲造成新文化，……則當以上所言之四者。……首當著重研究，方為正道」，「培植道德，樹立品格，使國人皆精勤奮發，聰明強毅，不為利欲所驅，不為瞽說狂潮所中，愛護先聖先賢所創立之精神教化，有與共生死之心」，[88]給人類「追求完美就是對溫馨與光明的追求」。吳氏心中的「新文化」是具有普遍性、永恆性價值，也是建立社會一種道德精神；而支持這種道德精神，就是維護傳統儒家思想，也吸收西方文化中合乎人文精神的文化精粹，「一言一行都是遵照孔子、釋迦牟尼，蘇格拉底和耶穌基督的教導」，東西文化均以道德教化為要務，所以「古今事無殊，東西豈跡兩」，「今世盛倡歐化與國粹，皆足以引證參照，互相發明；學問與

86 吳宓：〈論新文化運動〉，〔總〕頁493-503。

87 吳宓：〈英詩淺釋（三）安諾德挽歌〉，《學衡》第14期（1923年），〔總〕頁1629-1637。

88 吳宓：〈按語〉，載〈白璧德論歐亞兩洲文化〉，《學衡》第38期（1925年），頁5160。

經驗，皆足以揣摩體認，互相發明」，[89]東西文化既不是排斥，反而是一種超乎國界、種界，共同建立的「新文化」。

吳宓以為中西文化應調和，中西文化的內涵乃是要以中國儒家文化與西方上古、中古的經典哲學為本，求其融通的方法。他在《學衡》上發表〈中國的新與舊〉及〈論新文化運動〉二文，以為提倡新文化運動者，只是片面了解西方文化富強的原因，缺乏對西方文化的正確認識，只求唯新是尚，而不求西方文化的真正價值，只知二十世紀初流初在西方流行的莫泊桑（Maupassant）、易卜生（Ibsen）、馬克斯（Karl Marx）的思想，全不了解希臘與基督教，不顧西洋文化的本源；同時，吳氏認為提倡新文化運動的學者引介的西方哲學，如杜威、易卜生、馬克思的思想，均是導致西洋文化動亂的本源，高舉新文化運動的學者，只取這些西方文化的「糟粕」、「毒酖」，實未觀西洋文化的全貌。[90]新文化運動學者「是不問是非，但責新舊」，根本不理會中西文化的真義；中西文學作品的真義就是「首當表現自我，出以真誠，但此自我必須有價值。故欲為偉大之創新者，應先勉為偉大之人物」，中西文學應以此為衡量的標準，文學只是傳道的工具，不是一種宣發情感的工具。

他認為新文化運動中，出現激烈批判傳統文化的言論，使時人失卻道德標準，為求時弊，除了振興中國傳統禮教文化，更應以傳統文化為品評事物。他說：「吾中華號稱禮教之國，優秀之先民，聰睿之聖哲，於人生之真理，窺察至深，是非利害之際，見之極明，故設為種種禮教規矩，以為人類福，末流細節，縱有偏畸過當，然其本質及

89 吳宓：〈論新文化運動〉，〔總〕頁495。

90 吳宓：〈論新文化運動〉，〔總〕頁488-493；參吳宓：〈按語〉，載徐震堮譯：〈柯克斯論理進步之幻夢識語〉，《學衡》第27期（1924年），〔總〕頁3645-3646。

大體，實不容蔑棄」；[91]今人雖不應「拘泥於事物風俗禮節之末」，但一再強調傳統的道德理想決不可隨便毀易，中國傳統禮儀才是為社會秩序的根本。他更在〈專論孔子之價值及孔教之精義〉一文中言：「孔子是中國文化的中心，其前數千年之文化賴孔子而傳，其後數千年之文化賴孔子而開」，中國的「真文化」就是儒家所代表的文化，儒家的精義在於傳承孔子學說，孔子所代表的文化，就是「孔子確認為人性為二元（善惡、理欲），揭執兩用中為宇宙及人生之正道，以孝為諸德行之本，而以克己復禮、行忠恕、守中庸為實行道德之方法」，孔子教以人倫道德，頓厚民間風俗，由是「吾國文化，惟在人倫道德，其它皆此中心附屬物」，孔子道德教化，重禮興邦力為五四運動以後，一種安邦定國的方法。

最後，吳宓歸結一切新文化，均是從傳統演變而來的，「過去與未來為一不可分割的完整結構，無論典章文物、理論學術，莫不知舊物，則決不能言斷」，歷史、文化及藝術，與物質科學不同，前者必須繼承前人，「晚者不必勝前」，科學則是「愈久愈詳，愈晚出愈精妙」，萬事萬物雖變幻不居，只有「天理人情物象，雖然變幻不居，而仍有其理可循，故百變之中自有不變者存。然禮教乃前聖先哲所創，為一切道德之標準，縱有偏畸過當之處，改良修正，未嘗不可，遽爾全行革除，則為患實深」，中國傳統文化傳達的訊息就是不變的道理，人們若有修正傳統文化的要義，也不應全盤否定本身文化的價值，傳統與現代的發展是相沿不變，故近人只知全盤否定中國傳統文化，實不明任何新文化均是連續傳統文化而來的。

---

91 吳宓：〈論循規蹈矩之益與縱性放情之害〉，《學衡》第38期，〔總〕頁5165；參拙：〈中西文化的「真」貌——胡適與吳宓的論爭〉，（將刊於）李又寧主編：《胡適論學之敵》。

## 三　結論

研究民初華人留學史的學者李又寧曾說，留學不獨是一種目的，而是一種學習過程，從另一類或另多類的文化中吸取靈感和經驗，留學是一種吸收新鮮空氣的方式。[92]剛好任教南高的學人，就是因為留學，學習到西方尚人文精神、重視中西傳統道德教育、重視中外傳統哲學，主張調和中西文化的思想，回學後，強化他們反對五四時激烈批判傳統文化的觀點，劉、吳二氏先後執教南高，他們開辦的科目，為南高學生必修的學科，他們的教導內容自是影響那時尚未接觸西學的學生，而劉、吳二氏教授的內容，也扮演了南高的學生吸收西方人文精神的知識資源。因為師生間互相援引，漸漸形成一個尚中外傳統道德文化的學術團體，又因為劉、吳二氏的心志契合南高史學開山祖柳詒徵提倡藉學術研究以振興傳統文化及重建道德禮制的思想，這促促使治中國傳統學問的學者得與「同志」的留美學人，於一九二二年合力在南高成立的學衡社，及出版《學衡》雜誌，樹立「昌明國粹，融化新知」為刊物的宗旨，此既為日後南高畢業生定立了研究的方向，也確立了南高與北大為首的反傳統思想相抗衡的特色。此外，也可見南高學者劉伯明及吳宓，雖然反對胡適等激烈批判中國傳統文化的言論，[93]但仍可視為在二十世紀初，提出另一種中國走向「中國式的現代性」（the Chinese Modernity）的改革構想。[94]劉、吳二氏及南

92 李又寧：〈中國留學生的歷史使命與貢獻〉，《徐州師範大學學報》第30卷第2期（2004年），頁3。

93 筆者不是否定胡適是藉新學方法，重新闡述中國傳統文化的意義，但不能忽視的，五四時期的胡適多以發表批評中國傳統文化的言論，有關胡適藉新考據學的方法闡述中國文化的觀點，見歐陽哲生：《探尋胡適的精神世界》（北京：北京大學出版社，2012年），頁135-150；頁261-314。

94 近人馮兆基把「保守主義」及「自由主義」學者的言論，同樣為中國走向現代性扮

高知識群體生活在一八九五年至一九二五年，這個「中國近代思想史的轉型時代」，[95]扮演了提倡重視中西經典文化及精神文明的角色，南高第二代的學人也把師教，放進學術研究領域，使學術界大放異彩，由是深入分析整個新文化運動，應不獨為胡適、顧頡剛及陳獨秀等高倡激烈批判中國傳統文化的學者所專美，更應當注意這群倡導中西經典文化及以中西經典精神文明，以救只重物質文明及科學文明之弊的觀點，若我們以「新文化」就是從外國傳入的新方法及新觀點，南高留美學人提倡西方文化也是屬於「新文化」的成員，只因他們曾提倡的中西經典文化，反對胡適、陳獨秀、顧頡剛等人，及持馬克思主義觀點研究中國文化學者之言論，故在奉激烈批判中國傳統文化為「新文化」的典範及「革命」為「主動尋求美好未來的正面努力」下，[96]這些主張調和中外傳統文化的南高學者，往往被忽視。近年學者一再呼喚要「超越激進與保守二元對立的模式」，要從宏觀及微觀梳理激進主義與保守主義之間不斷發生分合嬗變、調適轉換，不要進行框架定性的研究，要多注意「革命史觀」以外，不同學派及學人提出不同觀點，肯定了認為「激進」或「保守」的學者，同為推動「新文化運動」發展的貢獻，只有這樣才可以更全面了解五四運動以後，中國學術思想界出現多元化及更複雜的精神面貌，[97]正如余英時在〈試論中國人文研究的再出發〉一文，所說：「我們真的希望對中國歷史和文

演重要角色的學者，見Edmund S. K. Fung, *Intellectual Foundations of Chinese Modernity: Cultural and Political Thought in the Republican Era* (Cambridge: Cambridge University Press, 2010), pp.63-95。

95 「中國近代思想史的轉型時代」一語出自張灝，見氏：〈中國近代思想史的轉型時代〉，《時代的探索》（臺北：中央研究院．聯經出版公司，2004年），頁37-60。

96 有關民初部份知識份子對「革命」的嚮往，見羅志田：〈士變——二十世紀上半葉中國讀書人的革命情懷〉，《新史學》第18卷第4期（2007年），頁189-231。

97 鄭大華等：〈關於「中國近代史上的激進與保守」的對話〉，鄭大華、鄒小站主編：《中國近代史上的激進與保守》（北京：社會科學文獻出版社，2011年），頁1-11。

化傳統取得比較客觀的認識，首先必須視之為主體，然後再通過它的種種內在線索，進行深入的研究。但這絕不是說，每一文明或文化都祇能『自說自話』，不必與其他文明或文化互相比較參證。恰恰相反，今天中國人文研究更需要向外（包括西方）開放，在具體研究的過程中，對於同一或相類的事象在其他文明中的表現方式知道得越多，自己的研究也越能深入」；[98]誠然，國人自晚清至今，吸收西學，為一個不爭的事實，但要切合中國本地文化進行研究及融通，才可補足中國學問的不足；明顯地，南高學者傳入西方經典人文學理及思想，把中外經典文化放在同一地位考察，互相尊重，學者各就所需，多方吸收西方文化及理論，但不強行傳入外來學問，以改變已有文化，這些構思可能是二十一世紀，尋求建立中國學術主體性的有效方案，而南高學人超越西學、中學，新學、舊學，激進、保守的二者概念相對的研究範疇，南高學人提出中外經典文化合治的融通思想，也是在「亞洲與一戰」（Asia and The Gret War a Shared History）的共有歷史情境下，有多元思想及文化發展的多元化面貌，此多元化面貌仍有待深入研究。[99]

（筆者十分感謝周佳榮教授、李金強教授、李朝津教授、韓子奇教授，提供寶貴意見。）

98 余英時：〈試論中國人文研究的再出發〉，《九州學林》創刊號（2003年），頁41。

99 徐國琦著，尤衛群譯：《亞洲與一戰：一部共有的歷史》（成都：四川人民出版社，2020年），頁21-41。

# 第十九章
# 革命話語的歷史演進：一個「世紀性」話語興衰進退的歷史反思

王先明

南開大學歷史學院教授

## 一　前言

何謂「話語模式」？話語模式反映了社會結構和意識形態關係的論述。話語模式同實際的社會變革是聯繫在一起的。話語模式便於同廣大民眾溝通和交流，可以產生巨大的精神力量，話語模式是不斷發展的。某種話語模式可以對社會變革起巨大的推動作用。但是，如果把某種話語模式凝固化，不根據新的歷史條件加以修改和發展，同樣可以造成巨大的損害。一種話語模式的存在及其演進狀況，也典型地揭示了歷史演進的軌跡與特徵。從這樣一個角度進入歷史，我們或許會得到別樣的歷史景觀和歷史體悟。

從中國晚近歷史來看，沒有任何一個話語能比「革命話語」（Revolutionary Discourse）更廣泛、更久遠，更那麼刻骨銘心地影響著人們的生存狀態和心態。這是一個世紀性的話語，也具有跨世紀的影響。作為時代性話語，它典型地揭示著一個時代的共同趨向，代表著一個時代的歷史取向。作為一個時代或一個世紀交替的比較，我們不難分辨出十九世紀的時代話語是「師夷」、「自強」，這是從鴉片戰爭後直到洋務運動就已經形成的一個話語模式（從林則徐、魏源到康有為、梁啟超，以及從洋務新政和晚清新政，無論新派舊派，他們可以反對西學也可以指斥舊學，卻不能不認同「自強」）。那麼，二十世紀的時代話語就只能是「革命」。

對於中國歷史而言，二十世紀就是「革命的歷史」。直至今天，其實無論是正面的評判還是反面的指斥，對於「革命話語」的論題仍然在持續著，儘管它已不是中心話語了。[1]我們知道，今天時代的主流話語其實是改革開放。因此，從時代話語歷史演進角度來看，十九世紀的「自強」、二十世紀的「革命」、二十一世紀的改革開放，正是一個完整的中國近現代歷史的進程。

在此我們先不討論革命的內涵及其歷史本身，這個問題過於龐大，也過於複雜。我們僅僅立足於實證性言說，從「時代話語」層面上展開討論。

## 二　「革命」潮起：二十世紀之初的流行話語

進入二十世紀的中國歷史，一開始張揚出的旗幟就是「革命」。按當時梁啟超的說法，「近數年來中國之言論，複雜不可殫數，若革命論者，可謂其最有力之一種也已矣。」[2]「革命」是中國百餘年來

---

1 即使是堅持「告別革命」的精英，其實也是革命話語心態的折射。直到八十年代的改革開放時，在民眾的心靈深處，也還保留有革命話語的遺痕：上班窮，下班富，開除就成萬元戶；家裏有個勞改犯，一年就賺好幾萬。一輛摩托兩個框，收入超過胡耀邦；騎著鈴木背著秤，跟著小平幹革命。而鄧小平同志事實上也將改革開放本身認同為革命——〈我們把改革當作一種革命〉〈改革是中國的第二次革命〉，《鄧小平文選》（北京：人民出版社，1993年），第3卷，頁81、頁113。

2 李華興、吳嘉勳編：〈中國歷史上革命之研究〉，《梁啟超選集》（上海：人民出版社，1984年），頁420。

使用頻率最高的詞之一。二十世紀的革命在相當長的時段內並非「民不聊生」的產物，而帶有強烈的士大夫造反的色彩，反政府的主導力量並非「民」而是「士」。而究其所源，正是在庚子年間由勤王運動拉開了「士變」中國的帷幕。戊戌庚子之間，中國政治正進入一個轉捩點。在新世紀的第一年（1901），當時的《國民報》第一期發表〈二十世紀之中國〉文章就揭櫫了「革命」言說，號召「種吾民革命之種子，養吾民獨立之精神」，預言二十世紀乃革命之世紀！[3]

由此開始，革命話語成為時代性話語，它使得上個世紀風靡社會的「自強」和「師夷」話語已經失去了主導價值（《海國圖志》──「是書何以作？曰，為以夷攻夷而作，為以夷款夷而作，為師夷之長技以制夷而作。」接踵而起的是洋務自強。從師夷直到自強，是十九世紀後半期的時代主題）。「革命」已經構成標領時代的中心話語。不僅僅是革命黨人的言說如此，即使是屬於保皇黨的康有為，在言說中也並非反對革命，而是反對「攻滿」（章太炎所作〈正仇滿論〉）。康有為對於「革命」話語雖言之不多，卻也持肯定立場。在其一九○二年的〈辨革命書〉中說：「夫革命之義，出於孔子之稱湯武，而孟子以誅紂為誅賊，不謂之弒君。」並強調說：「君而無道，不能保民，欲革命則革命耳，何必攻滿自生內亂乎！」[4]可知，即使康有為對於革命話語，也是秉持慎重的肯定態度。這至少可以說明，「革命」話語已經是超越了一個階級或階層的專屬概念，而具有時代性的意涵。

梁啟超對於「革命」話語作了相當系統的闡釋。一九○二年他首先從定義層面上加以解說，作〈釋革〉一文（《遊學譯編》第一期），其要義是：（一），革命之名詞始見於中國者，其在易曰：湯武革命，

---

3　張枬、王忍之編：〈二十世紀之中國〉，《辛亥革命前十年時論選集》（北京：生活·讀書·新知三聯書店，1978年），第1卷（上），頁69、71。

4　《新民叢報》第16期（1902年9月16日）。

順乎天而應乎人；並以此與西文之 Reform 和 Revolution 作比較性辨別。(二)，革命三特徵：頓（突）變（非漸變）；整體變革（非部分變革）；激進性（非累積性）。(三)，革命不限於政治領域，而存在於社會、文化、經濟諸多領域，按梁氏所說「凡群治中一切萬事萬物莫不有焉。」因此，「則宗教有宗教之革命，道德有道德之革命，學術有學術之革命，文學有文學之革命，風俗有風俗之革命，產業有產業之革命。」[5]對於當時革命話語的普適性問題，梁啟超也有深切之感受，指明道：「即今日中國新學小生之恒言，固有所謂經學革命，史學革命，文界革命，詩界革命，典界革命，小說界革命，音樂界革命，文字革命等種種名詞矣。」[6]「革命」一時間就成為相當流行的話語，並在相當程度上影響著人們的行為選擇和政治取向。梁啟超還為此作了學術層面的考察，專門寫了〈中國歷史上革命之研究〉。此文將革命分為廣義之革命和狹義之革命，前者指一切之社會革命和政治革命（制度），後者則指推翻現政權之一切暴力行動。[7]

可以說一進入二十世紀，革命就成為一個浸透於社會各階層和界別的時代性話語。當然，導致話語轉換形成「共和革命」輿論氛圍的，還是清末革命書刊。當時，年輕的革命黨人曾有預言：「文字收功日，全球革命潮」，這個預言很快得以實現。

需要指出的是，當時的上海成了留日學生行前的主要出發地和回國後的重要居住地，成為國內翻譯和出版日本書籍的主要地區和革命派在國內的最大宣傳中心。據顧燮光《譯書經眼錄》，一九〇一至一

5 張枬王忍之編：《辛亥革命前十年間時論選集》（北京：生活・讀書・新知三聯書店，1978年），第1卷（上），頁244。

6 張枬王忍之編：《辛亥革命前十年間時論選集》（北京：生活・讀書・新知三聯書店，1978年），第1卷（上），頁244。

7 李華興、吳嘉勳編：〈中國歷史上革命之研究〉，《梁啟超選集》（上海：人民出版社，1984年），頁420。

九〇四年間，中國譯書五百三十三種，其中三百二十一種即約百分之六十是「從日本重譯過來的」。而其中大多是在上海出版和發行的。[8]再之，馮自由在清末《海內外革命書報一覽》中收列一百一十五種圖書，其中四十種在日本出版，十一種在香港出版，五種在歐美出版，四種在南洋出版，四種在漢口出版，而其餘五十一種都是在上海出版。[9]另據《辛亥革命時期期刊介紹》所列，武昌起義前海內所出刊物一百零三種，上海六十五種，外地三十八種；其中革命刊物三十三種，上海二十四種，外地九種，有近四分之三集中在上海。[10]可以說，上海是清季國內輿論傳播中心，它對清末共和革命思潮的興起和發展，厥功甚偉。

「自由花發春何處，革命風潮卷地來」。[11]「革命」和類似於革命的言說到一九〇五年時就風靡天下，成為全社會共同的中心話語。中國歷史進入一個革命的世紀，即「文字收功日」。由此，革命話語構成了一個世紀的主體選擇，構成了幾代人共同的話語模式和理想追求。一個世紀的歷史從某種意義說，就是被革命話語及其行為所建構的歷史。

## 三　「革命話語」演進的四個階段

從革命話語形成的演進過程來看，約可略分為四個階段：

---

8 張靜廬輯注：《中國近代出版史料》（上海：群聯出版社，1954年），第2編，頁283。

9 馮自由：《革命逸史》（上海：中華書局，1981年），第3集，頁136-156。

10 參閱丁守和主編：《辛亥革命時期期刊介紹》（北京：人民出版社，1982～1987年），第1至5集。

11 丁初我：〈女子家庭革命說〉，《女子世界》第4期（1904年）。

## （一）生成與傳統（1901-1926）

這個階段是革命的孕育和生成階段，也是革命傳統形成階段。一九〇三年革命風潮已經形成，革命團體已經遍及天下，至一九〇五年中國革命同盟會之成立，革命大勢已經不可逆轉。及至辛亥革命推翻清朝，共和成立，革命之價值和意義已成為社會生活中的不二選擇，並由此成為一種傳統（革命傳統取代倫理傳統），從而影響和制約人們的普遍的生活。這裏有一個典型的其實也是極為普遍的史例，說的是辛亥革命後一個鄉村生活情景：「最滑稽的是，我們這窮鄉僻壤裏也鬧什麼民主黨、共和黨。許多秀才、舉人、紳士老爺、鄉下的讀書人又找到新的出路了，有的參加民主黨，有的參加共和黨，還有的來了個雙保險，民主黨、共和黨都參加了。在他們看來，革命了，反正了，參加一個什麼黨，才能升官發財，這個機會不能錯過。」[12]這個時期，因了革命的時代性勝利，革命便成為普泛性價值取向。直到一九二四年國民革命（亦稱大革命）運動的興起，革命幾乎席捲了整個社會階層。這個時期，革命成為時代風尚，也成為人們價值評判的唯一尺度：社會最終被劃分為革命與反革命兩個陣營。一九二五年三月十二日，被尊為中國革命之父的孫中山病逝，其懸掛於靈堂前「革命尚未成功，同志仍須努力」的遺囑，就成為所有站在歷史或試圖站在歷史舞臺上人們必然標示的口號或信念！「革命」成為了一種口號，一種不由分說的傳統，一種無形的精神力量，一種獲得歷史正當性的標誌！（當時，一切轟轟烈烈的活動無不以「革命」的名義：國民革命軍，革命青年，農民革命、婦女革命、家庭革命……只要是群體團體，就稱為革命團體。只要是以革命的名義，就能夠獲得道義上，法理上的正義性而不受一般法條和制度的制約。「反革命」的罪名在這

12 李實：〈辛亥革命時的鄉居記聞〉，《湖北文史資料》第4期（2004年），頁100。

時已經是很慣見的一種「新罪」了。）

## （二）擴展與衍變（1927-1949）

一九二七年國共分裂標誌著大革命的失敗。就社會革命運動而言，革命陷於低潮。但是，革命話語卻仍然是分裂了的兩黨，甚至是多種政治集團和政治力量的主導話語，沒有哪種力量可以或能夠脫離這一時代性話語。毛澤東一九二八年寫就的〈井岡山的鬥爭〉、一九三〇年代的〈星星之火，可以燎原〉、一九三六年的〈中國革命戰爭的戰略問題〉等，革命的中心話語無可置疑。即使國民黨人也仍堅持革命的話語。戴季陶對三民主義重新詮釋後，蔣介石把三民主義具體歸納為五大建設（心理、倫理、社會、政治、經濟），由此闡發出自己的「力行哲學」，說「這樣力行，就是革命。」（即指有殺身以成仁，無求生以害仁）。就是從國民黨分化出的中華革命黨，還有改組派等，也一樣堅稱自己的「革命」立場，認為只有他們才是「繼承孫中山先生四十年來革命不屈精神，為中國革命惟一的新集團」等等。各方的政治力量均將自己定位於「革命」的時代座標上，把自己的反對派定位於「反革命」的座標上。

應該提出的是，就革命的向度來說一九二六年是一個關鍵。正像美國學者阿里夫．德里克所言，「隨著一九二六年革命運動如火如荼的展開，鬥爭的矛頭已經從中國人民的政治壓迫者擴展到了與工農利益相矛盾、從而阻礙革命進程的其他階層。換言之，一九二五年以前的革命被認為主要是政治性的，而五卅運動之後的革命越來越呈現一種社會性的向度」。[13]但也恰恰是這個向度的發展最後導致了國共的分裂，使中國革命再次陷入「政治向度」——兩大政黨之間的鬥爭。

---

13 阿里夫．德里克著，翁賀凱譯：《革命與歷史：中國馬克思主義歷史學的起源，1919-1937》（南京：江蘇人民出版社，2005年），頁49。

此後，雖有一九三七年國共合作形成「民族革命」的形勢，但兩黨之間的「政治革命」鬥爭仍是歷史的主流。當然，一九四九年是一個歷史性轉折。新中國的成立不僅使中國共產黨獲得了全國政權，而且最終贏得了「革命」話語的主導權。勝利者，獲得了歷史的天然裁判權。在這裏，革命與反革命的分別，將以勝利與失敗而判明。由此，革命話語在主導現實的同時，也主導了歷史。

## （三）變型與極端（1950-1976）

新中國成立標誌著共產黨奪取政權的成功，如果僅僅從狹義的「政治革命」（僅僅從政權更替）角度看，可以是革命的勝利。按毛澤東所說就是「中華人民共和國的成立」就是「以完成人民革命任務為目標」。但是，「革命」的勝利已經使得革命本身成為一種目的，成為一種生存狀態，甚至成為唯一的價值追求。革命具有巨大的慣性力量，它經過了半個世紀幾代人的行為選擇和價值追求，已經成為一種不容分說的自覺。革命形成了歷史，革命的歷史成就了現狀，而未來的選擇依然是革命。這就是革命的悖論（原本，革命的目標是要消滅革命的原因。結果卻是革命後依然革命，所以有了不斷革命、繼續革命的理念）。所以，獲得政權勝利後的言說體系仍然是「革命話語」，所以，毛澤東奪取全國政權的勝利只不過是革命的「萬里長征的第一步」的論斷，具有必然認同的歷史前提。因此國家建設和制度建設的任務繁重和複雜，但必然繼續在「革命話語」中才能被賦予意義和價值，於是，新中國舉國上下的一切行為和言說就納入了「繼續革命」的理論體系中。不說公私合營和社會主義改造，也不說互助組和合作社運動，即使是以發展經濟為目標的國民經濟計畫等等，「建設話語」都被籠罩在「繼續革命」的話語之下。可以說，這仍然是一個舍革命而無話語的時代。

中國革命的成功是以暴力方式奪取國家政權為標誌的。但是，奪取政權並不意味著革命的終結。這在於，共產黨領導的中國革命不只是「一種統治方式對另一種統治方式的替代」，而應該包括共產黨奪取政權和獲得權力後所「發動的結構變遷」。因此，「很難將四九年的解放視為革命的終結，因為其後還發生了大規模的革命性變遷：全國範圍的『土地改革』，幾近全國耕地面積百分之四十三的土地被再分配，作為階級的地主和富農也同時被消滅；隨後發生從五三年到五七年的『社會主義改造』運動，國有化了幾乎全部的城市私有財產，集體化了幾乎全部的農村私有財產；以及在大躍進失敗後的短暫的革命退潮後，出現在六六年到七六年的無產階級文化大革命，這個運動的目的是全力剷除舊傳統，建立一種全新的革命文化」。[14]事實上，共產黨早就公開宣稱：「對於工人階級說來，取得政權只是革命的開始，而不是革命的終結」。[15]持續的革命話語，從具有社會革命特徵的所有制改造運動一直發展到文化大革命，革命話語就達到了其歷史的極端——即泛化革命時代。革命群眾，革命組織，革命小將，老革命，新革命，革命文藝，甚至革命婚禮、革命樣板戲……在人們的姓名擇取、地名、街道店鋪擇名上，也都浸透了革命話語。由此，歷史一定會走向它的反面！

### （四）消退與排斥（1978-2000）

革命營造了一個浪漫的時代，同時也是包含有點殘酷的浪漫。經歷過那個大革命時代（即一九二〇至一九三〇年代）的青年，都深切

14 於建嶸，原題：〈終結革命：背棄承諾抑或重構價值——解讀20世紀中國工農運動〉，中國戰略與管理研究會網站，檢索日期：2011年4月4日 20:00。

15 程中原：〈胡喬木與1957年〈莫斯科宣言〉〉，中國共產黨新聞網：www.cpcnews.cn，檢索日期：2015年1月08日。

地感知，「所有的革命者都很浪漫。沒有浪漫，誰會參加革命呢？……理想主義、激情、不滿現狀、追求美好生活——如此，你就擁有了浪漫主義的精神。」[16]國民革命時期的浪漫小說，幾乎都與浪漫的愛情與性有關，當然也與革命有關。列奧·李《中國作家的浪漫一代》中說到鬱達夫的發現：「一種革命職業的出現，可能只是因為微不足道的情欲，它的培育與一位溫柔純潔的女子的愛無法分開。那種情欲如果擴展開來，其熱情足以燒毀暴君的宮殿，其強烈足以摧毀巴士底獄。」[17]但是這種浪漫到文化大革命後就開始迅速消退（所以有今天《血色浪漫》的影視言說)。《於無聲處》話劇的雖然是「革命」底色，但它委實在宣告一個革命時代的結束，因為此後的「反思文學」的主流傾向是「改革」和「開放」(儘管當時還有點遮掩)。

正是從此開始，「告別革命」先是作為學者或思想者的宣導，爾後成為一種瀰漫性的社會心理。到八〇年代，「革命話語」就被「改革開放」話語所取代，雖然期間的反復和衝突不斷。「告別革命論」提出，如果不是「革命」，中國的現代化進程也不會如此緩慢。在他們看來「革命只是一種破壞力量」，革命把中國給「弄糟了」，咒罵「革命的殘忍、黑暗、骯髒」。[18]因此，近代以來的中國道路選擇革命是歷史的錯誤。「直到現在，『革命』還是一個好名詞，褒詞，而『改良』則成為一個貶詞，現在應該把這個觀念明確地倒過來，「中國在二十世紀選擇革命方式，是令人歎息的百年瘋狂與幼稚。」[19]學術界或思想領域中的這種認識，極端性地反映了「革命」話語消退時代的

16 費約翰著，李恭忠、李里峰譯：《喚醒中國：國民革命中的政治、文化與階級》(北京：生活·讀書·新知三聯書店，2004年)，頁141。

17 費約翰著，李恭忠、李里峰譯：《喚醒中國：國民革命中的政治、文化與階級》(北京：生活·讀書·新知三聯書店，2004年)，頁143。

18 李澤厚、劉再復：《告別革命》(香港：天地圖書有限公司，1995年)，頁69。

19 李澤厚、劉再復：《告別革命》(香港：天地圖書有限公司，1995年)，序言。

到來。從此，「非革命」的話語開始成為新世紀的主流。

新世紀以來「非革命」的思潮一直活躍，它使「顛倒了的歷史被顛倒過來」。頗具吊詭的是，即曾經以「革命」為激進的取向，在今天卻成為以言革命而為保守和落伍，是不合時代的標誌。至此，革命話語不僅完全消退，而且成為一種落後和保守的象徵。一個世紀的話語終於退出的歷史舞臺。

## 四　三種類型的「革命話語」

整整一個世紀中四個階段的「革命話語」演變，體現為三種類型。正是這三種革命類型的依次遞進和互相推演，構成了這個世紀「主流話語」的社會存在。革命有多種類型，英國革命不同於美國革命，法國革命不同於蘇俄革命，它們的起源不同，方式不一；革命成功後建立的政體和社會結構也不一樣，革命可能有多種多樣的後果。就中國近現代歷史進程而言，革命話語大體上呈現為三大類型：

其一，政治革命。「革命的中心任務和最高形式是奪取政權，是戰爭解決問題。」這是列寧主義的革命原則。政治革命目標和成功的標誌都十分明確和具體：奪取政權。由此而言，辛亥革命及其後來的二次革命、國民革命均大體屬於這一類型。尤其是發生在國共兩黨之間的衝突、政爭，更多地體現為政治革命的色彩。毛澤東認為自己一生做了兩件大事，一九四九年完成了政治革命，「文革」實現了文化革命。政治革命向來以政權的獲取為勝利的標誌。這成為毛澤東本人及其追隨者們足以自傲的人生資本。一九六五年毛澤東重上井岡山，詩情如潮：「彈指三十八年，人間變了，似天淵翻覆。猶記當時烽火裏，九死一生如昨。」這實在說到了正在享受著勝利成果的革命者的心坎上。

其二，社會革命。《辭海哲學卷》解釋「社會革命」為：人們在改造自然和改造社會中所進行的重大變革。人們改造自然的重大變革，有技術革命、產業革命等。人們在改造社會的重大革命，即社會革命。《辭海》中很明確的講，社會革命就主要是社會經濟基礎的根本性的變革以及維護其運作的上層建築的變革。按照考茨基的理解，社會革命的重要特徵可以表述為：社會革命表現為一個長期受壓迫的階級通過暴力革命來奪取國家權利的政治活動。社會革命是必須同階級鬥爭、暴力革命、奪取政權這幾個概念緊密聯繫起來的。三個要素中缺一不可，只有三者的組合才構成了社會革命的意義。實際上，社會革命與政治革命的分界是不確定的，經常是相互交錯的。一九二〇年代的國民革命以政治革命開始，針對的是帝國主義和封建主義，卻以社會革命而告終，其矛頭對準的是地方自治運動的社會基礎。[20]社會革命是立足於革除不平等的社會制度，以實現社會公平和正義為目標的運動。從實現目標而言，土地革命和社會主義改造等屬於社會革命類型。但實際上，即使是政治革命它也要通過廣泛的社會動員而建立革命的基礎，因此，消滅社會不平等和要求人的解放和自由的訴求就成為最具感召力的革命召喚。「也許在一個青年，對家族與婚姻問題有深切的關係。社會問題主流的勞工問題亦漸從知識份子的空想轉入社會的實際生活。」[21]從這個意義上說，政治革命總是包含了社會革命的內容；[22]而政治革命也常常以社會革命為旗幟。曾志說過，「中國革命首先是政治革命、社會革命，但由於社會革命的對象之一是包

---

20 費約翰著，李恭忠、李里峰等譯：《喚醒中國：國民革命中的政治、文化與階級》（北京：生活・讀書・新知三聯書店，2004年），頁249。

21 陶希聖：《潮流與點滴》（臺北：臺灣傳記文學出版社，1964年），頁77。

22 阿里夫・德里克著，翁賀凱譯：《革命與歷史：中國馬克思主義歷史學的起源，1919-1937》（南京：江蘇人民出版社，2005年），頁35~36。

括「三從四德」在內的傳統倫理，由於革命動員以「解放」、「自由」為口號，因此對於參加革命的青年男女來說，革命也包含著婚姻自由、一定程度上還有性自由的意義。」[23]同樣，政治革命的成功，為社會革命的開展提供充分的條件，所以共產黨人獲得政權後的社會改造運動（所有制革命），就能夠在超過預期的時間內順利實現。據美國學者莫里斯．邁斯納的判斷，這場社會革命的成就是：二十世紀五十年代初期以小於比利時工業規模的工業開始，在毛澤東時代結束時，卻以世界上六個最大工業國之一的姿態出現了。中國的國民收入在一九五二年～一九七八年的二十五年間增加了四倍，即從一九五二年的六百億元增加到一九七八年的三千億元，而工業在增加的國民收入中所占的比例最大。人均國民收入指數（以不變價格計算）從一九四九年的一百（一九五二年的一百六）增加到一九五七年的兩百一十七和一九七八年的四百四十。在毛澤東時代的最後二十年間，而且連大躍進的經濟災難也估計在內，中國的國民收入在一九五七年至一九七五年期間翻了一番多——人均增加百分之六十三。[24]

其三，文化革命。二十世紀的中國革命一開始就孕育著兩個走向：反帝與反封建，雖然因了時代的不同和現實的需求其內容也有所變化。革命，尤其是辛亥革命之後的每一次革命運動，幾乎都具有反叛傳統文化的指向性。西方學者看到，國民革命是「一次文化革命運動」。[25]史料所示，大革命運動中的一九二七年，在一次模仿新年儀式的革命表演中，「一切從前為紳士們看不起的人……現在居然伸起頭

23 曾志：《一個革命的倖存者》（廣州：廣東人民出版社，1999年），頁51-52。

24 莫里斯．邁斯納著，杜蒲譯：《毛澤東時代的遺產》，馬克思主義文庫，人民網，檢索日期：2007年8月9日，網址：www.people.com.cn

25 費約翰著，李恭忠、李里峰等譯：《喚醒中國：國民革命中的政治、文化與階級》（北京：生活．讀書．新知三聯書店，2004年），頁205。

來了。」正如毛澤東所觀察到的，革命不是「請客吃飯」，但它仍然是一場聚會。暴動的農民不僅給地主戴高帽遊街，也不僅殺死他們的豬，吃光他們的糧食，而且也要躺在地主小姐的牙床上滾一滾。革命不是請客吃飯，而是鄉村的一個節日。甚至在許多鬥爭形式上，如戴高帽、遊街等，一九六六年的文化大革命與一九二六年的「大革命」也如出一轍。

可以說，從二十世紀初梁啟超、胡適到魯迅「新文化運動」一直到「五四」，這種「文化革命」的趨向一直伴隨著政治革命和社會革命而存在。從某種意義上說，一九六六年的文化大革命不是簡單的偶發事件，它的許多致因和酵素早在政治革命和社會革命中的「文化」層面中被激發過了。簡略回顧歷史，我們可以從四個階段和三種類型方面，對一個世紀的「革命話語」形成扼要概括。

## 五　「革命話語」演進的歷史特徵

一個世紀的「革命」話語推演出一幕幕歷史活劇。在許許多多以「革命」的名義為主導下的社會實踐中，我們不難看到這樣一些特點：

（一）政治革命的一貫主導性。雖然從革命的內容和特徵上看，可以分為三大類型，但政治革命卻始終是主導性的，即使在社會革命和文化革命階段也是如此。這是在革命萌生時期就已經生成的特徵之一，因為革命之父孫中山就堅持「誠可舉政治革命、社會革命畢其功於一役，還視歐美，彼且瞠乎其後也」[26]的宗旨。

但是，政治革命與社會革命或文化革命畢竟有著完全不同的內容和目標。暴力行動在權力的轉移過程中其效力是顯著的，其成功率也

26 轉引自張枬、王忍之等編：《辛亥革命前十年間時論選集》（北京：生活・讀書・新知三聯書店，1959年），第2卷（上冊），頁82。

史有明證，它成就了共產黨革命的一個基本原則：「槍桿子裏面出政權」。但是，暴力行動對於社會公平和正義的實現，對於文化規制的建構卻力不從心，而且常常引致相反的結果：歷史上難以找出「以暴易暴」的社會革命和文化革命成功的範例。社會革命或文化革命不應該以消滅人的肉體為目標，而應該以制度更易和建設為原則。事實上，「繼續革命」之所以引發一系列不良後果，就在於其以政治革命的手段或經驗來進行社會革命和文化革命。至少，歷史已經證明，在社會革命和文化革命領域，靠「暴力革命」手段或群眾動員方式難以實現其應該達致的目標，或許還正好相反。

（二）繼續革命的困境。最為廣義的現代中國革命作為應對十九世紀下半葉以來中國社會總體性危機的一種最為激烈的選擇，自有其興起與鼎盛的因由。不過，最終由中國共產黨所領導的新民主主義革命，又自有其獨特之處，即它是馬克思主義意義上的社會革命的一部分。所以，以奪取政權為標誌的武裝鬥爭的成功，在共產黨人的辭典裏就只不過是「萬里長征走完了第一步」。政治運動正是在這個意義上替代武裝鬥爭，成為實踐社會革命的一種方式。因此，政治運動不僅影響著新中國建立以後三十年的歷史，而且經由政治運動所擴散的政治話語本身就成為構建這一歷史的重要力量。[27]

阿倫特在《論革命》（*On Revolution*，1963年出版）理論著作中，表達了她「自由憲政的共和主義」思想。阿倫特就分析了在「革命」這個人類創造性活動中所包含的難以逃脫的悖論，她稱之為「自由的深淵」：一方面，革命意指砸碎枷鎖、推翻舊體制；但是另一方面，革命同時意味著要建立新的秩序，而且通常被說成是「前所未有」的「新天新地」。對於革命者來說，它所帶來的一個難題是——當革命

---

27 吳毅：〈從革命到後革命：一個村莊政治運動的歷史軌跡〉，《學習與探索》第2期（2003年）。

推翻舊體制而著手建立新體制時，革命者如何繼續保證它的最初的原創性或自由發揮力？經常出現的情況是革命者最終變成了吞噬自己子女的惡魔。

面對革命（政治革命）之後的社會與文化，高爾基認為「革命者力求改變社會存在的外部形式，但他們沒有能力使新的形式充滿新的內容，反而把他們曾經反對的舊的情感帶到新的形式之中」。[28]所以高爾基不無困惑地聲稱：「你們摧毀了君主制度的外部形式，但是它的靈魂你們卻不能消滅。」[29]嚴格地說，沒有一場革命能完全擺脫過去。毛澤東歷數中國革命史：從「盜蹠莊屩流譽後，更陳王奮起揮黃鉞」，直到辛亥革命，革命此起彼伏，可哪一次革命建立了不再需要革命的秩序？奴隸通過革命成了奴隸主。新的統治秩序只不過是革命理想的嘲諷。共產黨取得政權之際，這個問題就擺到了眼前。毛澤東對此耿耿於懷：「做了大官了，要保護大官們的利益。他們有了好房子，有汽車，薪水高，還有服務員，比資本家還厲害。」[30]所以毛澤東要繼續革命：「一百年後還要不要革命？一千年後要不要革命？總還是要革命的。總是一部分人覺得受壓，小官、學生、工農兵，不喜歡大人物壓他們，所以他們要革命呢。」[31]既然權力的轉移並不等於革命的勝利，那麼真正的革命就是與傳統徹底決裂，是繼續革「革命者」的命，是徹底改造人性。革命沒有解決「奴隸成了奴隸主的問題」。既然「政權是奪取了，革命卻剛剛開始」。那麼除非我們承認革命就是

28 馬克西姆・馬克西莫維奇・高爾基著，朱希渝譯：《不合時宜的思想》（南京：江蘇人民出版社，1997年），頁45。

29 馬克西姆・馬克西莫維奇・高爾基著，朱希渝譯：《不合時宜的思想》（南京：江蘇人民出版社，1997年），頁110。

30 王年一：《大動亂的年代——1949-1979年的中國》（北京：人民出版社，2009年），頁596。

31 《人民日報》，1976年8月3日。

目的就是一切，否則我們就要問：革命何時能了結？總不能讓人類永遠處於魯迅所說的「革命，革革命，革革革命……革革」之中吧！

但是，革命起源於社會不平等的社會現實，它以消除社會不平等為基本訴求。以暴力為基本手段的政治革命，只能是實現社會革命的前提，而不是唯一的原則。政權轉移後的社會建設和文化建設才具有真正實現公平正義的持久性價值和意義。但實際上，迄今為止，除了以權力制約權力，除了從制度上保證公民權利之外，還沒有什麼更有效的辦法維護窮人利益。政治革命的目標應當是有限的、具體的，到達目的地後，就應當真正改變壓迫性的社會結構與政治體制，禁止奴隸與奴隸主的新生。而且，在社會革命、文化革命領域，就像技術革命與工業革命一樣，政治革命的手段和經驗尤其是暴力手段，不僅無濟於事而且還適得其反。

## 六　關於革命話語的歷史反思

從一九〇一年年代開始生成的革命話語，具有巨大的歷史慣性，即使在二十世紀八十年代後改革開放已經成為時代潮流後，革命話語也還或隱或現地存在著。作為一個標誌性歷史節點，我們可以說革命話語的徹底退出，應該是在二〇〇一年。這年的一月十一日，國務院經濟體制改革辦公室副主任潘嶽發表了《對革命黨向執政黨轉變的思考》的文章，提出「執政黨應該是一個甚麼樣的黨，執政黨的黨員應該怎樣才合格，黨怎樣才叫善於領導？」他說：「三個代表」「依法治國」這八個大字的提出，從理論與治國方略上回答了這一問題，從此開創了黨的建設，國家政權建設，民主政治建設的新階段。中國共產黨提出「三個代表」是從革命黨轉變為執政黨根本性的標誌。從「立黨為革命，執政為階級」到「立黨為公，執政為民」的轉變，其實質就是我們黨在思想觀念上和工作原則上從革命黨到執政黨的轉變。由此而言，我們可以說革命話語的消亡當以此為歷史界線。如此說來，革命就是二十世紀的一個世紀性話語了。阿倫特對於二十世紀的時代特徵有過一個宏觀性解說。她認為，「迄今為止，戰爭和革命決定了二十世紀的面貌。」「即使我們能成功地改變這個世紀的面貌，使它不再是一個戰爭的世紀，它充其量也依然是一個革命的世紀。」[32]它最集中也最典型地揭示了二十世紀的歷史進程和時代特徵，舍此之外，難道還有什麼其他的話語能取而代之麼？!

歷史啟人心智。當歷史風煙逐步消散後，對它的理性思考就成為今天和未來方向選擇的基點。至少，我們可以明白客觀歷史進程所給予的必要的警示：

（一）革命不是哪個個人（即使是領袖）的主觀選擇。革命是因勢而成的一個客觀歷史發展的選擇。近現代歷史告訴我們一個基本的事實是，那些革命的先行者們，最初的選擇其實都是「非革命」的行動。即使是毛澤東，青年時代也認為恐怖性的革命是其他辦法走不通以後的「變計」。

（二）革命並不是作為現代化的對立物而出現的歷史選擇。具有現代化特徵的近代中國歷史進程，如果從洋務新政開始，到二十世紀之初，現代化進程已經經歷了近半個世紀。現代化努力已經從軍事工業，民用工業擴展到體制變革（維新變法）和政體變革（清末新政）等。革命話語的興起恰恰是在現代化的制度變革慘遭失敗，並且在庚子之役（自立軍大批士人被殺）後的選擇。從這個意義上說，革命是現代化進程頓挫的一個歷史結果。而革命話語的消退和被取代，又是中國第二輪現代化進程的全面展開。從歷史長程看，革命話語與現代

32 漢娜・阿倫特著，陳周旺譯：〈序言〉，《論革命》（南京：譯林出版社，2007年），頁1、頁17。

化話語同構了中國近現代歷史。這也是黑格爾所說的正題、反題、合題的一個邏輯進程。革命進程與現代化進程是相關的歷史程式，其相關性構成了一個完整的中國近現代歷史進程，這裏不存在以革命史取代現代化史，或以現代化史取代革命史的問題。

（三）「革命」作為客觀歷史存在，不能被主觀地無視或抹殺。歌德早就說過：「我完全相信，任何一次大革命都不能歸咎於人民，而只能歸咎於政府。只要政府辦事經常公正和保持警惕，採取改良措施來預防革命，不要苟且因循，拖延到非受制於下面來的壓力不可，這樣革命就決不會發生。」[33]革命，是二十世紀抹不去的事實；革命話語從正反兩個方面同構了一個現代中國歷史進程。這是必須面對卻「無法告別」的歷史。作為客觀存在，與現代化進程一樣，它是存在本身——可以研究，可以評價，可以爭論，卻無從否認它的事實，當然無從告別！

就中國近現代歷史而言，革命是整整一個世紀的歷史進程，也是幾代人曾經的人生經歷。他們的理想和生命，甚至於他們的後代子孫的理想和生命，都不同程度地融入這個歷史進程。這本來就是一個客觀歷史存在，是整整一個世紀幾代人的人生選擇的價值和追求，是整整一個世紀的客觀歷史進程！對此，我們必須面對也只能面對！

---

33 艾克曼（J.P. Eckermann）著，朱光潛譯：《歌德談話錄》（北京：人民文學出版社，1980年），頁24。

# 第二十章
# 《婦女雜誌》的圖像研究

丁　潔

香港浸會大學歷史系講師

「中國人重文字而輕圖象……正是這一點，使得中國人不太擅長以圖像敘事……《點石齋畫報》代表了中國人『以圖像為中心』的敘事策略正式確立」[1]。隨著近代新聞業的發展和印刷技術的進步，報刊中的圖像內容越來越普遍，以《點石齋畫報》為代表的畫報層出不窮，而普通綜合性雜誌當中的也不乏圖像新聞。本文將以商務印書館出版的《婦女雜誌》為研究對象，透過對其圖像內容的整理分析，探討圖像在該雜誌出版中的作用，並進一步研究其讀者構成、當時婦女解放進程及印刷技術發展等內容。

## 一　《婦女雜誌》出版概況

《婦女雜誌》由上海商務印書館出版發行。它於一九一五年創刊，因一九三二年一二八事變日軍炸毀商務印書館而被迫終刊。自一九一五年一月至一九三一年十二月，《婦女雜誌》共出版十七卷兩百零四期，為月刊，十六開本，初期價格為每期兩角五分，第三卷起漲

1　陳平原：《左圖右史與西學東漸——晚清畫報研究》（香港：生活・讀書・新知三聯書店，2008年），頁3、8。

至三角，第七卷起改為兩角。其以婦女為主要讀者群，行銷網絡遍及全國各地和海外。

商務印書館是中國近代最大的出版機構，除了圖書及教科書出版外，雜誌出版也是其重要業務。早在辛亥革命前，商務就在一九〇四年創辦了《東方雜誌》。《東方雜誌》是一份綜合性大型雜誌，取材廣泛、內容豐富、資料詳盡，包括社說、內務、軍事、外交、教育、財政、商務、小說、叢談等門類，對國內時政、國際大事、文化科學均有涉及，在知識分子群體中影響甚大。而以《東方雜誌》為中心，商務印書館面向讀者群體出版了大量雜誌，形成一個壯觀的雜誌陣營。其中主要的有《教育雜誌》（1909-1948）、《小說月報》（1910-1931）、《少年雜誌》（1911-1931）、《學生雜誌》（1914-1946）、《婦女雜誌》（1915-1931）、《英文周刊》（1915-1937）《兒童雜誌》（1921-1941）。

《婦女雜誌》創辦之時正是新文化運動前夕，女子教育已漸上軌道，女性解放的思潮日漸深入人心，女性讀者群體開始出現，《婦女雜誌》的誕生正是商務對時代潮流的呼應。早期的《婦女雜誌》的主要欄目有社說、論說、家政、學藝、小說、譯海、文苑、美術、圖畫、雜俎、記述、傳記、補白、餘興等。作為一份面向女性讀者的期刊，《婦女雜誌》在發刊詞中提到「今者婦女雜誌發刊，應時世之需要，佐女學之進行，開通風氣，交換知識，其於婦女界為司晨之鐘，徇路之驛」[2]，足見其倡導女學，開拓智識的目的。早期的《婦女雜誌》多為文言文撰寫，其讀者群應是有相當知識水平的女性為主。而作為一份女性期刊，《婦女雜誌》的編輯確是以男性居多，只有兩位女性短暫地經手過編輯工作。《婦女雜誌》十七年的刊行歷程中，共有六任主編，分別是王蘊章（第一、三至六卷）、胡彬夏（女）（第二

2 張芳芸：〈發刊辭三〉，《婦女雜誌》第1卷第1號（上海：商務印書館），頁4-5。

卷）、章錫琛（第七至十一卷八號）、杜就田（第十一卷九號至十六卷六號）、葉聖陶（第十六卷七號至十七卷三號），以及楊潤餘（女）（第十七卷四號至十二號）。不同的編者因文化傾向和知識修養的不同，使得《婦女雜誌》在內容和風格上也呈現出多次變化，其大致可以分為三個時期。

第一個時期是王蘊章和胡彬夏主事時期。王蘊章是南社社員，善駢文、詞曲，懂英文，「屬於當時封建思想的舊文人一類」[3]。他主編時期的《婦女雜誌》推崇女學，提倡賢妻良母，偏重教導婦女家庭生活上的知識。在創刊號中，梁啟超的女兒梁令嫻發表文章〈敬述吾家舊德為婦女雜誌祝〉，指出：「婦女最大之天職，豈非在相夫教子，而雜誌發刊之本意，又豈非遵此職志，為中國造多數之賢妻良母耶？」可見培養賢妻良母是當時《婦女雜誌》的指向，探討婦女問題并非從她們本身出發，而是從國家民族的將來出發，這與當時內憂外患中的知識分子的「強國保種」觀念是相符合的。另外，商務當時在雜誌編輯方面人手不足，主編常常一人負責多刊，王蘊章也不例外。他同時兼任《小說月報》主編，分身乏術之下，《婦女雜誌》常有延遲發刊的情況，但都按期補全了。第二卷的主編為胡彬夏，她曾先後留學日本和美國，在社會上頗有盛名。有人認為商務聘用胡彬夏僅僅是個噱頭，是「想借她的聲望吸引讀者」[4]，實際的主編仍是王蘊章。而《婦女雜誌》第一卷第十二號〈婦女雜誌特邀朱胡彬夏擔任編輯的改良廣告〉中確有「以女界明星放報章異彩」之語。但胡彬夏對《婦女雜誌》並非毫無建樹，她第二卷每一期上都有發表文章，大多在「社說」欄，也有在「學藝」和「家政」欄中。她的文章大多是以自己的

3　茅盾：〈革新《小說月報》前後〉，《商務印書館九十年》（北京：商務印書館，1987年），頁183。

4　章錫琛：〈漫談商務印書館〉，《商務印書館九十年》，頁116。

見聞入手，介紹國外的女性及其生活，探討中國女性在家庭、社會中擔任的重要角色，強調女子教育的重要性，給雜誌帶來了新的氣象。但胡彬夏任職僅一年就離開了，主編之職又回到王蘊章手中。

這一時期的《婦女雜誌》雖相對偏向保守，但也不乏新內容，除了胡彬夏的一系列文章外，也介紹了許多西方的知名女性，「家政」、「學藝」等欄目也發表了不少科學相關的內容，如營養學、心理學、急救知識、婦科常識等等。但其保守性仍然為激進知識分子所詬病，特別在五四新文化運動時期，這也不僅僅是《婦女雜誌》的問題。一九一九年羅家倫在《新潮》雜誌上發表題為〈今日中國之雜誌界〉的文章，對商務的各種雜誌大肆批判，其中他指責《婦女雜誌》「專說些叫女子當男子奴隸的話，真是人類的罪人，聽說有好幾處女學校還只許學生看這種雜誌」，認為「這類雜誌若不根本改良，真無存在的餘地」。[5]面對羅家倫的激烈批評，商務仝人雖有不同意見，但也不能否認改革勢在必行。於是在一九一九年底至一九二〇年，商務旗下的雜誌紛紛改版。《婦女雜誌》也在一九一九年底的廣告中作出將會改版的預告：「婦女雜誌出世已經六年了，每一年出版的時候，必有一種什麼『進步』、『改良』、『刷新』的廣告，讀者看了反疑他是具文，此番卻實實在在改良了一下，要請讀者判斷判斷。迎接新潮變換體例這是根本的改良；多用白話簡明切要這是文字的改良；採用新圖趣味濃厚這是圖畫的改良；選譯要聞灌輸新識這是譯件的改良；婦孺修養無所不被這是家政的改良；家庭俱樂部另列專欄這是餘興的改良。」[6]茅盾也在此時被王蘊章邀請在雜誌上撰寫一系列稿件，并稱「也要談談婦女解放問題」，刊登在一九二〇年的第一期上，「這意味著有五年

5 志希：〈今日中國之雜誌界〉，《新潮》第1卷第4期（1919年），頁626-627。

6 〈請看六卷婦女雜誌〉，《婦女雜誌》第5卷第12號，頁2。

之久的提倡賢妻良母主義的《婦女雜誌》，在時代洪流的衝擊下，也不得不改弦易轍了。」[7]

第七卷起，《婦女雜誌》的改革更為深入，進入了由章錫琛主持的第二個時期。章錫琛通日文，任過教員，一九一二年進入商務印書館編譯所，任《東方雜誌》的編輯。一九二一年一月他正式接手《婦女雜誌》的主編工作，並邀請友人周建人幫忙。[8]他二人對《婦女雜誌》進行了全面革新，在編排上，將家政、育兒等欄目削減，增加了「自由論壇」、「評壇」等欄目。在內容導向上，《婦女雜誌》開始注重婦女解放、婚姻自由、獨身主義、經濟獨立等問題，並大力介紹西方女性主義的著作、思想及前沿活動。此外，章錫琛也在雜誌中開設一些議題供讀者討論，如兩性關係、戀愛問題、貞操問題、廣告求婚、娼妓問題等等。在他主編期間，他開設了多個專號，引導社會輿論對關鍵性的女性問題作深入探討，計有「離婚問題號」（第八卷第四號）、「產兒制限號」（第八卷第六號）、「婦女運動號」（第九卷第一號）、「娼妓問題號」（第九卷第三號）、「家庭革新號」（第九卷第九號）、「配偶選擇號」（第九卷第十一號）、「職業問題號」（第十卷第六號）、「男女理解號」（第十卷第十號）、「新性道德號」（第十一卷第一號）、「女學生號」（第十一卷第六號）。這些議題和專題相當前衛激進，激發了社會對女性問題的熱烈討論。但《婦女雜誌》激進言論的發表也引發了不少非議。例如在一九二五年的「新性道德號」中，章錫琛、周建人分別發表了〈新性道德是甚麼〉和〈性道德的科學標準〉，認為就貞操問題而言男女應該平等看待，認為只要有感情存在、不涉及生育，男女應該有相當的性自由。這種觀念受到北大教授

---

7　茅盾：〈革新《小說月報》前後〉，《商務印書館九十年》，頁184。

8　周建人（1888-1984）是魯迅與周作人的胞弟，生物學家、中國民主促進會創始人、婦女解放運動的先驅者。

陳大齊[9]的極力抨擊，他在《現代評論》上指責新性道德是一夫多妻的「護身符」[10]。商務編譯所內本已有些守舊派對章錫琛不滿，但因雜誌銷量大增，從改革前的二三千增至一萬多[11]，商務總經理王雲五[12]當時並沒有什麼表示。但當新性道德論爭出現後，王雲五受到社會輿論壓力，要求章錫琛將每期雜誌清樣送他審查後才能付印。章錫琛因此感到頗受鉗制，最終提出辭職，並離開了商務。[13]

《婦女雜誌》的最後一個時期，由杜就田、葉聖陶和楊潤餘依次主持。杜就田是《東方雜誌》主編杜亞泉的堂弟，在章錫琛看來這是個「已經過時，應該淘汰」的人物。[14]他主持下的《婦女雜誌》號稱要成為「婦女忠實的良伴」或「有趣味的軟性讀物」[15]，相對於「談談婦女解放問題」的第二時期，這不得不說是一種倒退。葉聖陶作為著名作家，他主編時期《婦女雜誌》文學性大增，巴金、豐子愷、夏丏尊、李健吾等人紛紛撰稿。楊潤餘是既胡彬夏之後的第二位女主編，她同樣有留學國外的背景。楊潤餘的主編工作只維持了九個月，她主持的《婦女雜誌》依然偏重文學，但更為重視女性創作，甚至在第十七卷第七號出版了「婦女與文學專號」，同時也重新開始對婦女解放問題展開討論。總體而言，第三時期的《婦女雜誌》理論色彩淡化，藝文色彩加強，少了些激烈的探討，但多了些親和力。隨著日軍

9 陳大齊（1886-1983）曾任浙江高等學校校長，北京大學教授，中國現代心理學的先驅。

10 邱雪松：〈「新性道德論爭」始末及影響〉，《中國現代文學研究叢刊》2011年第5期，頁127。

11 章錫琛：〈從辦學校到進入商務編譯所〉，《商務印書館九十五年——我和商務印書館》（北京：商務印書館，1992年），頁102。

12 王雲五：（1888-1979）在1920年代至1930年代主理商務印書館，為胡適的中學老師。

13 章錫琛：〈漫談商務印書館〉，《商務印書館九十年》，頁117。

14 章錫琛：〈漫談商務印書館〉，《商務印書館九十年》，頁117。

15 〈明年婦女雜誌的旨趣〉，《婦女雜誌》第11卷12號，頁4。

對商務印書館的轟炸，《婦女雜誌》被迫停刊，結束了十七年的歷史。

## 二 《婦女雜誌》的圖像欄目

十九世紀開始，新聞出版活動在中國興起，而西方傳入的銅板印刷、石印技術也推廣開來，使得在報紙、雜誌中刊登時事圖畫成為可能。早在一八七四年中國就出現了第一份畫報《小孩月報》，此後以圖像為主體的報刊層出不窮，如《點石齋畫報》、《良友》、《北洋畫報》、《玲瓏》等等，都暢銷一時。在普通綜合性雜誌中也往往有不少圖畫、照片，作為文字的輔助，增加閱讀趣味。比如商務的王牌雜誌《東方雜誌》，在創刊號中就明確敬告讀者，每期雜誌會「另加精美圖畫十幅為率」[16]，「圖畫」雖未列入正式欄目，但已成雜誌招攬讀者的買點之一。《東方雜誌》中的圖像內容涵蓋風景、人物、科學技術、時事新聞等多個方面。同樣是商務雜誌陣營中一員的《婦女雜誌》在創刊之初就專門設立了「圖畫」欄目，刊載圖像內容。除此之外，其還有其他包含圖像的欄目，以下會分門別類作出介紹。

《婦女雜誌》在創刊最初就十分注重「圖畫」欄，將它設置在雜誌的最開頭，在徵集稿件時也將圖片征集放在首位。在創刊號的征稿廣告中提到：「一、惠寄之件不拘體裁、不論長短、左列各門尤為重要，（甲）圖片：女學生之手工圖畫成績品以及學校中之各種影片……四、寄件者如欲將自己小影印入本報，可將影片隨稿附下，本社當於每期圖畫欄中，另闢愛讀本報者之小影一門鑄版印入，以酬雅意」。[17]可見最初圖畫欄徵稿的主要內容為繪畫習作、學校攝影及讀者

16 〈新出東方雜誌簡要章程〉，《東方雜誌》第1卷第1期，頁2。

17 〈徵集文字圖片〉，《婦女雜誌》第1卷第1號，頁202。

照片。除了征收的稿件之外，《婦女雜誌》的圖畫欄還刊登了社會賢達的書畫作品、西洋畫作、國外知名女性圖像、風景名勝、時事攝影等等。在第一、第二卷中，刊載了不少女學校的全體攝影，如〈吳江麗則女學十週紀念全體攝影〉[18]、〈吳興城西女學高小第四屆國民第七屆畢業攝影〉[19]，數量頗多，使得雜誌其後調整了征稿要求。在第二卷第十二號的徵稿廣告中，針對圖片徵集提到：「圖片（下列數種最為歡迎），一、愛讀本雜誌者之小影；二、各女學新式影片，以能表示動作及含有美感教育者為限，若僅係全體攝影可不必惠寄；三、各地風景」。[20]隨著雜誌的出版，圖片欄內容愈加豐富，同樣從徵求廣告可見一斑。第十三卷第七號中提到，長期徵求「各地方著名風景的紀事及照片、婦女時裝的照片、結婚時的照片、名媛的照片、愛兒的照片、愛讀本誌的諸女士肖像」。[21]出版十七年來，《婦女雜誌》「圖畫」欄刊登了超過一千幅圖片，平均每期五至六幅，偶有例外。[22]此外，圖畫欄的名稱也經常變換，沒有規律，最初稱「圖畫」，後又常常以「插圖」為欄目名，也見「插畫」之稱，或細分為「攝影」和「油畫」欄。不論稱呼為何，圖畫欄目一般都放在雜誌目錄之後，雜誌最前面的部分，故可視作為同一欄目。就內容而言，總體上以繪畫居多，前期多中國畫，後期油畫和現代畫數量漸增；攝影方面，前期以人物為主，後期漸多風景攝影。

另一重要的雜誌圖像類別為文中附圖，對正文內容起補充說明或藝術欣賞的作用，一般會在目錄文章標題後加注「（附圖）」。《婦女雜

18 〈吳江麗則女學十週紀念全體攝影〉，《婦女雜誌》第1卷第7號，頁18。

19 〈吳興城西女學高小第四屆國民第七屆畢業攝影〉，《婦女雜誌》第2卷第9號，頁16。

20 〈婦女雜誌社徵求文字圖片廣告〉，《婦女雜誌》第2卷第12號，頁153。

21 〈本誌徵求的類列〉，《婦女雜誌》第13卷第7號，頁256。

22 第8卷第4號「離婚問題號」整期刊登相關文章及討論，未設「圖畫」欄；第16卷第5號「訓政與婦女」號及第17卷第7號「婦女與文學專號」所刊圖片均超過二十幅。

誌》非常鼓勵作者在稿件中加插圖片，也作出了相應規定：「各稿附有圖畫者尤佳」[23]，「文中如需圖畫說明之處請用毛筆或鋼筆（弗用鉛筆）繪成清晰之圖，黏於稿上；譯稿中有圖者，務請將原圖附寄。」[24]附圖的文章大多來自於「學藝」、「家政」、「餘興」和「小說」欄目。「家政」和「小說」的內容不必多言，「學藝」以介紹新科學、新知識為主，「餘興」則介紹娛樂活動和遊戲，後期欄目名稱有變化，但內容大致如此。這些文章的附圖有的是為了補充文字內容，使敘述形象化、直觀化，比如〈實用科學衛生衣〉中，以圖片介紹了現今所稱的毛衣或冷衫的編織紋樣和技法[25]；又如〈簡易幻術〉中展示的魔術手法[26]。有的附圖是為了豐富文章內容，增加趣味，比如〈笑（一名樂天生活）〉[27]的作者闡述笑的力量，希望讀者能笑對生活，積極歡樂，文中附有「笑之形狀」、「美國最馳名之善笑者」和「愛迭孫在人群中之歡笑狀」三幅圖；又如小說〈秋聲〉的附圖[28]。還有一些附圖則是起圖片新聞的作用，比如〈美國歡迎居里夫人之盛況〉一文隨文刊登了「居里夫人及其女公子在紐約的攝影」。[29]

封面也是《婦女雜誌》圖像的重要類別。《婦女雜誌》的十七卷第二〇四期雜誌封面中，不同時期的封面風格也不相同。第一至六卷的封面每年設置了一個主題，期期不同，依次為婦女、花鳥、古代典故、山水、古典仕女和花鳥，都屬中國畫。其中第一卷的婦女題材每幅都

---

23 〈婦女雜誌社徵文廣告〉，《婦女雜誌》第6卷第3號，頁4。

24 〈本社投稿簡章〉，《婦女雜誌》第7卷第1號，頁160。

25 瑞秋：〈實用科學衛生衣（續）〉，《婦女雜誌》第5卷第2號，頁64。

26 吳芭孫：〈簡易幻術〉，《婦女雜誌》第4卷第2號，頁157。

27 Carl Easton William原著，惲代英譯：〈笑（一名樂天生活）〉，《婦女雜誌》第3卷第6號，頁49-54。

28 王劍三：〈秋聲〉，《婦女雜誌》第5卷第12號，頁115-122。

29 小青：〈美國歡迎居里夫人之盛況〉，《婦女雜誌》第7卷第10號，頁46-47。

有四字標題，如雨前選茗、紡車坐月、廚下調羹、寒閨刀尺[30]等等，多為描繪家庭婦女勞作場景，與雜誌前期倡導「賢妻良母」的風格相符。第七卷開始雜誌對封面似乎少了重視，第七卷整卷以同一幅孔雀圖為封面；第八卷封面以重要文章標題為重點，圖畫僅作裝飾，且多有重複；第九卷整卷封面沒有圖畫，僅有精選文章目錄；第十卷為花鳥題材，兩期一換。十一和十二卷開始不再局限於國畫風格，出現了版畫、漫畫、油畫風格的多種題材封面。十三至十七卷封面同樣風格多樣，主題以女性形象及花卉為主。剔除重複內容，《婦女雜誌》的封面圖像總共有一百五十八幅，其中大約三分之一以女性為題材，前期多為傳統婦女形象，自第十一卷起開始出現新女性形象。與同時期的《玲瓏》和《良友》相比，《婦女雜誌》的封面女郎都為繪畫人物，衣著較為保守清雅；而《玲瓏》和《良友》則多以名媛和明星的照片為封面，衣著時尚大膽。兩相對比，不難看出不同雜誌在審美取向上的差別。

《婦女雜誌》還間或刊載漫畫及扉畫，數量不多，僅有二、三十幅。扉畫的題材以女性形象為主，多為錢君匋和張令濤的作品。漫畫有純粹為搏一笑的笑話題材，也有諷刺題材。諷刺題材中不少是針對當時新女性生活方式的，比如對〈新時代的主婦〉[31]、〈嬌惰的生活〉[32]中主婦形象的描繪，又或是對〈婚姻？〉[33]中的新時代婚姻關係描述，無不帶有嘲諷的意味。足見《婦女雜誌》的一些編輯、作者對於當時社會上的倡導的女性獨立、婚戀自由是有不同意見的，將之與貪圖享樂、情感草率等同視之。另外，《婦女雜誌》的廣告中也有大量的圖像內容，在此就不作論述了。

30 依次為第1卷第5號、第7號、第8號、第11號封面。

31 中秋生：〈新時代的主婦〉，《婦女雜誌》第13卷第1號，頁44-45。

32 吉雲：〈嬌惰的生活〉，《婦女雜誌》第14卷第1號，頁112-113。

33 王少遊：〈婚姻？〉，《婦女雜誌》第13卷第6號，頁77。

## 三　《婦女雜誌》圖像內容分析

《婦女雜誌》中的圖片數量極多，難以一一盡述，以下將選取有代表性的圖像內容加以分析闡述。

### （一）時事新聞的圖像

#### 1　有關第一次世界大戰的圖像

一九一四年第一次世界大戰爆發，世界上大多數國家捲入這場戰爭，中國也不例外，當時中國的報刊對戰事多有報道。作為一份綜合性的女性雜誌，《婦女雜誌》當中也不乏涉及一戰的內容。該刊對一戰的報道主要集中在一九一五至一九一九年，以「歐戰」稱之。署名「真言」的作者一九一六年在「中外大事記」欄目中持續對歐戰作報道，發表了〈一年半之歐戰〉、〈第四時期之歐戰（自十一月中旬至一月二十日止）〉、〈三個月中歐洲之大戰五月二十一至八月二十日〉、〈近二個月之歐戰八月二十一至十月二十日〉等文章[34]，此後「中外大事記」欄目也對戰爭情勢作不定期的報道。《婦女雜誌》當中對一戰涉及最多的是婦女與戰爭相關的文章，如〈歐戰中各國婦女之現狀〉[35]、〈戰時婦女對於園藝之注意〉[36]、〈歐戰中之婦女職業及戰後之問題〉[37]、〈歐戰與各交戰國婦人之真相〉[38]、〈歐戰聲中婦女界之

34 見於《婦女雜誌》第2卷第1、2、9、11號。

35 The Young Woman of Canada著，寒蕾譯：〈歐戰中各國婦女之現狀〉，《婦女雜誌》第2卷第5號，頁83-85。

36 英國子爵夫人Wolsely著，超英譯：〈戰時婦女對於園藝之注意〉，《婦女雜誌》第3卷第4號，頁80-86。

37 英國議員李喬沙著，劉麟生譯：〈歐戰中之婦女職業及戰後之問題〉，《婦女雜誌》第3卷第6號，頁99-103。

38 日本臨時軍事調查委員會原著，西神譯：〈歐戰與各交戰國婦人之真相〉第4卷第1號，頁75-78。

軼聞〉[39]，關注戰時婦女的生存狀況對戰爭的貢獻等等。

至於圖像內容，〈歐戰聲中之婦女〉[40]刊有十幅圖像，展現了戰爭爆發後因男子從軍而從事各行各業的各國婦女形象，如牛奶小販、礦工、電車售票員、兵工廠女工、屠夫、郵差等等。一九一六年五月的雜誌中刊登了一幅題為〈比利時婦女赴戰地服務行經倫敦市街圖〉[41]的照片，展現了三位比利時女性高舉旗幟、面露微笑走在倫敦街頭的景象，並附有文字：「赤足以示顛連，手執破旗以示現敗，而氣概仍極壯，往以示必勝之信心。」〈歐洲戰場中之犬〉[42]關注的是一戰當中戰犬的訓練及實戰應用，附有十一張圖片，展現訓犬員及戰犬、戰犬種類、戰犬戰地救護場景等內容。〈歐洲戰事畫報〉[43]刊載了七幅照片並輔以文字簡介，展示的內容包括紅十字會婦女研究病菌、法國女工製造開花炮彈、法國煤礦女工、頭戴防毒面具的兵工廠女工、製造炮彈的老婦人、紅十字會看護婦登火車照顧傷兵，以及女電車售票員。〈美國婦女預備中之戰時生活〉[44]一文中提到：「歐洲大戰連年不解……今我中華已入旋渦，兵戎相見，其期不遠。彼美人亦申義憤，籌備正殷。我國巾幗，舉首東望，能無動心？謂予不信，請視釋圖。」後附圖九幅，內容為美國婦女縫製軍衣、練習木工、學習駕駛、田間耕作、製作炮彈、加入紅十字會等。作者試圖以美國婦女為榜樣，激勵中國女性以同樣的姿態加入戰爭後勤支援的工作中去。此外，在一九一九年十月《婦女雜誌》還刊登了一幅題為〈三色版精印泰西名畫戰後禱告圖〉[45]的油畫，並附文「吾儕歸矣，祝不歸者早生天國」。

---

39 懷桂琛：〈歐戰聲中婦女界之軼聞〉，《婦女雜誌》第4卷第7號，頁95-97。

40 Delineator雜誌，夢九譯：〈歐戰聲中之婦女〉，《婦女雜誌》第2卷第3號，頁68-71。

41 〈比利時婦女赴戰地服務行經倫敦市街圖〉，《婦女雜誌》第2卷第5號，頁17。

42 西神：〈歐洲戰場中之犬〉，《婦女雜誌》第3卷第8號，頁93-97。

43 湘纍：〈歐洲戰事畫報〉，《婦女雜誌》第2卷第9號，頁167-170。

44 鴛湖寄生：〈美國婦女預備中之戰時生活〉，《婦女雜誌》第3卷第11號，頁93-97。

45 〈三色版精印泰西名畫戰後禱告圖〉，《婦女雜誌》第5卷第10號，頁7。

一戰時《婦女雜誌》的圖像內容，究其主題，有鮮明的女性雜誌特色，有別於其他的大型綜合性雜誌。以商務印刷館另一份暢銷雜誌《東方雜誌》為例，它也對一戰有不少報道，其中不乏圖像新聞，「這些戰事圖像的內容，大致可以概括為戰前情形、臨戰狀態、宣戰反映、激烈交戰等四個類別」[46]。相關的新聞圖片包括〈德兵自柏林出發〉、〈德法兩軍在馬爾納河畔爭蒙特門要塞之圖〉、〈比國盧汶市被德軍炸破後之狀〉[47]等等。相比而言，《東方雜誌》的圖片報道更加直面戰爭的慘烈嚴酷，關注戰局本身的變化、各國軍事力量的投入。而《婦女雜誌》的重點則放在戰備後勤、婦女乃至小動物對戰事的貢獻、緬懷戰死將士等方面，顯示了從女性視角看待戰爭關懷悲憫、激勵自身群體的一面。

## 2　有關婦女活動的圖像

《婦女雜誌》自創立之初，就致力於在女界開通風氣、傳播新知、倡導女學，因此對於婦女相關的社會事件非常樂於報道。從雜誌的圖像新聞來看，在五四之前，中國女性的活動多在學校場所，刊載的相關圖片大多是學校運動會、紀念會等內容，如〈直隸第二女子師範學校十週紀念會攝影〉[48]、〈江蘇省立學校第二次聯合運動會及吳縣全縣學校運動會日記〉（附圖）[49]。社會活動方面，以國外女性為報道對象的居多，如〈紀英后瑪麗之婦女職工義賑會〉[50]，詳述了英國皇

46 韓叢耀等著：《中國近代圖像新聞史（1840-1949）》（南京：南京大學出版社，2012年），頁551。

47 參見《東方雜誌》第11卷第5號、第6號。

48 〈直隸第二女子師範學校十週紀念會攝影〉，《婦女雜誌》第3卷第1號，頁11。

49 朱夢梅：〈江蘇省立學校第二次聯合運動會及吳縣全縣學校運動會日記〉，《婦女雜誌》第2卷第1號，頁116-125。

50 節譯《英國家庭女報》，宗良譯：〈紀英后瑪麗之婦女職工義賑會〉，《婦女雜誌》第3卷第5號，頁91-96。

后建立婦女職工義賑會救濟失業貧困婦女的前因後果，並以附受濟女工勞作的攝影六幅。又如〈巴拿馬博覽會女董事小影〉[51]記錄了一九一五年巴拿馬萬國博覽會中，與會的三位女性董事的影像。

五四之後，女學生群體走上社會、政治舞台，社會倡導女性解放的呼聲也愈來愈高漲，同時《婦女雜誌》也在逐步醞釀改革，增加了女性解放議題的探討。因此，對於女性活動報道的數量日益增多，對象包括國內外的女性，如〈上海女界義賑會游藝會〉[52]、〈英國劍橋大學之女子入學投票〉[53]、〈廣東之女子參政運動〉[54]、〈最近來華只洛克菲羅夫人〉[55]、〈上海女子參政協進會成立會〉[56]、〈大阪之中日婦女交歡園遊會〉[57]等。諸多新聞圖片報道的女性活動內容涵蓋參政、慈善、演講、遊藝、籌組社團、參加會議、海外交流等等，足見女性活動空間和範圍在不斷擴大，雜誌也大體對女性參與持開放鼓勵的態度。

除此之外，《婦女雜誌》還有對其他時事內容的圖片展示，例如黎元洪就任總統後，就刊登了他的家庭照片[58]；報道遠東運動會[59]；記錄教育部全國美術展覽會[60]……

51 〈巴拿馬博覽會女董事小影〉，《婦女雜誌》第1卷第8號，頁19。
52 〈上海女界義賑會游藝會〉，《婦女雜誌》第7卷第4號，頁10。
53 〈英國劍橋大學之女子入學投票〉，《婦女雜誌》第7卷第4號，頁11。
54 〈廣東之女子參政運動〉，《婦女雜誌》第7卷第7號，頁9。
55 〈最近來華只洛克菲羅夫人〉，《婦女雜誌》第7卷第11號，頁11。
56 〈上海女子參政協進會成立會〉，《婦女雜誌》第8卷第1號，頁12。
57 〈大阪之中日婦女交歡園遊會〉，《婦女雜誌》第12卷第6號，頁9。
58 〈黎大總統之家庭〉，《婦女雜誌》第2卷第12號，頁8。
59 〈遠東運動會攝影〉，《婦女雜誌》第9卷第8號，頁11。
60 李寓一：〈教育部全國美術展覽會參觀記（一）〉第15卷第7號，頁23-34。

## （二）人物的圖像

### 1　單人肖像

《婦女雜誌》的圖畫欄中，人物肖像是一大主要內容。國內人物單人肖像主要是社會名流女性的照片和愛讀雜誌者的小影。前者多為知識女性，如北大最早的女學生王蘭[61]、文化名人呂碧城[62]、旅法女畫家方君壁[63]……後者則是《婦女雜誌》讀者向雜誌寄贈的照片，前期刊登較多，第六卷後數量減少。從讀者照片及其介紹可知，雜誌主要的讀者為女校教員及學生，也不乏家庭婦女和男性。國外人物單人肖像以皇室貴族、知名女傑、女界名人為主，如俄國皇族（包括俄國皇后、俄國女公爵塔提亞那、俄國女公爵阿爾格）[64]、英國內閣次長蓬德斐爾女士[65]、提倡產兒制限的瑪格萊忒珊格爾夫人[66]。

### 2　多人合照

《婦女雜誌》中的多人合照數量最多的為各地女校上課、遊戲、運動、畢業的合影，大多為讀者投稿，如〈上海南洋女子師範及旅滬公學旅行湖州攝影〉[67]、〈湖南私立周南女子師範學校學生烹飪攝影〉[68]、〈溧陽第一女校女童子軍〉[69]。從這些合照可見女學生為雜誌的一大重要讀者群，且來稿的女校遍佈全國各地甚至南洋等地，女校

61　〈北大女生攝影（1）王蘭〉，《婦女雜誌》第6卷第5號，頁9。
62　〈呂碧城女士〉，《婦女雜誌》第9卷第2號，頁13。
63　〈方君壁女士及其作品〉，《婦女雜誌》第12卷第9號，頁5。
64　〈俄國皇族婦女之戎裝小影〉，《婦女雜誌》第1卷第2號，頁11。
65　〈蓬德斐爾女士〉，《婦女雜誌》第10卷第5號，頁9。
66　〈瑪格萊忒珊格爾夫人〉，《婦女雜誌》第8卷第6號，頁7。
67　〈上海南洋女子師範及旅滬公學旅行湖州攝影〉，《婦女雜誌》第2卷第8號，頁18。
68　〈湖南私立周南女子師範學校學生烹飪攝影〉，《婦女雜誌》第3卷第3號，頁7。
69　〈溧陽第一女校女童子軍〉，《婦女雜誌》第7卷第11號，頁10。

教學、活動豐富多彩，足見當時女學的普及和深入。合照中還有一部分來自於其他婦女相關團體及活動，如女子參政協進會、上海女子運動會、美國國民弓術研究會、英國紅十字會等等。

另一大類的合照是結婚攝影。《婦女雜誌》曾向讀者徵集「結婚時的相片」，因此有不少新婚攝影刊登，此外雜誌也會刊載名人結婚的照片。就雜誌所見的結婚像而言，新人主要是知識分子，當時婚禮女性多著白色婚紗，男子著長衫或西裝，已相當之西化。

## （三）風景名勝的圖像

隨著攝影技術的普及，以照片記錄旅途風景的情況不再鮮見。《婦女雜誌》刊載了大量的風景名勝攝影作品，許多附有文字說明，介紹當地風物景觀、歷史故事、名人軼事等等，所涉及的地方遍佈全國各地乃至海外，如〈臺灣風景〉[70]、〈武昌首義紀念坊〉[71]、〈潮州韓山韓文公之祠〉[72]、〈日本風景攝影〉[73]、〈九龍侯王廟之古蹟〉[74]。刊載如此多的風光美景，《婦女雜誌》固然有審美欣賞、增添雜誌興味之意，但也不乏鼓勵女性走出家門，以期開拓眼界、增廣見聞之效。

當然，《婦女雜誌》的圖像當中還有許多其他內容，比如中西繪畫、科學說明、對社會現象的探討等，在前文已略作討論，在此就不再贅述了。

70 〈臺灣風景〉，《婦女雜誌》第14卷第8號，頁7。

71 〈武昌首義紀念坊〉，《婦女雜誌》第13卷第5號，頁8。

72 〈潮州韓山韓文公之祠〉，《婦女雜誌》第16卷第4號，頁13。

73 〈日本風景攝影〉，《婦女雜誌》第1卷第3號，頁19。

74 沈東璧：〈九龍侯王廟之古蹟〉，《婦女雜誌》第12卷第7號，頁287。

## 四　結論：《婦女雜誌》圖像的所見所得

通過對《婦女雜誌》圖像的研究，不僅可以對《婦女雜誌》本身有更深入的了解，而且從中也可以探知當時女性個人、社會生活狀況以及出版行業、技術的發展。以下對從雜誌圖像中可見的現象作出討論。

### （一）圖像可反映雜誌的道德、價值及審美取向

《婦女雜誌》通過其圖像向讀者傳遞其主編及作者對國家、社會、女性的觀點和看法，而圖像又可反映雜誌的各種取向。

#### 1　模範女性及生活方式的樹立

《婦女雜誌》不僅刊載介紹並讚賞西方傑出女性和現代生活方式的文章，在圖像選取上也透露出這種傾向。在人物圖像的選擇上，會挑選一些西方上層社會女性的典範形象；同時也將西方平凡女性的生活以文字輔以圖片呈現在讀者面前，如〈軍人之妻〉[75]展現的一家三口的家庭場景、〈美國女傭員的體育發展事業〉[76]中的運動遊戲場景、〈新西蘭島之育兒政策〉[77]中的科學育兒等。在中國女性的介紹和生活展示時也有這種傾向，展現女學生勤奮地求學及豐富的課餘活動，給主婦們介紹樸素清潔的家庭生活方式等等。除此以外，如前文提到的對戰時他國婦女生活、工作情況的介紹，也是希望引導中國婦女在中國參戰後能盡到自己的心力，鼓勵女性參與社會勞動。雜誌正是以

---

75 英國Hofland夫人原著，瞿宣穎譯：〈軍人之妻〉，《婦女雜誌》第4卷第3號，頁113。

76 周魯伯：〈美國女傭員的體育發展事業〉，《婦女雜誌》第6卷第8號，頁122-127。

77 D.M.Garrard.原著，劉雲舫譯：〈新西蘭島之育兒政策〉，《婦女雜誌》第5卷第7號，頁93-97。

這種潛移默化的方式，給讀者灌輸文明、現代的女性形象和生活範式。

## 2　女性身體美學的構建

自維新時期起，女性身體的改造就與強國保種聯繫起來，在教育中，在生活中，擯棄摧殘女性身體的陋俗就不斷被提起，強健女性體魄，塑造健康的形象也成了倡導女權者的主張之一。這也是《婦女雜誌》的主要議題之一。瑟廬在〈婦女之解放與改造〉中提到：「吾國婦女不言解放則已，苟言解放，不可不自改造身體始……務使全國婦女皆有強健壯碩之軀體。」[78]林叔華也號召女子拋棄纏足、束乳、脂粉、飾品四項陋習。[79]塑造強健優美體魄的最好方式自然是體育運動，因此《婦女雜誌》中刊載了大量中外女運動家、參與體育活動的女學生、各級運動會的圖片，全方位地向國人普及體育的重要性。另外還向讀者介紹簡單易學的體操，如〈家庭體操〉、〈五分鐘之體操〉、〈婦女十五分鐘之體操〉、〈女子室內體操〉[80]等等，〈婦女肥胖的治療法〉[81]中還提供了避免肥胖的生活習慣以及身體各部位減脂的練習操。《婦女雜誌》以圖文並茂地方式構建了新時代女性身體的審美標準，並指導她們如何達成。

## 3　女性服飾時尚的倡導

雜誌中刊載女性形象的圖片，無形中也展示了女性的服飾時尚，而圖像的選取則體現了雜誌本身的審美取向。《婦女雜誌》第一卷封面展示的女性生活場景中，可以看到其中的女性身著當時流行的服飾，

78 見《婦女雜誌》第5卷第12號，頁6。
79 林叔華：〈對於女界身體殘毀之改革論〉，《婦女雜誌》第16卷第6號，頁12。
80 見《婦女雜誌》第3卷第3、6號，第4卷各號，第8卷第1號。
81 德馨：〈婦女肥胖的治療法〉，《婦女雜誌》第13卷第7號，頁111-116。

整體簡潔樸素，與其最初倡導的「賢妻良母」形象極為吻合。而雜誌中數量極多的女校學生畢業相中也可以發現，當時女學生的主流服飾特點，以素色上衣配黑長裙居多，梳麻花辮或短髮，樸素簡潔少裝飾。結婚照片則展示了當時主流的婚禮服裝款式。此外，也有一些專門討論女性服飾的附圖文章。寓一的〈一個婦女衣裝的適切問題〉[82]介紹不同年齡、職業、性格的女性各自適合的服裝款式及面料等。葉淺予〈新秋之裝束〉[83]則展示了一系列款式的女裝設計圖，並附文字簡介了每款服飾的設計重點，及適宜的人群和場合。總體而言，《婦女雜誌》所倡導的女性服飾時尚是素雅清淡、剪裁合身，符合人物身份，戒除繁雜飾物，這種審美與《玲瓏》、《良友》一類的雜誌有明顯的區別。

#### 4 科學新知的傳播

《婦女雜誌》中有不少實用性科學知識的介紹，輔以圖片，指導婦女日常生活方式的現代化，例如營養學、保健醫學、禽畜飼養、園藝栽培、育兒、美容等等。除此以外，對一些理論學科和非常用科學也多有涉及：飛行器的發明與發展、火星與地球、心理學、鎢氬管整流器的製作，以圖文並茂的方式向讀者全方位地傳播科學新知。

### （二）圖像是女性讀者話語權的體現

《婦女雜誌》以「婦女」為名，面向的是全體女性群體，其內容議題也多與女性相關。然而它從主編到作者都以男性為主，十七年里女主編僅有兩位，主持時間加在一起不到兩年，其中的女性作者也是寥寥無幾。著名報人包天笑就曾提及，雜誌中即使一些十分女性化的

---

82 見《婦女雜誌》第16卷第5號，頁124-128。

83 見《婦女雜誌》第16卷第8號，頁149-153。

名字，如某某女史之類，其實也是男性的筆名。[84]以致有人詬病《婦女雜誌》雖是以女性為主要閱讀群體，實際上卻是男性知識分子致力於塑造心目中理想女性的產物。這從《婦女雜誌》引發的「新性道德論爭」可見一斑，討論的是女性的性道德，然而爭論的雙方都是男性知識分子。女性的話語權就真的在《婦女雜誌》中邊緣化了嗎？其實也不盡然，雜誌中的很多圖像內容就成為女性讀者的展示舞台。圖畫欄當中大量的人物肖像和攝影作品都來自與讀者投稿，從中可以見到雜誌女性讀者群體的構成，她們的衣著打扮、日常生活、文娛活動，交際狀況等等，鮮明直觀地展示了她們的教育水平、生活質量、價值取向、人生態度。

### （三）圖像是婦女解放運動走向的反映

《婦女雜誌》出版的時間自一九一四到一九三一年，正是婦女解放運動如火如荼的時期，其中關鍵的一個分水嶺即是一九一九年的五四運動。五四前後，中國的婦女解放運動有明顯的變化。五四前中國女權運動在辛亥革命之後陷入低潮，社會對女性的要求多以做賢妻良母為主；五四後西方自由解放的思潮大量湧入、對封建傳統的批判、個人主義的宣揚使得婦女解放運動高漲。這在《婦女雜誌》的編輯風格上也有所體現，五四後的《婦女雜誌》更換了主編，進行了全面改革。而改革帶來的變化同樣在圖像內容上有所反映。對女性議題理論性討論的文章數量增加，同時期的圖畫欄的圖片數量減少，甚至有取消的情況。從封面上來看，五四前的封面以傳統仕女、花鳥為主，五四後的封面開始大量出現新女性的形象，她們衣著時尚、髮型新潮、

84 參見周敘琪：《一九一〇～一九二〇年代都會新婦女生活風貌——以〈婦女雜誌〉為分析實例》（臺北：臺灣大學出版中心，1996年），頁47。

神態自信，展現出前所未有的風貌。五四後刊登的攝影作品也不再局限在女校範圍內，從中可以看到女性開始走出校園和家庭，積極投身于社會、政治、經濟活動中。

## （四）圖像是近代印刷技術發展的結果

圖像可以在報刊上大量出現，與近代印刷技術發展史分不開的。中國傳統的雕版印刷使得畫工被排除在印刷行業一線，而隨著石印技術的傳入和使用，畫工擺脫了雕刻工藝的限制，直接進入到印刷創作出版中，圖像參與新聞報道成為可能，也催生了畫報的大量出現，因此石板印刷術是圖像新聞出版史上的革命。[85]石印技術使繪畫作品可以迅速付印於報刊之上，而照相銅鋅版技術的引入和發展則使得攝影作品可以快捷清晰地印刷出版。兩項技術分別在十九世紀80年代和二十世紀前後進入中國並廣泛得以運用。作為近代中國最大出版社的商務印書館很早就將這兩項技術引入書籍和雜誌出版當中，《婦女雜誌》中大量的繪畫和攝影圖像與此是分不開的。一九二三年時，商務又特聘了專家海林格君（L.E. Herlinger），將美國最新發明的彩色照相製版技術引入商務，使圖像印刷更為精美細緻。[86]然而商務的圖像製版技術在此時仍未至成熟完美，因此《婦女雜誌》中的圖像，尤其是攝影作品仍有不少缺陷，如清晰度不高、表現力差、色差不明顯、缺少層次等，足見当時印刷技術仍有待進一步發展。

通過對《婦女雜誌》圖像的研究可見，綜合性雜誌中的圖像，雖不如畫報之類的報刊佔據主體地位，但仍是不可或缺的。圖像不僅可以輔助文字、闡釋學理，也可以報道新聞、揭露時事，更可以豐富趣

85 參見韓叢耀等：《中國近代圖像新聞史（1840-1949）》，頁9。

86 參見莊俞：〈三十五年來之商務印書館〉，《商務印書館九十五年——我和商務印書館》，頁740。

味、賞心悅目。此外圖像也是讀者與雜誌溝通的渠道，展現他們風采的平台，反映了時代的風貌、科技的進步。

# 第廿一章
# 中國傳統和戰觀之現代詮釋
## ——陳煥章著《孔教經世法》的國際觀發凡

歐陽哲生

北京大學歷史學系教授

和平與戰爭是人類歷史恒久的主題。中國古代歷史上以軍事戰爭為研究物件的兵書不少，以治國平天下為己任的著作更多，但將和平與戰爭並聯在一起加以探討的著作似很罕見。在全球視野和國際法背景下探討中國人的和平與戰爭學說這一重大課題，更是二十世紀以後的事，以我有限的閱讀視域來看，陳煥章的《孔教經世法》可能是進入這一領域的開拓之作。[1]雖然西方擁有同類題材的著作，甚或像法國學者雷蒙·阿隆的巨著《和平與戰爭：國際關係理論》，[2]在內容的體量和視野的廣博上後來居上，但陳著在表現中國傳統和戰觀的獨特

1　同類著作較早的有徐傳保：《先秦國際法之遺跡》（上海：中國科技公司，1931年）。洪鈞培：《春秋國際公法》（上海：中華書局，1931年）。陳顧遠：《中國國際法溯源》（上海：商務印書館，1933年）。新近的編著有閻學通、徐進編：《中國先秦國家間政治思想選讀》（上海：復旦大學出版社，2008年）。葉自成：《春秋戰國時期的中國外交思想》（香港：社會科學出版社，2003年）。這些著作、編著都不約而同地將目光投向對先秦國際法經典的詮釋，這顯示了陳煥章的先見之明和起點之高。不過，這些後來探討先秦國際法或外交思想的專門著作，都是由相關的專業學者完成，我們幾乎找不到他們與陳煥章之間有任何思想聯繫和繼承關係的線索。

2　參見雷蒙·阿隆著，朱孔彥譯：《和平與戰爭：國際關係理論》（北京：中央編譯出版社，2013年）。

思想價值仍無可替代。《孔教經世法》因束之高閣，被湮沒達一個世紀之久而不為世人所知，其蘊含的思想文獻價值有待我們發掘。

## 一　陳煥章《孔教經世法》之由來及旨趣

陳煥章著《孔教經世法》（*Administering State Affairs Under the Instructions of Confucius*）原稿系「美國哥倫比亞大學史帶東亞圖書館藏珍本」（Rare Books and Special Collections C.V. Starr East Asian Library, Columbia University），收藏於該館保存的卡內基國際和平基金會檔案中，上海書店出版社二〇一六年八月將此書影印出版，陳著得以重見天日。此書的出版，可以說具有新發現的意義，在第一次世界大戰結束一百年之後，窺探這本著作的深意，真是別有一番滋味。

陳煥章在《孔教經世法》的《自序》中交代了該著之來由：「本為美國迦匿奇萬國和平基金會而作，當孔子二千四百六十五年二月七日由美國駐華公使芮恩施博士與余訂約於北京，其題目為中國人對於和戰之學說。」[3]此處的迦匿奇萬國和平基金會即為今譯的卡內基國際和平基金會（Carnegie Endowment for international Peace），該組織成立於一九一〇年，陳煥章與安德魯・卡內基（Andrew Carnegie）的接觸由來已久，早在一九〇七年四月十八日陳煥章與康有為父女一起出席卡內基在紐約華爾道夫旅館舉行的晚宴，二十三日卡內基再次接見了他們。[4]

孔子二千四百六十五年二月七日換成西元為一九一四年三月三日。芮恩施（Paul S. Reinsch）是一九一三至一九一九年期間美國駐華

3　陳煥章：〈自序〉，《孔教經世法》（上海：上海書店出版社，2016年8月），頁2。

4　參見張啟禎、張啟礽編：《康有為在海外・美洲輯——補南海康先生年譜（1898-1913）》（北京：商務印書館，2018年），頁114。

公使，芮氏向陳煥章約稿正是在其任上。他在回憶錄中曾提到與陳煥章及其孔教會人士的交往。[5]此書雖經約定，「然其時身在廣東，因辦理水災善後，不便著述，至孔子二千四百六十六年九月，餘由曲阜還北京，始克注全力於是。蓋其時袁世凱之帝制運動最烈，餘韜光養晦，不願與聞外事，日夜專著此書，故能日起有功也。然余以孔教會之主任居在北京，乃獨不隨各人及各團體之後，上書勸進，而惟以著書講學為事，深犯袁世凱之忌，故偵察甚嚴。厥後滇南興師，各省回應，北京風聲鶴唳，日虞大禍之猝發，欲遷避者屢矣。徒以是書未成，各種參考書籍艱於隨帶，故不能遷。嘗自思曰，倘或以不遷而遭不測，則實是書為之累矣。然卒以安於命而止。嗚呼！今日是書幸得告成，餘誠感謝上天保佑之恩及聖師啟牖之德矣。」[6]〈自序〉的落款為「至聖先師二千四百六十八年三月三日即中華民國六年四月二十三日陳煥章序於北京衍聖公府內孔教會事務所」。據上可以推測，此書之作是在一九一五年九月陳煥章從曲阜返回北京以後，到一九一七年四月二十三日之間，寫作地點在北京太僕寺街衍聖公府內孔教會事務所。從約稿到脫稿，《孔教經世法》的寫作時間剛好跨越第一次世界大戰的前三年。這一時段對於陳煥章撰寫論述中國人和戰學說這樣一部書，不失為一個恰當的時機。後來胡適也曾答應芮恩施寫作一本《中國人的和平理想》，一九二二年九月十七日他的日記述及此事：「到喜雀胡同訪芮恩施，他重申前年做一部 *Chinese Ideals of Peace* 之約，問二千元美金敷用否。我說，盡夠了。他取出我前年擬的目錄交給我，今附在後頁。他談及政治問題，我把前天擬的計畫的大意說給

5 Paul Samuel. Reinsch. *An American Diplomat in China.* New York:Doubleday, Page & co,1922.p.23.芮恩施在書中提到：「該會領導人陳煥章博士是一個美國大學畢業生，他的博士論文系討論孔子及其學派的經濟原理；陳煥章博士歸國以後，他的目的就是把孔教立為中華民國的國教。」

6 陳煥章：〈自序〉，《孔教經世法》，頁3。

他聽，他很贊成。」[7]從胡適日記所附的提綱看，其中「老子與不抵抗」、孔子、墨子、孟子等內容應在其《中國哲學史大綱》可見蹤影。但「中國的統一及其對和平理想的影響」、「佛教與和平」、「中國文學中的戰爭與和平」、「對好戰民族的教化（綏靖？）」則顯為新續的內容。可惜胡適並未踐約實施這一計畫。從他的寫作提綱看，他雖然沒有像陳煥章那樣宣傳孔教教義，但在表達中國人的和平理想這一點上，與陳著相映成趣，可謂異曲同工。

在中文世界，最早介紹卡內基其人的可能是梁啟超。他在一九〇四年出版的《新大陸游記》第二十七節專辟一節《卡匿奇》，文中稱讚卡氏：「卡匿奇為現今美國第一富豪。然其所以為世模範者，不在其能聚財，而在其能散財。彼常語人曰：『積資產以遺子孫，大丈夫之恥辱也。』於是定計，將其有五萬萬美金之財產，務於生前悉散之，分佈於社會之自助者，務使得其所，毋失其宜。彼近年來之苦心，皆在於是。彼嘗言大集者必當大散，集之固不易，散之亦良難。」[8]一九一五年九月十五日創刊的《青年雜誌》發表彭德尊《艱苦力行之成功者卡內基傳》，全文分十節：一、卡內基之少年貧苦及渡美。二、勞役時代之卡內基。三、鐵路職員時代之卡內基。四、經營寢車時代之卡內基。五、經營煤油時代之卡內基。六、經營鋼鐵時代之卡內基。七、卡內基成功之由。八、卡內基富之理想。九、卡內基散財之法。十、卡內基之嗜好及家庭。對卡內基的生平事蹟及成功之道作了全面評介。經梁啟超、彭德尊的介紹，卡內基的名字對民初中國知識份子來說，應不陌生。

7 季羨林主編：《胡適全集》（合肥：安徽教育出版社，2003年），第29冊，頁749。

8 梁啟超：《新大陸游記及其他》，收入鍾叔何主編：《走向世界叢書》合訂本，該本還收入康有為：《歐洲十一國遊記二種》、錢單士厘：《癸卯旅行記・歸潛記》（長沙：嶽麓書社，1985年），頁509。

鄔慶書的《陳重遠先生傳》稱「五年先生著《孔教經世法》二十四卷成」。[9]《北風報》所刊《香港孔教學院院長陳煥章博士事略》載「又有《孔教經世法》二十四卷，是為迦匿奇萬國和平基金會而作，于丁巳年脫稿，原書藏在美京」。[10]兩文所述寫作時間不夠精准，至於《孔教經世法》的內容都未見介紹，顯示作者均未見此著原稿。

《孔教經世法》的寫作背景從國內情勢來說正是袁世凱復辟帝制，帝制與共和兩派正展開激烈較量之時，京師氣氛緊張，戒備森嚴。那麼，陳煥章對袁世凱復辟帝制的態度如何？這是值得探究的一個問題，陳氏本人對此有明確解答：「中國今日最近之事，則袁世凱挾其二十年來政治之積威，盤踞四年總統之大位，撫有全國統一之政局，而偽造民意上書勸進。至於全國吏民，其見於袁表面者，眾口一詞，同聲推戴，稱袁為帝，自稱為臣，乃至改元洪憲，定期登基，極斯亦可謂帝制告成矣。孰知滇黔倡議，廣西繼之，而帝制取消。其後各省獨立，全國鼎沸，群以迫袁退位為事，而袁世凱雖求為總統而不可得，立見羞憤而死矣。綜覽中國全史，未有之大，藉勢之大，圖帝已成，而不得一日登於其位。如袁世凱者也，雖曰人事，豈非天命哉！故孔教天命之說至是而更多一證據矣。竊位之奸雄其將有鑒於是而絕跡於中國乎！」[11]顯然，陳煥章反對袁氏復辟帝制之舉，他所持邏輯是以為袁有違孔教天命之說。袁世凱支持孔教會，而陳煥章在袁復辟帝制之時，冷眼旁觀，與其拉開距離，閉戶著書，這反映了陳氏在政治上的矜持。在帝制問題上，陳煥章與康有為的表現明顯不一。康有為後來參與張勳復辟，因此而遭受國人的詬病，從此淡出政壇。

9 鄔慶書：《陳重遠先生傳》，載《國立中山大學文史學研究所月刊》第3卷第1期（1934年）。

10 收入鄧浩然編：《孔教叢錄選粹》（香港：遠大棉業有限公司，1968年再版），頁33。

11 陳煥章：《孔教經世法》，卷第九《和平要旨》，頁103。

從國際背景來看，此時正是歐戰進行之時，同盟國與協約國兩大軍事集團對決，戰爭猶酣。芮恩施特約此稿，顯然是有意試探和考查中國知識份子對於這場戰爭的態度。理解陳煥章的《孔教經世法》寫作動機，務須聯繫歐戰這一特定的歷史語境。

陳煥章寫作此書，「初意雖欲專以論和戰者為主，後乃不得不追本窮源於一切可使世界永久和平而戰禍不作之經義悉采輯之矣。乃至其與和戰無關而當連類並及者，亦收納之矣。規模既大，內容豐富，故是書名曰《孔教經世法》也。然而全神所注，總在和平于治國平天下之法最為注重，世有欲知孔子之憲法及孔子之國際法者，當於是書觀之矣」。[12]他是以「孔子之憲法及孔子之國際法」來回答芮恩施「中國人對於和戰學說」的提問。在外人的心目中，此時的陳煥章實在是取康有為而代之的孔教大師了。

《孔教經世法》全書二十四卷，約三十萬字。這是陳煥章繼《孔門理財學》、《孔教論》之後又一部論述孔教的重要著作。關於此著的構思，陳煥章解釋道：「余之本意固欲以孔子為全書之中堅，然其始尚欲分孔教及非孔教兩部求之，而斷代依人為目。最後由餘親自考訂，覺得中國人之學說，惟孔教足以代表之。而孔子之著作，莫大於六經，實為孔教之淵海。若舍六經而他求，是為捨本逐末，故首以窮經為事。經之言和戰者莫詳於春秋，故餘頗欲就春秋而著一孔子國際法；後念孔教之大，無所不有，僅以國際法言之未免狹小。譬如孔教以修身為本，篤恭而天下平，則修身不可不言也；正家而天下定，則齊家不可不言也。至於治國之大經大法，動與和戰有關，益不能舍而不言矣。」[13]這樣，陳煥章將這一約稿轉換成為一次闡釋孔教和戰精

12 陳煥章：〈自序〉，《孔教經世法》，頁3。

13 陳煥章：〈自序〉，《孔教經世法》，頁3。

義的絕好機會。而把和平與戰爭關係的問題提升到社會、國家治理的高度，尤表現出他的睿智和卓識。

《孔教經世法》的體例「頗本于《白虎通》。蓋以義理分類，貫穿諸經，而又稽合乎歷代諸儒經說，旁及子史文集，頭緒紛繁，比之依人為目者，其難易相去甚遠也」。[14]與《孔門理財學》一樣，此書明顯帶有對外宣傳孔教之意。除第一卷緒論、第二十四卷結論外，第二至八卷為孔教總義、修身、教化、理財、夫婦、孝弟、國家，第十、十一卷君主、職官，第二十一卷盜賊，主要涉及孔教本身的介紹，可謂為主題做必要的孔教義理鋪墊。第九卷和平要旨，第十二至二十卷外交通義、國君外交、使臣、國際聯合、國際睦誼、保國、論兵、戰律、夷狄，第二十二、二十三卷歷代和平論、諸子和平論，則與「中國人對於和戰之學說」這一主題直接相關，其篇幅約占全書內容的五分之三。從內容看，該書與此前的《孔門理財學》、《孔教論》並不重複，各有側重，顯示了陳煥章構思縝密、理論純熟的一面。如果把陳煥章與康有為的著述作一比較，通覽《康有為全集》，人們不難發現，他的著作前後矛盾、相互重複、隱諱作偽之處甚多，康有為顯然不是一個經受現代學術訓練、講究學術規範的學者。陳煥章與之不同，他畢竟在美國哥倫比亞大學接受了系統的西方專業學術訓練，其學術素養已超越其師。從思想史的角度看，和平與戰爭關係雖是中國歷史上的重大問題，但鮮見有人對其作思想闡釋，陳煥章對此加以探討，在思想史、學術史上確有其特殊的歷史價值和現實意義。

14 陳煥章：〈自序〉，《孔教經世法》，頁3。

## 二　孔教之和平觀

中國人熱愛和平，中華民族是講究和平的民族，這是《孔教經世法》的基調。卷第一《總論》開首即道明全書這一宗旨：「中國人為愛和平之人種，故其學說為和平之學說，其歷史亦為和平之歷史。此皆信而有征，不特中國人自知之，即各國人亦共仰之者也。今欲詳述中國人之和平學說，謹先略述其歷史，以見中國人之特質，且以見其學說之並非徒托空言也。」[15]陳煥章歸納「中國和平學說之所由生」的緣由有多端，包括地理之統一、人種之統一、宗教之統一、家族之維繫、生業之種農、封建之廢除、君主之尊崇、外患之銷沉、理藩之寬大、德教之昌明、民兵之改變。這些因素「其屬於天然者，則由於地理；其屬於人為者，則由於孔教」。[16]「孔教既為上帝篤生之教主，其賦性本極仁慈，況加以時局之紛爭，若是則其和平之學說固所以垂教萬世，亦所以救治當世也」。[17]孔教的和平學說可以「救治當世」，這是陳煥章面對正在進行的歐戰發出的呼籲。本著這一看法，《孔教經世法》從歷史文獻裡大力發掘孔教的和平學說，其所擇文本以《春秋》為主。「本書之意在發揮孔教之和平學說，至其他學說之有關係于和平者，則連類及之，並非以本書而盡列孔教之各種學說也。本書所最注意者為孔子之國際法，其取材多出於《春秋》。蓋《春秋》固為禮義之大宗，無所不包，然其於國家之交際，尤為詳備也。《春秋》之義以《公羊》為主，而輔之以《穀梁》，至於《左傳》之事，實亦間取之。蓋雖重經義，亦兼明史事也」。[18]在現實功用上，《孔教

15 陳煥章：《孔教經世法》，卷第一《總論》，頁4。
16 陳煥章：《孔教經世法》，卷第一《總論》，頁5-6。
17 陳煥章：《孔教經世法》，卷第一《總論》，頁7。
18 陳煥章：《孔教經世法》，卷第二《總論》，頁9。

經世法》的出發點是「以消弭各國之戰爭，促進世界之和平為宗旨。故所標舉之義理，本以救治現在及將來為歸。雖道與時為變通，古義亦有不盡適宜於今與後之處。然略跡而原意，則其根本大義，固萬古常新也」。[19]道明以孔教救世的目的，明眼人看得出這段議論是針對烽火連天的歐戰而發。

卷第九《和平要旨》對孔教和平觀作了系統闡釋。陳煥章從八個方面對此加以論證：一是恭「讓」。孔子以和平為主，故以讓為德。「蓋君興讓，則息兵。臣興讓，則息貪。庶民興讓，則息訟。故天下莫不亂於爭而治於讓也」。[20]二是文德。「孔子以均和安為治天下國家之至德要道，均和安者即所謂文德也。能均和安則自無貧富傾危之患，而邦內必無分崩離析之憂。雖遠人不服，亦可以懷來之而安寧之矣，此文德主義所以無須乎武力也」。[21]文德主義固為孔子所發明，然並非從孔子始，「乃中國曆古相傳之治例也」。三是「愛人」。孔教以重人、愛人為第一義。陳煥章先引《春秋繁露》證之，「《春秋繁露》曰，子夏言春秋重人，諸譏皆本此（第十七）。是故奢侈之害、暴虐之害，春秋皆以其有害於人而惡之。害人之大者，莫如戰爭，故《春秋》猶惡之。《孟子》所以言春秋無義戰也（第十四）」。次以《孝經》說明孔教重人命，「《孝經》載孔子之言曰，天地之性，人為貴然則貴重人命，為孔教之第一義矣」。再舉《論語》重民之義證明，「《論語》於末篇亦特著重民之義，蓋以民為國之本也。明乎此，則孔子之惡戰爭而愛和平，不須言而解矣。蓋孔子愛人，而戰者殺人，殺其所愛，自非孔子之所許矣」。重兵害眾，「蓋興兵則构怨，必至伏屍流血無已時也」。[22]四是安民。「凡安民為安國之根本，而使民不安

19 陳煥章：《孔教經世法》，卷第二《總論》，頁10。
20 陳煥章：《孔教經世法》，卷第九《和平要旨》，頁87。
21 陳煥章：《孔教經世法》，卷第九《和平要旨》，頁89。
22 陳煥章：《孔教經世法》，卷第九《和平要旨》，頁99。

者，莫大乎戰爭，故其終有傾國之禍，此孔子止季氏之伐顓臾，所以謂有國有家者，不患貧而患不安，安則無傾也。是故由安民之義，則必息戰爭，而尚和平」。[23]五是「天命」。孔子主張適應自然，順勢而為，反對肆意妄為。「孔子曰，富貴在天。又曰，不知命無以為君子也。（《論語》第十二、第二十）此安命之義也。孔子又曰，故大德者必受命。（《禮記．中庸》）此造命之義也。蓋凡事皆由天命所定。君子者，只當盡其在我，以立造命之本，以待天命之至；不當任用私智，妄逞武力以貪圖意外之功名富貴也」。[24]六是「災異」。陳煥章說明《春秋》記災異之由，「凡《春秋》記災異者，所以明天人相與之道，合政教而一之。以天統君，以君隨天，使人君省天譴而畏天威，內動于心志，外見於事情，修身行己，明善心以反道也。天之告人君，先之以災異，而後亂亡從之，此以見天意之仁，而不欲害人也」。《春秋》記述災異共145條，「實欲借天戒以明人事，其端見於畏天，其意主於重民，其效至於符瑞，本合天人以為一」。[25]顯示「天人合一」的道理。七是「偃武」。「凡兵者，必不得已而後用，雖暫用之，必複偃之，此偃武修文之義也」。[26]八是「銷兵」。孔子「銷兵」之理想從其農山言志可見，「孔子及顏淵之志願固在使天下永無戰鬥，兵器並不存在，而凡兵家及外交家皆無所用矣，吾故謂孔子為最愛平和之人也」。[27]綜上所述，恭讓、文德、愛人、安民、順從「天命」、規避災異、偃武、銷兵是孔教所提倡者，它們構成中國古代講究和平的諸重理據，組建起中國傳統和平思想的系統。

卷第二十二《歷代和平論》「以朝代為綱，分紀歷代學說之大

23 陳煥章：《孔教經世法》，卷第九《和平要旨》，頁99-100。

24 陳煥章：《孔教經世法》，卷第九《和平要旨》，頁101。

25 陳煥章：《孔教經世法》，卷第九《和平要旨》，頁104。

26 陳煥章：《孔教經世法》，卷第九《和平要旨》，頁107-108。

27 陳煥章：《孔教經世法》，卷第九《和平要旨》，頁108。

略，以明中國人之主張和平萬古如一焉」。[28]也就是說，此卷是從縱的方面展示中國熱愛和平的歷史。陳煥章從漢朝開始，逐朝逐代，娓娓道來。從漢朝諸帝為維護統一採取的和親政策，到東晉割據時代王導、戴邈上疏請立學校，以崇禮教；從南北朝戰亂頻繁時期《顏氏家訓》的《誡兵篇》，到唐代詩人李白《戰城南》、《行行且遊獵》，杜甫《兵車行》、《新安吏》、《石壕吏》、《新婚別》諸詩對和平意願的表達；從宋元時期蘇軾的《戰守策》，朱熹對和戰的議論，郝經以儒生作將、持天下者以德不以力之議論，到明清時代王陽明的良知說，曾國藩的立德、立功、立言三不朽說及他提出的練兵之策，都表現出中國人是愛和平之民族。陳煥章總結歷史的經驗，他引司馬法「國雖大，好戰必亡。天下雖安，忘戰必危」一語，說明「中國人以和平為主，而仍不敢弛戰守之備也」的道理。[29]歷史證明，中國人愛好和平，但居安思危，對和與戰、戰與禦之辯證關係有著均衡的把握。

卷第二十三《諸子和平論》采班固《漢書・藝文志》敘諸子次序，略陳諸家和平學說，說明從價值取向看，中國人對和平選擇的權重遠大於戰爭。陳煥章所舉先秦諸子有：晏子、管子、老子、文子、莊子、列子、鶡冠子、尹文子、公孫龍子、墨子、尉繚子、呂不韋（《呂氏春秋》）、孫子、吳起、范蠡、神仙家。此外，他還舉釋家五戒之一的戒殺為例，說明「其言論實為孔教之緒餘也」。「總而言之，不論周秦諸子、道釋兩教，凡中國人之學說，未有不以和平為主者也」。[30]可見，力主和平並不止孔教一家，諸子亦認同此說，和平是中國傳統思想的普適思想。

在《結論》中，陳煥章舉其師康有為的大同說為實現世界和平之

---

28 陳煥章：《孔教經世法》，卷第二十二《歷代和平論》，頁238。

29 陳煥章：《孔教經世法》，卷第二十二《歷代和平論》，頁259-260。

30 陳煥章：《孔教經世法》，卷第二十三《諸子和平論》，頁273。

正道，其言「康先生之《大同書》以為為大同之障礙者莫如國，故有去國界合大地一篇」，是指康有為《大同書》乙部《去國界合大地》。該部連同甲部《入世界觀眾苦》曾於一九一三年二月至八月在《不忍》雜誌前八冊刊出。陳煥章極力宣導康有為的主張：「今欲至大同，先自弭兵會倡之，次以聯盟國緯之，繼以公議會導之，次第以赴，蓋有必至大同之一日焉。初設公議政府，為大同之始；立公政府以統各國，為大同之中；世界全地皆為公政府，無有國界，為大同之成。近年大地萬國大合之大事，莫如荷蘭喀京之萬國同盟，當以是年為大同元年，而為大同紀年之所託始。最後複列大同合國三世表以明之。蓋篤信大同之必成，而熱心於去國界以除兵禍者，莫先生若也。」[31]以弭兵、去國界為實現大同世界之途，這是一種美好的設想，但在當時顯然也是一種不切實際的幻想。弭兵在歐戰後從不見人提起，建立國際聯盟倒是有之，但它並非世界「公政府」，而是帝國主義列強赤裸裸地瓜分世界、控制世界的一個工具。

陳煥章借孟子與梁襄王的對話，說明天下必定于一才能安定，不嗜殺者才可能定於一的道理。他預見歐戰後的形勢：「今之世亦一大戰國也，必定於一，且惟不嗜殺人者能一之。又豈能反於孟子之所言乎！不知來，視諸往，以中國歷史考之，孟子所言，歷歷不爽。故漢唐宋明清之天下，數百年而後亡；秦晉隋元之國家，雖混一而不久。況今日世界大通，民智大開，民權大盛，豈有能恃嗜殺而一天下者乎！不嗜殺人者能一之，吾將懸孟子之言以待來者矣。」[32]歐戰後的世界形勢並不樂觀，帝國主義列強爭霸世界的步伐並未止步，回顧陳煥章在戰爭結束前的這番期待，可以說有點癡人說夢的味道。

陳煥章將世界和平的希望寄託在孔教的普世。「世界之教主，皆

31 陳煥章：《孔教經世法》，卷第二十四《結論》，頁274。
32 陳煥章：《孔教經世法》，卷第二十四《結論》，頁274。

主張救世者也，皆主張和平者也，又皆主張仁愛者也。然其最著功效者，莫如孔教，以中國之和平歷史為世界之冠也。故今欲救當世之爭亂，致世界于太平，非實行孔教之道不可」。他以為孔教主張和平，「體用兼備」，有著其他宗教所不具的優長。堯典所謂「協和萬邦」，即孔教之太平世。孔教最終之目的在於太平大同，[33]這正是世界和平實現之日。

## 三　孔教之睦誼之道

《孔教經世法》的主旨是闡述中國人為熱愛和平之人種，自然涉及中國人睦誼之道和外交方略。卷第十二《外交通義》論及國與國之間外交，闡明了孔教所奉行的外交思想。

首先是對「國家平等權」的確認，它是孔教外交的基本原則。這裡包括五層含義：一、「凡國土不論大小，爵號不論尊卑，皆立於平等地位」。二、「凡外交之事，基於雙方同意，不得以大命小」。三、「凡諸侯必有會聚之事，相朝聘之道，號辭必稱先君以相接」。(《公羊傳莊公四年》) 四、「凡朝聘會盟及一切外交之事，皆以國為主，非以人為主」。五、「凡外交當行恕道，己所不欲，則勿施於人」。[34]這些做法，皆在保障國家交往時，無論大小，一律平等。

「國家獨立權」是春秋外交的另一項基本原則。它的基本含義體現在：一、凡國家在其領土內有絕對之主權，「故諸侯或大夫之過競〔境〕者，例必假途，所以尊重主權也」。二、「凡蔑視他國主權而侵犯之者，他國得自保衛之。此獨立國應有之義也」。三、「凡大國對於

---

33 陳煥章：《孔教經世法》，卷第二十四《結論》，頁274-275。

34 陳煥章：《孔教經世法》，卷第十二《外交通義》，頁140。

小國，得有商量之言，而不得有命令之意」。四、「凡獨立國對於他國在境之臣民，無論貴賤，皆以本國主權統治之，故子糾貴而宜為齊君者也」。五、「凡獨立國對於他國之正當國事犯，有保護之權，不受他國之迫脅」。六、「凡獨立國對於本國人有生殺與奪之權，不受鄰國之迫脅」。七、「凡春秋于本國被脅則恥之，于本國脅人亦恥之，所以明國際平等之義，而互尊重其獨立權也，即所謂恕也」。八、「凡獨立國有保護其國民之義務，複有拒絕大國無理要求之權利」。九、「凡獨立國之內政，雖盟主猶不得過問，而其他列國更不必論也」。十、「凡獨立國不可自失其地位，一失其地位，即不得列于諸侯」。十一、「凡國家所負之國際義務，當以國力為衡；若不公允，有競爭改正之權」。十二、「凡國際結約不得以寡犯眾，所以惡專己而保公益」。[35]乍看上去，這些對國家獨立權的闡釋與近現代國際法無異，不過，陳煥章每舉一點，都徵引春秋事例加以詳證，顯示儒家睦誼之道的現代意義。

限制干涉他國，這是《春秋》的重要原則。這裡涉及兩種情形：一、「凡鄰國之君，無輔相之道，故不得干涉他國內政。然若鄰國未順乎民而為之討賊以輔之，猶為可行。苟入人之國，制人之上下，使不得其君臣之道，則不可矣。」二、「凡諸侯非天子之命，不得動眾起兵誅不義，所以強幹弱枝，尊天子卑諸侯也。」[36]根據不干涉他國內政這一原則，凡威脅他國，篡立奪位者，「當受首惡之誅」；凡爭國之人，有外國勢力幫助者，「則春秋明其所自，以坐罪外國」；「凡國君或世子出奔當絕，其還入為盜國當誅」；凡篡位者，春秋惡之，「蓋國已有君，名位已定」；凡故君失國出奔，而其國未有新君，則諸侯宜納故君。[37]

35 陳煥章：《孔教經世法》，卷第十二《外交通義》，頁141-143。
36 陳煥章：《孔教經世法》，卷第十二《外交通義》，頁145。
37 陳煥章：《孔教經世法》，卷第十二《外交通義》，頁145。

春秋時期存有屬國，其地位受到限制。「凡屬國無獨立權，故無外交權，不得列於盟會，不書於《春秋》」。[38]

春秋戰國時期諸侯紛爭，戰爭頻繁，其間卻存有永久中立國。如王畿，「凡天子之田方千里，為列國之中央政府所在地，即為列國所公共擁衛，列國雖兵爭極烈，要不能稍有所侵犯于王畿。然天子則可發號施令，對於列國為左右袒，且可行其統治列國之權，而征伐列國焉。故王畿者，超乎永久中立國權力以上，而略帶有永久中立之性質者也。何也？以其不可侵也」。[39]如閒田，「凡封國所餘之地未經封人者，謂之閒田。閒田者，殆直隸于天子而無與列國者也，故閒田者，有永久中立之性質者也」。如特畫交界要地，「凡兩大相爭戰禍時起，乃特畫出交界之要地，以為永久中立之邑，籍免衝突者，是誠今世所謂永久中立國者矣」。[40]這些在當時都可歸為永久中立之國。與此同時，還存有臨時中立國情形。如「凡國家因保守中立之故，雖或誤殺敵國之君，而既出於不得已之勢，亦得無罪」；「凡數國聯合伐人，至於危困，而中立國不能矜人之危，反乘其危而滅之。則中立國當為禍首，而其他之聯合各國，仍不得辭其咎」；「凡中立國不守中立，假道於人以滅鄰國者，當受首惡之誅」；「凡中立者，兩皆不助」。[41]這些對中立原則的規定和限制，表明當時對中立國的尊重，其意實近似現代國際法。

春秋時期諸侯爭戰不已，彼此之間卻仍遵守信義，這是各國奉行的潛規則。這些規則包括：「凡外交之符信，以國寶為之。國寶者，世世寶用，以合信于天子，而交質于諸侯者也」；「凡邦國各有國旂以

38 陳煥章：《孔教經世法》，卷第十二《外交通義》，頁147。

39 陳煥章：《孔教經世法》，卷第十二《外交通義》，頁147。

40 陳煥章：《孔教經世法》，卷第十二《外交通義》，頁148。

41 陳煥章：《孔教經世法》，卷第十二《外交通義》，頁148-149。

為表識，軍旅祭祀，會同賓客，則各建之」；「凡國交以守信為重，雖因而遇難亦無所恥，而春秋且褒其賢」；「凡國際尚謙惡矜」；「強大而無義之國當受貶抑」。[42]

根據外國親近疏遠的不同，陳煥章將外交政策分為兩種：「淺之國，則以寬柔，待親近而化；深之國，則以廉正。」在升平之世，「內諸侯而外夷狄，故引諸夏而近之，同之於內」。太平之世，「百蠻貢職，夷狄皆進至其爵，故春秋於昭公十六年稱戎曼子」。[43]

國家大小不同，採取的外交策略因而不一，謀求和平的方式就不一樣。孟子在回答齊宣王「交鄰國有道乎」的提問時這樣說：「惟仁者為能以大事小，是故湯事葛，文王事昆夷。惟智者為能以小事大，故大王整事獯鬻，勾踐事吳。以大事小者，樂天者也；以小事大者，畏天者也。樂天者保天下，畏天者保其國。」[44]孔教所理想的太平世界，「小國與大國同等」。[45]

春秋為「據亂世」，各國根據自己的實力大小，在外交上量力而行。「凡外交固當以禮義為斷，然有時迫於時勢，則春秋亦有量力不責之義，此以見孔子律人之恕也」。量力而行的原則包括，「凡強敵在近，則不可背近而歸於在遠之大國，以遠大之不能禦近強也」；「凡小不事大，則有取士之道」。[46]為了保存國與國之間的平衡，在外交上應取「均勢」原則。「均勢之義本諸春秋，春秋之所稱者為齊恒、晉文之事，而恒、文之大功莫大于攘楚。蓋楚勢之不能陵壓中國者，以有恆、文二伯也。此均勢主義之最著者也」。[47]戰國時期，縱橫家合縱連

---

42 陳煥章：《孔教經世法》，卷第十二《外交通義》，頁149-150。
43 陳煥章：《孔教經世法》，卷第十二《外交通義》，頁150。
44 《孟子．梁惠王》。
45 陳煥章：《孔教經世法》，卷第十二《外交通義》，頁151。
46 陳煥章：《孔教經世法》，卷第十二《外交通義》，頁151。
47 陳煥章：《孔教經世法》，卷第十二《外交通義》，頁151。

橫，意在保持均勢，更是當時外交策略的重要手段。

春秋時期諸侯之間交往的重要途徑是國君外交，此道頗有講究之處。卷第十三《國君之道》闡明此說。一是「凡不與諸侯之會盟，則孤立無援，有危亡之禍」。二是「凡外人為主之會，國君出會之，本有危道，必知者慮，義者行，仁者守，有此三者然後可以出會」。三是「凡諸侯出與朝會，上公九介，侯伯七介，子男五介，各加其卿之出聘二等也」。四是「凡朝聘會盟之事，榮見與而恥見距」。五是「凡國君出境，而迭為諸侯所榮者，春秋善之，此以見外交之重要也」。六是「凡王者及諸侯皆不與童子為禮，故嗣君未冠而即位者，不必朝天子而受爵命，王者使大夫就其國命之」。七是「凡國君行微不肖，則有諸侯不肯隨從會盟，而己反隨從諸侯之嫌；不然，亦僅能使微者隨從之而已」。八是「凡無道之君，出與會盟，春秋危之」。九是「凡有大惡而諸侯弗與盟者，深為可恥」。十是「凡會盟而為不義者，不宜與；若不見與，更不為恥」。[48]國君在外交決策和實際運作中，可謂舉足輕重。

國君是一國之重心。國君若與國家疏離，其情形可分為失都之君（凡國君出奔國都以外，而尚在國境以內，其國際之地位仍為國君）、失國之君（凡失國之君，春秋稱名以絕而賤之，既不成為君，即不足以代表國家，故無外交之權利）、致君（凡春秋于國君出境而回國則致之，所謂致君之例也）、君死於外（凡國君出而死有輕重，死于師最甚，於會次之，于人國次之，于封內最輕）等情形。[49]國君的地位視其與國家疏離的關係而定。

使臣是外交的主要承擔者。通使是為建立和平關係。「凡君臣無相適之道，故君不行使乎大夫，此國家平等之原則。不平等，則不通

48 陳煥章：《孔教經世法》，卷第十三《國君外交》，頁152-153。

49 陳煥章：《孔教經世法》，卷第十三《國君外交》，頁153-155。

使也」。天子與諸侯之間，雖地位有尊卑之別，「然諸侯有不純臣之義，故天子行使乎諸侯，此王者尊敬諸侯之意也」。[50]

王臣出使有種種規定：一、「凡王世子之地位，自王者言之，則屈遠世子在三公下。自諸侯言之，世子尊於三公，故春秋殊會王世子，以儲君副主，不可以諸侯會之為文，特殊之使若諸侯為世子所會也」。二、「凡除王世子外，其他之王者親屬與于聘使會盟之時，皆不得稱子弟，不以親疏論也」。三、「凡天子王公，職大尊重，當為天子參聽萬歲，不當下為諸侯所會，亦不當下聘諸侯若然」。四、「凡天子上大夫，氏采稱五十伯仲之字而不名，尊尊之義也」。五、凡天子上士以名氏通，中士以官錄通，下士略稱人。六、「凡天子大夫，銜王命出使，以一人而當一國，其尊與國君等」。七、「凡天子之使，雖下士之微，必序乎諸侯之上，尊王命也」。八、「凡為人臣者無外交，不敢貳君也」。[51]

使臣按其地位分若干等級，接待使臣有相應的規定和規格。一、「凡接受使臣為主國自主之權，若未經承認之國君，益可不納其使」。二、「凡會盟而有惡人之徒則殆，故當列國會議時，別擇使者之善惡而後接受之」。三、「凡主國接待朝賓及聘客之擯數，卿為上擯，大夫為承擯，士國紹擯，主君公也」。四、「凡主國訝賓之人，卿大夫訝，大夫士訝，士皆有訝，賓即館，訝將公命」。[52]若是老臣出使，「字而不名」，以示敬老之義。若使臣為善事出使，有大功于諸侯者，當予尊重。「蓋尊榮其臣，即以通之於君也」。凡使者遭受他國侮戲，「則春秋以為國恥」，凡侮戲他國使者，「必有危亡之患」。[53]執殺他國

50 陳煥章：《孔教經世法》，卷第十四《使臣》，頁156。
51 陳煥章：《孔教經世法》，卷第十四《使臣》，頁156-157。
52 陳煥章：《孔教經世法》，卷第十四《使臣》，頁158-159。
53 陳煥章：《孔教經世法》，卷第十四《使臣》，頁159。

使臣須分別論罪。「若以私罪見執，則已失其使者資格，故《春秋》不稱行人。若以公罪見執，則不失其使者資格，故《春秋》稱行人」。[54]

春秋時期已有駐外使節。「隰朋為行者，在國內為外交大臣也。其處楚處宋處魯處衛處燕處晉六人，則駐外大使也。命之曰處，則實為駐，使毫無疑矣。此齊桓時遣派駐使之鐵證也。若夫遊士八千人，則亦國家之特派員，籍之以收羅人才，經營商業。刺探外情者也。斯亦略同近日領事之制矣。管子講求外交，誠可謂精到也哉」。[55]

春秋時期有名目繁多的國際聯合之途，卷第十五《國際聯合》介紹了這方面的情形。諸如巡狩之禮（即為國際大會性質，「王者所以必巡狩者，巡者循也，狩者守也，循行守視之辭也。天下雖平，猶恐遠近不同化，幽隱不得所，故必親自行之，謹敬重民之至也」）、[56]朝王（即諸侯朝拜天子）、諸侯相朝（諸侯之間相互朝拜）、遇（諸侯不期而見）、會（凡三國以上諸侯相會始得名會，「凡夷狄主會者，春秋不與」）、大會（「春秋于霸主之大會盟，每列舉數國以包其餘，而所舉之國，不論大小遠近，皆盡舉之，其數維均，不偏於大者近者，而遺小者遠者也，此國家平等之義也」）[57]、弭兵會、各種結盟（包括同盟、參盟、尋盟、要盟、城下之盟、亂國結盟、匱盟、盟約）。[58]諸侯之間這些不同性質、不同層次的會盟，成為他們交誼、聯合的方式。

春秋時期講究「國際睦誼」之道，顯示當時外交有道可循，有理可依，卷第十六《國際睦誼》詳解此道。如平（意謂「道成」或「成也」），其義有六：一、「春秋之義喜和平而惡攻戰，故凡書平者善

54 陳煥章：《孔教經世法》，卷第十四《使臣》，頁159。
55 陳煥章：《孔教經世法》，卷第十四《使臣》，頁163。
56 陳煥章：《孔教經世法》，卷第十五《國際聯合》，頁165。
57 陳煥章：《孔教經世法》，卷第十五《國際聯合》，頁170。
58 陳煥章：《孔教經世法》，卷第十五《國際聯合》，頁172-178。

之，以平為善事也」；二、「凡國君相平，則國中皆安，當舉國體言之，而不出主名，明二國人皆善也」；三、「凡平者善事，當兩國同心汲汲以為之，不當有不得已之心」；四、「大夫無遂事，若關於和平息戰，則雖遂事而反善之」；五、「大夫遂事，若專擅而與圍困之敵國平，則雖貶其專事，而仍大其有仁恩，此以見孔子之觀過知仁，而以和平為最貴也」；六、「凡首先破壞和平者，春秋惡之，其突起兵戎，非正式宣戰者，尤惡之」。[59]如和難，當兩國有仇怨，而他國和平之，「是為和難，和之者正也」；如和難以不用兵而以義平之者為最善；「若必不得已，因結怨之國不肯釋怨，則興兵伐之，迫之使平，尚屬有辭。苟因而取地，則為乘義為利之惡也」；凡和難之人，當終身保其和平，苟複結仇怨，即為得罪和難者；和難者於終身期內，得有權以治之；「凡諸侯有難，王者若方伯和平之」。[60]如解紛，凡諸侯有排難解紛之責，有為人解圍息戰之志，雖其事不成，春秋善之。[61]如救災解難，「凡救災以眾」；凡諸侯有災，宜遣使吊問之；凡鄰國有疾疫，足以傳染於他國，春秋雖外災不書，而疾疫則書之，「明當有共同防疫之法也」；凡諸侯有相救之道，所以抑強消亂也；凡力能救人而不救者，春秋責之；凡同姓之滅亡，當憂而救之；凡救與國是當然之事；凡鄰國與己國有舊怨，或本無交誼者，若有患難，仍當憂而救之，引憂天下之大功德也；「凡欲救人而畏難中止者，春秋刺之」；「凡救人當急亟，不可舒緩。故救不言次」；「凡諸侯救災恤鄰，當雜然同心齊至，不得懈怠舒緩」；「凡公義之事，當引而近之」；「凡同恤災危，固鄰國之疆圉，春秋善之」。[62]如慶弔，「凡諸侯有相吊賀之

---

59 陳煥章：《孔教經世法》，卷第十六《國際睦誼》，頁178-180。

60 陳煥章：《孔教經世法》，卷第十六《國際睦誼》，頁180。

61 陳煥章：《孔教經世法》，卷第十六《國際睦誼》，頁180-181。

62 陳煥章：《孔教經世法》，卷第十六《國際睦誼》，頁181-183。

道，雖不當事，而苟有其禮，春秋猶書之，以無忘舊好」;「凡諸侯即位，小國朝之，大國聘馬，以繼好結信，謀事補闕，禮之大者也」;「凡君即位，卿出並聘，踐修舊好，要結外援，好事鄰國，以衛社稷，忠信卑讓之道也」;「凡諸侯遷都，有相賀之禮」;「凡諸侯內亂既平，有相賀之禮」;「凡天子崩，遣使者赴告諸侯，諸侯及其夫人之喪，亦告于天子，且告於鄰國，明當有禮也」;「凡天子崩，諸侯當持土地所出以供喪事」;「凡諸侯卒，王者當加恩意憂勞其國，所以哀死閔患也」;「凡助生送死之禮，車馬曰賵，貨財曰賻，玩好曰贈，衣被曰襚。知死者贈襚，所以追恩重終也；知生者賵賻，所以佐給不足也」;「凡禮主於敬，當各使一使以別異之」;「凡含賻襚之禮，主於送死，不當緩不及事」;「凡天子崩，諸侯奔葬」;「凡諸侯甍，大夫弔。君會葬，有服則奔喪，其先施禮於己者，尤當報之」;「凡諸侯有為鄰國志哀之禮」。[63]如國喪期間暫停外交活動。如交情，「凡國交以道接而生恩」;「凡憂內之國，春秋賢而錄之」;「凡與本國盟會，及朝聘本國者，春秋褒之」;「凡春秋有敬老重恩之義」;「凡外大夫之與己交接者，當有恩禮」。[64]如絕交，「凡國家於將宣戰而未宣戰之前，尚有絕交一事，蓋欲戰禍之不遽發，而希望和平尚可保持也」。[65]凡此種種，說明當時雖在戰爭紛亂時期，諸侯仍基於國際義務，講究國際睦誼。

古代中國處理藩屬之道頗為寬宥。「中國待藩屬之道最為寬大，每不肯以藩屬之故而用兵，常聽其自治，不加干涉，此原于孔教者也」。「中國夷蠻戎狄，皆有安居和味，宜服利用備器。五方之民，言語不通，嗜欲不同」。孔教對他們的政策是，「雖複殖民通商而不易其俗，不易其宜，惟有傳佈文明，總攬主權而已，此所謂修其教齊其政

---

63 陳煥章：《孔教經世法》，卷第十六《國際睦誼》，頁183-184。

64 陳煥章：《孔教經世法》，卷第十六《國際睦誼》，頁185-186。

65 陳煥章：《孔教經世法》，卷第十六《國際睦誼》，頁186。

也」。[66]因此，在歷史上中原政權與周邊少數民族能夠和睦相處，陳煥章為說明此道，特別長篇引用西漢時期淮南王劉安上書諫阻漢武帝發兵征伐閩越，「痛陳兵禍，力主和平」以示中國人崇尚和平，不因藩屬而用兵之意。[67]

## 四　孔教之保國與夷狄觀

春秋為紛亂之世，國與國之間爭戰不已，故有「內外之分」。「春秋內其國而外諸夏，內諸夏而外夷狄」。按照春秋的「三世說」，據亂世與升平世，「不得已而有內外之分」，太平世「則天下遠近大小若一，無分內外也」。[68]本著內外有別之原則，「內不言戰，言戰則為敗」，「不欲使本國有敵難」。[69]

春秋有「強內」的概念。「言國君當強，折衝當遠，不可使敵得至近邑也」。凡外敵逼近都城，舉國大小「當戳力拒之」。謀國者，「當令國安而無侵伐」。[70]「建國立城，均有定所，高下大小，存乎王制」。為保國衛民，修築城池，為必備之事。「凡國固不可以無備，然守備之事，當務其遠者大者，其守備之範圍愈遠愈大，則其勢愈強，其守備之範圍愈近愈小，則其勢且不免於亡」。[71]

保國禦敵有三策：「凡卻難當早，宜敵未來而充銷弭之」；「凡用兵之節，敵來則禦而追之，去則止，不宜遠勞百姓，過複取勝」；「凡用兵之道，于國之存亡強弱無大關係者，當量力而為進退，退以保重

66 陳煥章：《孔教經世法》，卷第十八《論兵》，頁214-215。
67 陳煥章：《孔教經世法》，卷第十八《論兵》，頁215-217。
68 陳煥章：《孔教經世法》，卷第十七《保國》，頁186。
69 陳煥章：《孔教經世法》，卷第十七《保國》，頁187。
70 陳煥章：《孔教經世法》，卷第十七《保國》，頁187-188。
71 陳煥章：《孔教經世法》，卷第十七《保國》，頁189。

民命為主」。[72]陳煥章的防禦之道講求防患於未然，用兵以不勞民、量力而行為原則，這體現了儒家的民本精神。

立國當自強，不當畏人，畏人則可恥而又可惡。「凡大國為示威運動以輕侮本國者可恥」。凡敗軍失地，當舉國知恥。「凡軍敗以喪禮處之，露其兵以示當報」。「凡危亡將至，則不暇殺恥，當以救危為急」。「凡國重君輕，苟有國危之憂，自不暇為君恥之諱」。[73]這些都是國家之恥的表現。

國家遇難之時，救國有方。凡君子避內難而不避外難。「國內有亂，力能討之則討之，不討則不免於罪，力不能討，則潔身自守，不與亂事可也」。如國家遭遇危難，則全體國民，皆有其責。國與家相較，愛國先於愛家。「凡以身死君，自是正義。若滅家以為君，本非事祖傳重之義」。「凡救國之滅，雖不為父隱，亦得為善。夫孔子之道，父為子隱，子為父隱，所以全父子之親也」。[74]

報怨復仇亦有道。「凡報復之道，論義理固合於公理，論利害亦合於公利」。[75]以德報德，則民有所勸；以怨報怨，則民有所懲。在國與國之爭中，以怨報怨，則兵禍無已，「凡報怨無已之戰，春秋惡之，甚或謂之夷狄」。[76]復仇主要是指複國仇，「凡國君以國為體。先君之恥，猶今君之恥，今君之恥，猶先君之恥。故雖百世之遠，猶可以復仇。仇者，無時焉可與通，通則為大譏。不獨國君不可與仇通，乃至全國臣民，亦當復仇，義不可與仇人見」。春秋將怨與仇相別，怨者小憤，「不當以怨報怨」，「若仇則大義所在，不復仇不足以為人

72 陳煥章：《孔教經世法》，卷第十七《保國》，頁189。
73 陳煥章：《孔教經世法》，卷第十七《保國》，頁190-191。
74 陳煥章：《孔教經世法》，卷第十七《保國》，頁192。
75 陳煥章：《孔教經世法》，卷第十七《保國》，頁192。
76 陳煥章：《孔教經世法》，卷第十七《保國》，頁193。

也」。復仇是為義而不是為利而戰。「凡復仇之戰是為義戰，雖敗猶榮」。[77]中國人歷來講究雪恥復仇，自春秋即有勾踐臥薪嚐膽，為國復仇的故事流傳。所以，陳煥章大呼：「吾今敢正告天下曰：孔教復仇之大義深入全國之人心者數千年，中國人因甚愛平和，然不論何國，苟有為無道於中國，使中國不得行復仇之義者，則雖至萬世之遠，中國人固不能一日忘也。人人懷必死之志，以待之而已矣。」[78]顯然，陳煥章此語是針對近代外敵侵逼、國恥日深的形勢而發出的強烈呼喊。

夷狄是中國自古以來流傳稱呼外敵的一個常用概念，它帶有一定的輕蔑味道。中國歷朝歷代奉行的處理「華夷之辨」關係原則，即由此而來。陳煥章從歷史的角度對這個概念的內含做了解析。「春秋之義有禮者謂之中國，無禮者謂之夷狄。夷狄而進於中國則中國之，及其反夷狄則夷狄之。中國而夷狄亦夷狄之，無通辭也。是故中國與夷狄，均無定名，亦無人種與地理之分。惟以禮義為標準。孔子之所謂中國夷狄者，猶今日所謂文明野蠻也，此乃文化之符號，而非國界種界之區別也」。[79]這種以文明與野蠻之別對華夏與夷狄所做的區分，顯示了「禮」的真義。古義「禮失而求諸野」，表明在禮樂崩壞的亂世，「禮」可能存之於民間下層或異域他種，所以「華夷之辨」並非「人種與地理之分」。

因為奉行「內其國而外諸夏，內諸夏而外夷狄」的觀念，所以對待「外夷狄」有諸多防範。凡夷狄不當與之通婚；「凡王者草創之時，不治夷狄，雖有罪，不暇治之」；「凡中國者禮義之國也，夷狄無禮義者也」；凡夷狄進犯中國，春秋貶之；春秋之義，中國與夷狄不言戰；「雖夷狄敗中國，而言敗複言戰，不直言敗」；凡夷狄相戰、相

77 陳煥章：《孔教經世法》，卷第十七《保國》，頁194。
78 陳煥章：《孔教經世法》，卷第十七《保國》，頁195。
79 陳煥章：《孔教經世法》，卷第二十《夷狄》，頁228。

滅、誘殺，春秋均略之不載；「凡夷狄誘殺中國，則春秋謹之又謹而書之」。[80]

禦戎之道，以預防為要，防範于未然，「不獨為本國除害，並當為文明各國預除戎害」。禦夷之道，「以戰為守，以守為戰，不可執一而論」，但終究以守為本。如遇數夷相侵，「宜特注重其強大者」。「凡夷狄侵伐諸夏，不論何國，諸夏當雜然往救之」；因而諸侯同盟以禦夷者，春秋善之。「凡諸侯同盟以備強夷者，當信義相守，有夷難則救之，不當侵犯同盟」。以德征服強夷，「最為盛功」。「凡夷狄能為中國攘夷者，春秋大之」。「凡有攘夷之心者，雖並不能攘，春秋猶褒之」。對於夷狄，要一視同仁，不可欺淩弱小。攘夷之策並非「專殺之逐之也，故以和戎終焉」。[81]

凡雖參與中國之會盟而歧意于夷狄者，春秋刺之；凡雖參與中國之會盟，而中道逃去者；凡背夏與夷；凡背中國而與夷狄；凡首先棄夏即夷者；凡首與夷狄會盟，致夷狄得中國者；凡信夷狄而伐中國者；凡黨夷伐夏者；凡道夷滅夏，或從夷滅夏者；這些「背夏即夷」的表現，春秋都鄙視或貶抑。「春秋之義，不與夷狄主中國。若君事夷狄，尤屬可惡」。[82]反之，如果「去夏歸夷」，共結和親，則春秋喜之；如親附中國，雖有志未達，而春秋必成其美而賢之。那些經數次征伐，而終「背夷附夏」，共結和親，春秋詳錄之；那些背夷狄而攻其與國者，春秋以為當助之，「所以孤立夷狄之勢，而弱其與國也」。[83]

中國與夷狄的身份可因與禮之關係而轉換。「若夷狄變而為君子，中國變而為夷狄，則移其辭以從其事，中國反不得與夷狄為

---

80 陳煥章：《孔教經世法》，卷第二十《夷狄》，頁228-229。
81 陳煥章：《孔教經世法》，卷第二十《夷狄》，頁229-231。
82 陳煥章：《孔教經世法》，卷第二十《夷狄》，頁231-233。
83 陳煥章：《孔教經世法》，卷第二十《夷狄》，頁234-235。

禮」。所以，中國與夷狄之別，「不以種別，不以地別，不以國別，惟以文化之淺深為別」。[84]既然以禮義為主，「若兩無禮義，則兩皆不與，不問其為夷為夏也」。[85]如果稱霸中國，「當保安中國，救諸侯之難，反侵伐中國，則春秋狄之」；如果與夷狄「交伐中國，春秋狄之」。諸夏之國如果悖行禮義，如果使用夷禮，甚至不如夷狄者，則置其于夷狄之列。

「進夷狄」於中國，是以華化夷之途。它說明中國並不存文化歧視。「強而近中國之夷，卒暴責之，則恐為害深，故當進之以漸」。凡夷狄能慕王化修聘禮，受正朔者，當進之；凡夷狄能慕中國，朝賢君，春秋進之；夷狄質薄，不可猝備禮，故以漸進之；凡夷狄治國有狀，能與中國通者，以中國之辭言之。凡夷狄有可進之道，則於其總名之上加以別稱，籍示優異，如稱狄為赤狄。凡夷狄去俗歸義，則春秋嘉之，稱其爵，列諸盟；凡夷狄能與中國常會盟者進之；凡夷狄助義兵則進之；「凡夷狄能結日偏戰，其行少進，春秋亦進之」；凡夷狄能憂中國則進之；凡夷狄之君，有賢行則進之；「凡夷狄能主會行義，則孔子不獨不殊主會之夷，並不殊其類，所以病中國也」。儘管如此，「凡春秋夷夏之界最嚴，雖進夷狄猶有不足之辭。蓋不欲使夷狄之治中國之救中國也」。[86]也就是說，春秋雖有「進夷狄」之途，但仍「嚴夷夏之大防」。

## 五　孔教之戰爭觀

探討軍事戰爭為兵家之常事，儒家寡言戰，故少談兵法，陳煥章

84 陳煥章：《孔教經世法》，卷第二十《夷狄》，頁235。
85 陳煥章：《孔教經世法》，卷第二十《夷狄》，頁235。
86 陳煥章：《孔教經世法》，卷第二十《夷狄》，頁236-237。

打破了這一傳統。卷第十八《論兵》對孔教用兵之道闡釋甚詳，這是他對孔教思想的一大貢獻。「凡兵之本體，固非不善，視其用之何如耳。孔子固以兵為傷害之物，然亦以為與民俱生。蓋兵也者，可以偃息而不能盡廢者也」。[87]陳煥章特引《大戴禮・用兵》篇所記孔子之言「聖人之用兵也，以禁殘止暴於天下也」來證明其說。所以孔子並不諱言談「兵」。「兵者，聖人所以討強暴，平亂世，夷險阻，救克殆」。遠古黃帝有涿鹿之戰，顓頊有共工之陳，成湯有南巢之伐，這都是用兵除暴去災的經典事例。[88]不過，孔子理想中的太平世畢竟是「無兵」的世界，「故堯典九官，無掌兵者，惟並其事于刑而已。雖以蠻夷猾夏，寇賊奸宄，而士師足以治之，此其所以不立兵官也。班固志刑不志兵，有旨哉！」[89]

古有軍制，天子、諸侯、國家根據地位高低，軍隊建制大小不一。「蓋兵者，出於保衛之不得已，以能自衛為限」。「凡擴張軍備者，孔子惡之」。[90]平時練兵，是為準備戰爭。「凡既有國家，即當有守備，故教民習戰，為不得已之事。蓋訓練之於平日，乃不至破敗于臨時也。《論語・子路》一篇，多言政治而其末二章，乃以孔子之言教戰者終焉」。「凡習戰之禮，當有定期，不可疏亦不可數」。「凡定期習戰之外，又有臨時習戰之禮。凡臨時而有兵事者，以習戰始終之」。這裡的臨時習戰包括田獵、非崇武。[91]古有射禮、軍禮。「孔子之志，固在偃兵。然孔子非不知兵者也」。「孔子之兵學，其自試而略見其端者，則頰谷之會是矣」。[92]

---

87 陳煥章：《孔教經世法》，卷第十八《論兵》，頁198。
88 陳煥章：《孔教經世法》，卷第十八《論兵》，頁198-199。
89 陳煥章：《孔教經世法》，卷第十八《論兵》，頁199。
90 陳煥章：《孔教經世法》，卷第十八《論兵》，頁200。
91 陳煥章：《孔教經世法》，卷第十八《論兵》，頁200-202。
92 陳煥章：《孔教經世法》，卷第十八《論兵》，頁206。

孔子「用兵之義」可歸納為：一、「凡保伍連帥，本有用兵征伐之道，故春秋不以諸侯擅興兵為大惡」。二、「凡人雖無禮於己，己不當因是用兵」。三、「凡人雖誑己，而事由己，致當內自責，不當侵人」。四、「凡師行而令人厭者，為不正之師」。五、「凡國君不得為匹夫興師。敵國若施無道于國君，則可以為之興師」。六、「凡為善不終，始以兵救人，後複以兵侵之，春秋不與之」。七、「凡兵以理判曲直，救兵非必可善」。八、「凡出兵伐人，而能以力服義，不戰而退，春秋大之」。九、「凡本國有喪，不當用兵，用兵則不孝」。十、「凡王者有三年之喪，而有夷狄內侵之事，則為宗廟社稷之重，不得不從權出師，此變禮也」。十一、「凡敵國有喪，不當伐之，伐喪則無義」。十二、「凡因人之困而伐之，是為不仁」。[93]顯然，孔子用兵講究有理、有據、有節，其所依持理據是仁道。

諸侯之間征討有法可依，伐無道者為正義之師，即所謂義兵。「義兵」有諸多情形：「凡諸侯有數侵伐各國以自廣大者，是為公敵，其起而討之者為義兵」；「凡諸侯有為無道而拘執諸侯者，其討之者為義兵」；「凡諸侯起兵以伐他國篡弒之賊者為義兵」；「凡起兵以誅他國之亂臣賊子者為義兵」；「凡世子去父出奔，已為不孝，若複犯先君傳統之命，而還盜父國則為先君舊臣者，義得距之，其諸侯出兵圍攻盜國之人，亦得為伯討」；「凡諸侯起兵以平他國內亂者為義兵」；「凡隨同義兵征伐者，春秋善其比與善行義」；「凡夷狄助義兵則進之」；「凡兵之所響，苟得其罪，則莫敢不懼」；「凡義兵所指，而壅遏之使不得以時進者，當被侵伐」。[94]

諸侯之間常有聯合之舉，「聯軍」也有理可循。「凡數國合兵隨人戰伐者，與主兵者同罪，不分輕重」；「凡與人訂期會師，當如期而

93 陳煥章：《孔教經世法》，卷第十八《論兵》，頁207-209。

94 陳煥章：《孔教經世法》，卷第十八《論兵》，頁209-210。

至，後期則為不信」;「凡聯軍破敵當歸攻聯軍，不能掩人之功，蔽人之善」;「凡與與國伐人，而反與與國戰，是謂聯軍不和」。[95]

用兵講究節度，不可濫用。「用兵之節」表現在：一、「凡無論戰伐圍攻，師出不踰時，所以重民之命，愛民之財，聚民之室家，又所以免敵之困憊」；二、「凡兵兇器，戰危事，不得已而用之。不當以師假人，人亦不當乞他國之師，不當以他國之師」；三、「凡兵者不得已而用之，若未至侵伐之地，即不當中道用師，所以重民命也」；四、「凡用兵之節，當貴重民命，一出師不可為兩事」；五、「凡興師攻取，而又用此師以任力役者，春秋惡其多生事端，困極師眾」；六、「凡傾國之兵，春秋所惡」。[96]儒教不喜戰，迫不得已用兵也講究節制。

兵不厭詐，這是兵家常用之道，陳煥章不提倡「兵詐」。他以「賤詐」表達對兵詐的鄙視。「春秋之義貴信而賤詐，詐人而勝之，雖有功，君子弗為也」。凡出兵之時，當正其名號，指其所之，不得行詐。凡用兵所以征不義，不當為苟勝，故陷阱奇伏之類，皆不當用。「凡托義而行惡，是為詐諼，不特無義，且坐其罪」。[97]

卷第十九《戰律》對各種戰爭形式作了論述。在孔教看來，「凡興兵戰伐圍攻者，皆屬有罪，若無道之兵，則于本罪加重」。按照春秋的成例，「戰不言伐，圍不言戰，入不言圍，滅不言入，書其重者也，猶律一人有數罪，以重者論之也」。[98]戰爭的方式有：襲（凡輕行疾至，不戒以入曰襲）、侵（觕曰侵，將兵至境，以其犯過而侵責之）、戰（凡合兵血刃曰戰）、伐（春秋之義，精者曰伐。侵責之不服，推兵入境，伐擊之益深，用意稍精密也）、大戰、入（凡入者以

95 陳煥章：《孔教經世法》，卷第十八《論兵》，頁210-211。

96 陳煥章：《孔教經世法》，卷第十八《論兵》，頁211-212。

97 陳煥章：《孔教經世法》，卷第十八《論兵》，頁213-214。

98 陳煥章：《孔教經世法》，卷第十九《戰律》，頁217。

兵入也，已得其國而不居曰入）。襲、侵、戰、大戰、入諸義較好理解，伐的內含相對複雜，故陳煥章對伐做了說明。「春秋之義，惡人侵伐，故以伐人者為客而抑之使居下，以見伐者為主，而揚之使居上」。「凡用兵之道，當先至竟侵責之，不服乃伐之，其兵至之日，不得即伐」。[99]戰爭中會出現各種問題需要處置，如逃軍，「凡輟戰而奔敵者為逃軍，人臣之大罪也」。如間諜，「凡間諜足以危害國家，故殺戮間諜，為正當之權利」。如俘虜，「凡待遇俘虜，不當刻酷，且當因其地位為相當之處置」。如敵屍，「凡死而被獲者，當歸之」。[100]

陳煥章對用兵之道和戰爭形式的闡釋充滿了儒者之味。在硝煙瀰漫、炮火連天的歐戰歲月，他的言詞當然不合時宜。在中國傳統中，道家喜*談兵*而言謀略，一部《老子》常被人視為兵書。儒家倡仁義而力治平，以修身齊家治國平天下為已任，「春秋無義戰」即為孟子對戰爭的態度，他甚至以「故善戰者，服上刑；連諸侯者，次之；辟草萊任土地者，次之」[101]表達對善戰者的厭惡。陳煥章的戰爭觀秉承孔孟的遺緒，與時代的尚武精神可謂背道而馳。

## 六　陳煥章為世界和平奔走呼喊

不管是從其論述的思想主題看，還是從其表現的思想內容看，陳煥章的《孔教經世法》都是中國近代思想史上極其獨特的一部思想文獻。它體系完備、結構縝密、論述周詳，歷史與邏輯緊密結合、相互統一，堪稱理論經典。該書外表雖以孔教包裝，但究其展現的內容看，實為發掘中國人的和平與戰爭學說，是中國和平與戰爭思想的歷

99 陳煥章：《孔教經世法》，卷第十九《戰律》，頁218。

100 陳煥章：《孔教經世法》，卷第十九《戰律》，頁223-226。

101 《孟子・離婁上》。

史總結。

歐戰結束後，在舉國一片歡呼勝利的聲浪中，陳煥章曾提出《建議以歐戰勝利祭告天壇聖廟案》，內稱：「蓋吾國不尚武力，注重文德，故雖征伐之事，亦歸納于學宮中也。此實吾國特別之國性，宜發揚於大地，以為吾國光，而促進世界和平者。」「此次歐洲大戰，協商國得最後之勝利，吾國為協商國之一，其當祭告于聖師及天帝，本無待言。」「吾既為神力所扶助，與友邦同其休戚，自當昭告壇廟，以彰慶典而答神休」。[102]

鑒於第一次世界大戰，因協約國聯合制敵得勝，陳煥章又提出《建議組織世界大同政府請諮政府提交和平會議案》：

竊維此次歐戰，協商國方面，實際上早已成一世界大同盟。今已得勝利，自宜擴而充之，組織一世界大同政府，以保永久之和平，此已得之時機，萬不可坐令失之者也。歐美學說，向偏重國家主義；而中國學說，則偏重世界主義。自今以後，為世界主義代國家主義而興之時，故孔教太平大同之義，在今已為實行之日，發揮而光大之，以貢獻於世界。此固吾國民之公責也。[103]

陳煥章「僅本孔子太平大同之義，演為建設世界大同政府之法」。他所提《世界大同政府組織法大綱》，共二十五條，多為發揮《春秋》之義，顯與《孔教經世法》有著密切的內在關聯。因當時國會反對，「兩案均未能通過，然組織世界大同政府一案，各國皆重視之，譯成各國文字，傳播於世界」。[104]「至《組織世界大同政府》一

102 載1923年3月《昌明孔教經世報》第2卷第2號。收入周軍標點：《陳煥章文錄》（長沙：嶽麓書社，2015年），頁260-262。

103 載1922年3月《昌明孔教經世報》第1卷第4號。收入周軍標點：《陳煥章文錄》，頁276-286。

104 鄔慶書：《陳重遠先生傳》，載《國立中山大學文史學研究所月刊》第3卷第1期（1934年）。收入周軍標點：《陳煥章文錄》，頁549。

案，尤為各國所重視，爭譯為英法各國文字，陳博士之言論，蓋皆有益於國利民福及世界和平者」。[105]顯然，陳煥章所提兩案，內冷外熱，反應不一。

一九二八年六月陳煥章應紐約基督教和平聯合會之邀，出席了九月十二至十四日在瑞士日內瓦召開的世界宗教和平大會籌備會議，並發表了演講。據王萬華從瑞士發回來的對這次會議的報導：

一九二八年八月中旬，世界大同宗教和平會議，舉行于瑞士江戶（即日內瓦之雅典堂 Athenee），孔佛耶回之各派宗支，莫不爭派代表與會，列席者一百二十四人，或為主教，或為教授，修髯道貌，儀錶昂昂，印錦華絲，冠裳濟濟。中國孔教代表北平孔教大學高要陳煥章博士，首加玄冠，身披深衣，手執孔林楷木雕成之「如意 Yew-ce」一柄，其上滿鐫「壽」字，隱寓「登斯民于仁壽」之意。陳博士為美國留學界前輩，其操英語演說時，大書「仁義」兩字，以示聽眾。謂人情每偏於愛已而輕於責人，惟孔子之大道，則愛人而責已，「仁」字從人，意謂愛人，「義」字從我，意為正我。人皆知責已而愛人，世界之和平，即堪永保雲。回教代表倫敦禮拜寺主持達德（Dard）云：宗教家舊習，每至黨同伐異，互相詆毀，今變「相詆毀」之成見而「相諒解」，則世界永久之和平，將自宗教界之和平開其端。佛教代表印度安盧（Andrews）氏云：本教有格言，惡不足以制惡，惟善可以解惡。而在佛回各界代表演說之先，均即席行本派之祈禱禮，種種法式，萃於一堂，實歷史上空前未有之大觀也。[106]

會畢，在倫敦舉行萬國祝聖大會，出席會議有歐洲宗教界人士一百二十余人，「孔教推行歐陸，此為先聲」。一九二九年春，陳煥章假

105 《香港孔教學院院長陳煥章博士事略》，收入鄧浩然編：《孔教叢錄選粹》（香港：遠大棉業有限公司，1968年再版），頁32。

106 王萬華：《世界大同宗教會議記》，載1928年10月11日《北洋畫報》第5卷第229期。

道美洲歸國，沿途組織孔教會多處。[107]

這年《良友畫報》第三十八期第二十五頁「介紹聞人」欄刊登了一幅旅美名人合影。前排中坐者為伍朝樞，後排由左到右為：郭秉文（教育家）、陳煥章（中國孔教會會長）、熊崇志（紐約華領事）、張伯苓（天津南開大學校長）。這張照片應是陳煥章旅美時所攝，它顯示陳煥章在當時的社會地位與張伯苓、郭秉文這些著名教育家毫無差異。惜因政局嬗變，陳煥章回國後即移居香港，在港創設孔教學院，從此退出中國政治舞臺，而開港埠講學之風氣。[108]

## 七　結語

《孔教經世法》之主旨在於闡釋孔教之和平觀。作為一個孔教大師，陳煥章沒有放過借此宣傳、發揮孔教教義的機會，他在卷第二《孔教總義》系統闡述了孔教基本原理，孔教對元、天、王、五始、五常、七情、五倫、三綱、平等、三世、三統、仁恕一系列範疇的理解。在卷三至卷八、卷十至卷十一分別對如何處理修身、教化、理財、夫婦、孝弟、國家、君民、職官的孔教理論作了介紹。和平理念可謂孔教處理各種內外關係的基本原則。「以中國之和平歷史為世界之冠」，實得力于孔教。在宣傳孔教這一優長時，陳煥章並不是忘記了他身臨歐戰這一語境，而是帶著一種超越的心情，指出人類的未來希望只能是孔教的「太平大同」。在這一點上，陳煥章與康有為、嚴

107 《香港孔教學院院長陳煥章博士事略》，收入鄧浩然編：《孔教叢錄選粹》，頁33。

108 區志堅：〈闡揚聖道，息邪距跛：香港尊孔活動初探（1909-今）〉，載湯恩佳編：《儒教、儒學、儒商對人類的貢獻》（香港：香港孔教學院，2006年），頁537-554；〈行見海濱鄒魯：從《孔道》及《孔道專刊》看孔聖堂實踐辦學理念〉，收入楊永漢主編：《國文天地（孔聖堂專號）》（2019年），頁16-23。

復、梁啟超有著驚人的一致。這些有著傳統士大夫經歷的儒者都表現了對孔教的強烈眷戀。在那個「利己殺人，寡廉鮮恥」（嚴復語）[109]的西方文明佔據強勢地位之時，孔教幾成為中國話語的另一個代名詞。因此，陳煥章懷抱傳統儒者「為萬世開太平」的和平理想當然不宜以迂腐來看待。

陳煥章作為近代孔教運動的主將和殿軍，其命運多少帶有悲劇性的色彩。作為孔教運動的推動者，他的努力幾乎為康有為巨大的身影所遮掩，以致人們對他本人獨自所從事的工作、所發揮的作用、所留下的遺產，從來沒有給予應有的重視，完全將他與康有為合為一體，忽視他獨立存在的價值。他的消逝，伴隨著嘲笑、辱罵和輕蔑，這一切似與他所做的極大努力很不相稱。如果沒有《孔門理財學》這部巨著，陳煥章也許很難再喚起人們對他的注意，然而當這部巨著所展現的深邃的中國古典思想和交融的中西互釋為我們重新認識時，我們不得不為陳煥章本身具有的學術素養和文化底蘊所深深震撼。在《孔教經世法》裡，他再次展現其在中西學術交融、互釋方面所持有的特長，以西釋中，以中證西，將中西學術思想融為一爐。陳煥章是第一個真正走進西方世界的儒者，在晚清儘管還有一部分中國傳統士人有過在西方遊歷、留學的經驗，但像陳煥章這樣中西最高學歷兼備、進士博士身份集于一身者卻絕無僅有。陳煥章在促進中西學術交融時留下了深刻痕跡，作為一個特殊個案，他的確有不同凡響之處。

在二十世紀中國，人們給有神的宗教留下了生存的空間，外來的基督教、伊斯蘭教、佛教，本土的道教，都有其受到法律保護的生存空間。但無神的宗教──孔教，似乎卻從來沒有得到承認。這裡有孔教自身的問題，既然是宗教，它就不應該要求積極參與世俗事務，更

109 《與熊純如書》（七十五），收入王栻編：《嚴復集》（北京：中華書局，1986年），第三冊，頁692。

不應該介入政治權利之爭，而是謹守在道德生活領域，這樣它的宗教純潔性也許會得到人們的尊重。另一方面，國人對孔教的心態也應該平和一些，既然有神的宗教因為「信仰自由」可以獲得現實生存的空間和法律賦予的權利，為什麼無神的宗教——孔教就不能有它的容身之地。知識份子的身心安頓，除了依靠自己的人生修養獲得，孔教應該還有其可資掘取的傳統資源和歷史價值？！這是我們應該重新考慮和反省的一個問題。這一問題曾經不斷被現代新儒家所追問，但後來的新儒家很少像陳煥章那樣在現實生活中真正實踐過，並為把孔教推向世界做出過真誠的努力。民國初年，康有為、陳煥章致力於將孔教提升為國教的努力遭到了陳獨秀、李大釗、胡適、吳虞等新文化運動代表的堅決抵制和抨擊，這無可厚非。但若保留孔教作為諸種宗教之一的地位，還原其「諸子學」的歷史原形，也並不為過。陳煥章對儒家思想現代意義的詮釋所做的努力是值得我們尊重和理解，他的價值也許就在這裡。

# 第七編
# 一戰後中國的文化思潮

# 第廿二章
# 從德國文化到中國傳統：戰後留德學人重建中國民族內涵的構想

麥勁生

香港考試及評核局公開考試總監，曾任香港浸會大學歷史系主任、教授

## 一　引言

從鴉片戰爭至一次大戰，中國經歷前所未有的衝擊與變化。盛極而衰的跡象見於乾隆末年，農業發展因人口與耕地比例的變化而急轉直下，接踵而來的是反政府組織的興起和累積而成的民變。馬加爾尼使團（Earl Macartney Mission）東來，預示新興的海洋勢力逐漸迫近，但清廷未能適時反應，商務糾紛終於演變成國與國之間的對抗。鴉片戰爭中國慘敗，之後數十年西方列強逐漸侵蝕中國經濟利益，令中國人民的生活狀況如雪上加霜，終於引發太平天國亂事。內憂外患之下，清廷急謀自強之道，展開以仿習西方先進知識和科技為主調的洋務運動。「中學為體，西學為用」的改革未能挽清朝於既倒，但卻導引中國進入一個新時代。現代軍事和新興經濟造成的變化在不知不覺間改變中國，實業興起，大都市的雛形出現，兼修中西學的新知識分子增加。

洋務運動背後的重要推手是儒家思想的經世本質，但儒學卻吊詭地在改革的過程中慢慢失去政治和文化領導地位。傳統儒者以「入

世」和「淑世」為重。「入世」是一種人生方向，而「淑世」是「希望改善現實世界以實現其理想。」[1]儒者「學而優則仕」，以儒家理想為本，以治術施政為實踐，當然是經世的具體表現。同時，儒者先修其身，進而以個人行誼改變世情，亦是淑世之途。[2]可以說，進而入仕和退而修身的理想在不同時代並存，只是儒者自有選擇。不過，政治與修身都不能無所本，儒者相信聖人之道存於「經」之中，治經明道，明道救世是一條重要的途徑，明末清初諸儒有感「束書不觀，游談無根」之禍，重顯治經明道之學。又因明亡之痛，求深切反省，專注如吏治、水利和治安等實務，即使考據學盛行的有乾嘉之世，揚州學派、浙東學派、桐城派以至程朱理學，均有其經世一面。[3]嘉道以來，國難當前，魏源、林則徐、賀長齡、龔自珍等本著經世濟民的情懷，「或撰寫政論時文究心現實問題，或研求治國大政，倡言變革之法，或潛心於輿地術數，從事致用學問。」[4]問題是十九世紀中葉之後世變日繁，傳統智慧未必能達成興鐵路、建輪船、組織現代軍隊等目標，帶有濃烈道德色彩的「致知」方式也難為現實問題找到即時答案。[5]新興實業背後的現代科學、西方知識和自由市場日漸被看成進步的力量，士大夫也得在不同程度上吸收西學。

世紀之交的種種變遷卻令經世之學以至整個中國傳統遇上更大的

1 張灝：〈宋明以來儒家經世思想試釋〉，中央研究院近代史研究所編：《近世中國經世思想研討會論文集》（臺北：中央研究院，1984年），頁5。

2 張灝：〈宋明以來儒家經世思想試釋〉，中央研究院近代史研究所編：《近世中國經世思想研討會論文集》，頁7。

3 李細珠：〈試論嘉道以來經世思潮勃興的傳統思想資源〉，《廣東社會科學》第3期（2005年），頁110-117。

4 李志茗：〈清嘉道年間的經世思想〉，《華中師範大學學報（人文社會科學版）》第37卷第2期（1998年），頁78。

5 范廣欣：《以經術為治術——晚晴湖南理學家的經世思想》（南京：南京大學出版社，2016年），頁12。

挑戰。若當前的經世要旨是求實效，愈趨專門化的各種知識是否更勝傳統學問？甲午戰敗後，懷疑傳統文化之聲響起，科學至上的說法漸漸湧現。一九〇五年廢科舉，「學而優則仕」的理想不再，儒者以經術為治術之途也再不通行，「明道救世」的寄望更是遙遠。修身是心性之學，還能有甚麼現實意義呢？儒學看要走進窮途之際，一九一〇年代中國經歷的更大變化，卻讓部分知識份子從新思考以至肯定傳統文化的價值。一九一一年辛亥革命結束，一九一四年到一九一八年大戰進行，中國在世界潮流中載浮載沉，同時面對民族建設的龐大工程，政治和文化重建在不穩的政局中緩進，在一片援引西方經驗的叫聲中，西方的科學和工業文明更受吹捧。但大戰結束，中國在戰後領土重整問題上被不公平對待，引發五四運動，也讓人看清西方列強不顧正義的真面目。同時，代表工業文明的西方列強在大戰中顯示出與自由和進步相反的黑暗力量。大量城市被夷為平地，無數人命財產損失，文明廢墟中殘餘的價值，還應該是中國人仿習的楷模嗎？

世紀而來傳入中國的西學包羅萬有，科學科技、自由主義、共產主義之外，也有經留德學人傳入的德國文化理想。德國到一八七一年始正式統一，之前只有少量德意志諸邦商人在中國沿海經商。五口通商後德意志商人因利成便加速活動，[6]至德國統一，德國國力大盛，李鴻章開始嘗試學習德國海陸軍技術和訓練，北洋海軍亦以德製戰艦「定遠」和「鎮遠」為主力。連帶以來的是軍事留學德國和德國顧問來華，一八九八年德國佔據膠州灣，並以此推展文化實力，之後青島成為國人學習德語的重心。一九〇七年成立於上海的德文醫學堂（上海同濟大學的前身）更成為留德學人的搖籃。有緣在中國接受德國文

6　關於中德早期貿易，請參看余文堂：《中德早期貿易關係》（臺北：稻禾出版社，1995年）；李今芸：〈一戰前德國商人在中國的「推進」〉，《九州學林》第34期（2014年），頁149-175。補充了一八七〇年之後德國商人在沿海以至臺灣的活動。

化訓練，並留學德國的新一代中國知識分子並非都以科技為專業，不少在歌德（Johann Wolfgang von Goethe, 1749-1832）、黑格爾（Georg Wilhelm Friedrich Hegel, 1770-1831）和席勒（Johann Christoph Friedrich von Schiller, 1759-1805）的文化世界開展了全新的視野，當中一部分和傳統儒家的修身觀念相通，而且在一次大戰之後，指引新知識分子批判工業文明造成的泛科學和泛理性主義，強調從人的心靈重塑做起，由個人、社群達到國家民族的建設，二次大戰後更重新肯定傳統中國文化的現代價值。本文討論的張君勱（1887-1969）、賀麟（1902-1992）和宗白華（1897-1986）三位留德學人，正是這種思路的代表。

## 二　兩次大戰期間德國文化理想對張君勱，賀麟和宗白華的啟迪

三位留德學人的背景頗有相同之處，都是在清末民初之際成長，先受傳統教育，再到外國留學，再在德國文化世界吸收重要文化資源，並以此批評和重構中國文化。以張君勱為例，他自少受傳統教育，十二歲投身廣方言館，開始接觸西學，到一九〇三年春入上海震旦學院。之後他輾轉從南京到湖南，又從湖南到日本求學，在日本學習到了憲法的理論，也接觸過革命份子，但他一直支持立憲，反對革命。[7]至清廷倒臺，他亦堅持改良。後袁世凱求復辟，張君勱匆匆去國，到嚮往已久的德國柏林進修，並遊歷英國。一九一八年大戰結

7　參看Roger B. Jeans, *Democracy and Socialism in Republic China: The Politics of Zhang Junmai (Carsun Chang), 1906-1941* (Lanham: Rowman & Littlefield, 1997), chapter 1;翁賀凱：〈張君勱民主社會主義思想的起源〉,《二十一世紀》總108期（2008年），頁60-69認為張君勱留德期間經歷德國的變革與俄國的革命，選擇了前者的溫和改良。實際上，他的改良傾向還可以在他更早年的思想找到痕跡。

束，他陪梁啟超赴巴黎觀察和會進程，之後留德未返，隨名師倭伊鏗（Rudolf Christoph Eucken, 1846-1926）學哲學至一九二二年才回國。[8] 賀麟一九一九年入讀清華學校之前，已有相當的國學根底，在清華亦受梁啟超之薰陶。一九二六年七月，賀麟畢業於清華大學，同年秋赴美國奧柏林書院升學。他從影響他什深的耶頓夫人（Ethel Yeaton）那裏接觸到斯賓諾莎和黑格爾哲學，同時也涉獵人類學和神話學著作。一九三〇年十月，賀麟到德國進修，更深入地認識黑格爾。賀麟在一九三三年，回國後兩年起陸續將魯一士（Josiah Royce, 1855-1916）對黑格爾的介紹逐章翻譯，後來合成《黑格爾學述》。宗白華於一八九七年生於江蘇常熟，受傳統教育後於一九一〇年赴青島入讀中學，一九一四年再轉赴上海同濟德文醫工學堂預備班，建立良好德語基礎。這時候他和田漢與郭沫若過從甚密，不但從他們領略詩的意境和寫作技巧，更與前者一起創辦《少年中國》。[9]一九二〇年五月，宗白華赴德國留學，先後就讀法蘭克福大學和柏林大學，一九二五年回國，之後任教南京國立東南大學逾三十載。

五四洪流在他們早年的作品都有著清晰的印記。以賀麟為例，他就讀清華期間，作品雖不多，但都表現對科學和理性的信賴。如一九二三年的〈戴東原研究指南〉，突顯戴東原的科學精神，[10]一九二五年在《東方雜誌》發表的〈嚴復的翻譯〉一文，讚嘆嚴復的跨文化視野，和對「西洋學術思想的卓識」。[11]同年發表的《論研究宗教是反對外來宗教傳播的正當方法》中，提到基督教的優劣，適合和不適合中

---

8 鄭大華：《張君勱學術思想評傳》（北京：北京圖書館出版社，1999年），頁7-10。

9 Michel Hockx and Kirk A. Denton, *Literary Societies in Republican China* (Lanham, MD: Lexington Books, 2008), 105.

10 賀麟：〈戴東原研究指南〉，《晨報副刊》，1923年12月8日。

11 賀麟：〈嚴復的翻譯〉，《東方雜誌》第22卷第21號（1925年），頁78。

國之處，亦強調「須用科學眼光重新估定價值，精研而慎擇之，亦不可墨守，亦不可盲從也……」。[12]宗白華的作品也反映出強烈的破舊立新，不斷奮鬥求進步的信心：

> 我們青年的生活，就是奮鬥的生活，一天不奮鬥，就是過一天無生機的生活……每天總要創造一點東西來，才算過了一天，否則就違抗大宇宙的創造力，我們就要歸於天演淘汰了。[13]

但從歌德（Johann Wolfgang von Goethe, 1749-1832）、黑格爾（Georg Wilhelm Friedrich Hegel, 1770-1831）和席勒（Johann Christoph Friedrich von Schiller, 1759-1805）等德國思想家中，他們開展了新的文化眼光。這些德國大師的思想歷程從啟蒙時代過渡到浪漫主義時代，能相容並包啟蒙哲士（philosophes）崇尚的理性、知識、個人解放等等價值，和浪漫主義者重新發掘的傳統、感性（sensibilities），直覺（intuition）和想像等等。在他們眼中，上述品質組成「自我」，它們的均衡發展成就德國文化傳統強調的「修養」（*Bildung*），「修養」的極致是一種理想人格，[14]是人的潛能的完整展現。理想的人格以理性認知外界，在群居生活中發展社交能力，但同時懂得以心靈去美化經驗，在沉思中發掘個性。知識當然重要，但不高於其他的精神活動。[15]理

---

12 賀麟：〈論研究宗教是反對外來宗教傳播的正當方法〉，張詳龍等編：《賀麟全集——文化與人生》（上海：人民出版社，2011年），頁8。

13 宗白華：〈致康白情等書〉，林月華主編：《宗白華全集》（合肥：安徽教育出版社，2008年），五卷，卷1，頁41。

14 Frederick C. Beiser, *The Romantic Imperative: The Concept of Early German Romanticism* (Cambridge, Mass: Harvard University Press, 2003 ), 24.

15 研究德國浪漫主義聞名的弗蘭克（Manfred Frank）因此批評力求達到單一和絕對真理的妄想。在他而言，歷史尤其重要，因為任何在制定時代被視為真理的東西，都

性和直覺與想像不但相容，而且互為表裏。理性是人認識和解釋事物之道，其結果是對「真實」(reality)的客觀陳述。直覺和想像可以將知識轉化成美和各種價值，結果是對「真實」的主觀精神再造。認識和感覺，客觀和主觀構成「真實」的全體。人接觸和認知外物，並以理性將認知上升成知識，但人也同時美化外物，將之變成藝術和理想，再經不同的表達而外延。所以，詩人和藝術家是世界的共同創造者，也只有智性和感性平衡發展的人，才能充分領會和共創世界。這時代的德國思想家如歌德，諾瓦利斯（Novalis, 1772-1801）和利特（Johann Wilhelm Ritter, 1776-1810）都是文理精通之輩。[16]弗雷德里希（Caspar David Friedrich, 1774-1860）和萊茵霍爾德（Heinrich Reinhold, 1788-1825）的名畫，不但透露人與大自然的關係，也反映出在恐懼和希望、焦慮和平衡之間，人的精神昇華。[17]人的各種種精神活動互相依存，互相滲透，但它們時刻都會產生張力，在不斷對弈中達致均衡。[18]

在中國的五四洪流中，這股以重塑人格為本的德國文化思潮並非最耀目，卻開啟了批判泛理性和泛科學化之風，並提供了重構中國文化的新視野。早於二〇年代初期，康德，叔本華和歌德等人的思想，已經在通曉德國文化的年輕學人之間流傳。[19]宗白華、賀麟和張君勱

---

可以被反覆思考、驗證和批判。參考Elizabeth Millán-Zaibert, "Introduction" to *The Philosophical Foundations of Early German Romanticism* by Manfred Frank, trans. Elizabeth Millán-Zaibert (Albany, NY: State University of New York Press. 2004), 10.

16 可參考Jocelyn Holland, *The Procreative Poetics of Goethe, Novalis, and Ritter* (London: Routledge, 2009).

17 Keith Hartley等人著的*The Romantic Spirit in German Art 1790-1990* (London: Thames & Hudson, 1994) 對德國浪漫主義藝術有完整的論述。

18 Marshall Brown, *The Shape of German Romanticism* (Ithaca and London: Cornell University Press, 1979), 15.

19 宗白華當然是早年傳播德國思想的表表者，見：《宗白華全集》，卷1，頁3-16，詩人

從中得到極大的啟示。雖然學術志向不盡相同，但在二十到三十年代末期，他們有幾個共同方向值得我們留意：

## （一）強調精神活動的多樣性和反對泛理性主義和泛科學論

一九二〇年，張君勱身處巴黎，就以〈倭伊鏗精神生活哲學大概〉一文，推介其師之文化理想。[20]借用倭伊鏗的說法，張君勱批評唯智、唯理性和機械論。他相信生活是一個延續和創造的過程。人固然為生物，受生理和心理本能之驅動，亦有精神的能量，可以創造「文學、宗教、美術、學問。」[21]人的創造力見於知識，也見於衣、食、住、行，到宗教道德，表達出圓滿的精神生活。

賀麟在一九二六到一九三〇年發表的作品以人類學作品為多。〈神話的本質和理論〉和〈魔術〉等作品，顯示賀麟掌握到理性以外，人的精神活動的多樣性。神話由「理智的和可理解的故事」和「愚昧的幻想」組成，包含古代人竭心盡智去解釋宇宙和人生的努力。[22]人類學的學習開闊了賀麟的眼光，也一度帶他走向「存在決定意識」的唯物傾向，所著〈村社制度研究〉和〈結婚，離婚的歷史和倫理〉[23]都側重客觀環境對人以至社群的生活和倫理的塑造。但在之後的作品他很快就重新思考唯物論造成的「機械世界觀」的缺點，一九二六年寫成的〈論述吉伍勒的倫理思想〉，批評美國的哲學和心理學

馮至也是重要代表。他和摯友楊晦的早年書信，出入歌德的文字著作，見劉福春主編《馮至全集》（石家莊：河北教育出版社，1999年），卷12，頁1-19。

20 收入張君勱著、程文熙編：《中西印哲學文集》（臺北：臺灣學生書局，1981年），下冊，頁1095-1115。

21 張君勱著，程文熙編：《中西印哲學文集》，下冊，，頁1113。

22 賀麟：〈神話的本質和理論〉，賀麟：《哲學與哲學史論文集》（北京：商務印書館，1990年），頁15。

23 兩文均收入《哲學與哲學史論文集》。

家吉伍勒（Robert Chenault Givler, 1884-1975）將道德看成生理活動的成果。[24]賀麟其後在一九二七年的〈西洋機械人生觀最近之論戰〉嘗試中肯評價機械論的優劣，並指出機械論和道德發展的關係。[25]

在奧柏林書院，賀麟首先學習了斯賓洛莎的哲學，認識到神、自然和實體的關係。因神和自然等同，人可以瞭解自然，掌握自然律從而認知神，從觀察和思考得到信仰，從外求而得內心的平靜。[26]賀麟順著這思路，在之後一九二九到一九三〇年的一連串的文章中討論道德、美學、自然、自我、社會和人類整體的歷程，連隨更上升到「絕對」的探索，求精神與自然的統一認識，貫通個人和宇宙的目的。魯一士對黑格爾的解釋，對賀麟影響最為重要。賀麟這階段的重要作品〈朱熹與黑格爾太極說之比較〉，說的「太極」就是「絕對」，即「總天地萬物的理」。他沒能將朱熹的理論講的清楚，[27]但解釋了黑格爾所講的理。理（太極）的第一階段是純理（reine Idee），即「上帝尚未創造世界以前的純理世界」，至純理外化，墮入型氣界而成自然。到第三階段，理與氣合為精神。[28]人對理的探究也有不同層次，純理的探究為邏輯，自然的探究為自然哲學，精神哲學以理與氣的統一為研究目標。[29]理也呈現在一個民族的精神的步步演進，從蠻荒時代的粗野文明，到今天的和平民主。[30]

同樣受到德國文化傳統的影響，早在《少年中國》的時代，宗白華便強調開拓人們心靈世界和健全性格的重要性。理性之外，直覺、

---

24 賀麟：〈論述者吉伍勒的倫理思想〉，《哲學與哲學史論文集》，頁41。

25 賀麟：〈西洋機械人生觀最近之論戰〉，《東方雜誌》第24卷第19號（1927年），頁82。

26 賀麟：〈史賓諾莎的哲學的宗教方面〉，《哲學與哲學史論文集》，頁61-62。

27 賀麟：〈朱熹與黑格爾太極說之比較〉，《國聞週報》第7卷第49期（1930年），頁6-7。

28 賀麟：〈朱熹與黑格爾太極說之比較〉，《國聞週報》第7卷第49期（1930年），頁6-7。

29 賀麟：〈朱熹與黑格爾太極說之比較〉，《國聞週報》第7卷第49期（1930年），頁6-7。

30 賀麟：〈朱熹與黑格爾太極說之比較〉，《國聞週報》第7卷第49期（1930年），頁11。

美感、觀感、感性都是人格的重要成份。他瞭解科學能匡謬正俗，推動中國社會革新，[31]但反對將精神活動化約為物質定律。在他眼裡，集智性，感性和強大心靈的理想人格才能衍生無窮的力量。智性發掘出的各種知識，感情和感性、直覺，想像發掘生活中豐富、和諧和愉快的韻律，再以不同載體將它們表達出來，雕塑、舞蹈、音樂、話劇等等都只是其中一些產物。但完整的人格要在平靜的生活中慢慢培養出來，所以宗白華厭惡煩囂的現代都市生活。宗白華較少提起他在德國五年的經歷，但同時期的作品顯示他對科學和現代資本主義生活的批判。在繁華的柏林之中，他努力找尋他的安寧。[32]他也發展出對音樂、繪畫、舞蹈的興趣。在種種的德國文化產物中，他感受到德意志民族的歷程，[33]玄思當中的總體情調、韻味、節奏和中心題旨。也從這種眼光，他回到重新思考中國文化的特質。

## （二）重構中國人的完整性格

張君勱在一九二二年被邀請撰寫憲法。對此他本身不算在行，唯有靠自身在德國所見所經歷為本，勉力為事，但過程中讓他瞭解個人、社會和國家如何能健全和有機地進化。德國的魏瑪共和經累世紀歷史和文化累積而成，更是各種利益較量和融和之大成，是他重要的參照。德國共和的基礎是地方自治，而自治的本源就是公民的參予，而公民必先得其獨立而完整的性格。二十年代，中國軍人全面掌權，[34]張君勱鼓勵民眾參政，倡議加拿大的聯邦制度，中央和地方政府各有權力，遇有爭端就由上下有序的德國式司法體系仲裁。[35]但張君勱更

31 宗白華：〈實驗主義和科學的生活〉，《宗白華全集》，卷1，頁106。

32 宗白華：〈柏林市中〉，《宗白華全集》，卷1，頁366。

33 宗白華：〈致柯一岑書〉，《宗白華全集》，卷1，頁414。

34 張君勱：《憲政之道》（北京：清華大學出版社，2006年），頁5。

35 張君勱：《憲政之道》，頁26。

明白，民眾之自由為民主政治所本，所以：「一切政治上之社會公道與個人自由，如鳥之兩翼，車之兩輪，缺一不可也。」[36]中國需要黑格爾所說的公民社會（*Bürgerliche Gesellschaft*），讓中國人在個人自由受到制度保障的場地，發展出自覺、自決和理性，並且在群居生活中安享倫理生活（*Sittlichkeit*）。[37]中國一直有專制而無民治[38]所以必先有自由的社會，才能養成獨立之人格，建立理想的理性政治。[39]民眾的「公」心和自治能力需漫長日子浸淫發展而來。以張君勱的理解，歐洲的經驗從學校[40]，城市[41]和中央管理無不貫徹自治精神，[42]公心也因此慢慢成長。

在三十年代，統一之局未徹底完成，卻見蔣介石獨裁之勢已成，張君勱身受其害，不得已再赴德國耶拿（Jena）講學。至一九三二年回國，和張東蓀、胡石青等建立中國國家社會黨，以《再生》雜誌為喉舌。創刊號〈我們所要說的話〉和附設的九十八條，成為該黨的重要主張。當中包含對中國民族精神建設的想望。他相信舊知識精英的道德已經破產，[43]中國的出路要靠全中國人共同開通。[44]大家得集結民意，凝聚大智慧，共創未來。一方面去除阻礙「公」心發展的不良

---

36 張君勱：《憲政之道》，頁91。

37 Peter G. Stillman, "Hegel's Civil Society: A Locus of Freedom," *Polity* 12, no. 4 (1980), 624.

38 張君勱（君勱）：〈國民政治品格之提高〉，《改造》第4卷第2期（1921年），頁3。

39 張君勱：〈國民政治品格之提高〉，《改造》第4卷第2期（1921年），頁4。

40 張君勱：〈省憲運動之目標〉，《浙江公立法政專門學校季刊》第8期（1923年），頁6。

41 張君勱：〈英德美三國市制及廣州市制上之觀察〉，《蘇社特刊》第2期（1922年），頁2。

42 張君勱：〈英德美三國市制及廣州市制上之觀察〉，《蘇社特刊》第2期（1922年），頁3。

43 張君勱（記者）：〈我們所要說的話〉，《再生》創刊號（1932年），頁3。

44 張君勱（記者）：〈我們所要說的話〉，《再生》創刊號（1932年），頁5。

措施，教育更是「民族團結之唯一方法與再造國民經濟之最好途徑。」[45]但歸根究底，他肯定一個自由和開放的環境是培養人的性格的基礎，因為「倘無思想的自由，則國家失其靈魂，所以思想自由是人民的根本。」[46]

賀麟在一九三三年翻譯出版魯一士的《黑格爾學述》。在這本小書之中，他出入於宋明理學和黑格爾哲學之間，嘗試用宋儒的概念導引讀者認識黑格爾哲學的最終關懷。全書的重心，正是黑格爾論自我、社群以至人類的總體精神歷程，和個人如何內化外界，外化自我的經過。賀麟認為，所謂「自我」不是固定的和恆常不變的，因為人會不斷獲取經驗，反覆思考和和重組自我。所以內心世界和社會生活，個人的意識和外界都息息相通。外界的訊息進入自我，做成轉化；自我進入社群，也影響社群，所以「精神生活乃許多精神之交感與共鳴。吾人內心深處的蘊藏之所以可知者，即因吾人意識，實具有交感共鳴之公開性也。」[47]小我和大我相遇，矛盾和融合是一個過程，造成兩者的合一。人的性格不斷改進，無數小我改寫社群和人類全體的經歷。中國人的性格持續進化，有其特質，也可貢獻人類。

宗白華在三十年代就認知文化的整體進步需要內人人都從小我做起：

> 我們每天的生活就是對於小己人格有所創造的生活，或是研究學理以增長見解，或是流連美術以陶冶性情，或是經歷困厄以磨練意志，或是勞動工作以強健體力，總使現在的我不復是過去的我，今日的我不是昨日的我，日日進化，自強不息，這才

45 張君勱（記者）：〈我們所要說的話〉，《再生》創刊號（1932年），頁39。
46 張君勱（記者）：〈我們所要說的話〉，《再生》創刊號（1932年），頁44。
47 魯一士著，賀麟譯：《黑格爾學述》（臺北：商務印書館，1973年），頁19。

合於大宇宙間創造進化的公例。[48]

知識和生活經驗就如基本的物料，靠理想，感性和想像將它們美化。宗白華嚮往一種藝術的人生態度：「積極地把我們人生的生活，當作一個高尚優美的藝術品似的創造，使他理想化，美化。」[49]也只有一個完整的人格，才能做出藝術的人生態度。西方的泛科學觀正正走進了死胡同，不但扼殺了藝術、道德和人的心靈世界，讓人迷失了人生方向，並且建立起工業、官僚和泛科學的霸權，壓抑個人。

## （三）重新肯定中國傳統文化的價值

至大戰爆發之前，張君勱仍然以制憲以求建立民主政權和培養國民性格為兩個重心。在他云云著作之中，〈法治與獨裁〉和〈中華新民族性之養成〉是主要的兩篇。當中〈中華新民族性之養成〉批評中國人狹隘的世界觀，所以無從確認國家在世界上的位置，[50]他反歸傳統文化的意態甚為清晰，強調必須讓人民瞭解本國的優秀之處，從而養成對國家之熱愛和尊重。張君勱為此鼓勵以重點的教材教育青年，內容主要有三大類，思想類選彰顯儒道法以至其他學派者，制度類選自三代以來之優者，人物類則選各方面大有成就者。

賀麟也在黑格爾的文化世界中，找到重新檢視中國文化的視角。如果自我是個人認知和反思的成果，大我就是群體的精神活動總體，在民族中就是民族魂（*Volksgeist*）、整個人類的精神歷程就是一個宇宙魂（*Weltgeist*）。「宇宙魂好像是全宇宙的主人。一切歷史的經過，

48 宗白華：〈中國青年的奮鬥生活與創造生活〉，《宗白華全集》，卷1，頁98。

49 宗白華：〈新人生觀問題的我見〉，《宗白華全集》，卷1，頁207。

50 張君勱：〈中華民族性之養成〉，原載《再生雜誌》第2卷第9期（1934年），收入《憲政之道》，頁360。

人事的變遷都好像是為他而起。因此他又好像是以歷史人世之變遷為生活，以歷史人世之苦樂為苦樂。宇宙魂是個浪遊者從古自今以至無窮，歷山川之變遷，經人世之滄桑，也可以說是下凡的真仙，一切人世的變遷都是為他而有……。」[51]宇宙魂就是黑格爾的「絕對理念」（absolute Idee）。個人與社群都參與創造這個「絕對理念」，並從中豐富自我。至此，中國民族魂的特質，及其在人類歷史的價值，漸成賀麟的主要關懷。之後的反覆思索，更讓他全面肯定中國文化的價值。

美學與哲學的反思，加上對中、西文化的比較，讓宗白華感悟中國文化是以「為天地立心，為生民立命，為萬世開太平」為主旨，以生命為中心，容納知識和道德、個人和群體、實用和美感的大系統。所以中國文化之中，沒有西方文化面對的知識和精神生活的張力，個人和群體的矛盾等等問題。中國的知識和道德呈現於人生，抽象如哲學、倫理和美感觀，實在如民生物用以至禮器，彼此都能融而為一，達到「致中和」的境界：

> 中國哲人則傾重於「利用厚生」之器，及「觀其會通以行其典禮」之器之知識。由生活之實用上達生活之宗教境界、道德境界及審美境界。於禮樂器象徵天地之中和與序秩理數！使器不僅供生活之支配運用，尤須化「器」為生命意義之象徵，以啟示生命高境如美術，而生命乃益富有情趣。不似近代人與無情無表現，純理數之機器漠然，惟有利害應用之關係，以致人為機器之奴。更進而人生生活機械化，為卓別林之《摩登時代》譏諷之對象！[52]

51 魯一士著，賀麟譯：《黑格爾學述》，頁54。
52 宗白華：〈形上學〉，《宗白華全集》，卷1，頁592。

沒有西方文化那樣將各項知識專門化和細碎化，天地四時為一，人居於此場景，順之而生，制禮作樂，文化之內涵見諸小亦見諸大，織成一副生命全景圖：

> 時空之「具體的全景」（Concrete whole），乃四時之序，春夏秋冬、東南西北之合奏的曆律也，斯即「在天成象，在地成形」之具體的全景也。「是故法象莫大乎天地，變通莫大乎四時；縣象著明莫大乎日月；崇高莫大乎富貴；（充實之美）備物致用，立成器以為天下利，莫大乎聖人。[53]

儒家所說的「道」、「藝」、「仁」、「德」亦為一體。人從藝中得道，因著心裡之德驅動，人展示道與日常生活，與人相處之中，並成就仁。[54]中國人的所有智慧，無一不呈現於生命之中。

三十年代前後的張君勱，賀麟和宗白華，身處中國新舊文化的交替，同時受德國文化理想啟導，瞭解二十世紀西方世界以至人類的危機，並對種種問題深切思考，但因時機機遇不一，開發了不同的事業，張君勱投身修憲，賀麟和宗白華以學術終身，但他們殊途同歸地走回傳統之道，並視之為中國的出路，人類文明的珍寶。這種態度經歷對日抗戰和國共長期對抗而變得更為堅決和強烈。賀麟和張君勱更在戰後全力推動儒學的復興，宗白華呼籲重新肯定中國獨有的美學意境，求的是中國人個性的發展，新一代精神活動的多元化，和最終中華民族和文化的更新和再興。

53　宗白華：〈形上學〉，《宗白華全集》，卷1，頁611。
54　宗白華：〈孔子形上學〉，《宗白華全集》，頁634。

## 三　從憲政回歸儒學：張君勱的曲折道路

從二十年代協助立憲，三十年代強調以自由意志抗衡獨裁管治，到四十年代重回儒學的追求，張君勱走的路程曲折，但因著德國文化理想與中國傳統價值的共鳴，他全心重構中國人的心靈的意圖卻是愈見明顯。張君勱對歐洲近代文明的瞭解，讓他一早發現機械論、工業文明和過度都市化的種種問題。在儒學得到了啟示，他希望儒家的心靈世界可以抵抗這種逆流，但他同時瞭解當代儒學的不足，希望引科學入儒學，使儒學變得更健全，中國人的心靈更壯大。

處於大戰中的張君勱，見國難當前，但對獨裁之害猶有餘悸，求民族存活和長遠發展大道之心更為堅決。一九三八年的〈民族與國家〉一文，道出了政治和文化建國的藍圖。張君勱相信 Nation 可包含「民族」與「國家」兩個內涵。「民族者，各種職業不同、地位不同之人民的結合，其種族、情感、精神之同，由於其語言、風俗、文化之同，因此有覺其為一體而有以自別於外人；至其是否立於同一國統統治之下，可不計焉。」[55]這裏他講的不是狹隘的種族主義，而是在相同場景之中長期生活，並且發展出感情和共同文化生活，並且互愛依賴的群體。他們凝聚為一體，是漫長的有機發展的成果。至於國家云云，其中要點不外乎法律、秩序與政治機構等等。[56]中國的法律，立法程式和行政都有未如人意之處，得漸次改革。[57]但人民是否遵守和尊重各種規定，貢獻大群，卻得看修養和道德，這個是文化的問題。

---

55 張君勱：〈民族與國家〉，呂希晨、陳瑩編：《張君勱新儒學論著輯要——精神自由與民族文化》（北京：中國廣播電視出版社，1995年），頁481。

56 張君勱：〈民族與國家〉，呂希晨、陳瑩編：《張君勱新儒學論著輯要——精神自由與民族文化》，頁481。

57 張君勱：〈民族與國家〉，呂希晨、陳瑩編：《張君勱新儒學論著輯要——精神自由與民族文化》，頁485。

個人修養身心，社會成為道德的共同體。引用兩個德國哲學家的看法，張君勱強調：

> 國家之成立由土地血統二者之自然共（同）（*Natürliche Gemeinschaft*）進而為語言風格二者自覺之共（同）（*Bewuβte Gemeinschaft*），由自覺的共同進而為法律與教育二者之理性共同（*Vernunftige Gemeinschaft*）。
>
> 國家者，道德的共同團體也，國家負介紹人類直接工作之責任，其最後目的即在經過國家內部種種之後，其民族能養成品行，此即最高道德之義務，不獨個人為然，國家亦然。[58]

國家、社會和個人，孰先孰後，何者為主導，自然是可以爭議的。但張君勱明確指出國家的重要力量來自人民修養和社會道德，每個民族的生長歷程不一，積累起來的文化可以改進，但不可徹底去除，更不可以用另一套文化來徹底取代。

中國文化在近世走入危機，張君勱從而感受到必須好好改良。西方文化自兩次大戰以來以陷於衰頹，張君勱卻因而發掘到中國文化的現世價值。早於一九三六年的《明日之中國文化》，他已指出，中國文化的衰落，源於民族失去活力：

> 文化之盛衰與民族活力互有關係；有活力斯有文化，無活力斯無文化。惟有唐代之活力也，乃有唐之武功唐之詩歌，其流風餘韻，且以構成宋代之理學。及乎活力之衰也，乃有元清之屈服於外人，與清代餖飣支離之學。今而後不求民族活力之培

58 張君勱：〈民族與國家〉，呂希晨、陳瑩編：《張君勱新儒學論著輯要——精神自由與民族文化》，頁490。

> 養，而但講文化之應為動或靜的，應為進步的或保守的，是猶不浚源而求水，不培根而求木也，安在其可乎。[59]

而缺乏活力之故，是國人精神長期被困鎖。政治上，君主專制摧毀了中國人的獨立性，大家庭制度增加了人們的依賴心理，支離的學術研究無法增進大家的知識素養，宗教重功利輕真誠。[60]得去除以上不利因素，中國人的精神才得以解放，心靈才復歸自由，人格才能全面成長。所以他強調：「造成以精神自由為基礎之民族文化，」[61]大眾得精神自由，由是政治上得民主，學術上得無盡知識，宗教上得真信仰，藝術上得新境界。[62]

一九三六年五月五日國民黨宣佈所謂「五五草憲」，之後十年張君勱努力參與修訂。一九四六年十二月二十五日，憲法獲得通過。張君勱達成心願，然而國民黨在內戰之中卻節節敗退。不久，張君勱被迫撤離中國，另謀建立他早於一九三〇年代後期倡議的「第三種政治」。[63]一九四九至一九五二年間，他在港、澳連同當時流亡人士包括失意政客、落魄軍人、桂系要員、中共叛徒、漢奸、知識分子和知識青年等，[64]在英美兩國秘密支持下建立「既反共又反蔣的第三勢力團

59 張君勱：〈明日之中國文化（上）〉，呂希晨、陳瑩編：《張君勱新儒學論著輯要——精神自由與民族文化》，頁334。

60 張君勱：〈明日之中國文化（上）〉，呂希晨、陳瑩編：《張君勱新儒學論著輯要——精神自由與民族文化》，頁345。

61 張君勱：〈明日之中國文化（下）〉，呂希晨、陳瑩編：《張君勱新儒學論著輯要——精神自由與民族文化》，頁347。

62 張君勱：〈明日之中國文化（下）〉，呂希晨、陳瑩編：《張君勱新儒學論著輯要——精神自由與民族文化》，頁348-353。

63 張君勱：〈民主獨裁以外的第三種政治〉，《宇宙旬刊》（1935年），頁4-7。

64 陳正茂：〈五十年代香港第三勢力的主要團體：「中國自由民主戰鬥同盟」始末（1952-1955）〉，《北臺灣學報》第34期（2011年），頁443。

體。」[65]張君勱以中國民主社會黨主席的身份參與第三勢力，和顧孟餘、左舜生、張國燾、伍憲子、孫寶剛等過從甚密，之後於一九五一年組成「中國自由民主戰鬥同盟」，並曾出版《自由陣線》、《獨立論壇》等十多種刊物。然而第三勢力無法將其觀點轉化成真正的政治力量，難以得到美國長時期支持。黨內出現過的領導人物如張發奎、許崇智、顧孟餘都再無政治能量。隨著第三勢力逐漸瓦解，張君勱失去了他最後的政治平臺。一九五一年十二月，張君勱離開印度赴美國定居，期間曾在史丹福大學研究共產黨歷史，亦到處講學發揚儒學，雖偶有參予國民黨活動，但效果並不顯著，最後於一九六九年二月病逝三藩市。

貫徹張君勱的思想行誼的，是進可藉儒者政治理想改造世界，退可靠修身著述利己利天下的經學傳統。他晚年轉向重塑中國人的德性，發揚儒學，表現退而修身的自然轉向，著有《新儒家思想史》。該書於一九五二至一九六三年在美國用英文寫成，之後再翻譯成中文，全書視儒學為中國文化的核心，並追溯它在漫長歷史之中生生不息的演進，當中所說的新儒家是指唐代以後，見於經、史、文學、藝術和禮儀等等的精神成就，重點在知識理性和道德心靈的均衡發展，當中不乏與德國文化理想之共鳴。張君勱瞭解中國的儒家很少致力於知識和方法問題的探討，[66]而且語言含混。[67]但中國新儒學有很多與別不同的地方，為首是強調道德，以個人為本，延伸至父子、君臣、夫婦等倫常關係。其次是重視天與人的關係，瞭解人立足之自然界。

---

65 陳正茂：《五十年代香港第三勢力運動史料蒐秘》（臺北：秀威資訊，2011年），頁47。

66 張君勱：〈新儒家思想史〉，劉夢溪編：《張君勱卷》（石家莊：河北教育出版社，1996年），頁19。

67 張君勱：〈新儒家思想史〉，劉夢溪編：《張君勱卷》，頁30。

第三是心靈的探索、以心為過濾外物的主體。所以需去除私慾雜念，保持不偏不倚、明朗和遠見。最後是知行合一，「一定要身體力行自己所奉的原則」。[68]張君勱對儒學有莫大信心，因為他確信「這種思想上的暫時衰落現象，往往會產生其精神與影響力的復活。」[69]儒學的特性和西方學術傳統，在好些地方看似不能相容，實則可以和諧並存。西方知識傳統強，富冒險精神而且強調原創性，中國人重視道德，尚平和及和諧，培養悟性，[70]正好互相補足。

張君勱著《新儒家思想史》是回顧儒家長久以來對中國以至人類的貢獻，其他的儒學專著，多談儒學之前景。他甚至相信，儒學在方法論的弱點，[71]可以自我完善。傳統儒家的「博學、審問、慎思、明辨和篤行」本身自成系統。博學求知並達於情理，審問反覆申辯慎思從多方面，有條理地思考，明辨釐清各種學說、名詞和概念，篤行就是由知而行。[72]各種並行發展就能造就完整的人格。西方文化的精妙之處，在「理智的自主」、「心的作用與思考」、「分類」，對想像世界和抽象世界的探究等等，無一不在傳統中國哲學之中佔一位置。[73]只需好好發展，儒家思想自然能立足於現世。最基本的說法：「大學之道，在明明德，在親民，在止於至善。明德的八個步驟：（一）格物、（二）致知、（三）誠意、（四）正心、（五）修身、（六）齊家、

68 張君勱：〈新儒家思想史〉，劉夢溪編：《張君勱卷》，頁29。

69 張君勱：〈新儒家思想史〉，劉夢溪編：《張君勱卷》，頁585。

70 張君勱：〈新儒家思想史〉，劉夢溪編：《張君勱卷》，頁596

71 張君勱：〈中國歷史上儒家及其與西方哲學的比較〉，呂希晨、陳瑩選編：《張君勱新儒學論著輯要——精神自由與民族文化》，頁143-156。

72 〈儒學之復興〉，呂希晨、陳瑩選編：《張君勱新儒學論著輯要——精神自由與民族文化》，頁287。

73 〈中國現代化與儒家思想復興〉，呂希晨、陳瑩選編：《張君勱新儒學論著輯要——精神自由與民族文化》，頁300-306。

（七）治國、（八）平天下，[74]已將知識、道德、個人、大群、天下融為一體。而歸根究底，精神之自由，是中國本來發展之基礎，無精神自由則個人無從修養，社會無法突破禮法傳統，政治無法超越專制政治，藝術和學術亦裹足不前。[75]

## 四　自我與民族精神：賀麟的思想返歸

大戰期間，賀麟一再撰寫慷慨激昂的作品，燃起同胞的愛國心，共抗日軍入侵，強調：「我們需設法儘量動員我們的精神力量，發揚我們的民族的固有美德，以從事抗戰，使我們在這長期戰爭中轉惡為善，轉不幸為幸，轉禍為福，將現代化的新中國建立起來。」[76]當中說重振中國文化的聲音十分響亮，但從上文討論得知，他嘗試重新整體理解中國文化的整體意義和價值，觀察中國的從古至今的各種文化創造，重塑中國的「文化魂」的眼光，早呈現於他三十年代的黑格爾研究，國難當前讓他重新珍視國家既有的精神寶藏，也明白到五四以來一直批判傳統文化的運動應該告一段落，極端的破除偶像運動，陷中國於「文化上有失調整，就不能應付新的文化局勢。」[77]新文化運動「破壞和掃除儒家的僵化部份的軀殼的形式末節，及束縛個性的傳統腐化部份，」[78]接著以來的應該是，重振和復興中國儒家文化。中

74 〈中國現代化與儒家思想復興〉，呂希晨、陳瑩選編：《張君勱新儒學論著輯要——精神自由與民族文化》，頁306。

75 〈明白中國之文化（下）〉，呂希晨、陳瑩選編：《張君勱新儒學論著輯要——精神自由與民族文化》，頁346-356。

76 賀麟：〈戰爭與道德〉，《賀麟全集——文化與人生》（上海：人民出版社，2012年），頁191。

77 賀麟：〈儒家思想的新開展〉，《賀麟全集——文化與人生》，頁12。

78 賀麟：〈儒家思想的新開展〉，《賀麟全集——文化與人生》，頁12。

國民族自晚清引進西學，固然在某些文化領域得到充實，也揭露了傳統文化的很多陰暗面，但同時也失卻了文化的自主自尊。所以當前的急務「是在西洋文化大規模的輸入後，要求一自主文化，文化的自主，也就是要求收復文化上的失地，爭取文化上的獨立與主。」[79]一個民族的精神是其整體精神活動的總體，是智性和感性與客觀環境長時期互動的歷史成功。民族精神是一個民族的共有價值，行為指標，各種文化創造的共同內涵。也因此，它有強大的生命力，各民族對其民族精神應該珍而重之。如果能如此，縱使在最困難的時候，民族精神能凝固民族，等待復興的時候。就如納粹德國政權，無論如何壓迫德國人，德國人的民族精神仍然堅強：

> 在當時納粹統治下的德國人，也許無法發揚德國典型文化的優點，我們相信，德國文化的火炬也會在別的地方或在後幾代的德國人裏繼續燃燒著的。德國的哲人素來注重精神價值，輕蔑商業文明。文化、學養、內心生活、真善美的永恆價值是他們所特別追求愛慕的對象，使人在物質文明的世界中，而仍能保持性靈的高潔。[80]

因為受著西洋文化的衝擊，受新式教育的知識份子喜歡以西方的尺度來評價中國文化，也必然看到中國的不足，如此便會進而希望去除中國文化裏不合乎西方尺度的元素，甚至求徹底的西化。賀麟要做的正正首先要清除大家對傳統文化的誤解，讓大家明白一些大家輕視的傳統其實是中國文化的精粹。歸根究底，賀麟相信國家的重興還得

79 賀麟：〈儒家思想的新開展〉，《賀麟全集——文化與人生》，頁14。
80 賀麟：〈納粹毀滅與國家文化〉，《賀麟全集——文化與人生》，頁166。

從民族、文化內裡求。貫徹他的德國文化眼光，他視獨立的人格為文化建設的基本目標。

> ……如一個人能自由自主，有理性，有精神，他便能以自己的人格為主體，以中外古今的文化為用具，以發揮其本性，擴展其人格。[81]

在困難當前的時候，賀麟尤其覺得重塑中國文化的內涵，讓國人重新尊重傳統才是中國重新站起來的方法。對賀麟來說，儒家文化是中國文化的核心，「儒家思想的命運，是與民族的前途命運、盛衰消長同一而不可分的，」[82]也是重塑中國人心靈的力量。儒家的特質在其一體性，大異于西方近代文明的專業性。它「是合詩教、禮教、理學三者為一體的學養，也即藝術、宗教、哲學三者的諧合體。」[83]對個人和中華民族，三者缺一不可。有詩教，以陶養性靈，美化生活。有禮教，以磨練智慧，規範行為。有理學，以格物窮理，尋求智慧。其總體為「仁」:「仁為天地生生不已之生機，仁為自然萬物的本性。」[84]

儒家的智性和道德價值，存在於中國社會的每一角落，繼續在發揮著功用，忽視它、鄙視它，就是把中國的社會根基徹底拔掉。民國以來的經濟發展，就因為道德規範破損，「剝削、貪汙、投機」處處，「是無道德背景，非為道德所決定的經濟。」[85]商業亦然，沒有道德抗衡，新興工商業造成的現代都市「充滿了市儈流氓，粗鄙醜俗，

---

81 賀麟：〈儒家思想的新開展〉，《賀麟全集——文化與人生》，頁13。

82 賀麟：〈儒家思想的新開展〉，《賀麟全集——文化與人生》，頁12。

83 賀麟：〈儒家思想的新開展〉，《賀麟全集——文化與人生》，頁16。

84 賀麟：〈儒家思想的新開展〉，《賀麟全集——文化與人生》，頁17。

85 賀麟：〈經濟與道德〉，《賀麟全集——文化與人生》，頁35。

及城市文明之罪惡；而尋找不出絲毫中國文化的美德。」[86]其實，「商人也何嘗不夙興夜寐，操其業務……商人亦多急公好義的人……。」[87]有詩教和禮儀的陶冶，他們也會成為有人格的新社會中流砥柱。智性是儒家學說的重要成份，是政治的支柱，也是學術和人生的基礎。傳統社會講求德治，德治也必以學治為基礎，因為「道德必賴學術去培養，行為必須以真理為指導。」[88]作為國家民族領導，亦得尊重和發揚學術，「使全國各界男女生活，一方面都帶有幾分書生氣味，亦即崇尚真理，尊重學術的愛智氣味。」[89]

如同黑格爾所說，主觀自由（個人），客觀自由（外在的條件）結合，才能得絕對自由，傳統道德未經人性化，也未經藝術的美化，「不是順適人的性靈，啟迪人的良知，而是從森嚴的道德律令苛責人，以冷酷的是非判斷教訓人。」[90]所以人需要獲得解放，道德必須轉化。道德建基於知，儒家在學術方面有其短處，吸收西洋文明是一個途徑，但中國諸子，從道、墨、法均有其長處，如道家「從自然中間，發現人生的真理，增加生命的力量，」[91]法家「信賞必罰，紀律嚴明」的精神，和儒家調和，讓「法治與禮治、法律與道德、法律與人情相輔而行，兼顧共包的。」[92]學術，道德和詩教的共治一爐，就能鑄成理想人格，貢獻中華民族復興。

由此，賀麟對宋代以下的儒學和禮教作了完整的整理和重檢。在五四洪流，一片打倒舊傳統和禮教的氛圍之中，賀麟重新肯定了五倫

86 賀麟：〈物質建設與培養工商業人才〉，《賀麟全集——文化與人生》，頁39。
87 賀麟：〈物質建設與培養工商業人才〉，《賀麟全集——文化與人生》，頁40。
88 賀麟：〈抗戰建國與學術建國〉，《賀麟全集——文化與人生》，頁28。
89 賀麟：〈抗戰建國與學術建國〉，《賀麟全集——文化與人生》，頁29。
90 張學智：《賀麟》（臺北：東大圖書公司，1992年），頁229。
91 賀麟：〈自然與人生〉，《賀麟全集——文化與人生》，頁127。
92 賀麟：〈儒家思想的新開展〉，《賀麟全集——文化與人生》，頁20。

的社會價值，更視之為中國社會的基礎：「五倫的觀念是幾千年來支配了我們中國人的道德生活的最有力量的傳統觀念之一。」[93]五倫是五種人與人的關係，而人際關係是中國社會所重，君臣、父子、夫婦、兄弟和朋友，是中國社會最實在的關係，也叫五常倫。[94]每種關係都有指定尊卑、責任、義務去履行，也叫五常德，賀麟強調那是一種差序的關係。事實上，他也對墨子「兼愛」那種無差等的愛持懷疑態度。[95]反者，以責任、義務和禮儀維持社會最基本的各種關係，是合理而且容易達到的，更能發展人道德的內涵，他說：

> 而五常之德就是維持理想上的常久關係的規範。不論對方的生死離合，不管對方的智愚賢不肖，我總是應絕對守我自己的位分，履行我自己的常德，「盡我自己應盡的單方面的義務」，不隨環境而改變，不隨對方為轉移，以奠定維持人倫的基礎，穩定社會的綱常。[96]

外在的文化氛圍需要人性化，人亦從外在世界吸收養分豐富內心。心是容器，也是整合各種精神要素之所。清初遺老開始批評陸王之學空疏，賀麟卻從中發掘出王學的一個重要精神支柱——直覺，並以此匯通格物，展現出儒學更深層的面貌。不少人將直覺和理性對立起來，視直覺為不可解釋，不可依賴的神秘精神活動。引用德國學者邁爾（Heinrich Maier）的看法，賀麟視直覺為「一種直接的透視以究自然世界和精神世界之最深邃的本質。」[97]直覺不僅求宏觀的世界認知，

93 賀麟：〈五倫觀念的新檢討〉，《賀麟全集——文化與人生》，頁56。
94 賀麟：〈五倫觀念的新檢討〉，《賀麟全集——文化與人生》，頁58。
95 賀麟：〈五倫觀念的新檢討〉，《賀麟全集——文化與人生》，頁60。
96 賀麟：〈五倫觀念的新檢討〉，《賀麟全集——文化與人生》，頁64。
97 賀麟：〈宋儒的思想方法〉，《賀麟全集——近代唯心論簡釋》，頁72。

更是「一種經驗，廣義言之，生活的態度，精神的境界，神契的經驗，靈感的啟示，知識方面突然的當下的頓悟或觸機，均包括在內。」[98]直覺和智性活動並不排斥，甚至不分先後：

> 殊不知直覺方法一方面是先理智的，一方面又是後理智的，先用直覺方法洞見其全，深入其微，然後以理智分析此全體，以闡明此隱微，此先理智之直覺也。先從事於局部的研究，瑣屑的剖析，積久而漸能憑直覺的助力，以窺其全體，洞見其內蘊的意義，此後理智之直覺也。直覺與理智各有其用而不相背。[99]

所以直覺不是原始或散亂的感覺。所以象山之學在賀麟看來，不是完全不看書，而是在眾說紛紜之時，「擺脫一切，赤地新立，以便一切自真我做主，由本心出發。」[100]書要讀，人生要多經歷，更重要是保持心的安寧，不隨便輕信，回復到固有的先天理性，而得到個人體會。[101]象山之學，不但沒有放棄格物，更視之為返歸本心之正道，朱子是外窺究物理，象山是格物以回復本心。致良知「就是消極的克去此心之不正，積極的回復到本心之正。」[102]是人格的提升，也是道德的昇華。

## 五　中國文化的總體精神：宗白華晚年的感悟

抗戰開始，宗白華的作品出現了一些例如：「中國是個富有哲學

98　賀麟：〈宋儒的思想方法〉，《賀麟全集——近代唯心論簡釋》，頁73。

99　賀麟：〈宋儒的思想方法〉，《賀麟全集——近代唯心論簡釋》，頁75。

100　賀麟：〈宋儒的思想方法〉，《賀麟全集——近代唯心論簡釋》，頁79。

101　賀麟：〈宋儒的思想方法〉，《賀麟全集——近代唯心論簡釋》，頁80。

102　賀麟：〈宋儒的思想方法〉，《賀麟全集——近代唯心論簡釋》，頁82。

理想的高尚的民族，在這次抗戰中我們見到每一個兵士都肯殺身成仁，慷慨殉國……這精神決可保障中國不亡。在艱苦的持久的抗戰中一個近代國家已經產生，在建造新國家的大業中技術[103]和哲學是兩根重要的柱石，而這兩根柱石都是植根於科學的研究。」[104]「每一個單純的兵士，沒有受過多少教育，沒有得到國家豐厚的待遇，卻個個視死如歸，慷慨捐軀，一寸國土，一堆碧血。若不是五千年來的國魂來復，最高領袖的精神感召，這真是不可思議的奇跡……」[105]這些不是廉價的販賣，是發自內心的民族的休戚與共。三十年代的中、西美學比較研究，讓宗白華瞭解，中國科學雖然不算發達，但整個文化的總體精神，有其特色，也有可以向世界、向人類作出貢獻的。[106]中國的詩、畫、音樂和舞蹈混成一體，不同時代的名家共同創造出一個幽渺的境界。當中存在中國人的價值，世界以至宇宙觀。它們是中國民族的共有財產，也是持續發展的力量，大家應該珍而重之，好好保存。之前在一片科學主義之聲中，中國的傳統文化受到懷疑，有心將其價值重新建立的，卻缺乏「行」的力度。未來的中國人的工作是要建立中國的物質文明，也要將之與「人生智慧——哲學與人生觀——宗教」相連。[107]他相信抗日戰爭是民族災難，但「這是中國民族死裏求生，回復青春的大轉機，這是中國歷史上最有意義，最悲壯燦爛的一頁。」[108]

103 「技術」的意思是不是機器、不是科學，它是一種能力，是一種有目的地創造的精神力量，所以「科學、藝術、法律、政治、經濟以至人格修養」都有技術的方面。見：宗白華：〈近代技術底精神價值〉，《宗白華全集》，冊二，頁167。

104 宗白華：〈近代技術底精神價值〉，《宗白華全集》，冊二，頁168。

105 宗白華：〈《學燈》擎起時代的火炬〉，《宗白華全集》，冊二，頁169。

106 宗白華：〈介紹兩本關於中國畫學的書並論中國的繪畫〉，《宗白華全集》，冊二，頁43。

107 宗白華：〈持術與藝術——在復旦大學文史地學會上的演講〉，《宗白華全集》，冊二，頁185。

108 宗白華：〈《編纂抗戰史之管見》編輯後語〉，《宗白華全集》，冊二，頁255。

就在眼前的民族存亡危機，令宗白華的語調變得激昂，也更著緊地表達中國文化的恆久價值，和民族發展的關係，但他根本的想法並沒有太大改變。三十年代初的中西美學研究中，宗白華已經點出中國繪畫「既不是以世界為有限的圓滿的現實而崇拜模仿，也不是向一無盡的世界作無盡的要求……」,「它所啟示的境界是靜的，因為順著自然法則運行的宇宙是雖動而靜的，與自然精神合一的人生也是雖動而靜的。它描寫的對象，山川、人物、花鳥、蟲魚，都充滿著生命的動——氣韻生動。但因為自然是順法則的（老、莊所謂道），畫家是默契自然的，所以畫幅中潛存著一種深深的靜寂。」[109]中國畫以空白為底，景物佈置其中，「人與空間，溶成一片，俱是無盡的氣韻生動。」[110]所以中國的畫風沒有西方的透視，卻處處表現生命之流。[111]戰爭和亂離之中，宗白華深刻瞭解中華文化的危機，他趁機重新研究歷代的美學，更深切瞭解中國的文化精神，深種於每一個時代的藝術創造。好像「晉宋人欣賞山水，由實入虛，即實即虛，超入玄境。」[112]內裏的是「高潔愛賞自然的胸襟」,「風神蕭灑，不滯於物」的「自由的心靈」[113]，教人「內外發現了自然，向內發現了自己的深情。」[114]

中國的藝術意境「是使客觀景象作我主境情思的注腳」[115]，簡單說「就是客觀的自然景象和主觀的生命情調交融滲化」，人的心靈豐富複雜無比，也「只有大自然的全幅生動的山川草木，雲煙明晦，才

---

109 宗白華：〈介紹兩本關於中國畫學的書並論中國的繪畫〉,《宗白華全集》，冊二，頁44。

110 宗白華：〈介紹兩本關於中國畫學的書並論中國的繪畫〉,《宗白華全集》，冊二，頁45。

111 宗白華：〈中西畫法所表現的空間意識〉,《宗白華全集》，冊二，頁148。

112 宗白華：〈論《世說新語和晉人的美》〉,《宗白華全集》，冊二，頁269。

113 宗白華：〈論《世說新語和晉人的美》〉,《宗白華全集》，冊二，頁270-271。

114 宗白華：〈論《世說新語和晉人的美》〉,《宗白華全集》，冊二，頁273。

115 宗白華：〈中國藝術意境的誕生〉,《宗白華全集》，冊二，頁328。

足以象徵我們的胸襟、靈感氣韻。」[116]詩人畫家以寬廣的眼光凝視世界，所感所思，成為胸中的思懷。再將思懷轉化成詩、畫、音樂和舞蹈。中國畫的佈局、組織、人和景物的分佈、讓情感川流期間，生態溢然，非簡單的寫實和透視所能盡訴。常人看藝術，專注其內容、含義和形式，[117]但藝術家創作更要從寫實而傳神，傳神而妙悟，感悟「道」之常在。[118]中國藝術是中國古往今來的歷史累積，也是中國文化的重要構成部分，所以宗白華在戰爭期間努力宣傳。一九四四年，抗戰稍有轉機時，他作出了極為重要的宣言：

> 現代的中國站在歷史的轉折點。新的局面必將展開。然而我們對舊文化的檢討，以同情的瞭解給予新的評價，也更顯重要。就中國藝術方面——這中國文化史上最中心最有世界貢獻的一方面——研尋其意境的特構，以窺探中國心靈的幽情壯采，也是民族文化的自省的工作。[119]

經歷了二次大戰、國共內戰和建國初年的艱辛，宗白華的學術歷程也經歷了不少頓挫。一九六〇年代之前，他仍活躍於學界，雖然學侶如郭沫若、田漢和徐悲鴻均進佔重要文化職位，宗白華卻於一九五二年調職北大哲學系。北大哲學系師資強大，但外國哲學非其所重，「美學更是無用武之地」，[120]宗白華教學之餘就是逛美術館和朋友相聚。這時期的作品，以翻譯為多，包括一九五六年八月的《海涅的生活和創作》，《黑格爾的美學與普遍人性》等等，亦有參與文藝理論的

116 宗白華：〈中國藝術意境的誕生〉，《宗白華全集》，冊二，頁327。
117 宗白華：〈常人欣賞文藝的形式〉，《宗白華全集》，冊二，頁314。
118 宗白華：〈中國藝術意境的誕生〉，《宗白華全集》，冊二，頁332。
119 宗白華：〈中國藝術意境的誕生（增訂稿）〉，《宗白華全集》，冊二，頁356-357。
120 鄒士方：《宗白華評傳》（香港：香港新聞出版社，1989年），頁224。

討論，當然也無可避免地以馬克思理論重構部份原有的想法，發表成文。然而一九五九年七月發表的《美學的散步——詩（文學）和畫的分界》卻出了意想不到的結果。所謂「散步」，是自由自在，無拘無束的行動。散步可能沒有預計的目標，但和邏輯並不是絕對不相容的。就在散步中，人領略各種意境、外物和心靈流動，外物轉化心靈，心靈重塑外界。一九六〇年北京大學成立哲學教研室，宗白華為成員，著手翻譯康德美學作品《判斷力批判》，並以中、西方藝術、戲劇和音樂為題材，從小見大，從零至整，總合中、西文化內涵的精髓。未幾文化大革命爆發，宗白華的美學散步被視為資產階級玩意，當然得中斷。至一九七五年局面稍穩，他才得以重新起步，以重新探討中國美學特質去重新肯定中國文化的重要性，作品當中，尤以一九七九年出版的《中國美學史中重要問題的初步探索》至為重要。他嘗試打破音樂、繪畫、建築之間的界限，鼓勵大家以心去感受它們的「氣韻」：

> 氣韻，就是宇宙中鼓動萬物的氣的節奏與和諧。繪畫有氣韻，就能給欣賞者一種音樂感……其實不單繪畫如此，中國的建築、園林、雕塑中都潛伏著音樂感——即所謂韻。[121]

和「生動」，即「熱烈飛動，虎虎有生氣。」[122]

從中國藝術的總體之中，人感受到動和靜的平衡，氣韻生動的情調，旋律和自然互相感應的寧靜，人與天地「不障」，而一通為整體，如莊子所言「天地與我並生，萬物與我為一」，孟子所言「上下

121 《宗白華全集》，卷三，頁465。

122 《宗白華全集》，卷三，頁465。

與天地同流」，這是中國文化的最高境界，也是人生的最高境界。[123]

## 六　結論

張君勱、賀麟和宗白華三位留德學人的文化理想，是時代產物，也是跨文化互動的結果。有著傳統中國知識份子各種承擔，他們在民族危機之前，診斷中國社會與文化的潛在問題。他們分別從德國政治哲學，哲學和美學的不同進路出發，但得到相近的結論，同時重新肯定傳統中國文化的現代意義。德國近代的思潮，在不同階段以不同的形式和他們既有的修身經世理念起了共鳴。在二次大戰之前，德國近代文化中的感性，直覺和想像等等觀念，擴充了他們對人的精神內涵的理解，讓他們在更清楚看見工業科技文明的危機，也瞭解中國不應盲從西方工業主義的發展道路。他們開始思考如何重鑄中國人的心靈，希望他們能建立起合理性，感性，群性的健全人格，為中國的復興做好準備。經歷了二次大戰，他們對中國和全球局面增加了瞭解，進而希望匯通德國文化求獨立人格和民族精神的特點，和儒家求修身以至立國的理想，讓中國站立於現代世界，甚至為世界文明的新階段作出貢獻。

123 蕭湛：《生命・心靈・藝境——論宗白華生命美學之體系》（上海：生活・讀書・新知三聯書店，2006年），頁115。

# 第廿三章
# 在反叛實證主義中的文化發現：第一次世界大戰後中國梁啟超派的文化保守主義*

李蕣伊（Soonyi Lee）著

韓國籍學者，美國紐約大學歷史學博士，
現任美國默西大學（Mercy University）歷史學助理教授

曾苡　譯

香港嶺南大學歷史系研究主任及兼任講師，嶺南大學歷史系哲學博士

第一次世界大戰後，中國知識界出現了明顯的文化保守主義傾向，這是中國對西方科學現代性破產的反應。不同於將中國文化保守主義作為國家現代化理念的普遍解釋，本文考察了梁啟超及其同儕張君勱和張東蓀獨特的文化保守主義興趣以及他們為恢復戰後世界普世道德的構想。在對實證主義的全球性反叛中，研究系（梁啟超派）哲

* 譯註：本文之英文版曾於美國約翰・霍普金斯大學出版社發行之《二十世紀中國》期刊（*Twentieth Century China*）2019年10月第44卷第3期第288-304頁刊登。謹向作者Soonyi Lee與《二十世紀中國》編輯部慷慨授權致以謝忱！版權信息：Lee, Soonyi. “In Revolt against Positivism, the Discovery of Culture: The Liang Qichao Group’s Cultural Conservatism in China after the First World War.” *Twentieth Century China* 44:3 (2019), 288-304. 

學家將中國文化重新定義為一種地方性的、有助於創造新世界文化的普世道德源泉。本文闡明瞭他們的文化保守主義如何將普遍性（the universal）歷史化（historicize）為透過有意識的人類努力而恢復普世道德，並與不同的地方文化相一致的目標。

## 一　前言：反實證主義的文化政治

> 這回戰爭，給人類精神上莫大的刺激，人生觀自然要起一大變化，哲學再興，乃至宗教復活，都是意中事。[1]

一九一九年，中國思想家梁啟超在遊歷戰後歐洲時宣稱，最近的世界大戰是人類歷史的轉折點。梁和他的同儕——尤其是梁的弟子、著名哲學家張君勱（1887-1969）和張東蓀（1886-1973）都認為在世界範圍內這場戰爭已經證實了現代西方的破產。他們達成的共識是，戰後世界正在經歷「社會轉型和自我更新」，進一步開啟了未來的新局面。[2]正如上述引文所示，哲學和宗教在他們看來，均被十九世紀佔主導地位的實證主義知識範式所壓制，二者的「復興」標誌著戰後時代的新生，標誌著世界歷史上人類的自由意志的復興。

事實上，梁啟超和二張認為第一次世界大戰的爆發很大程度上歸因於實證主義的根本缺陷導致的西方哲學危機。在他們看來，隨著一

1　梁啟超：〈歐遊心影錄〉，《飲冰室合集之二十三》（上海：中華書局，1936年），頁23。梁啟超所稱「這回戰爭」應為第一次世界大戰。

2　梁啟超：〈歐遊心影錄〉，頁18；〈宣言〉，《解放與改造》第1卷第1期，1919年9月1日。張君勱與張東蓀二人私交甚篤，頗有合作，而又同為導師梁啟超所領導「研究系」的代表人物，並稱「二張」。他們在一九○○年代後期在日本首次相遇，並在整個一九二○年代參加了梁啟超的所有政治和知識組織，例如進步黨、共學社和講學社，以及研究系。本文重點介紹五四時期（1919-1927）梁啟超、二張的文化活動，統稱「梁氏諸人」。

八五九年查爾斯・達爾文（Charles Darwin, 1809-1882）所著《物種起源》的出版而達到頂峰的實證主義使內在和外在的生命都屈從於物質運動的「不可避免的規律」（the inevitable laws），從而否定了「人類的自由意志」（the free will of a human being）。[3]梁批評這實際上是哲學向「科學的旗幟」（the banner of science）投降。

> 意志既不能自由，還有什麼善惡的責任？我為善不過那「必然法則」的輪子推著我動，我為惡也不過那「必然法則」的輪子推著我動，和我什麼相干。如此說來，這不是道德標準應如何變遷的問題，真是道德這件東西能否存在的問題了。現今思想界最大的危機。就在這一點。[4]

換言之，對於梁啟超及二張來說，正是道德問題在哲學中的消失，或者說，作為道德主體的自由人的喪失，才造成了戰爭的悲劇。他們關注接受西方思想的最新發展，例如威廉・詹姆斯（William James, 1842-1910）的正直哲學、亨利・柏格森（Henri Bergson, 1859-1941）的創造性進化理論和魯道夫・歐肯（Rudolf Eucken, 1846-1926）的精神生活理念，並將這些思想歸為恢復道德問題和克服「機械唯物主義人生觀」的全球利益的一部分。梁氏諸人相信中國作為國際社會的一份子，應該接受這些新趨勢，以便在世界上崛起。[5]在此背景下，他們

3 張君勱：〈歐洲文化之危機及中國新文化之趨向〉，《東方雜誌》第19卷第3期，1922年10月，頁116-118；梁啟超：〈歐遊心影錄〉，頁11。

4 梁啟超：〈歐遊心影錄〉，頁11。

5 梁啟超：〈歐遊心影錄〉，頁17-18、20。陪同梁啟超非官方出訪巴黎和會的張君勱決定留在德國跟隨魯道夫・歐肯（Rudolf Eucken，1846-1926）學習哲學，張君勱相信歐肯的「精神生活」哲學，提供了一種批判奧古斯特・孔德（August Comte, 1798-1857）的實證主義和達爾文主義的道德觀。張君勱：〈通訊〉，《改造》第3卷第4期，1920年12月15日，頁102。

發起了一場新文化運動[6]，作為他們努力恢復全球道德的貢獻。[7]

值得注意的是，對於這些中國哲學家來說，跟隨世界潮流並不意味著簡單地將西方思想作為先進模式來效仿。[8]由於全世界在第一次世界大戰的破壞性災難中產生對現代西方文明霸權的幻滅感，梁氏諸人認為可以從中國傳統中勾勒並汲取道德價值觀，並為新的世界文化做出貢獻。從這個角度出發，他們的新文化運動支流就與我們現在所說的主流新文化運動（1915-1919）背道而馳。後者的特點是對歐洲啟蒙運動普適模式的信仰，而梁啟超派的運動是建立在發掘中國本土文化的基礎上，這些文化不一定服膺於歐洲普適性（Universal）。[9]例如，

6 譯註：作者所指的「新文化運動」與一般意義上胡適、陳獨秀發起的反傳統主義的「新文化運動」有所不同。

7 梁氏新文化運動的核心事務包括出版《解放與改造》、《中時新報》等雜誌和報紙。梁啟超歐洲之行時由張東蓀任出任上述兩主編。除了這些期刊，梁氏還透過共學社出版書籍，特別是西方著作的翻譯，並於1920-1924年間透過共學社邀請了包括約翰・杜威（1859-1952）、伯特蘭・羅素（1872-1970）等在內的國外知名學者訪華、透過講學社邀請泰戈爾（1861-1941）赴華交流。梁氏還開辦了一所名為中國公學的大學，希望將其打造成新文化運動的基地。丁文江、趙豐田主編：《梁啟超年譜長編》（上海：上海人民出版社），2008年，頁576-77；張朋園：《梁啟超與民國政治》（長春：吉林出版社，2007年），頁128-152。

8 Cemil Aydin, *The Politics of Anti-Westernism in Asia: Visions of World Order in Pan-Islamic and Pan-Asian Thought* (New York: Columbia University Press, 2007); Dominic Sachsenmaier, "Alternative Visions of World Order in the Aftermath of World War I: Global Perspectives on Chinese Approaches," in Sebastian Conrad and Dominic Sachsenmaier, eds., *Competing Visions of World Order: Global Moments and Movements, 1880s-1930s* (New York: Palgrave Macmillan, 2007), 151-80.

9 郭亞培以專文論述中國共產黨的宣傳戰略，將新文化運動構建為1923-1924年一個具有凝聚力的運動，郭亞培在文中還指出，張東蓀對新文化運動的設想，是中國在第一次世界大戰後基於「全球共生性」的各類型新文化運動中的一種。我認為，正是對「全球共生性」的認識，才使得梁氏對文化的發現成為可能。Ya-pei Kuo, "The Making of The New Culture Movement: A Discursive History," *Twentieth-Century China* 42, no. 1 (January 2017): 52-71.

張君勱將孔子的「誠」解釋為類似歐肯的精神生活哲學，認為兩者都期望人類透過「克己復禮」或「精神鬥爭」（spiritual struggle）達到最佳、最高階段的努力。[10]不同於其他人將儒家作為明日黃花棄置一旁，張君勱將儒家作為對世界道德重建具有價值的本土文化的一個面向，為儒家注入了新的活力。這也是張君勱對歐肯哲學的看法。

作為文化保守主義趨勢的一部分，以「傳統」思想稱著的杜亞泉（1873-1933）、梁漱溟（1893-1988）、章士釗（1881-1973）等梁啟超派知識分子對傳統的重新評價，引起了學界的關注，梁氏諸人皆反對五四新文化運動激進的偶像破壞。[11]雖然二張因在一九三〇年代和一九四〇年代不隸屬於國民黨與中國共產黨而通常被稱為「第三勢力」，但二張和他們的導師梁啟超也被視為一九二〇年代的文化保守勢力——尤其是因為他們對中國文化的積極評價。[12]

---

10 張君勱：〈通訊〉，頁102。

11 自從史華慈（Benjamin Schwartz）宣稱現代中國的保守主義在很大程度上是文化而非社會政治，「文化保守主義」一詞在中國研究領域已被廣泛使用和接受。Benjamin I. Schwartz, "Notes on Conservatism," in Charlotte Furth, ed., *The Limits of Change: Essays on Conservative Alternatives in Republican China* (Cambridge, MA: Harvard University Press, 1976), 3-21.有學者將中國的文化保守主義與「第一次世界大戰後的世界性反現代化趨勢」聯繫起來，並將其理解為中國的保守派將現代性視為舶來品，與此相反，馮兆基（Edmund S. K. Fung）將中國的現代保守主義定義為「對可以復興並用於現代化目的的傳統價值的信仰。」Edmund S. K. Fung, *The Intellectual Foundations of Chinese Modernity: Cultural and Political Thought in the Republican Era* (New York: Cambridge University Press, 2010), 62-63. 對於將中國文化保守主義視為反現代化趨勢的部分作品，請參見艾凱（Guy Alitto）：《世界範圍內的反現代化思潮——論文化守成主義》（貴陽：貴州人民出版社，1991年）。鄭大華：〈第一次世界大戰對戰後（1918-1927）中國思想文化的影響〉，中國社會科學院近代史研究所思想史研究室編：《西方思想在近代中國》（北京：社會科學文獻出版社，2005年），頁158-203。

12 關於作為第三勢力的二張，參見 Roger B. Jeans, Jr., *Democracy and Socialism in Republican China: The Politics of Zhang Junmai (Carsun Chang), 1906-1941* (Lanham, MD: Rowman & Littlefield, 1997); Edmund S. K. Fung, "Socialism, Capitalism, and

本文將探討梁氏諸人的文化保守主義，闡明他們的文化概念，並探尋他們如何理解文化、普世以及與民族國家的關係。既有學者傾向於認為中國文化保守主義源自民族主義，並將文化的含義局限於民族國家，與其相反，我認為梁氏和二張將文化設想為與民族固定的政治形式相分離的狀態。[13]事實上，正如唐小兵所言，梁氏諸人透過肯定本土文化，同時質疑民族國家的世界體系，「超越對民族過去的自豪感」（go beyond pride in the nation's past），踐行了一種「後民族主義文化政治」（postnationalist cultural politics）。[14]

在將梁啟超派新文化運動置於「反實證主義」（revolt against positivism）的全球背景下，我想強調這種「後民族主義」（postnationalist）文化概念與普遍性的關係。斯圖爾特・休斯（H. Stuart Hughes, 1916-1999）將一八九〇年代歐洲的「普遍社會思想」（general social thought）描述為「對實證主義的反抗」，試圖平衡「用自然科學的類比來討論人類行為的整體趨勢」。[15]由於西方科學文明的觀念在第一次

Democracy in Republican China: The Political Thought of Zhang Dongsun," *Modern China*, 28, no. 4 (October 2002): 399-431.

13 馮兆基（Edmund S. K. Fung）將中國文化保守主義視為「政治文化民族主義」，指出了中國保守主義的「政治活力」，而這一點長期被忽視，主要是由於史華慈關於文化保守主義觀點的強大影響。然而，由於接受了史華慈關於中國文化保守主義中「民族主義占主導地位」的論點，馮氏的研究錯誤地將文化的範圍僅僅局限於民族國家。Schwartz, "Notes on Conservatism," 16. Edmund S. K. Fung, "Nationalism and Modernity: The Politics of Cultural Conservatism in Republican China," *Modern Asian Studies* 43, no. 3 (2009): 777-78; Edmund S. K. Fung, "The Politics of Modern Chinese Conservatism," chap. 3 in Fung, *Intellectual Foundations*, esp. 98, 102.

14 Xiaobing Tang, *Global Space and the Nationalist Discourse of Modernity: The Historical Thinking of Liang Qichao* (Stanford, CA: Stanford University Press, 1996), 234.

15 斯圖爾特・休斯認為1890年代的歐洲社會思想家，包括弗洛伊德（Sigmund Freud）、馬克斯・韋伯（Max Weber）、亨利・柏格森（Henri Bergson, 1859-1941）等人，拒絕承認已成為一種「科學宿命論」的實證主義信仰，並使「自由思辨的頭腦恢復到

世界大戰後遭到了深刻的反思，對西方文明的反抗在非西方世界尤為衝動。梁啟超派哲學家將本土文化和民族差異視為對抗科學主義或實證主義的重要本土道德基礎以及戰後世界道德復興的源泉，其認為這是世界歷史的必然。換言之，這些中國哲學家與歐洲思想家在共同反叛實證主義中提出的文化概念，是全球恢復普世[16]道德努力的一部分。

梁啟超派的文化保守主義不僅具有全球性反實證主義的特徵，而且對普世道德深信不疑。正是這種全球普適性將他們的保守主義與當代文化保守派的民族主義傾向區分開來，他們避開了歷史主義和相對主義的陷阱。在這種反實證主義的全球背景下，梁啟超派思想中的社會主義和保守主義不同尋常的結合開始變得有意義。在下文中，我認為梁氏諸人將社會主義視為道德復興的標誌，故明確反對馬克思主義，提出了對社會主義的另一種解釋，因為他們認為馬克思主義是建立在實證主義哲學基礎上的。

## 二　保守主義與社會主義的聯結

第一次世界大戰後，中國知識界對「德先生」、「賽先生」和主張走歐洲啟蒙之路建設新中國的新文化精英進行了激烈的反思。許多中國知識分子在巴黎和會外交失敗後對威爾遜的自決原則失去了希望，並透過提出「民粹主義」的解釋，激進化「德先生」的意涵。[17]梁啟

---

一個世紀前享有的尊嚴」。H. Stuart Hughes, *Consciousness and Society: The Reorientation of European Social Thought, 1890-1930* (New York: Random House, 1958), 37-39.

16 譯註：本文中「普世」、「普適」兩種概念所對應的英文原文均為universal，在普遍——特殊的框架下，中文譯作「普適」，而在全球——地方的框架下，中文則譯作「普世」。

17 Erez Manela, "Dawn of a New Era: The 'Wilsonian Moment," in Sebastian Conrad and Dominic Sachsenmaier, eds., *Competing Visions of World Order: Global Moments and*

超和二張並沒有偏離這次導向人民的五四運動。他們倡導一種「全民政治」，支持擴大民主政治，認為民主政治應將普通民眾包括進來，以符合五四發掘之「作為政治秩序的基礎」的社會。[18]

雖然大多數新生的激進分子在此期間開始呼籲採取直接的政治行動，但梁和二張仍然認為文化運動是實現「真正民主」的最佳方式。這種差異來自梁氏諸人對「賽先生」的批評，梁氏認為它對人類道德構成了根本性挑戰，並因此將人類歷史的當代樞紐理論化為文化轉向。[19]梁氏諸人置「賽先生」的權威於一旁，加入了對實證主義的全球性反抗，其依據「文化已經普遍化」的觀察，宣稱世界各地明顯的道德危機是一個普遍的文化問題，不應歸結為一個階級或一個國家的問題。[20]

何以定義他們所聲稱的「普遍文化」？首先，梁啟超與二張承認無產階級行動主義和新興的影響力，他們指出，文化已經超越了貴族和少數資產階級精英群體並正歷經超越國界的全球化過程。梁啟超和張君勱在歐洲之行中結識了許多哲學家和社會民主黨人，他們深信這些哲人對文化和道德的關注確實是全球性的，是全世界知識分子所共

*Movements, 1880s-1930s* (New York: Palgrave Macmillan, 2007), 121-50; Edward X. Gu, "Who Was Mr. Democracy? The May Fourth Discourse of Populist Democracy and the Radicalization of Chinese Intellectuals, 1915-1922," *Modern Asian Studies* 35, no. 3 (2001): 589-621.

18 梁啟超：〈歐遊心影錄〉，頁23-24；Arif Dirlik, *The Origins of Chinese Communism* (New York: Oxford University Press, 1989), 66-67.

19 陳獨秀對科學的理解是這一時期詮釋科學實證主義概念的一個很好的例子。關於陳獨秀等中國人的科學概念，參見Wang Hui, "The Fate of 'Mr. Science' in China: The Concept of Science and Its Application in Modern Chinese Thought," *positions* 3, no. 1 (1995): 1-68.

20 〈宣言〉。

有的。[21]正是基於這種認同，無論是大眾化的還是全球化的文化，已經真正成為超越階級和民族界限的全球性問題，而梁啟超派獨有的新文化運動應運而生。

值得注意的是，對於這些哲學家來說，反叛科學主義、趨向道德的文化轉向與社會主義轉向是一致的。事實上，他們認為社會主義本身是戰後道德復興的社會標誌，是對知識界反實證主義的適當補充。梁啟超宣稱社會革命是二十世紀的中心特徵，任何一個國家都無法逃脫。他特別注意到俄國無政府主義者彼得・克魯泡特金（Peter Kropotkin）的「互助」（mutual aid）理論作為新時代的社會學標誌，將其視為達爾文「生存鬥爭」理論或資本主義自由競爭精神的替代品。[22]梁派中最嚴肅、最激進的社會主義倡導者張東蓀也提出了類似的觀點，將社會主義解釋為有意識地遏制個人主義式無節制發展的努力，並將「個人享樂主義」引導為「社會享樂主義」。[23]換言之，他們將社會主義視為一種有意識的努力，以解決資本主義制度下產生的道德問題，例如貧富差距或第一次世界大戰不可挽回的災難。

從這種文化的角度來看，梁啟超派哲學家們把資本主義和社會主義看作一種人類生活的綜合方式，一種整體文明，而不僅僅是經濟制度或生產方式。張東蓀認為，第一次世界大戰標誌著世界繼第一種封

21 梁氏諸人在全球範圍內擴大話語共同體的一手經驗包括與德國社會民主黨人卡爾・考茨基（Karl Kautsky, 1854-1938）、魯道夫・希法亭（Rudolf Hilferding, 1877-1941）和愛德華・伯恩斯坦（Eduard Bernstein, 1850-1932）等人會面，這些德國社民黨人分享了不同於俄國革命模式的社會主義願景；梁氏諸人還與瞭解中國文化優點的各國記者見面，並與他們非常讚賞的反實證主義思想哲學家魯道夫・歐肯和亨利・柏格森會面。梁啟超：《歐遊心影錄》，頁36；張君勱：〈學術方法上之管見〉，《改造》第4卷第5期，1922年1月15日，頁2。

22 梁啟超：《歐遊心影錄》，頁17。

23 張東蓀：〈讀「東西文化及其哲學」〉，《時事新報——學燈》，1922年3月19日，頁2-3。

建迷信文明以及第二種資本主義與國家主義文明之後，歷史性地轉向社會主義和世界主義的第三種文明。也就是說，社會主義是建立在互助合作原則之上的「新文明」，而不是資本主義的自由和競爭精神。對此，張東蓀強調社會主義就是「一種人生觀和世界觀——最先進、最新的人生觀和世界觀」。[24]

由於梁氏哲學家將社會主義視為一種完全另類的社會制度，他們認為向社會主義的轉變必然要求人類從個人生活到全體生活、從精神生活到物質生活「全面重建」。根據他們的觀點，這種徹底的轉變不可能僅僅透過政治動盪而在一夕之間實現。相反，社會主義改造將透過培養社會主義原則或「社會主義道德」來實現，即互助、合作、自治和集體道德。梁氏諸人最終的目標就是透過他們的新文化運動來實現這種遵循社會主義原則的全面重建。在此語境下，張東蓀將他們的新文化運動稱為「廣義的教育」。[25]

五四時期的無政府主義思潮對中國社會的強烈影響或許可以解釋張東蓀對互助和教育的重視，這種論述在中國研究領域得到了廣泛認可。[26]儘管大多數中國無政府主義者都對中國傳統進行了激烈的批評，但梁氏諸人並不認為中國傳統與現代社會主義原則不相容。梁啟

24 張東蓀：〈第三種文明〉，《解放與改造》第1卷第1期，1919年9月1日，頁1-3。譯註：在原文中並未能查證如上文字的論述，可參考左玉河的研究：「張東蓀宣導的是『渾樸的社會主義』，把社會主義看作一種『人生觀和世界觀』；而且他認為必須首先進行『精神上的革命』，然後才是『物質上的具體制度的改造』」，見左玉河：《張東蓀傳》（北京：紅旗出版社，2009年），頁80-81。

25 張東蓀：〈我們為什麼要講社會主義？〉，《解放與改造》第1卷第7期，1919年12月1日，頁5、7。二張均強調將培育社會主義精神作為社會轉型緊迫而重要的手段。他們將中國的問題歸咎於其落後性，這種落後性被「無恥的舊習慣」牽制，使得中國在第二文明的水準上停滯不前。張東蓀：〈第三種文明〉，頁4-5；張君勱：〈俄羅斯蘇維埃聯邦共和國憲法全文〉，《解放於改造》第1卷第6期，1919年11月15日，頁42。

26 Dirlik, *Origins of Chinese Communism*, 74-94.

超認為，社會主義精神存在於中國古代思想中，它強調社會福利對於培養和維護人民道德行為的重要性——正如孔子的格言「均無貧和無寡」以及孟子的「恆產恆心」。[27]梁啟超在中國公學發表的關於歐洲之行印象的演講中稱「中國的社會制度頗有互助精神」，他認為，西方人並沒有深刻理解這一點。[28]

這種對社會主義的保守態度可能是他們文化取向的必然結果：既然社會主義被視為第一次世界大戰後重整道德的標誌，它可以在沒有邏輯衝突的情況下與中國傳統相結合，而中國傳統也被重新評估為道德的源泉。因此，社會主義和中國傳統以及反實證主義哲學可以被視為戰後三位一體的理論，形塑人類生活內核的道德復興標誌。三位一體的形塑使梁氏諸人的社會主義思想呈現出一種保守的色彩，他們認為現代社會主義思想與中國傳統思想是一致的。但他們的文化保守主義也具有變革性的特徵，變革的意義在於其與社會主義的目標一致，即從根本改變在道德上妥協的資本主義世界。

## 三　在反叛實證主義中哲學化社會主義

梁氏諸人在道德面向將社會主義理論化，這與馬克思意義上的社會主義是相對立的，雖然馬克思意義上的社會主義還不是社會主義話語的霸權形式，但它構成了中國激進主義的重要脈絡。五四初期，中國馬克思主義者在對經濟基礎因果意義的決定論上格外熱衷，這使馬克思的社會主義解釋脫離了對人能動性的思考。這種片面的強調將

27 梁啟超：《歐遊心影錄》，頁32。

28 丁文江、趙豐田主編：《梁啟超年譜長編》（上海：上海人民出版社，2008年），頁578-80。

「馬克思主義誤解為進化論式的經濟決定論」。[29]在將社會主義視為一種新的世界趨勢的同時，梁啟超派哲學家們堅決拒絕這種決定論。相反，他們打算調適馬克思主義，以修正他們認為的決定論謬誤。事實上，這種意圖構成了他們反叛實證主義的一部分。

梁氏諸人的修正主義集中駁斥馬克思主義中的歷史唯物主義，在他們看來，歷史唯物主義是基於物質運動自然規律的實證主義前提。張東蓀批評馬克思主義錯誤地認為人民的願望或理想只取決於他們的生活條件：在張氏看來，這個問題源於馬克思主義對經濟基礎的偏重而未能察覺到人民對環境的「積極」反應或「理想」在領導整個社會破壞現有經濟狀態並為創造新經濟而進行全面鬥爭中的作用。張氏認為，因為馬克思主義沒有把握人類理想的變革力量，故「阻礙了社會變革」，因此需要修正它以「推動社會進步」。[30]

張君勱也對歷史唯物主義墮落為決定論和停滯論提出了類似的批評。與馬克思主義「一切變化源於物質變化」從而開始「有秩序」的觀念相反，張氏指出，社會革命首先發生在俄國，而不是英國或美國等經濟發達國家，這否定了馬克思主義的唯物主義和滯後論斷。他認為，列寧主義革命表明「革命的動力不是物質條件，而是人力」，即列寧的革命意志。[31]換言之，與馬克思主義將社會變革完全由物質發展驅動的解釋相反，張東蓀的「理想」和張君勱的「人力」以另一種

29 Nick Knight, *Marxist Philosophy in China: From Qu Qiubai to Mao Zedong, 1923-1945* (Dordrecht, Netherlands: Springer, 2005), 1-6; Dirlik, *Origins of Chinese Communism*, 108, 115.

30 張東蓀：〈指導、競爭與運動〉，《解放與改造》第1卷第2期，1919年9月15日，頁75-76。在這方面，張東蓀宣稱，「現代的社會主義是經過無數的修正，無數的擴充的最後結果，不單是馬克思一人的學說了。」張東蓀：〈我們為什麼要講社會主義？〉，頁6。

31 張君勱：〈社會所有之意義及德國煤礦社會所有法草案〉，《改造》第3卷第11期，1921年7月15日，頁13-14。

理論，強調人的意志，將其作為社會變革的動力。張東蓀大膽要求社會主義重心由唯物主義轉向精神主義也是本著同樣的精神。[32]

梁氏諸人的修正主義是其對社會主義理想化的重新解釋，標誌著他們參與了世界社會主義的康德轉向，這與對實證主義的反叛是一致的。[33]與十九世紀末大多數激進分子對實證主義思想的全盤服膺相反，修正社會主義者，如愛德華·伯恩斯坦（Eduard Bernstein, 1850-1932）就馬克思主義對「科學」有效性的主張提出了挑戰，其認為此種主張已經倒退到「坐等資本主義內部的矛盾把制度搞垮」的消極經濟主義。[34]關於替代黑格爾的康德哲學基礎，[35]修正主義者強調「道德和倫理而不是科學和唯物主義」，強調「人的意志和跨階級合作，而不是不可抗拒的經濟力量和不可避免的階級衝突」。[36]

梁啟超派知識分子在一戰後加入了這種康德主義轉向，因為他們突出地將社會主義視為連同反實證主義哲學與特定的中國傳統三位一體的一部分，三者共同構成了戰後道德的複興。張東蓀將「馬克思主義的康德化」（Kantianization of Marxism）解釋為馬克思主義和唯心

32 張東蓀：〈我們為什麼要講社會主義？〉，頁7。

33 Ted Benton, "Kantianism and Neo-Kantianism," in Tom Bottomore, Laurence Harris, V. G. Kiernan, and Ralph Miliband, eds., *A Dictionary of Marxist Thought* (Oxford: Blackwell, 1991), 280.

34 Sheri Berman, "The Roots and Rationale of Social Democracy," *Social Philosophy and Policy* 20, no. 1 (January 2003): 120.

35 Carl Schorske, *German Social Democracy, 1905-1917: The Development of the Great Schism* (Cambridge, MA: Harvard University Press, 1955), 18; Anthony W. Wright, "Social Democracy and Democratic Socialism," in Roger Eatwell and Anthony Wright, eds., *Contemporary Political Ideologies* (Boulder, CO: Westview, 1993), 84; Donald Sassoon, *One Hundred Years of Socialism: The West European Left in the Twentieth Century* (London: I. B. Tauris, 2002), 8.

36 Berman,"Roots and Rationale of Social Democracy,"121.

主義哲學之間的必要對話，旨在推動社會主義超越經濟理論。[37]換句話說，梁氏諸人加入康德轉向是基於唯心主義哲學化（如果不完全是康德化）社會主義，或者將社會主義重新理論化。作為他們反叛實證主義的重要組成部分，梁氏諸人的社會主義哲學闡明瞭人類透過有意識的努力，實踐特定的社會主義道德，來實現社會主義轉型的重要性。正是基於道德與社會主義精神的融合，文化保守派同時也是作為社會主義者，主張一種與唯物主義和革命馬克思主義截然不同的唯心主義和改良社會主義。

## 四　發現多元文化：全球性，而非民族性

梁氏諸人對戰後世界文化轉向的看法摻雜著中國文化異於西方文化但未必不如西方文化的認識。張君勱強調，擁有自己文化和歷史資源的中國人，應該克服以往的被動，將自己視為人類的一部分，登上世界劇場的舞臺。[38]然而，即便如此肯認中國文化的當代價值，梁氏哲學家們並沒有不加批判地繼承中國的一切。張君勱和張東蓀都批評了他們眼中傳統文化的「腐朽」元素，例如「三綱五常」的舊儒家倫理[39]或已變得毫無道德意義的禮教。[40]他們一致認為，欲淨化中國文化並保持其生命力，就必須注入「自立、民主精神、科學精神」等「外國血液」。[41]換句話說，他們的文化保守主義陣營只保留了他們認

37 張東蓀：〈社會主義與中國〉，《新潮》第1卷第1期，頁1-2。

38 張君勱：〈學術方法上之管見〉，《改造》第4卷第5期，1922年1月15日，頁5。

39 張君勱：〈學術方法上之管見〉，《改造》第4卷第5期，1922年1月15日，頁6。

40 張東蓀：〈由自利的我到自製的我〉，《東方雜誌》第23卷第3期，1926年2月10日，摘錄自克柔編《張東蓀學術文化隨筆》（北京：中國青年出版社，2000年），頁305。

41 張君勱：〈歐洲文化之危機〉，頁121-122；張東蓀：〈西方文明與中國〉，《東方雜誌》第23卷第14期，1926年，頁94。

為具有道德價值的中國文化形式。

梁氏哲學家對西方文化的態度也採取了選擇性的做法：他們只傾向於接受西方文化中那些在他們看來可能被認為在道德上有用的面向，與此前不假思索地將一切西方事物冠上「新」和「現代」的認知模式不同，他們實際上將「新」重新定義為對最近世界趨勢的具體指稱，即反實證主義哲學和社會主義，且二者均是戰後的道德復興而不是一般的西方文化。從這個角度來看，他們批評輸入中國的西方知識大多是「十九世紀的舊理論」，並認為中國應該學習「西方最新學術理論的優點」。[42]

梁氏哲學家們這一立場剝奪了西方文明對新穎性的壟斷，將其有用的新穎性局限於戰後趨勢，他們將文化歷史化，以駁斥歐洲中心論關於普適性的論述。張東蓀強調，「凡是文明都是有價值的，凡是價值都是有時代性的」；因此，任何文化，無論新、舊、東方或西方，都不應該被絕對化；相反，應該始終根據其背景重新評估一種文化。[43]

由於梁氏諸人相信一戰後的時代精神將重振人的自由意志，復興道德，故無疑應重新評估中國文化並追尋與這種精神相一致的道德價值；基於此、中國文化不再作為一種不發達的、未開化的、特殊的文化，止步於黑格爾意義上的「歷史之外」。相反，中國可以而且應該參與構建一部新的世界大同的歷史。梁啟超寫道：「同人確信中國文明實全人類極可寶貴之一部分遺產，故我國人對於先民有整頓發揚之責任，對於世界有參加貢獻之責任。」[44]透過這種方式，梁氏諸人拒

42 〈新學社宣言書〉，《解放與改造》第1期第1卷，1919年，頁73。

43 張東蓀：〈答章行嚴君〉，《時事新報》，1919年10月12日，摘錄自克柔編：《張東蓀學術文化隨筆》（北京：中國青年出版社，2000年），頁93（譯註：作者記錄為頁92，或為疏漏）。

44 〈發刊詞〉，《改造》第3卷第1期，1920年，頁7。

絕了任何將中國文化具體化為與歐洲普遍性有本質區別、與歐洲的進步步伐不相容的構想。

大約在此時，梁氏哲學家們放棄使用「文明」(civilization) 一詞而轉用「文化」(culture) 一詞並非偶然。在流亡日本期間 (1898-1911)，梁啟超經常使用「文明」作為英文單字「civilization」的翻譯，並且追隨福澤諭吉 (1835-1901) 等日本啟蒙學者，因福澤氏所使用的「文明」意味著進步，與野蠻的停滯不前形成對比。[45]在《歐遊心影錄》中，梁啟超仍然使用「文明」一詞，然而他在一戰的批判性觀察中放棄了社會達爾文主義和國家主義，梁氏在文中對「文明」的使用顯然背離了他先前對西方進步的認可。儘管沿用「文明」來形容即將到來的社會主義文明，張東蓀也清楚地認識到了「文明」與「文化」的區別：文明意指物質面向，而文化意指精神面向。[46]換句話說，張東蓀指出，透過採用精神品質意義上的文化標準，今日中國可視為與西方有質的差異，但並不遜色於西方。

這種文化概念似乎與德國浪漫民族主義哲學家約翰・戈特弗裡德・赫爾德 (Johann Gottfried Herder, 1744-1803) 的「Kultur / culture」相似，赫爾德的文化概念在一戰後的中國十分流行。[47]梁氏諸人的文化觀念與赫爾德相仿之處在於其常被用來對抗歐洲啟蒙運動的「單一文明」霸權觀念。[48]然而，其文化觀念缺乏強烈的民族主義意涵，這與赫爾德不同。梁氏諸人在文化、國家和民族之間的關係上勾勒出一種

45 Yoshihiro Ishikawa, "近代中國的文明與文化"[Civilization and culture in modern China], *Nihon Tohogaku* [Japanese studies on the Orient] no. 1 (2007): 325.

46 張東蓀：〈政治懷疑論之價值〉，《民風雜誌》，1919年5月15日，頁257。

47 Prasenjit Duara, "The Discourse of Civilization and Pan-Asianism," *Journal of World History* 12, no. 1 (2001): 102-103.

48 Raymond Williams, *Keywords: A Vocabulary of Culture and Society* (New York: Oxford University Press, 1985), 89-90.

非常激進的觀點。他們認為，「國家非人類最高團體，故無論何國人，皆當自覺為全人類一分子而負責任；故褊狹偏頗的舊愛國主義，不敢苟同。」[49]民族亦沒有作為一個「自覺的單位」之權威。張東蓀在批判梁漱溟對三種世界文化的分類時認為即使是個人的行為尚且不能完全一致，更不能指望由每一個個人組成的集體，即一個國家，完美地融合在一起。[50]

儘管梁氏諸人對民族國家體系的批判挑戰了該理論的權威性，然而其在文化意義上的全球信念仍鼓舞他們進一步將國家重新定義為一個文化機構。梁啟超認為，「拿西洋的文明來擴充我的文明，又拿我的文明去補助西洋的文明，叫他化合起來成一種新文明。」[51]在這個意義上，他將民族國家概念去政治化並重新定義為人民文化能力的培養者而不是文化的排他性宿主，故梁氏提倡國家應該讓其人民作為世界公民為全人類做出貢獻。正是基於這種對國家的新定義，梁啟超反對個人主義和國家主義的陳舊觀念，提出建立一個「世界主義的國家」，而在這個國家裡，個人將受到國家的保護並能透過國家來發展自己的天賦。[52]這個國際化的國家將作為一種媒介運作，透過這種媒介，中國人民將被賦予參與構建新的世界文化的能力。

那麼一種新的世界文化在梁氏諸人的想像中將如何被建構起來呢？對他們來說，西方文明不再是新世界的典範，因而顯然不能簡單地用「新的」西方思想取代「舊的」中國方式來塑造新的文化。值得注意的是，其亦不是透過「東方化」的方式。與以梁漱溟提出的「世界未來的文化，就是中國文化的複興」為代表的五四中國流行的文化

---

49 〈發刊詞〉，頁6。
50 張東蓀：〈讀東西文化及其哲學〉，頁2。
51 梁啟超：《歐遊心影錄》，頁35。.
52 梁啟超：《歐遊心影錄》，頁20-21。

討論模式相反，[53]梁啟超和二張相信應克服西方和中國的缺陷，建立新的普世道德哲學基礎，構建新的世界文化。有鑒於此，張君勱強調，中國應該透過「比較研究」的方法論，批判性地接受外國新理論，然後辯證地創造新思想，「而自成一新說」。[54]

## 五　追尋道德歷程上的人生觀：全球普適性

赫爾德關於文化和民族「不可化約的個體性」（irreducible individuality）的思想可以被描述為歷史主義，即要求透過理解文化和社會自身的價值觀和原則，對文化和社會進行「同情認同」（sympathetic identification）。歷史主義還暗示了一種「道德與認識論相對主義」（moral and epistemological relativism），因為它斷言不可能從另一種文化的角度真正理解和判斷一種文化。[55]然而，梁氏諸人對中國差異的認識並沒有導致歷史主義或相對主義的邏輯。他們的哲學並沒有讓不同的文化傳播開來，也沒有就不可化約的個性或獨特的地方——國家身份提出主張。正如前文所述，梁氏哲學家為評估每種文化的道德價值建立了一個明確的標準——即它在建構新道德的世界文化中的有用性。儘管他們駁斥了以歐洲為中心的、本質主義的普適概念，但

53 Guy S. Alitto, *The Last Confucian: Liang Shu-ming and the Chinese Dilemma of Modernity* (Berkeley: University of California Press, 1979); 汪暉：《現代中國思想的興起》下卷第2部（北京：三聯書店，2008年），頁1314-1327。

54 張君勱：〈學術方法上之管見〉，頁3、5。梁啟超與張東蓀對新文化辯證生產的可能性以及可取性抱有相同的看法。梁啟超：《歐遊心影錄》，頁36。張東蓀：〈突變與潛變〉，《時事新報》，1919年10月1日，摘錄自克柔編：《張東蓀學術文化隨筆》（北京：中國青年出版社，2000年），頁87。.

55 Harold Mah, "German Historical Thought in the Age of Herder, Kant, and Hegel," in Lloyd Kramer and Sarah Maza, eds., *A Companion to Western Historical Thought* (Malden, MA: Blackwell, 2002), 147-49.

他們並沒有因此放棄普適性本身。相反，梁氏哲學家努力圍繞他們的普世道德新概念來重建真正的普適性，以期在戰後世界實現道德復興。

那麼，對於梁氏哲學家來說，普世道德意味著什麼？換句話說，他們打算從對實證主義的反叛中恢復何種道德，他們對新世界文化的普世主義願景又是基於何種道德？梁氏在一九二三年的科學——玄學論戰中提出了普世道德的定義，他們在辯論中呼籲發展「人生觀」，即反對科學主義，所謂對科學萬能力量的普遍信仰。[56]玄學派的主要論爭者張君勱首先將道德定義為一種人的能力，透過這種能力，人可以被恰當地定位為有別於動物和植物的道德主體。[57]作為唯一有自我意識的生命，透過努力超越遵守既有傳統的「保守傾向」而改善環境，人類可以從自然界的機械系統中解放出來，發展出一種由不同角度和不同意見建立起來的各種人生觀。與關注自然世界因果關係的一般規律和原理的科學不同，人生觀可以說是主觀的、直覺的、綜合的、自由意志的、單一性的，因此永遠無法標準化。[58]

張君勱進一步解釋道，人生觀就是「我對於我以外之物與人，常有所觀察也、主張也、希望也、要求也」。這種自我對非我的態度是透過自我努力而獲得最好和最美麗的東西，是持續變革過程的一部分，這並非永恆的抽象，而是因時間背景而異的。所以「人生目的之

---

56 D.W.Y. Kwok, *Scientism in Chinese Thought, 1900-1950* (New Haven: Yale University Press, 1965); Charlotte Furth, *Ting Wen-Chiang: Science and China's New Culture* (Cambridge, MA: Harvard University Press, 1970).

57 雖然張君勱是主要的爭論者，但梁啟超和張東蓀與他一樣，都認為人生觀應該與科學分開構建，並在這場辯論中繼續作為「形而上學」陣營的成員，反對實證主義。

58 張君勱：〈懸擬之社會改造同志會意見書〉，《改造》第4卷第3期，1921年11月15日，頁1-2。張君勱：〈人生觀〉，《清華週刊》第272期，1923年，摘錄自《科學與人生》（合肥：黃山書社，2008年），頁33-35。.

改進亦永無已時」，人生觀是「變也、活動也、自由也、創造也」。[59]在生活與自然規律相抗衡且總是多變的意義上，張君勱從柏格森和歐肯（張氏的德國導師）的反實證主義哲學中總結出人生觀是由「直覺」引導的理論。人生觀的動力確實與反實證主義或「新形而上學」一致，即抵制機制、理智主義和決定論，是另一種強調變化、行動和鬥爭觀念的對立面。[60]

這種關係性定義將人生觀清晰地刻畫為建立關係的原則，其中包括個人對家庭、社會、國家、人類以及自然世界的看法。也正是在這種關係視角下，人生觀可以超越個人維度，將國家作為個體置於國際背景下。梁氏諸人在討論戰後文化轉向時強調中國正值思想變革——人生觀的改變。[61]張君勱的觀點反映了梁氏諸人對西方和中國文化的態度（否認人類進步的客觀階段），他認為「蓋人生觀，既無客觀標準」，找到適合中國的人生觀的方法是「返求之於己」，而不是採用別人的人生觀。[62]

如果張君勱只停留在突出直覺人生觀的個性，並將其延伸到全國範圍，以恢復中國獨特的人生觀，那麼他的邏輯就不免陷入赫爾德的歷史主義與相對主義。相反，張氏將人生觀定位於超越個人、獨特的直覺行為的普世道德範疇。張君勱解釋道，人生觀是不受邏輯規則的限制，產生於良心之所命，與康德所稱的「絕對命令」和歐肯的「精神生活」相關聯。[63]正如傅樂詩（Charlotte Furth）的評論，張氏雖然

59 張君勱：〈再論人生觀與科學並答丁在君〉，《晨報副刊》，摘錄自《科學與人生》（合肥：黃山書社，2008年），頁77-78。

60 張君勱：〈人生觀〉，頁33；張君勱：〈再論人生觀〉，頁97。.

61 梁啟超：《歐遊心影錄》，頁20；張東蓀：〈我們為什麼要講社會主義〉，頁4-5；張君勱：〈人生觀〉，頁38。

62 張君勱：〈人生觀〉，頁36。

63 張君勱：〈人生觀〉，頁34；張君勱：〈再論人生觀〉，頁78。

將正式的康德認識論體系描述為一種直覺知識，[64]但他並沒有解釋以下兩個不同的概念如何同時成為人生觀的基礎——其一概念是建立在理智主義基礎上的康德道德原則，其二是被視為戰後反智主義思潮一部分的柏格森的「直覺」和歐肯的「精神生活」。汪暉指出，鑒於人生觀既是理性領域又是直覺領域這一看似矛盾的命題，康德的定言令式在張君勱的心目中佔據了一個非常不穩定的位置，因為張氏認為人生觀不需要符合任何客觀規範。[65]

然而，張君勱既不認為人生觀只是主觀的事情，也不衝動地在康德和歐肯-伯格森之間徘徊。正如他後來回憶的那樣：

> 倭氏柏氏提倡自由意志，行動，與變之哲學，為我之所喜，然知有變而不知有常，知有流而不知潛藏，知行動而不知辨別是非之智慧，不免為一幅奇峰突起之山水，而平坦之康莊大道，擯之於視野之外矣。倭氏雖念念不忘精神生活，柏氏晚年亦有道德來源之著作，然其不視知識與道德為文化中之靜定要素則一也。[66]

也就是說，張君勱向康德轉向以理解知識論與道德論的關係，最終尋找道德的本源。張氏透過引入兩種理性，即支配因果關係的「純粹理性」和將倫理與自由意志聯繫起來的「實踐理性」，將人生觀納入實踐理性——道德的範疇。[67]張君勱將其人生觀概念建立在康德道德或

64 Furth, *Ting Wen-Chiang*, 110.

65 汪暉：《現代中國思想的興起》（北京：生活・讀書・新知三聯書店，2008年）下卷第2部，頁1361。

66 張君勱：〈我之哲學思想〉，《再生》（香港：再生社，1953年），摘錄自程文熙編：《中西印哲學文集》（臺北：臺灣學生書局，1981年），卷1，頁44-45。

67 張君勱：〈再論人生觀〉，頁90。

絕對道德規範或命令之上，而令這種人生觀定性為個人所「特有的」（unique），也是一種不要求有純粹主觀身份的「歸一的」（unitary）標準。

這裡需要說明的是，張君勱的道德觀並非完全建立在康德哲學之上。在回溯康德對道德的追尋時，張氏也同樣批評過度的理性主義，因為它盲目相信理性的力量，這在歷史上導致了實證主義的謬誤。[68] 張君勱發現了中國文化應有的貢獻，特別是共同構成宋學的宋明理學和心性之學的研究。[69]在強調研習宋學以培養內心修養、避免物質文明有害影響的必要性時，張氏暗示，這種新儒家傳統可以透過將心智或心靈視為人類道德的基本組成部分來補充康德的道德觀念。[70]

如上，張君勱對道德的定義既區別於中國傳統的遵照社會等級儀式的道德觀，也有別於康德的道德觀，而張氏批評康德的道德觀過分強調人的智力。作為這種新道德的基礎，宋明理學既不是中國文化獨特性的來源（正如一些保守派認為的那樣），也不是中國必須加以廢除才能獲得現代性的儒家形而上學（科學派中的反對者即認為應拋棄宋明理學）。相反，它被重新解釋為一種在智力或稱理性（intellect / reason）和思想或稱心靈（mind/heart）之間適當平衡的人生觀。

68 張君勱：〈歐洲文化之危機〉，頁117-118。

69 張君勱：〈再論人生觀〉，頁115。

70 張君勱將「宋學」、「宋明理學」和「心學」互換使用，沒有試圖區分「理學」和「心學」。相反，他將「理學」和「心學」的無差別組合與西方的唯心主義學派（唯心派）相提並論，後者包括歐肯、柏格森和德里希的哲學，以及康德唯心主義。隨後，他將這種唯心主義思想與漢學和唯物主義學派（唯物派）進行了對比，他認為兩者都是以自然科學和語言學為基礎。對張君勱來說，這種無差別的理學——心學組合，加上另一種無差別的理性和直覺的組合，似乎即成為一種世界傳統的可能基礎，這一可能基礎有助於「對生活的解釋」以及「內在心靈的培養」，並與經驗主義——科學主義——實證主義形成鮮明對比。張君勱：〈再論人生觀〉，頁111-13。

## 六　結論

在對實證主義的全球性批判思潮中，梁啟超、張君勱和張東蓀融合康德主義與儒家思想，形塑自己的道德觀。他們將宋學重新定義為康德道德的地域性補充，將國家重新定位為普世（普適的人類能力）的地域性代名詞，以及能夠為新的世界道德文化做出貢獻的地域性普世道德的資源。透過這種方式，他們將普適性重新概念化，認為其需要用道地資源——中國文化與西方文化來共同構建，而非僅存有一種跨歷史的價值。因此，他們駁斥了以歐洲為中心的普遍性（歐洲啟蒙運動）與特殊性（在其他任何地方，本質上劣於西方普適性並與其不相容）的框架。相反，他們提出了關於普適性的新概念，即透過人類的努力，實現與不同的地方文化共同恢復普世道德的一個目標。既然如此，梁氏諸人將普遍與特殊的框架變成了全球與地方的框架。

建立在這種對普世道德的信仰上，梁氏諸人的文化保守主義避免了文化相對主義的陷阱，代表了伊曼紐爾・沃勒斯坦（Immanuel Wallerstein）所呼籲的「普適的普世主義」或「全球普世主義」：「拒絕社會現實的本質主義特徵，將普遍性和特殊性都歷史化，將所謂的科學和人文統一為單一的認識論，並允許我們以高度樸實和相當懷疑的眼光來看待強國對弱國所有『干預』的理由。」[71]正如我們所看到的，梁氏諸人提出了一種全球普世的文化和道德觀，否認「歐洲普世主義」，但從未放棄普適性本身。從全球普世主義的立場出發，他們認為新世界歷史不是普世（即歐洲）理性的必然目的論，而是恢復普世道德和重整世界的歷史課題。他們無疑把創造新世界文化的事業設

71 Immanuel Wallerstein, *European Universalism: The Rhetoric of Power* (New York: New Press, 2006), 27, 79.

想為自由意志的人類應該努力達到道德上的理想目標。

（致謝：本文獻給已故的 Arif Dirlik，他教會我將中國社會主義作為一個全球性和跨國性的問題來思考。感謝 Rebecca Karl、Jeongmin Kim、匿名審稿人和編輯 Kristin Stapleton 對早期手稿的評論）

# 第廿四章
# 文化保守主義者對歐戰問題的回應：以《亞洲學術雜誌》為例

黃嘉康

香港浸會大學歷史系博士，曾任香港樹仁大學歷史系高級講師

## 一　前言

第一次世界大戰引伸而來的問題，對中國的思想界以及報刊界而言，皆起著重大的影響。五四運動的出現，亦將新文化運動提升至反傳統、對舊文化展開批判。與此同時，一次大戰後，國人對歐戰問題的關心及其反思，令不少民國學人以創辦雜誌方式，宣揚自身學說。一時間，新報刊如雨後春筍，對思想界產生重要影響。[1]這種反傳統思潮的湧現，激起以保存經學為目的的文化保守主義者對傳統儒學及禮制的捍衛；[2]他們以創辦報刊作為輿論陣地，宣揚尊孔及捍衛國學

1　戈公振在分析一次大戰前後雜誌界之分別時，便指出：「民國以來，出版事業日盛。以時期言，則可分為歐戰以前或歐戰以後……歐戰以前，民國初造，國人望治，建議紛如，故各雜誌之所討論，皆注意于政治方面，其著眼在治標。歐戰以後，國人始漸了解人生之意義，求一根本解決之道，而知命運之不足恃。故討論此種問題之雜誌，風起雲湧。其著眼在將盤根錯折之複雜事項，皆加以徹底之判斷，如國家政治、家族制度、婚姻、迷信等等思想之問題，舉數千百年來積習而推翻之，誠我國思想界之一大變遷也。」，見氏著（北京：生活・讀書・新知三聯書店，2011年），頁173-174。

2　本文所定義之文化保守主義，乃引用自美國學者艾愷（Guy S.Alitto）對於中國保存

為中國人精神文明的價值地位，由此而創辦了《亞洲學術雜誌》這本新文化運動後期的保守派言論陣地刊物。

本文嘗試以《亞洲學術雜誌》為例子，透過其創辦緣起、雜誌內容及主張等，探討在五四新文化運動時期一群處於非主流的經學宿儒對於時局的觀察，與及面對學術範式變遷下，他們在邊緣化環境下對於保存和捍衛舊學的努力和嘗試。[3]

## 二　《亞洲學術雜誌》之創辦經過及緣起

一九二〇年代，中國思想界受到五四運動的影響，令新文化運動聲勢得以壯大。在新式刊物宣傳下，形形式式的思想相繼湧現，自由主義、社會主義、無政府主義等相繼興起，對文化保守主義者帶來甚大震撼和衝擊。[4]學者林毓生以「整體性的反傳統思想」來形容此時期的學術氣氛。[5]與此同時，面對反傳統思潮佔據學術主流、舊學飽

傳統儒家文化的學者的統稱，參氏著：《文化守成主義論：反現代思潮的剖析》（臺北；時報文化，1986年）一書；另外，關於五四前後反傳統思潮的出現與發展，請參考歐陽哲生：〈在傳統與現代性之間：以「五四」新文化運動與儒學關係為中心〉，載氏著：《五四運動的歷史詮釋》（臺北：秀威資訊，2011年），頁31-62。

3 有關此雜誌的研究為數不多，其中一篇可參羅惠縉，見氏著：〈從《亞洲學術雜誌》看民初遺民的文化傾向〉，《武漢大學學報》（人文科學版）第61卷第2期（2008年3月），頁218-223。該文對於雜誌的遺民意識具有初步研究，本文則主要針對此雜誌與一次大戰及其源流及後續發展作為關注焦點。

4 關於新文化運動對於新知識界在宣傳新思想方面，對思想界及學界的影響，包括刊物、學生活動等的影響，可參周策縱著，周子平譯：《五四運動史：現代中國的思想革命》（南京：江蘇人民出版社，1996年），頁237-275。另外，作為五四運動重要的言論陣地，北京大學及《新青年》雜誌的發展，也成為當時推動反傳統的主要力量與推手，有關情況，參見陳萬雄：《五四新文化的源流》（北京：生活・讀書・新知三聯書店，1997年），頁24-80。

5 林毓生：《思想與人物》（臺北：聯經出版公司，1983年），頁146-147。

受批評及非議的形勢，一眾被邊緣化的文化保守主義者以發揚東方文化、宣揚國學為己任，相繼在全國各地籌組結社，動員起來希望以行動來回應新文化運動的衝擊。[6]一九二一年秋天，孫德謙等人於上海創辦的亞洲學術研究會即為其中一個具有代表性，並以辦雜誌為主的保守派研究組織。

亞洲學術研究會的成員，主要以提倡舊學及孔教的保守派學者為主要骨幹。根據該會簡章所介紹，該會創辦之緣起，係以振興「亞洲學術與世道人心」為目標，為此必須對東方文化加以研究，故命名曰「亞洲學術研究會」。[7]該會發起者認為，「近今學術衰替，又有異說叢起」，故籌組學社，以「昌明東方文化」為宗旨，「本孔教及舊學之精神，以淑世正俗」，匡正「世道人心」。[8]每月定期召開講書會二至三次，並發行《亞洲學術雜誌》作為主要機關刊物。編輯成員方面，以孫德謙為雜誌編輯人、汪鍾霖及鄧彥遠為理事，並邀學者王國維、羅振玉、曹元弼、張爾田等為任稿會員。以上海為會址，並發行至海外，如日本「亞洲舊有之學術發明真理著為專篇，以備世賢之研究」為宗旨，宣揚孔教及壯大舊學聲勢。[9]

事實上，該學會主要成員，如孫德謙、張爾田、王國維等，皆與孔教會有密切聯繫。一九一二年陳煥章成立孔教會，並於翌年發行

---

6　新文化運動開展以後，尤其在一次大戰後，保守派學人於結社講學方面的風氣盛行，他們主張發揚東方文明以為解決時局之道。在一九二〇年代初，除了一九二一年於上海成立的「亞洲學術研究會」，亦包括一九二三年成立的東方學會及同年於香港成立之學海書樓等，成員俱為國學大師及遺老遺少，從中不難得見，他們以學會結社聯結力量，撰文論說以經義之說反對新文化。詳情參見桑兵：〈民國學界的老輩〉，載氏著《晚清民國的學人與學術》（北京：中華書局，2008年），頁204-206。

7　〈亞洲學術研究會簡章〉，《亞洲學術雜誌》第1期（1921年），頁1-3。

8　〈吳宓君論新文化運動之反應（節錄中華新報）〉，《亞洲學術雜誌》第4期（1922年），頁17。

9　〈亞洲學術雜誌及其刊物〉，《史地學報》第2卷第2號（1923年），頁111-112。

《孔教會雜誌》，當時便得到不少清遺老和舊學宿儒的支持。其中孫、張二人便撰文響應，包括孫德謙的〈孔教大一統論〉、〈論讀經之必要〉；張爾田的〈政教終始篇〉等，積極提倡以孔教為中國國教及文明的根本。[10]而《亞洲學術雜誌》創刊後，這種尊崇孔教、提倡舊學的主張仍被視為該學會的核心宗旨，在第1期創刊號，〈亞洲學理淺析〉一文中，編者即開宗明義闡述其對中國人探尋的文明出路為亞洲文明的精神。因此主張提倡「亞洲學理」，其大意包括以六條為體：「主忠信以修身」、「尊周孔以明教」、「敦親睦以保種」、「講經訓以善世」、「崇忠孝以靖亂」、「明禮讓以弭兵」；八條為用：「亞洲人之性情、政治、道德、法律、禮俗、和平、教學、文化」等，當中所說的亞洲，其實主要仍是以中國文明精神及其典章制度為主。從會章中可見，孫德謙等人創辦雜誌的目的，仍是以保教為其主要目的，但在20年代單以孔教為引子，似乎還不足以引起社會的關注。因此學會加上「亞洲學術」作為招牌，透過雜誌撰文，以經學義理作為分析時局及提倡儒教及中國文明的方法，應對時局轉變，並捍衛舊學。

從〈亞洲學理淺析〉一文中，亦可看出《亞洲學術雜誌》的編者對時局關注的幾個重點問題。第一，是新學術對傳統國學研究範式的挑戰；第二，歐戰問題帶來對戰爭問題的反思；第三，如何復興東方文化的問題；第四，對社會主義在中國傳播的關注等，以下試分別介紹其梗概。[11]

---

10 孫、張二人的文章，詳參《孔教會雜誌》；關於孔教會運動在1910年代的發展及其與前清遺老、舊學耆儒的關係，參韓華：《民初孔教會與國教運動研究》（北京：北京圖書館出版社，2007年），頁189-190。

11 〈亞洲學理淺析〉，《亞洲學術雜誌》第1期（1921年），頁4-6。

## 三 強調保存中國傳統學術的重要性

《亞洲學術雜誌》作者群中，大多為國學耆儒，著作等身。他們對於新派學人於採取西方的研究方法及國粹派的學術觀點，表示不同意。針對國粹派的興起，首先對其治學的方法提出質疑：「近代學者以周孔之教為哲學，是未知成己之精微，以周孔之教為國粹，更未知成物之廣大」，認為應該主張以孔孟之道為國人內化之精神思想，而非一單純學術研究的學問。他們並於雜誌之中撰文，對這些現象作出回應和加以駁斥。

孫德謙在〈中國學術要略〉一文中，即傳統經學的重要性，內文先敘述經學各部發展之沿革及流派概況，繼而提出對其身處之時代，中國的傳統學術，經學，有被取代的危機：「嗚呼！今天下學術衰頹，誠有岌岌可危之勢矣。學校廢經，群籍真可束閣。其猖狂無忌者，抑服造為新說。將我中國舊有之文字，與夫名教綱常，使之掃地而皆盡。秦政焚坑之禍，不謂及吾身而親見之，可不懼哉？」孫氏視新文化運動以來的新學術範式及思想為洪水猛獸，衝擊儒家傳統綱常，並呼籲國學的「老師宿儒」對傳統學術加以捍衛，甚有號召同道之意味。[12]

除孫氏以外，宿儒張爾田對史學研究尤有心得，他以時人之新方法為例，駁斥這些新史學主張及方法。梁啟超於一九二二年出版的《中國歷史研究法》一書面世後，他以新史學研究方法研究中國歷史的觀點，為學界所重視，並成為當時暢銷的著作。在書中梁氏對傳統治史方法提出一些批評和革新，張爾田閱讀後，即表示不同意，並於雜誌撰文加以批駁。包括（1）「著述之體，論斷異於考索者，在於嚴

12 孫德謙：〈論說一：中國學術要略〉，《亞洲學術雜誌》第1期（1921年），頁5。

謹不溢一辭」；(2）近世學者對古代賢哲多所批評貶抑，並「出以嬉笑怒罵」，又提到梁氏以多爾袞娶孝莊太后之事為傳說，未可盡信，治史之人應務求真確，否則將「求真之旨」；(3)「不宜動以稗說野紀以非正史，不可據孤證以易舊文」。張氏此三點言論，頗有以其經學家的考證學問，批評梁任公治學未夠嚴謹、好發高論之意，亦反映當時的保守派學人對於新研究學風的批評及不滿。而雜誌亦刊載梁啟超回覆張爾田信函，對於張氏的評論亦覺為切論，日後「當益自檢責」云云。[13]

其次，在學術範式方面，傳統經學家亦反對盲目引進外來文化的宗旨，他們亦嘗試以學術的研究方法及學問本質上的差異性，拒絕當時流行提倡的科學精神。張爾田著〈與人論學術書〉一文為例。張氏針對新文化運動後，國人崇尚各種新學術、新論說等主義為時尚，認為「崇拜種種新主義者」皆受時代與境況之困惑，而缺乏其目的與研究的方向。因此張氏認為，西方（遠西）、印度及中國（震旦）三大文明國家，學術體系不同，「研究學術之方法」及其「標準」亦各異，不能互相容納。他又舉以中國的考據學及印度的因明學為例，說明他們各自有其學問本質的基礎，與科學的研究方法格格不入，中國之國學學問「非僅恃乎科學方法，所能解決者」。故認為東西文化之學問「歸之不相謀也」。[14]故而提出，「國學真精神，真面目，我輩自當發揮之，以貢餉於世界，而斷不可以遠西之思想先進之說進，有先入之見，則吾之國學，非吾之國學矣」。[15]藉以反對當時所流行之中西調和、及以科學方法引進國學的觀點。

---

13 張爾田：〈論說三：答梁任公論史學書〉，《亞洲學術雜誌》第31期（1922年），頁1-4。另參〈梁任公中國歷史研究法之回聲〉，《史地學報》第2卷第2號（1923年），頁112-114。

14 張爾田：〈與人論學術書〉，《亞洲學術雜誌》第4期（1922年），頁3。

15 張爾田：〈與人論學術書〉，《亞洲學術雜誌》第4期（1922年），頁2。

從張氏文中得見，對經研究者而言，東西方學術之間畛域各異，研究的方法亦不能相互混雜參照。他們反對民初以來以西方學術的科學精神以治國學的方法，認為這些新方法與國學研究的本質並不相同，因此對於這些學術新範式採取加以抗拒的態度。

## 四　反思歐戰問題及提出弭兵止戈的方法

在一九二〇年代初，國人對時局最為關切的焦點，自當為國內的軍閥割據及歐洲的世界大戰問題。而歐戰問題自《東方雜誌》刊載的大戰消息及梁啟超撰述之《歐遊心影錄》面世後，一改國人對西方文明的憧憬和想像，亦對西方思想及其制度的優越性作出反思。《亞洲學術雜誌》中亦有文章，討論到中國文明及其義理如何排解紛爭之道，以下列舉雜誌內之文章舉例說明。

在雜誌宗旨內提倡的「亞洲學理」當中以「六條為體」的其中一條：「明禮讓以弭兵」，便是針對國內外時局的變亂而提出。所謂「真文明在禮，真和平在讓。禮之用和為貴，讓之實恕為本」，強調道德在排解紛爭的重要性。並提出西方以法律（指簽訂和約）作為終止戰爭的手段，並非有效的止戰方法，而「弭兵會（巴黎和會）終不能保全歐之和平」。故編者認為，「在今日東方西方，非實行禮讓之精神，均無以救政俗之敝亂。苟能一日復禮，則天下歸仁，一家興讓，則一國興讓，民族之爭自息，社會之爭自平，不必高唱廢兵，而兵禍自弭」。[16]

為呼應學會之宗旨，達庵的文章〈中國弭兵之學說〉便以中國歷史上的史實為例說明，儒家用兵之道在於「禁暴靜亂」，反對西方的

---

16 〈亞洲學理淺析〉，《亞洲學術雜誌》第1期（1921年），頁6。

窮兵黷武式的擴張主義。故曰「惟儒家能得弭兵之本，洵博大精深，至美至善哉」。[17]又指出解決戰爭之道，在於以儒家思想「仁義禮讓」之義正人心。故云「欲弭天下之兵爭，須先弭人心之競爭。人心之競爭既弭，而後天下之兵爭可弭」。[18]

在〈中國弭兵之學說〉續編中，達庵進一步對於一次大戰的起因作出其主觀分析。他認為國內戰亂不止、世界大戰的爆發，跟實行軍國主義皆有密切關係。世界列強競相擴充軍備，是為導致大戰爆發的主要原因。德國於一戰戰敗，也是由於軍國主義的盛行所導致。各國雖追求和平之道，但不得其法。他指出，國際雖以武力克服德國，召開和會、簽訂和約，但這種「以武裝保障世界之和平」方法，屬於「以暴易暴」，再者「軍備限制矣，而各圖張大其勢力如故」，則並未真正解決列國紛爭的禍端。故有感言「嗚呼！為國不以禮讓，止戈專求法律，反諸身不誠，藏乎心不恕，以此而欲求和平，殆夢焉矣。而將來之為禍，必將愈烈矣」。[19]

從以上的文章所見，對孫德謙、達庵等一眾國學宿儒而言，這種以儒家思想當中的謙讓之心為止戰方法的和平主義，是經學義理當中不可或缺的道德價值。它們具有調節社會風氣、平息爭端的功能。故此，對於經學家們而言，為什麼經學不能只是一門哲學和學問，反而是一種內化於人心的思想，甚或是一文明之「宗教」，正在於其道德教化的功能。這也是舊學人與國粹派，以及新派學人對於國學的定義是否局限於學問或者擇善取材的不同觀點之所在。

17 達庵：〈論說五：中國弭兵之學說（續）〉，《亞洲學術雜誌》第1期（1921年），頁31。

18 達庵：〈論說五：中國弭兵之學說（續）〉，《亞洲學術雜誌》第1期（1921年），頁32。

19 達庵：〈論說五：中國弭兵之學說（續）〉，《亞洲學術雜誌》第1期（1921年），頁32-33。

## 五　鼓吹東方文化復興

新文化運動開展以後，國人的反傳統思想熾烈。一戰以後，國際間吹起一陣反思西方文化與功利價觀的風氣。[20]《亞洲學術雜誌》編者亦對此甚為留意，並搜集世界各地對亞洲文化感興趣的學人和組織消息，加以報導，藉此作為宣揚東方文明的契機，宣傳文化民族主義。其中尤值得注意的是，他們跟日本和德國的學者進行了密切的交往，其中在雜誌中可茲參照者，包括沈曾植的學生日人西本省三，便曾於雜誌內撰〈德意志青年與中國文化〉，大力宣揚德國青年對漢學研究的熱愛程度，猶勝於亞洲的中國與日本，而且對於辜鴻銘所宣揚以春秋大義至為欽佩，而有「中國之所新，西洋之所舊。中國之所舊，西洋之所新」的評價，對亞洲各國崇尚西方思想加以批評。[21]

另外，在〈德人之傾向東方文化〉中，轉載了《申報》報導，印度哲學家、詩人泰戈爾在德國「東方文化講演會」的演講情況。泰戈爾批評，西方以其「物質思想征服東方精神生活」，此種「物質及武力文化的壓迫，使東方文化與西方文明所有相異之點，皆完全消滅，統一於西方物質文明之下」。故主張各個人、各民族應透過相互了解，以保存各個人、各民族之固有特性。[22]

至於當時德國學界的情況，亦為國人所關心。德國學界對於一戰後出版的《西方的沒落》（該雜誌譯為《西方之衰落》）甚為注意，並且指出德國學者對「西洋文化頗多懷疑」，認為只有物質文化而無文化可言，故對於東方文化抱持濃厚興趣。這些「咀咒西方物質文明，

20 關於反新文化運動及東方文化研究熱的背景，可參沈松橋：《學衡派與五四時期的反新文化運動》（臺北：臺灣大學出版社，1984年），頁62-72。

21 西本省三：〈德意志青年與東方文化（譯《日本週報》上海）〉，《亞洲學術雜誌》第4期（1922年），頁1-4。

22 〈德人之傾向東方文化（錄申報）〉，《亞洲學術雜誌》第2期（1921年），頁12-13。

擁護東方精神文化者」，自然受到雜誌編輯的注意。[23]

從以上這些鼓吹東方文化的言論所見，固然存在取材上的偏頗問題，尤其只選擇日本和德國支持東方文化的漢學家的言論為主要轉載對象，宣傳意味極為濃厚。但中亦可看出，雜誌為何選擇以「亞洲學術」而不以「中國學術」為雜誌標題的用意，其故即在於聯絡外國對於振興亞洲學術（包括中國及印度文化）的熱心者，加以聯繫和團結，並以此為手段，保存舊學及傳統禮教，欲以「亞洲學術」的招牌反西方。

## 六　對布爾什維克黨人崛起的批評

除了對西方文明的抗拒各非議外，一次大戰後，共產主義的宣傳尤為盛行，當時被稱為「過激」思想。[24]對主張舊學的學者而言，這種反傳統的威脅尤甚於其他思想，「甚於洪水猛獸」。故於《亞洲學術雜誌》叢錄中，羅列數份與其政治觀點一致的報刊報導，如《新聞報》報導，對於中國政、學界人士及北大學生熱衷於蘇俄共產主義表示擔憂；[25]另節錄多份報章，指陳獨秀及其宣揚的共產主義加以撻伐，認為提倡共產主義、無政府主義是破壞傳統綱紀倫常的主張，從而堅決反對。[26]又節錄《申報》刊載列寧批評黨人失去革命精神及情懷之文章[27]及轉錄英國牛津大學出版公司的〈過激主義的夢想與事

23 〈德人之傾向東方文化（錄申報）〉，《亞洲學術雜誌》第2期（1921年），頁14。

24 例如《亞洲學術雜誌》便以「過激主義」作為社會主義的代名詞。

25 〈西報論吾國學界之過激化（錄新聞報）〉，《亞洲學術雜誌》第4期（1922年），頁9-10。

26 〈國民對於新文化之心理〉，《亞洲學術雜誌》第1期（1921年），頁6-10。

27 〈列寧對於布爾什維克之失望（錄申報）〉，《亞洲學術雜誌》第2期（1921年），頁15-16。

實〉一文，指摘共產主義及無政府主義對俄國政治、社會、經濟的破壞，人民處於腐敗壓制的政府之下。[28]

面對思想傳播的「威脅」，雜誌刊載了辜鴻銘的英語文章 "Will the Chinese Become Bolshevik?"，以中國文化及社會禮制作回應。辜氏於文首以廣州及香港的海員大罷工為引旨，國際社會關注中國的共產主義力量興起。而辜氏則以中西社會的結構差異，提出反駁。他認為西方舊社會之所以被共產主義推翻在於道德淪喪（immoral），導致其社會於機能上失去秩序（organic disorder），故西方社會有必要重新建構新秩序。然而，辜氏認為中國不會出現共產主義的原因，在於中國的家庭倫理觀念深植中國人的心理之中，故新學說（New Learning）的出現並未能摧毀中國傳統的社會基礎。而民初中國的政治動盪及混亂，亦只在於北洋政府建立於失去倫常綱紀的秩序上，故統治失效。故辜氏認為，西方民主制度欲得以維持長久，則必須重新建立在義理（justice）和社會互助（social affection）的基礎上。[29]從以上論述亦可看到，在擁護傳統舊學的學人眼中，中國的社會倫理是政治文化當中不可分割的有機體，即便外國的意識形態傳入，亦不能簡單地衝擊中國社會長久以來建立的倫理體系，從中亦看出舊學人對傳統文化的一種持守與自信。

## 七　《亞洲學術雜誌》的停刊及其與學衡派的合流

《亞洲學術雜誌》從一九二一年八月創刊以後，直至一九二二年八月為止，共刊印四期。其驟然停刊的原因為何，資料所限，未可得

---

28 〈過激主義之夢想與事實（續）轉錄英國牛津大學出版公司刊本〉，《亞洲學術雜誌》第4期（1922年），頁4-7。

29 〈Will the Chinese Become Bolshevik?〉，《亞洲學術雜誌》第3期（1922年），頁1-6。

知。但從其初期的規劃和實際出版情況的落差，亦可知其經營的困難。按雜誌所留下的資訊，該學會原先預定每月發行一冊，然而直至一九二二年三月，只出版了三冊，同年8月的第四期即為最後一期。可見該雜誌自當面對資金或文稿不足之困難，而主因為何仍未可知。[30] 雜誌雖因故停辦，但孫德謙於雜誌的筆耕生涯卻並未因此中斷，並促成了日後他與《學衡》創辦人吳宓的合作機緣。

自《亞洲學術雜誌》出版以來，很早便引起吳宓的注意，並於《中華新報》撰文，對孫德謙等人於雜誌中的言論及觀點讚譽有加。認為他們的文章「雖事事發明經學，然處處針對時勢，以實用為歸」；所討論之內容「皆爰引古今，切中吾國現狀，而發議論，非瑣屑空疏」，評價極高。而且，雜誌「雖以國學為主，而時以西人之說，參證比較，尤注意中西文化之溝通」，可見吳宓對此刊的文章必有認真研讀，並對這些國學宿儒的深厚經學根底留下深刻印象。[31]

一九二二年一月，《學衡》雜誌創刊，然而籌辦初期，事皆草創，吳宓亦面對供稿不足的情況，而在國學文章方面，尤為缺乏，極需定期供稿作家的支持。此問題一直困擾著吳宓。按一九二三年九月一日的日記所載，當吳氏得知《亞洲學術雜誌》停刊，便去信孫德謙，希望以其餘下之未刊稿能載於《學衡》。而孫德謙在接獲吳氏的邀稿後，反應十分積極，不單回信答允支持撰文〈評今之治國學者〉，二人更相約會面詳談合作細節。[32]兩天後，吳宓便到上海會見孫德謙「商定

30 〈吳宓君論新文化運動之反應（節錄中華新報）〉，《亞洲學術雜誌》第4期（1922年），頁17。

31 〈吳宓君論新文化運動之反應（節錄中華新報）〉，《亞洲學術雜誌》第4期（1922年），頁17-19。

32 吳宓在日記中便提到「《學衡》稿件缺乏，固需竭力籌備。惟國學一部，尤形欠缺，直無辦法」。這似乎也是吳氏想到《亞洲學術雜誌》作為《學衡》合作的重要時間點。參吳宓：《吳宓日記》（卷二：1917-1924）（北京：生活·讀書·新知三聯書店，1998年），頁248-249。

久後之辦法」，同時在孫宅會見張爾田；孫、張二人除了向吳氏介紹亞洲學術研究會之會務及贈書外，「皆允竭力助《學衡》以國學稿件」，吳宓對他們二人的國學知識亦推崇備至，認為他們「學術湛深，議論通達，品志高卓，氣味醇雅」，其學問識見得「中國文明之真際」。並推崇孫、張二人在國學學問的知識與白璧德（Irving Babbitt）在西學學問的知識相提並論。[33]吳宓將此次會面記於日記中，並視之為半年以來未有之歡愉。[34]除了因為認識孫、張兩位國學大師外，更因為《學衡》的缺稿的困局得以紓解，在國學的區塊亦得以補完。由此可見，此次吳宓與二老之會面，可視為《亞洲學術雜誌》匯入《學衡》雜誌，成為其雜誌當中的一股支流的重要轉折。日後，《學衡》在發展上與國學宿儒的合作亦更為緊密，似乎亦跟吳宓與二老結交此一事件有密切關係。由此可見，《亞洲學術雜誌》雖未能長時間延續其文章及論說之影響，但藉《學衡》這一平台，令孫、張二人得以繼續於此雜誌宣揚其經學義理的精神。[35]他們雖然跟國粹派在是否全面保存國學及體用問題上存在歧異，但在而對新文化運動的對舊學的攻勢及保存儒學的共同目標下，似乎合流也成為無可避免和合乎現實的唯一選擇。這也是為何孫、張二人在爽快答應與吳宓合作的重要原因。

## 八　結語

從上文分析可見，一次大戰對於中國的思想界掀起了一場對傳統批判、對西方文化及思想進行反思的一場革命。它不單影響了對傳統

33 吳宓：《吳宓日記》（1917-1924），卷二，頁249-250。

34 吳宓：《吳宓日記》（1917-1924），卷二，頁250。

35 沈松橋：《學衡派與五四時期的反新文化運動》，頁另參桑兵：〈民國學界的老輩〉，氏著：《晚清民國的學人與學術》，頁206-208。

儒學構成了不可逆轉的打擊，同時間也令中國的知識份子反思西方文化及制度是否拯救中國的唯一方法。這種想法不單影響了出外留學的海歸派，也影響了國內的舊學知識份子，他們透過了重新以經學的義理來闡述「亞洲文化」的重要性，藉以反對新文化運動所提倡那種「科學與民主」及社會主義的西化思想。而《亞洲學術雜誌》正是其中的言論平台。

《亞洲學術雜誌》發行時間雖短，但確實有其時代意義。我們可將之視為清末民初尊孔運動的傳統經學學者，在新文化運動後期，面對反傳統思潮及新思想的衝擊下，以發揚經學義理及保存中國文化為己任的應對和嘗試。在雜誌中亦可以發現經學家們對於時局關切的態度，而一次大戰的戰亂問題、戰後新思想的湧現及其對學術風氣丕變，更是他們撰文力陳、捍衛主張的重點。他們以禮讓為本的仁義和平主義、固守傳統學術規範的態度，在今日看來，固然是逆潮流大勢而為之的嘗試。然而，若我們把這種現象放於一九二〇年代這個轉型時期來觀察，這個現象也可視為當時一群以經學研究為業的文化保守主義者，他們面對時局變遷、學術範式轉移下，以經學及義理作為價值觀之根本對新時代所發出的聲音。而《亞洲學術雜誌》正是他們發聲捍衛其道統的言論平台。他們的主張並沒有因雜誌停辦戛然而止，反而轉投到《學衡》，與國粹派合流，繼續其主張與言論，也豐富了《學衡》文章裡面的國學題材與內容。

# 第廿五章
# 一戰後西方學人關於「娜拉」的自我認識

賴志成

香港教育大學中國語言學系講師

## 一　前言

歐戰對中國最直接的影響，就是「五四運動」。在「五四啟蒙」領袖們的大力推廣下，易卜生在中華大地的風頭一時無兩，並由此形成了一股「易卜生熱」。文壇領袖們更用《玩偶之家》這種具有「西洋的科學哲學與文學上的新思想」[1]的「新文學」來對文學作品進行改革和創新，特別是創立了中國全新的文學體裁——話劇。在話劇工作者們的艱苦奮鬥下，具有西洋新思想、新文化、新概念色彩的中國新式話劇猶如雨後春筍，蓬勃發展。但長期以來，易卜生，乃至他的作品，例如《玩偶之家》等，都被國人用自己的想像、主觀認知、概念等來瞭解、闡述，更對「娜拉」的形象、劇情的內涵、全劇的意義等進行重新的建構，形成所謂的「中國式」——「化西」的解讀，當我們把這些解讀與西方學人對「娜拉」的認知作平行比較時，就會發

1　周作人：〈中國新文學大系．散文一集．導言〉，載《中國現代文學史資料叢書（乙種）．中國新文學大系．散文一集》（影印本）（上海：上海文藝出版社，1935年8月30日初版），頁1。

現當中的巨大分野。這種「化西」的解讀，不但導致「娜拉」在中國的旅程中領略了與西方差別巨大的體驗，更使這些「受歐洲啟蒙思想感召下勃興」的中國新文學在發展的進程中，走上了一條「化西」的道路。在本文，我們會深入分析西方學人對《玩偶之家》的不同解讀，並從中瞭解新文學的「化西」之路。

據英國集翻譯家、傳記作者、新聞記者、劇作家四職於一身，易卜生話劇研究專家 Michael Meyer 的研究，當時有一份著名的挪威報紙 *Folkets Avis* 的劇評家 Erik Bøgh 非常欽佩易卜生《玩偶之家》的原創性和話劇技巧的高超掌握，他評論道：「Not a single declamatory phrase, no high dramatics, no drop of blood, not even a tear.（沒有一句慷慨激昂的臺詞，沒有高度的戲劇性，沒有一滴血，甚至沒有眼淚，）」[2]但卻極受歡迎。之後，每場演出都是座無虛席，[3]例如稍後在 Christiania（潘家洵譯作「克裡斯替阿尼遏」，本劇故事發生的地點，挪威的首都，後來改名為奧斯陸）和 Bergen（貝根）的演出都極為成功。[4]

在北歐的成功並不代表此劇的演出可以一帆風順，《玩偶之家》在德國遇上了危機：著名女話劇家 Hedwig Niemann-Raabe 拒絕出演娜拉，她說：「I would never leave my children!（我是永遠不會離開我的孩子的！）」[5]為了繼續演出，易卜生更改了《玩偶之家》的結局——

2 Meyer, Michael. *Henrik Ibsen*. 3 vols. (London: Hart-Davis. 1967-1971). Abridged one-volume edition (Harmondsworth: Penguin, 1985), P. 477.

3 Meyer, Michael. *Henrik Ibsen*. 3 vols. (London: Hart-Davis. 1967-1971). Abridged one-volume edition (Harmondsworth: Penguin, 1985), P. 480.

4 Meyer, Michael. *Henrik Ibsen*. 3 vols. (London: Hart-Davis. 1967-1971). Abridged one-volume edition (Harmondsworth: Penguin, 1985), P. 479.

5 Meyer, Michael. *Henrik Ibsen*. 3 vols. (London: Hart-Davis. 1967-1971). Abridged one-volume edition (Harmondsworth: Penguin, 1985), P. 480.

娜拉最後沒有離開海爾茂和他們的小孩！[6]這版本後來也到了弗倫斯堡、漢堡、德累斯頓、漢諾威和柏林等地演出，隨之而來也遇到一場場的抗議，可以說，在德國的演出是失敗的。筆者認為，雖然易卜生後來稱這次改動為一場「barbaric outrage」（野蠻暴行）。但「結局改動所導致的演出失敗」，迫使 Hedwig Niemann-Raabe 最後接受原來的結局，並在易卜生參與排練之下，於一八八〇年三月三日在慕尼克的王宮劇院（Residenztheater / Residenz Theatre）公演，迎來了巨大的成功。之後，此劇陸續在英國、澳大利亞、美國、法國等地公演，並大受歡迎。

挪威奧斯陸大學人文學院易卜生研究中心研究員 Jens-Morten Hanssen 說：「To become a world dramatist takes time, at least if Norwegian happens to be your mother tongue. When Ibsen made his debut in 1850, Norwegian was a language spoken by scarcely 1.4 million people. Publishing houses didn't exist, there were only a few theatres, and there Danish reigned. 40 years later, Ibsen made a name for himself on the world market. Today he is translated to 78 languages.（要成為一個世界劇作家是需要時間的，至少如果挪威語恰巧是你的母語。當他（易卜生）在一八五〇年首次亮相時，挪威語只是一個稀少到只有一千四百萬人所說的語言，而且沒有出版社，只有幾家劇院，並且被丹麥統治著。四十年後，易卜生已使自己揚名四海，他的作品在今天已被翻譯成七十八種語言。）」[7]可以說，易卜生的劇作是現今世界上最受歡迎的劇作，而在中國，易卜生的影響力遠遠超越了莎士比亞。

---

6 Meyer, Michael. *Henrik Ibsen*. 3 vols. (London: Hart-Davis. 1967-1971). Abridged one-volume edition (Harmondsworth: Penguin, 1985), P. 480-481.

7 Jens-Morten Hanssen, "Ibsen in Translation", http://ibsen.nb.no/id/11188346.0，閱覽日期：2018年12月25日。

## 二　個人主義之獨立人格

在西方學者心目中，易卜生被認為是一個堅定而執著的個人主義，他所追求的就是個人精神的貴族化原則。所謂個人主義，就是「一種強調個人自由、個人利益，強調自我支配的政治、倫理學說和社會哲學。實質上是一種從個人至上出發，以個人為中心來看待世界、看待社會和人際關係的世界觀。這種理論主張：個人本身就是目的，社會只是達到個人目的的手段；一切個人在道義上是平等的。該詞法文為 individualisme，源於拉丁文 individuum，意為『個體』、『不可分割的東西』。由法國社會學家托克維爾（Alexis de Tocqueville, 1805-1859）最早使用，被形容為一種溫和的利己主義。」[8]而基於個人精神的貴族化原則，西方學者認為《玩偶之家》這出話劇所宣揚的最重要的理念，就是獨立人格。就是一個人需要有不會依附在任何外在權威的人的獨立性、自主性、創造性品格。五四領袖們都希望國人可以建立起自己的獨立人格，而英國學者英格爾斯也認為：「國家落後也是一種人格素質的落後。經濟政治的現代化倘若沒有『權利與義務統一』內在化的獨立人格素質與之相適應，則不會持久或會畸形發展。」[9]因此，若要中國富強，國人就需要有獨立的人格。

對於獨立人格，James McFarlane 認為在《玩偶之家》的結尾，娜拉給了海爾茂自由，她暗示著他可也以成為一個不同的人。她對海爾默寄予希望「『-the miracle of miracles'-at the last moment: the almost utopian hint that they might at some future time meet again as two independent and free individuals on an equal footing.（『——奇跡中的奇跡——』

8　朱貽庭主編：《倫理學大辭典》（上海：上海辭書出版社，2002年），頁25。
9　朱貽庭主編：《倫理學大辭典》（上海：上海辭書出版社，2011年），頁45。

在最後得時刻：幾乎是烏托邦式的暗示，他們可能會在未來某個時間在一個平等的關係中，作為兩個獨立的、自由的個體再次相遇。)」[10]

在對《玩偶之家》的許多批判性分析中，都忽視了娜拉獲得的個人自由並不是娜拉的目的，而是一種手段，娜拉希望在屬於她的權利中，以及在其它人的眼中成為一個人，一個具有獨立人格的人，正如她對海爾茂說說：「我不是你的妻子」，不久後，她又再補充說，這樣的關係同樣適用於她與她的孩子們。因為她痛苦地發現到，她自己並不是一個完整的人，而這是她必須改變的。James McFarlane 認為：「With the view of her marriage which Nora has formed this night it would be immoral of her to continue living together with Helmer; this she cannot do and therefore she leaves.（娜拉在那個晚上已經有一個想法，那就是她和海爾默的婚姻是不道德的，她不能再繼續下去，所以她選擇離開。)」[11]

此外，值得思考的是，《玩偶之家》中的男女兩性關係，是基於啟蒙運動理論家黑格爾的主奴關係的意識形態上的。娜拉和海爾茂之間的關係根據主從關係不斷演變。黑格爾認為，除非通過與另一個人對抗，否則一個人的自我意識是無法覺醒的。娜拉和她的丈夫都認識到他們對對方的依賴，而自我意識導致了娜拉徹底的覺醒。因此，娜拉的性格中的自我意識是存在於她和她丈夫的一個側面以及她和父系社會之間的辯證的、特殊的相互關聯之中。黑格爾說，自我是「through supersession, receives back its own self, because, by superseding its otherness, it again becomes equal to itself; but secondly, it equally gives the other

10 McFarlane, James "Ibsen and the realistic problem drama," in *The Cambridge Companion to Ibsen, ed.* McFarlane, James (Cambridge University Press,1994), pp. 83.

11 McFarlane, James "Ibsen and the realistic problem drama," in *The Cambridge Companion to Ibsen*, ed. McFarlane, James (Cambridge University Press,1994), pp. 83-84.

self-consciousness back again to itself, for it saw itself in the other, but superseded this being of itself in the other and thus lets the other again go free.（通過代謝又回到自身，因為，通過取代之中差異性，就等於再次變成了自己；但是第二點，它同樣給另一個自我意識回到自身……）」[12] 首先，娜拉承認海爾茂是她的主人，她忠誠的扮演著作為一個依賴於主人的奴隸的角色。對抗結束後，娜拉意識到主人對她的依賴，這導致她取代他，從而獲取自由，不再受到海爾茂的影響。

## 三　女性主義

無論易卜生編寫《玩偶之家》時原來的出發點為何，此劇對十九世紀時婚姻規範的態度在當時引起了極大爭議時無庸置疑的：《玩偶之家》的主角娜拉，在最後一幕（第三幕）與丈夫海爾茂的「思想衝突」後，決定離開了海爾茂，離開了孩子，離開了自己的家——因為，她「發現了自己」。易卜生認為：「a woman cannot be herself in modern society,（在現代社會，一個女人不能是一個個體的自己）」因為現代社會是「an exclusively male society, with laws made by men and with prosecutors and judges who assess feminine conduct from a masculine standpoint.（一個由男性制定法律，一個無論是檢察官還是法官都是從男性的角度審視女性的男性主導社會。）」[13]但易卜生是否一個女性主義，乃至女權運動的宣導者呢？Michael Meyer 是持反對意見的，他認

12 Wiaam, "A Doll's House - A Discourse on Feminism", http://wiaam-majorcriticaltheories.blogspot.hk/2010/08/when-henrik-ibsens-dolls-house-was.html，閱覽日期：2018年12月16日。

13 Ibsen, Henrik, "Notes for a Modern Tragedy", quoted by Innes, Christopher, ed. 2000. *A Sourcebook on Naturalist Theatre*. (London and New York: Routledge). P. 79-81.

為：「the play's theme is not women's rights, but rather the need of every individual to find out the kind of person he or she really is and to strive to become that person.（這部話劇（《玩偶之家》）的主題跟女權無關，而是每一個個體都想尋找他們到底是屬於一個怎樣的人，並為成為這種人而奮鬥。）」[14]對於女權主義和婦女解放運動，易卜生在1898年挪威婦女權利協會（Norsk Kvinnesaksforening / Norwegian Association for Women's Rights）的一場著名的演講中說：「must disclaim the honor of having consciously worked for the women's rights movement,... (since I wrote) without any conscious thought of making propaganda... (my task having been) the description of humanity.（(我）必須否認曾經有主動積極地為女權運動而出力這個榮譽……（我在這方面）並沒有做過任何有意識的思想宣傳……（我的任務是）對人性的描述。）」[15]雖然易卜生並沒有「主動積極地為女權運動而出力」，但無論如何，他的作品的確為「女權運動」掀起了一道道的波瀾。正如 James McFarlane 所說：「*A Doll's House* did indeed have a significant impact the on the improvement of women's condition in Scandinavia.（《玩偶之家》確實對斯堪的納維亞的婦女狀況的改善有著重大影響。）」[16]筆者認為，如果易卜生本人不接受的話，是不能把易卜生和女性主義的宣傳連在一起的。但是，誰都不能否認《玩偶之家》在挪威、整個歐洲，乃至全世界都受到女性主義者的熱烈歡迎。Gail Finney 認為：「In closing the

14 Meyer, Michael. *Henrik Ibsen*. 3 vols. (London: Hart-Davis. 1967-1971). Abridged one-volume edition (Harmondsworth: Penguin, 1985), P. 478.

15 Ibsen, Henrik, "Speech at the Festival of the Norwegian Women's Rights League, Christiana", 26 May 1898; in Dukore, Bernard F., ed. *Dramatic Theory and Criticism: Greeks to Grotowski* (Florence, KY: Heinle & Heinle, 1974). P. 563.

16 McFarlane, James "Ibsen and feminism," in *The Cambridge Companion to Ibsen*, McFarlane, James ed. (Cambridge: Cambridge University Press,1994), p.92

door on her husband and children, Nora opened the way to the turn-of-the-century women's movement.（無論他是否選擇將自己的工作認定是為女性主義發言，因為娜拉在關閉她與丈夫和孩子們之間的門後，她走上了世紀之交的婦女運動的路。）[17]Gail Finney 的這句話，代表了許許多多的人，肯定了《玩偶之家》對女性解放運動的重要性。

在《玩偶之家》的影響下，許多人對婚姻開始有了不同的看法，例如在一八八四年劇作家 August Strindberg 說：「Thanks to A Doll's House, marriage was revealed as being a far from divine institution, people stopped regarding it as an automatic provider of absolute bliss, and divorce between incompatible parties came at last to be accepted as conceivably justifiable.（多虧了玩偶之家, 它揭露婚姻是一個遠離神聖的機構，人們不再認為婚姻是絕對幸福的自動提供者，離婚對於不相容的男人和女人是一個能夠被接受，合情合理的結果。）」[18]這種看法，對當時的婚姻制度造成了很大的衝擊。

Jerilyn Fisher 認為：「A Doll's House questions the traditional roles of men and women in 19th-century marriage.（《玩偶之家》拷問了十九世紀婚姻中男女的傳統角色。）」[19]易卜生這種對婚姻制度、男女關係的懷疑態度在當時的歐洲的確引起了極大的震撼。James McFarlane 也認為：「To many 19th-century Europeans, this was scandalous. The covenant of marriage was considered holy, and to portray it as Ibsen did was controversial.（(這種想法）對於許多十九世紀的歐洲人來說這是

17 Finney, Gail, "Ibsen and Feminism", in James McFarlane (ed.), *The Cambridge Companion to Ibsen* (Cambridge: Cambridge University Press, 1994), p.91

18 Meyer, Michael. *Ibsen: A Biography.* (New York: Doubleday, 1971), pp. 454-455.

19 Fisher, Jerilyn, "The slammed door that still reverberates". In Fisher, Jerilyn; Silber, Ellen S. *Women in literature: reading through the lens of gender* (Westport, CT: Greenwood, 2003), p. 99-101.

可恥的。(因為)婚姻的盟約被認為是神聖的,(所以)易卜生所做的所作所為作是極具爭議的。)」[20]但愛爾蘭劇作家蕭伯納卻大力推崇易卜生的社會問題劇,覺得這種創舉是令人振奮的。[21]

對於在一八八六年翻譯《玩偶之家》的女權社會主義者愛琳娜·馬克思來[22]說,娜拉所遇到的困境就猶如資本家對勞動者剝削和壓迫一樣,「women are the creatures of an organized tyranny of men, as the workers are the creatures of an organized tyranny of idlers.(女人是在男人專制下的存活的生物,就像是工人是在資本家的暴政管制之下的一樣。)」[23]作為一個女權社會主義者,她有這種看法也不足為奇。

## 四　支持和反對娜拉離家的行為

毋庸置疑,娜拉是易卜生最有名的一個「被解放女性」角色,可以說娜拉是通過轉過身,背對著她的丈夫和孩子,離開家庭來達到自我的實現。在當時的西方文學作品當中,父母的身份是傳統意義上的成年標誌,但正如這部話劇的標題一樣,它宣告的事實,和娜拉自己

---

20 McFarlane, James (1994). *The Cambridge companion to Ibsen.* (Cambridge: Cambridge University Press), p. 167.

21 Griffith, Gareth, *Socialism and Superior Brains: Political Thought of Bernard Shaw.* ( London: Routledge, 1995), p. 164-165.

22 愛琳娜·馬克思或譯愛琳娜·馬克思(英語:Eleanor Marx Aveling,1855年1月16日-1898年3月31日,生於英國倫敦,卒於英國倫敦),是德國社會學家卡爾·馬克思與妻子燕妮·馬克思所生的小女兒。她曾任馬克思的秘書,是一位社會活動家和翻譯家。一八九八年三月,她發現丈夫愛得華·艾威林與情婦已於上一年六月秘密結婚,故服毒自殺,終年四十三歲。

23 UCL Academy Eng Dept., "Contemporary Reviews and Critical Writings: A Doll's House", http://www.essaydocs.org/contemporary-reviews-and-critical-writings-a-dolls-house-conte.html,閱覽日期:2018年12月15。

所證實的一樣，婚姻生活和母親的身份是在延長「玩偶之家」的存在，在海爾茂面前，娜拉就像以前在自己父親面前一樣，不是一個完整的人，不是一個獨立的人，就像 James McFarlane 所說的：「in order to reach genuine maturity she must leave this life behind.（為了達到真正的成熟，她必須離開現在的生活。）」[24]

但是，當時也有許許多多批判娜拉的意見。許多歐洲人認為結尾是丟臉的、不可思議的。一八八九年六月《每日新聞》（Daily News）裡有這樣的一個報導：「...but stranger still is the change that comes over her character and her conduct in the end in deserting her home, her husband, and above all her children, simply because she finds that her husband is angry with her, and inclined to take a selfish view of the dilemma when the exposure comes.（……但作為局外人，從她性格變化和行為來看，覺得她在拋棄她的家庭、丈夫和孩子們時，僅僅是因為她發現她丈夫對她生氣，在事情曝光後娜拉陷入困境時，她更傾向於採取一種自私的方式去面對。）」[25]這是當時的觀眾對這部話劇的一個典型的批判，因為許多觀眾認為娜拉的離開決定是荒謬的，這個離開只不過是想反擊海爾茂的責罵。這一幕，更顯示女人是善變的，衝動的，考慮事情是不周全的。他們更認為娜拉是一個怪物、一個不正常的女人，沉溺於上帝不喜悅的事情當中，只是為了她自己，而不考慮家庭、丈夫、兒女的需要。

對於這種意見，Shannon Cron 發表了她的看法：「In 1879, critics saw Nora's actions as shocking and scandalous for a woman, whereas

24 McFarlane, James "Ibsen and feminism," in *The Cambridge Companion to Ibsen*, ed. McFarlane, James (Cambridge: Cambridge University Press, 1994), p.98

25 Henrik Ibsen*: The Critical Heritage,* ed. Michael Egan (London: Routledge and Kegan Paul, 1972), p. 103.

today, critics tend to see Nora's actions as a way of reinforcing an individual's right—regardless of gender—to protect themselves.（在一八七九年，評論家認為娜拉的行為對一個女人來說是令人震驚和丟臉的，而今天，評論家往往認為娜拉的行為是在加強個人的權利——無關性別——去保護自己的方式。）」[26]

因此，許多人想要知道「娜拉在戲劇的結尾走出大門是正確的還是錯誤的？」但卻沒有一個明確的答案。Ian Johnston 認為：「The play insists that such a demand for simple moral clarity in the face of human actions is naive--rather like asking if Oedipus is right or wrong to destroy his own eyesight and become an exile.（這部話劇堅持認為，在人類行為面前，這種對簡單清晰的道德上透明的要求是天真的——而不是去問俄狄浦斯毀掉雙眼然後去流浪是對還是錯。）」[27]認為娜拉的勝利是一個可怕的錯誤。她是一個自由的，勇敢的，堅強的，決不妥協的人，同時，她也是一個對社會不負責任的，天真的，自我毀滅的和對他人有害的人。人們想要將這些矛盾化解，使它們能夠適應傳統的道德體系（娜拉是女性主義的激進分子，娜拉是一個自私的家庭破壞者）。然而，對於這部戲劇，Ian Johnston 認為易卜生是不會為人們去解決這些矛盾，因為他躺在悲劇的核心中，邀請人們去探索他的經歷。

---

26 Shannon Cron, "Commentary by Artists or Critics — 'A Doll's House,'" electronic document, https://pages.stolaf.edu/th271-spring2014/commentary-by-artists-or-critics-a-dolls-house/，閱覽日期：2018年12月15。

27 Ian Johnston, "A Doll's House, Critical Analysis," electronic document,https://worldmasterpiecesii.wikispaces.com/A+Doll%27s+House,+Critical+Analysis，閱覽日期：2018年12月18。

## 五　總結

總的來說，《玩偶之家》的主題是每個人需要找出男性或女性真實的樣子，並且努力成為那樣的人，一個擁有獨立人格的人。易卜生的想法和佛洛德和榮格後來的主張很接近，解放只能從一個人的內心出發，這就是人類精神上的革命。《玩偶之家》的解讀差異，顯示了中國知識份子對啟蒙思想內涵「中國化」的重新建構。這種啟蒙思想內涵「中國化」的重新建構，無可避免地影響著新文學的創作概念與思想，使五四新文學走在「化西」的道路上。

而這個特殊的歷史時期——「過渡時代」，也為「化西」的中國現代文學之出現提供了條件。所謂時勢造英雄，對文學家來說也是如此。清末民初，就是所謂的「過渡時代」。「今日之中國，過渡時代之中國也。……故今日中國之現狀，實如駕一扁舟，初離海岸線，而放於中流，即俗語所謂兩頭不到岸之時也。……人民既憤獨夫民賊愚民專制之政，而未能組織新政體以代之，是政治上之過渡時代也；士子既鄙考據詞章庸惡陋劣之學，而未能開闢新學界以代之，是學問上之過渡時代也；社會既厭三綱壓抑虛文縟節之俗，而未能研究新道德以代之，是理想風俗上之過渡時代也。……而要之中國自今以往，日益進入於過渡之界限，離故步日以遠，沖盤渦日以急，望彼岸日以親，是則事勢所必至，而絲毫不容疑義者也」[28]同樣，此時的思想文化也在這個「過渡時代」中浮沉，西方思想文化從清末發展到民國初年，它的論調、口號、目標，以及模式一直隨著時代的需要不斷變化。在中西文化不斷的碰撞和磨合中，既自然而然，又無可避免地，一種外貌具有西方色彩，但底蘊卻充滿「中國特色」的現代文學在中國出現了。

---

28 梁啟超：〈過渡時代論〉（1901年），載《飲冰室合集・文集之六》（北京：中華書局，1989年影印本），頁27-30。

對於這種「化西」的現象，卞之琳有以下的見解：「中國新文學有自己產生的主觀條件，當然也有外來的因素。外來的影響是催化劑。不從西方『拿來』，不從西方『借鑒』，就不會有『五四』以來的新文學的面貌。」[29]因此在五四新文學運動期間，散文、詩歌、小說、話劇等各種新的文學體裁、題材都因為這「新時代的召喚」而蓬勃發展。同時，又理所當然地，這些散文、詩歌、小說、話劇等各種新的文學體裁、題材，為了要在這片古老的土地上生根發芽，為了儘快適應國人的品味，也因為知識份子們根深蒂固的認知、主觀的想像，以及具有目的性、實用性的斷章取義，就正如上文提到對《玩偶之家》的中西解讀差異一樣，這些散文、詩歌、小說、話劇等各種新的文學體裁、題材，都被加以「中國化」的重新建構，這種文學體裁、題材，乃至啟蒙思想內涵「中國化」的重新建構，使五四新文學充滿了濃厚的「化西」氣息。

29 卞之琳：〈新詩和西方詩〉，見《卞之琳全集・中卷》（合肥：安徽教育出版社，2002年），頁501。

史學研究叢書．歷史文化叢刊 0602Z03

# 戰爭與和平：第一次世界大戰與中國

主　　編　麥勁生、區志堅、
　　　　　李朝津、曾　苡
責任編輯　黃筠軒

發 行 人　林慶彰
總 經 理　梁錦興
總 編 輯　張晏瑞
編 輯 所　萬卷樓圖書股份有限公司
排　　版　林曉敏
印　　刷　維中科技有限公司
封面設計　胡一喬

發　　行　萬卷樓圖書股份有限公司
臺北市羅斯福路二段 41 號 6 樓之 3
電話　(02)23216565
傳真　(02)23218698
電郵　SERVICE@WANJUAN.COM.TW
香港經銷　香港聯合書刊物流有限公司
電話　(852)21502100
傳真　(852)23560735

ISBN 978-626-386-216-6
2025 年 01 月初版
定價：新臺幣 800 元

如何購買本書：
1. 轉帳購書，請透過以下帳戶
合作金庫銀行　古亭分行
戶名：萬卷樓圖書股份有限公司
帳號：0877717092596
2. 網路購書，請透過萬卷樓網站
網址　WWW.WANJUAN.COM.TW
大量購書，請直接聯繫我們，將有專人為您服務。客服：(02)23216565　分機 610
如有缺頁、破損或裝訂錯誤，請寄回更換


國家圖書館出版品預行編目資料

戰爭與和平 ：第一次世界大戰與中國/麥勁生, 區志堅, 李朝津, 曾苡主編. -- 初版. -- 臺北市 ：萬卷樓圖書股份有限公司, 2025.01
面 ；　公分. -- (歷史文化叢刊 ；0602Z03)
ISBN 978-626-386-216-6(平裝)

1.CST: 中國大陸研究 2.CST: 第一次世界大戰
3.CST: 國際關係 4.CST: 文集

574.107　　113019924